财政部“十三五”规划教材

高等学校经济管理类课程“十三五”系列教材

Quality Management

质量管理学

张建宇 ◎主编

中国财经出版传媒集团
经济科学出版社
Economic Science Press

图书在版编目（CIP）数据

质量管理学 / 张建宇主编．—北京：经济科学出版社，2019.3
财政部“十三五”规划教材　高等学校经济管理类课程“十三五”系列教材
ISBN 978 - 7 - 5218 - 0390 - 7

Ⅰ．①质…　Ⅱ．①张…　Ⅲ．①质量管理学 - 高等学校 - 教材　Ⅳ．①F273.2

中国版本图书馆 CIP 数据核字（2019）第 050519 号

责任编辑：齐伟娜　赵　蕾
责任校对：靳玉环
责任印制：李　鹏

质量管理学
张建宇　主编
经济科学出版社出版、发行　新华书店经销
社址：北京市海淀区阜成路甲 28 号　邮编：100142
总编部电话：010 - 88191217　发行部电话：010 - 88191540
网址：www.esp.com.cn
电子邮件：esp@esp.com.cn
天猫网店：经济科学出版社旗舰店
网址：http://jjkxcbs.tmall.com
北京季蜂印刷有限公司印装
787×1092　16 开　21.5 印张　405000 字
2019 年 4 月第 1 版　2019 年 4 月第 1 次印刷
ISBN 978 - 7 - 5218 - 0390 - 7　定价：65.00 元
（图书出现印装问题，本社负责调换。电话：010 - 88191510）

前言

党的十九大报告明确指出："我国经济已由高速增长阶段转向高质量发展阶段……"这是党和国家根据国际国内环境变化，特别是我国发展条件和发展阶段变化作出的重大判断。高质量发展阶段的核心要求是供给侧的高质量，过往依赖要素投入、规模扩张的模式已经造成了产能过剩、杠杆增加、竞争力低下等一系列问题，只有通过高质量发展才能真正提升我国的国际竞争力。放弃速度偏好、重视发展质量不仅是党和国家的要求，也是中国企业和人民的诉求，这也必将是未来中国经济和中国公司发展的新常态。早在改革开放之初的 1978 年，中国就已经意识到质量对一个国家的意义和价值，并在全国范围内举行了全国质量月活动，1979 年中国质量管理协会成立并在全国范围内开始进行质量知识的普及和讲解，对于推进全民族质量意识的提高起到积极的推动作用。1993 年我国颁布了《中华人民共和国产品质量法》，1996 年国务院颁布了《质量振兴纲要》。随着短缺经济向丰裕经济的转变，质量真正意义上成为中国企业和国家关注的主题。

质量管理是工商管理及其相关专业学生的一门核心课程，这门课程检验的是学生对质量思想的理解和把握，以及质量工具和方法的学习与使用，学好这门课程不仅能够让学生快速而有效地识别各类组织中存在的质量问题并对其进行诊断、分析，提出可靠的改善建议，而且能够为学生的自我约束提供一些工具和方法。本书的学习过程不仅是阅读书中的相关概念和理解书中的工具与方法，更重要的是将本书中学习的方法放在现实管理中进行检验和应用，只有这样才能很好地掌握书中的方法并付诸实践。本书是在参考了国内外质量管理领域的经典著作、教材和论文等的基础上编写而成，一些内容和案例来自国内外较为经典的教材，一部分案例来自本书编写组成员根据实践撰写的案例，未免在理解上产生偏差和谬误，恳请同行专家和读者多提宝贵意见。

为了保证阅读的方便性和教材使用的便捷性，本书在编写时将质量管理分解为十二章，遵循从质量和质量管理的认知、理论到质量管理的工具方法与体系这样一个循序渐进的理解过程。本书的具体分工如下：第一章由张建宇编写；第二章由李凯玥负责编写；第三章由杨捷负责编写；第四章由田泽华编写；第五章由高楠负责编写；第六章由曹琳琳负责编写；第七章由商祥巧编写；第八章由丁超编写；第九章由刘伊曼编写；第十章由陈宇哲负责编写；第十一章由王颖编写；第十二章由郭靖负责编写。全书由张建宇负责主编和整体架构，由于编者水平有限，书中难免会出现错误和遗漏，不当之处敬请读者批评指正（E-mail：awish@ 126. com），我们将在后续再版中做进一步修正。

编　者

2019 年 1 月 26 日

目录

第一章

质量管理概述

【学习目标】

通过本章的学习，能够掌握质量和质量管理的概念，熟悉质量管理领域杰出的管理大师和他们各自独特的观点与贡献，了解中外质量管理的历史进程和发展现状，掌握全面质量管理的核心内涵。

【引导案例】

海底捞的后厨质量危机与海底捞的公关

2017 年 8 月 25 日，因海底捞火锅北京劲松店和太阳宫店“后厨老鼠乱窜以及食品卫生”等问题在媒体曝光，国内知名火锅连锁品牌海底捞被推上风口浪尖。随后，海底捞危机公关的“出色”表现一度逆转舆论。就在海底捞涉事的两家分店被停业整顿，其后厨的老鼠和掏下水道的漏勺仍然甚嚣尘上时，其他各城市的海底捞店依然排队依旧，一座难求。

有人开始质疑“出色”的危机公关真的可以有这样的效果吗，是消费者对质量问题的漠视，还是消费者心目当中的食品安全变得更宽容了呢?

老鼠在后厨地上乱窜、打扫卫生的簸箕和餐具同池混洗、用顾客使用的火锅漏勺掏下水道，这是发生在海底捞火锅北京劲松店和太阳宫店后厨的真实场景。当洗碗间工作并不是特别繁忙的时候，海底捞劲松店的工作人员会一边打扫卫生、一边洗碗。他们用来清扫地面、墙壁和下水道的扫帚和簸箕，还会用作清理洗碗机和储物柜。清扫工作完成后，员工簸箕和抹布会被放入洗碗池内清洗，扫帚会被放在洗碗机传送带上面沥水。当有人认为此举不妥时，工作人员觉得是多管闲事，只是回应：“做好你自己的事情就好”。而在海底捞太阳宫店，满是油渍的转移箱并不清洗，与洗碗池清洗过的餐盘一起放入洗碗机内。洗碗机传出的餐盘上有清晰的黄色水渍。洗碗机内部的大清洗，大概两三个月才会有一次。当后堂下水管道堵塞时，配料房的工作人员打开了下水管道的挡板，清理堵塞的垃圾杂物。他们所使用的清理工具正是供顾客吃火锅使用的漏勺，这些漏勺是从顾客刚食用过的火锅里拿出来的。配料房的工作人员还用漏勺剔除粘在挡板底部的垃圾杂物。后堂过道处人来人往，没有一个员工站出来表示不满，就连后堂经理也只是看了一眼随后转身离开。这些漏勺使用完毕后，会被放入装餐具的锅中一起清洗。

当媒体对劲松店和太阳宫店的后厨进行曝光后，海底捞第一时间就两家门店的卫生问题向公众致歉，主动承认了海底捞在管理上的问题。其具体措辞表现为："今天有媒体报道我公司北京劲松店、北京太阳宫店后厨出现老鼠，餐具清洗、使用及下水道疏通等存在卫生安全隐患等问题。经公司调查，认为媒体报道中披露的问题属实。卫生问题是我们最关注的事情，每个月我公司也都会处理类似的食品卫生安全事件，该类事件的处理结果也会公之于众。无论如何，对于此类事件的发生，我们十分愧疚，向各位顾客朋友表示诚挚的歉意。这次海底捞出现老鼠，以及暴露出来的其他在卫生清洁方面的问题，都让我们感到非常难过和痛心，今天，媒体的朋友也为我们提供了照片，这让我们十分惭愧和自责。我们感谢媒体和公众对于海底捞火锅的监督并指出了我们工作上的漏洞，这暴露出我们的管理出现了问题。我们愿意承担相应的经济责任和法律责任，但我们也有信心尽快杜绝这些问题的发生。我们也已经布置在海底捞所有门店进行整改，并会后续公开发出整改方案，也希望所有的媒体和支持海底捞的顾客监督我们的工作。再次感谢社会各界对海底捞的关心与监督。"幸运的是，海底捞诚意满满的致歉信得到了公众的谅解，也挽回了部分海底捞受损的声誉。在质量管理上，海底捞做对了什么，又做错了什么呢？

海底捞曾经作为餐饮服务行业在餐饮质量、服务质量、管理手段、流程操作等方面的标杆出现，在图书市场上，关于海底捞的图书种类繁多，从管理到服务、从理念到经营、从外部宣传到内部讲话不一而足，然而 2017 年 8 月 25 日的后厨质量危机让曾经辉煌的海底捞开始遭受种种质疑，海底捞到底怎么了？

（资料来源：根据 2017 年 5 月 30 日至 6 月 2 日《法制日报》《21 世纪经济报道》等相关新闻媒体资料及海底捞官方网站资料整理。）

质量已经是现代商业社会里最常见的词汇，无论是企业、政府还是其他相关组织都无一例外地把质量视为其管理的关键目标之一。质量一词本身就包含多层含义，它常常是客户用来积极评价所使用产品或所享受服务的重要参照，伴随着日益提高的消费者成熟度，想方设法保证产品或服务质量已经是企业经营的基本门槛，为消费者提供高质量的产品和服务也成为企业的题中应有之义。质量管理学家克罗斯比（Crosby，1979）①

① 菲利浦·克罗斯比（Philip B. Crosby，1926—2001），零缺陷之父，世界质量先生，伟大的管理思想家。

认为，一个企业如果没能做到让客户满意，则表明这家企业一定存在质量问题，由此诊断一家公司是否存在质量问题显然是轻而易举之事。然而想方设法发掘质量问题产生的原因和具体的解决办法却需要我们系统地认识质量概念、质量管理的相关理论、质量管理诊断的理论工具和方法以及提升质量的相关途径等。质量并不是现代工商业背景下新产生的词汇，前人用“考究”或“优良”来描述自己对一件物品的喜欢，这与英文词汇“quality”具有相近之义，表示所观察或考虑的对象令人满意。实践过程中就要求所有执行者学会使用不同的手段和方法来达到这一要求，相对于企业组织而言，则需要不断寻求最适合企业自身的方法来开展相关工作。本书将会给读者提供这些思想、工具和方法，从而让读者不仅拥有良好的质量思维和质量意识，而且掌握质量分析和质量提升的操作性手段。

近年来，随着消费者和社会公众的日渐成熟，对各类产品、服务，包括政府所提供的公共产品都提出了各类要求，消费者和社会公众的容忍度也在不断降低，这在一定程度上助推了各类组织不断呼应消费者和社会公众的关切。中国作为新兴市场国家，在诸多领域实现了从无到有、从有到优的跨越，然而作为十几亿人口的大国有着极其特殊的社会和文化背景，在标准设定、推动执行上也同样有其特殊性。针对当下诸多热点问题，很多人不禁要问：(1) 高等教育的质量要求和标准是什么，应该如何判断一个学校、一个专业教育质量的高低呢？(2) 京津冀地区的空气满足质量要求吗，良好的空气质量标准是什么呢？(3) 中国“复兴号”高铁会成为高铁的世界标准吗？(4) 一个国家的经济社会发展质量有确定的标准吗，结构性调整与转型是在促进发展质量的提高吗？等等。诸如此类的问题都可划定在质量管理的议题之中。美国著名质量管理专家朱兰（Joseph M. Juran）博士①联合几位质量管理领域的顶级专家共同编写了以其名字命名的《朱兰质量管理手册》（*Juran's Quality Handbook*），手册从管理、功能、行业、区域、统计等多个层面给企业的质量管理实务以指导，从而被全球学界和实务界人士誉为“质量管理领域的圣经”。事实上，从 20 世纪 60 年代开始，在国际范围内的产品竞争已经开始从效率、成本竞争逐渐开始向质量竞争转变，这一趋势的引领者恰恰是“二战”之后经济开始复苏的日本，消费者对日本高质量产品日益增长的需求使质量竞争成为最为关键的竞争手段。市场的国际化也催生了全球范围

---

① 约瑟夫·M. 朱兰（1904—2008）出生于罗马尼亚，1917 年加入美国国籍。1925 年获得电力工程专业学士学位后任职于美国西方电气公司的霍桑工厂。1951 年《朱兰质量控制手册》的出版为他赢得了国际声望。这本书作为全球范围内的参考标准被誉为“质量管理领域的圣经”。

内标准的统一化，全球范围内对质量标准的共同需求催生了国际标准化组织[1]（International Organization for Standardization，ISO）颁布质量管理和质量保证的标准，也就是大家所熟悉的 ISO 9000 族标准。

第一节 质量的内涵与刻画

质量可能是企业中最复杂也是最重要的内容了，企业以质量为根基、客户以质量标准、市场因质量而兴盛。质量已经成为客户满意、企业盈利及国家经济增长的核心驱动力，质量本身完全根植于企业经营实践的整个过程，囊括了工程技术、战略、运营、营销、经济学等多个领域的综合知识。从企业经营的实践看，对质量的认知更多来自制造企业的实践，主要表现在全面质量管理思想的产生、全球知名的相关质量奖项以及看重统计工具的六西格玛管理（six sigma management），这些都在一定程度上助推了企业不断进行质量提升。尽管质量管理的相关理论已经取得了长足的发展和进步，但我们仍然有必要从不同维度去认知质量。

一、对质量本身的认知

“质量”一词看起来是一个清晰的概念，然而在真正想要深入把握其核心本质时才发现这看起来是一个令人困惑的概念，因为人们常常根据自己在价值链条中扮演的角色而对质量产生不同的认知。处于不同年代的人们由于技术的变革和外在环境的变化也对质量的判断存在较大的差异，也许在 20 世纪 80 年代被奉为顶级质量的产品或服务在 21 世纪再做判断时反而会成为质量一般的商品。如果我们对消费者、生产者、设计者及无关的社会公众展开调查，也许关于质量的认知会有各种不同的答案，一些答案之间有可能还会出现冲突。达特茅斯学院塔克商学院教授戈尔德（Golder，2012）等人视质量为产品或服务的生产过程、体验过程和评估过程的整合。哈佛大学加文（Garvin，1984）认为对于质量的认知无外乎强调卓越与完美（transcendent definition）的哲学观、以产品为导向（product-based definition）和以用户为导向（user-based definition）的经济观、以生产为导向（manufacturing-based definition）以及以价值为导向（value-based definition）的运营观。

---

① 国际标准化组织是一个全球性的非政府组织。ISO 源自希腊语“ISOS”，意味着平等。该组织成立于 1946 年，中国国家标准化管理委员会代表中国，是 ISO 的正式成员。

1. 哲学层面的质量认知

在哲学层面上，质量本身被视为卓越的代名词，它意味着我们所观察的对象要明显超过正常水准。这一层面对质量的观察往往具有绝对性，它意味着有一种隐含的不可妥协的标准，但这种绝对性却又常常没有可以量化的标准，只有在消费者看到某种产品或服务时似乎可以识别一二。它常常表现为一种产品或服务的某种特征，这种特征是借助于营销推广而在消费者心目中形成了卓越的感观印象。这种认知形成了一种相对主观而又抽象的描述，哲学家柏拉图（Plato）就认为美是无法定义的，而质量似乎与美类似，也变成了难以定义的对象。与此类似，卓越的标准也常常因人而异，因此对于企业而言这种哲学层面的界定就失去了操作的可能，也就无法成为衡量质量的依据，更无法谈及质量管理了。关键在于，从哲学层面上考虑质量问题的核心在于一件产品或一项服务只有在充分展示其特征时我们才能判断其质量的好坏。

2. 经济学层面的质量认知

从经济学层面看待质量自然从企业的利润最大化和市场的供给均衡出发考虑问题，这种认知在质量管理学家朱兰看来叫作“适用性”。

（1）产品视角。产品视角下的质量是精确的且可供测量的。这一视角下对于质量的认知体现在对产品属性所能包含的具体数量上，这种性能常常是消费者较为关注的性能，因此质量差异直接简化为数量上的差异。例如，衣服的每个纽扣包括的缝合次数、清洁卫生程度可以借助每平方英尺蚊虫的数量来确定、纯净水的洁净度有时通过有效过滤的次数来判断等。这就为企业进行质量管理提供了可以进行科层控制的依据，产品的质量也就可以按此进行排序了，质量差异此时就可以轻松地转为数量差异，当然这一认知的前提是所有消费者在对产品的具体质量属性上需要有一致的认知，这种排序才会变得有价值。产品视角的质量认知最早出现在经济学文献中，早期经济学文献对质量的关注主要集中在产品的使用寿命上，并在实务界成为一种潮流。企业在提升产品质量时都把关注的焦点集中到延长产品使用寿命上，甚至一些企业以延长产品寿命为宗旨来强化售后服务，这实际超过了产品本身的质量范畴，而转为用户视角下的过程体验，这一认知直接带来了制造业服务化的发展趋势，并从实务层面和学术层面出现了“服务型制造”（service - oriented manufacturing）的相关实践和研究。在产品视角下观察质量我们很容易得出两个有意思的论调：一是高质量来自高成本投入，因为质量反映了产品性能属性在数量上的表现，想获得特定性能属性需要成本投入，而高质量的产品会比较昂贵；二是产品质量应视为产品的本质属性，不能仅仅将其归结为某些方面的属性，它不应取决于某种偏好，理应中立而客观。

（2）用户视角。用户视角下的质量认知是基于旁观者视角去观察的，因为就单个用户而言他们存在不同的需求和欲望，而能够最大限度地满足用户偏好的产品或服务常常被这些用户视为高质量，这种认知就让质量变得主观而富有个性。这一视角通常在营销学文献中较为常见。为了达到最佳的质量效果，企业有必要寻求为个性化客户定制个性化质量的产品，因此寻求产品质量属性与特定客户之间的精确匹配就成为企业在质量上追求的目标。如果达到精确性就实现了产品最佳的经济质量，此时经济学视角下的需求价格曲线就转变为基于产品质量的需求曲线，需求数量和价格之间的反向关系在质量认知视角下转为需求数量与质量之间的反向关系，当然高质与高价之间在产品视角下是紧密关联的。这一视角下的质量对企业提出了极高的要求，如何有效将差异化的个体感知融合为可以交易的质量将成为企业不得不面对的挑战，毕竟基于质量的需求曲线只是一个理论上成立的关系，要想把握不同消费者对产品质量的差异化诉求也同样是一件难事。用户视角下的质量就是借助质量最大限度地提高客户满意度，但质量提高并不必然带来更高程度的用户满意度。消费者偏好某一品牌的原因并不全因为质量因素，有时消费者明知另一个品牌的质量更好，但他（她）仍然会选择这一品牌，只因为这一品牌的某种特殊要素有其特别之处。另外，从产品视角下所观察到的质量要素看起来是客观的，但在面对用户时又变得非常主观了。例如，就产品寿命而言大多数认知会觉得寿命越长质量越好，但有时这一认知却很难被富人认可，富人对一些日用品就更偏向于频繁更新而非长期使用。

用户视角下的质量还包括一种基于成本价格的利益计算。例如一个价格极为高昂的日用品，无论它质量有多好我们也不会认为它是一个高质量的产品，因为它几乎找不到任何客户。

（3）社会视角。日本质量管理学家田口玄一（Genichi Taguchi）博士在看待质量问题时并不局限于产品特性或者顾客对产品品质的需求。田口玄一认为，当产品出厂时所造成的社会损失越小，其产品品质就越高。就产品品质而言，所影响的不仅是消费产品的个人，有时社会必须为此付出代价。例如，食品药品的质量问题会让消费者的健康受到伤害，造成这一后果会让政府动用社会的医疗资源、司法资源、媒体资源、监管资源等去削减这种伤害。因此质量管理工作应越在前端越好。田口玄一将设计分为系统设计、参数设计和容差设计三个阶段。系统设计是工程专家的领域，与统计无关；参数设计的目的是针对系统中的参数找出最佳水平，或制程中的最佳条件而寻找的方法；至于容差（容差是从经济角度考虑允许质量特性值的波动范围）设计是考虑产品未来的使用环境及成本因素制定参数的容差（容差设计通过研究容差范围与质量成本之间的关系，对质量和成本进行综合平衡）。

3. 运营层面的质量认知

针对运营层面而言，对于质量的认知集中在价值创造过程中，常常以转换过程为基础，强调的是产品供给侧。美国质量管理学家克罗斯比（Crosby，1979）认为质量意味着与相关要求的一致性程度，吉尔摩（Gilmore，1974）则强调质量意味着所生产的产品或服务符合相关设计或规格的程度，任何偏差都是对质量的减损，优秀的质量常常要求“一次就做对”。在这一状态下，强调产品生产或服务提供过程的可靠性就应该成为企业关注的焦点，因此在设计上企业要强化可靠性工程，在制造上则关注统计过程控制（statistical process control，SPC）。如果企业能够在运营过程发生前和发生中保证可靠性并有效预防可能产生的偏误，这种质量提升不仅不会增加成本反而可能会压缩成本，因为预防成本通常要小于后期的维修成本或者重置成本。所以，企业在正式进行生产或提供服务前，需要在预防和检查上增加支出以确保一次成功。

二、质量的维度刻画

1. 产品质量的维度

根据哈佛大学加文（1984）的研究，有形产品的质量可从八个维度概括。

（1）性能表现（performance）。这是产品质量的基础特征。例如，对汽车而言，其性能表现主要体现在百公里加速时间、操纵性、舒适性等方面；对电视机而言则体现在声音效果和画质清晰度等方面。产品质量的这个维度整合了用户视角与产品视角认知，产品的质量属性常常也是可以测量的，在性能表现上总有一些属性可以通过相对客观的指标来排序。当然，对不同用户而言，质量和性能表现之间的关系并不总是一致的，因为有些性能表现在用户眼里从来就不是质量的符号，如100瓦的灯泡在照明度上肯定超过60瓦的灯泡，但极少有消费者会将照明度的高低视为质量好坏的评价依据。霍普金斯大学兰卡斯特（Lancaster，1966）的新消费者理论特别强调消费者对产品的感知和评价，强调消费者消费商品的过程实际是获得某种物质（或服务）的过程，消费者购买商品不在于获得商品本身，而是更关注性价比而非传统消费理论中的效用最大化。产品性能是产品本身的客观特征，而性能和质量之间的联结取决于消费者自身的反应。

（2）产品特征（features）。产品质量的第二个维度来自产品本身的特征，这种特征就像产品对外宣传的口号，是凸显产品独特性的重要标志，它是产品基础特征的重要补充和延伸。如洗衣机工作时附带免熨烫特征或者增加不同布料的分类洗衣特征，甚至增加烘干功能等，保温杯增加温度显示功能，一些产品增加免费售后服务的承诺条款等。要严格将产品特征和性能表现区分开是相对困难的，我们可以将性能表现视为产品的核心功能、将产品特征视为产品的特色功能，唯一可以区分这两个维度的就是它们对用户的重要程度。

（3）可靠性（reliability）。可靠性可以视为产品质量的第三个维度，它能够反映产品在某个特定时间段内无故障地执行特定功能的能力，最常用的指标就是首次出现故障的平均时间（mean time to first failure，MTFF）、平均故障间隔时间（mean time between failures，MTBF）以及单位时间内的故障发生率（failure rate per unit time）。这些指标都要求产品使用一段时间后才能表现出来，因此这些指标常常用来测量耐用品而非日常消耗品，日本企业正是重视这个质量维度而获得竞争优势的。

（4）一致性（conformance）。一致性是与产品质量相关的第四个维度，它反映的是产品设计和生产过程与预设标准之间的匹配程度。在企业内部，一致性通常用缺陷率（incidence of defects）来衡量，这一指标主要反映公司运营全过程中未达到预设标准的部分，这些缺陷常常需要维修或返工，常见的两种测量指标是产品业务呼叫发生率（incidence of service call of a product）和保修期内维修发生率（frequency of repairs under warranty）。当然，在一致性的测量上存在很大难度，其原因在于获取数据较为困难，通常情况下常常用一些替代性的指标去模糊测定一致性程度。有时常用的测量指标会忽视偏离标准的其他方面，如贴错标签或者一些“豆腐渣”工程，这些并不会提高呼叫发生率和返修率，但它们的确是质量一致性构成的重要内容，这时就需要更综合的测量指标来测量一致性了。一致性与可靠性一样，都是与制造过程相关的质量要求，它们通常会直接转化为产品质量，因为所有消费者都讨厌缺少一致性和可靠性的产品，它们是相对客观的指标，这与个体的偏好无关。

（5）使用寿命（durability）。使用寿命是产品质量的第五个维度，它可以从技术和经济层面进行认识。从技术层面而言，使用寿命可以定义为消费者从获得产品开始一直到产品损坏所持续的时间。如电灯泡从购买使用开始直到灯丝被烧坏而不得不更换的时间，因为修理灯泡的灯丝是不可能的，因此使用寿命也就变成从产品使用开始直到产品报废的时间跨度。伴随着产品可维修性的提高，对产品使用寿命的界定变得越来越困难，因此产品使用寿命的长短就与产品的可维修性以及维修成本有关了，这就需要从经济层面去看待产品的使用寿命，维修成本成为决定产品使用寿命的重要因素。使用寿命和可靠性紧密关联，因为一个缺乏可靠性、经常出故障的产品报废得更快，其维修成本也必然更高，因此购买一个新产品对用户而言必然更划算。另外，在将使用寿命作为质量的一个维度时要格外谨慎，因为有时产品使用寿命的延长并非企业努力的结果（如技术革新或者使用了耐用材料等），而是用户消费习惯变化或者政策变化的结果。例如，由于油价上涨和经济不景气，或者政府出于降低 PM2.5 和缓解交通拥堵压力而出台机动车尾号限行政策，导致消费者降低了汽车使用频率，使汽车使用寿命得以延长，这些都与产品质量无关。

（6）服务性（serviceability）。服务性是产品质量的第六个维度。有时这一维度反映了产品出现问题时，维修人员的维修速度、维修人员的友好程度以及他们自身的维修能力。用户不只关注产品出现故障后是否得到维修，他们更关注维修持续的时间（消费者希望产品能够快速恢复，而不愿意等待），如果用户的问题没能通过售后服务人员得以解决或者解决时间过长将会大大影响消费者对产品质量的评价。另外，维修人员是否友好也成为消费者评价产品质量的重要参照，当然这些参照就属于相对主观的评价了。由此看来，在服务性维度，产品质量的测评有一些是可以借助完全客观的指标进行测评的，而还有一些则来自用户的主观评价（消费者能够接受的服务水平千差万别，不可同一而论）。如响应性（responsiveness）就可以用平均修复时间（mean time to repair or mean time to restoration，MTTR）这一客观指标来衡量，大多数用户都希望得到快速修理以缩短停用期。

（7）美学性（aesthetics）。美学性是产品质量的第七个维度，它和感知质量构成了产品质量最主观的维度，它们都是基于用户视角的质量认知。美学性强调的是用户的个人判断，包括产品的外观观感、用户感受、听觉、嗅觉、味觉等，这与个人偏好有极紧密的联系。

（8）感知质量（perceived quality）。产品质量的最后一个维度就是用户感知质量了。信息不对称一直存在于企业和用户之间，用户永远不可能完全了解产品的属性特征，此时用户只能借助于不同产品品牌间的比较去间接评价产品质量了，这一情境下产品外在形象、广告宣传以及品牌名称都成为用户感知质量的重要评价标准，而且这些标准远远超过了前述的客观维度。就像学术界要去评价某个系部的质量时，最为客观的指标是这个系部在顶级期刊发表的论文数量，然而系部发展的历史（如某些传统优势的系部）和所在的学校（如985高校）常常会变得与这些顶级期刊发表的论文同等重要，有时后者甚至更可能影响到学术界对这一系部的质量评价。

以上八个维度对于我们认识质量大有裨益，拓展了我们对质量问题的认知，既包含了客观指标，也包含了主观偏好；既包括了产品的内在本质特征，也包含了外在延伸特质。准确认识产品质量的八个维度，并在企业质量管理的现实中进行综合判断将有利于提升产品的竞争力。

2. 服务质量的维度

不同于有形产品，服务常常是无形的，且服务的过程和结果常常难以识别及测量，且服务质量的好坏也常常出于每个被服务人员的不同认知。对服务质量的认知最早始于服务营销领域，早期的服务营销先驱尤其是北欧学派（Nordic School）就将服务质量界定为客户预期与客户感知之间的差距，并将其看作服务营销的核心，帕拉休拉曼、泽瑟摩尔和贝瑞（Parasuraman，Zeitham and Berry，1985）（简称PZB）建立了服务质量差距模型（gap model），如图1－1所示，其后他们又开发了SERVQUAL模型对服务质量进行测量，这一工具成为最常见的测量服务质量的工具之一。

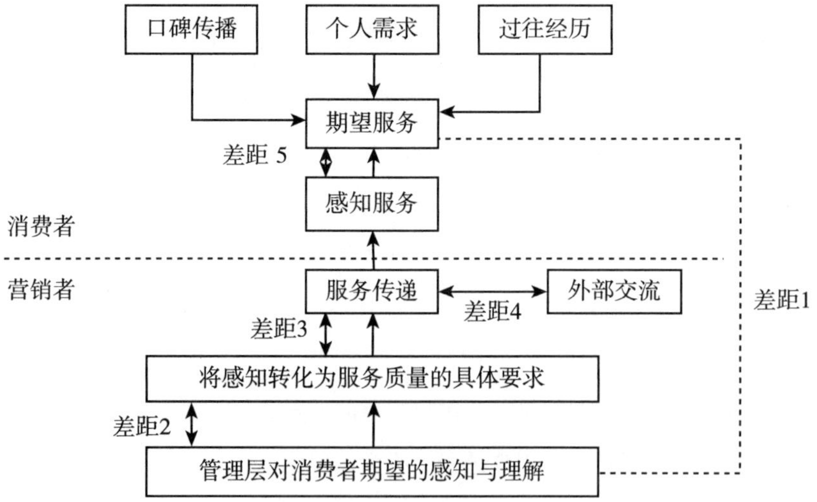

图1－1　服务质量差距模型

资料来源：Parasuraman，A.，Ziethaml，V. and Berry，L. L.，“SERVQUAL：A Multiple－Item Scale for Measuring Consumer Perceptions of Service Quality”，*Journal of Retailing*，Vol. 64，No. 1，1988，pp. 12－40.

SERVQUAL模型被认为是适用于测量各类服务质量的代表性方法，这一模型是从五个维度展开的，包括了有形性（tangibles）、可靠性（reliability）、响应性（responsiveness）、保证性（assurance）和移情性（empathy），具体如表1－1所示。

表 1－1　　　　　SERVQUAL 服务质量测量维度与问项概览

维度	基本定义	具体题项
有形性	有形设施、装备以及服务人员	1. 现代化服务设施
		2. 服务设施吸引力
		3. 员工的整洁性
		4. 设施与服务的匹配性
可靠性	可靠准确履行服务承诺的能力	5. 及时完成对顾客的承诺
		6. 主动关心帮助有困难的顾客
		7. 相信公司是可靠的
		8. 能准确及时提供所承诺的服务
		9. 做到准确记录
响应性	帮助顾客并及时提供服务的意愿	10. 不指望可以告诉顾客准确服务时间※
		11. 期望员工提供及时服务不现实※
		12. 员工并不总愿意帮助顾客※
		13. 员工太忙而无法及时应对需求※
保证性	员工的知识和爱心，以及员工向顾客传递信任和自信的能力	14. 员工是值得信任的
		15. 顾客对于所有的交易感到放心
		16. 员工彬彬有礼
		17. 为了更好地服务，员工能得到公司支持
移情性	对顾客的爱心和针对性的关怀	18. 公司不针对顾客提供个性化服务※
		19. 员工不会特别关怀某个顾客※
		20. 不能期望员工了解顾客想要什么※
		21. 公司并没有优先考虑顾客利益※
		22. 公司的服务时间与顾客需求不匹配※

注：※表示对这些问题的评分是反向的，数据分析时需要处理。

资料来源：Parasuraman，A.，Zeithaml，V. and Berry，L. L.，“SERVQUAL：A Multiple－Item Scale for Measuring Consumer Perceptions of Service Quality”，*Journal of Retailing*，Vol. 64，No. 1，1988，pp. 12－40.

第二节　质量管理与质量管理学

20 世纪 70 年代，通用电气公司调查了消费者对其产品的质量感知，发现顾客感知度较好的产品是那些重视顾客期望的产品线，而质量声誉较差的产品线对客户的重视程度较低。买方市场已是常识，当客户资源已经成为企业需要竞争的稀缺资源时，产品或服务质量显然是客户评判企业的关键维度，企业就有必要将质量作为管理的重要目标，并从关注质量结果逐渐转移到关注质量过程，慢慢形成了没有质量过程就很难保证有质量结果的思想。在质量管理的世界中，很多定义实际并没有标准化，但对于企业而言，有必要通过编制相关的术语表来减少企业内部的不一致性，唯有如此才能实现真正意义上的质量管理。另外，顾客不满意并非完全起因于质量问题，即便企业生产或提供和承诺完全一致的商品或服务，顾客依然会有抱怨，其抱怨源自竞争对手可以提供更多满足顾客的维度而我们没有做到。因此质量上的一致性能够解决产品或服务的不良，但并不能带来顾客满意。20 世纪 80 年代的质量危机导致“大质量”概念的产生，并逐渐被人们所接受，很多高层管理者和质量经理也都成为“大质量”概念的拥趸，当然一些技术部门和职能部门并不完全认同“大质量”概念。关于“大质量”（big Q）和“小质量”（little Q）的对比如表 1－2 所示。

表 1－2　　质量管理中的“小质量”与“大质量”

选项	小质量	大质量
产品	已销售的产成品	无论是否销售，所有的产品和服务
过程	与制造有关的过程	包括公司组织的所有过程
行业	制造业	所有营利和非营利组织
质量属性	技术问题	经营问题
顾客是谁	产品购买者	所有的相关利益者
质量是什么	质量是职能部门的文化	组织内部具有普遍意义
质量成本	与不良有关的成本	事事完美将会消失所有质量成本
质量评价标准	与规格、标准的一致性	与顾客需求相符
改进对象	部门绩效	整个组织绩效
质量管理培训对象	质量部门	整个组织
质量部门的地位	质量经理	由高层主管构成的质量委员会

资料来源：［美］约瑟夫·M. 朱兰、A. 布兰顿·戈弗雷，《朱兰质量手册》（第五版）（焦叔斌等译），中国人民大学出版社 2003 年版，第 10 页。

对质量的认识从组织层面就演化为专门的质量管理职能，从质量上升至质量管理就意味着我们有必要专门探讨质量管理过程中的相关知识和规律，这也是形成本门课程的重要原因。

一、质量管理

1. 质量管理认知

质量管理是要确保组织与其产品或服务是一致的，因此在管理过程中包含了质量计划（quality planning）、质量保证（quality assurance）、质量控制（quality control）与质量提升（quality improvement）四个重要的组成部分。质量管理不仅关注产品或服务质量，同时更关注实现它们的方式，这些方式也构成了质量管理课程重要的工具和思想。因此，质量管理就是借助对产品和过程的质量保证与质量控制以实现一致性目标的系统化管理过程。质量管理对组织尤为重要，但其对于组织而言并无太长的历史。传统上技艺娴熟的手工艺人扮演着制造者和质量检验员的角色以实现质量上的高水准。为了保证质量，这些手工艺人承担着培训技工和学徒的任务并将之视为自己的责任，这些做法大多是非正式的，质量完全出于制造者的"工匠精神"和责任，基本缺乏有效的质量管理。工业革命带来了大规模生产方式，这种方式可以生产出大量同质产品。艾利·惠特尼（Eli Whitney）提议用可以互换的标准零部件来制造步枪并随之建造了步枪生产流水线，并在1798年和美国军方签订了为军队提供10000支步枪的合同。随之，科学管理之父弗雷德里克·W. 泰勒（Frederick W. Taylor）也开始用这一方式来寻求提高生产效率。泰勒借助其在管理实务界和理论界的影响力为质量管理打下了坚实的知识基础与思想基础。福特汽车创始人亨利·福特（Henry Ford）也同样将工艺和质量管理带入企业实践中，并把这些带入流水线的运营之中。德国大众公司在"二战"之后也充分借此实施大规模生产，作为汽车发明人的德国企业家卡尔·奔驰（Karl Benz）同样将这种实践引入其汽车制造中。1924年，休哈特（Walter A. Shewhart）创造了生产质量管理的统计方法，这成为统计质量控制的基础。"二战"期间，质量管理学家戴明（Edwards Deming）用统计过程控制方法成功提升了军火和重要战略物资的制造质量。第二次世界大战以后，日本为了重建自己的经济，从国家层面强推质量管理，并求助美国质量管理学家休哈特、戴明、朱兰等人。20世纪50年代开始，戴明在日本充分挖掘了休哈特的思想和方法并使之在日本大放异彩，同时确立了架构质量、效率和竞争态势的管理哲学，并为管理者提供了质量管理的14个注意点（本书第二章会专门谈及）。50～60年代，日本的产品以价廉质低而臭名昭著，然而随着国家层面推行的质量运动管理得以成功，70年代日本产品成为高质量的代名词，到了80年代美国汽车制造企业的质量已经整体落后于日本。这种表现不仅体现在企业界，在理论界日本自身也产生了很多独具特色的质量管理理论、工具、方法和人物，包括了质量功能扩展、田口玄一设计、丰田生产方式等，这些方法不仅关乎技术更关乎确立质量文化（人的因素）。随着日本企业在质量管理上的杰出成就，他们的方法和思想也逐渐进入西方国家并被欧美国家广泛采用。

质量管理得以被企业重视还在于20世纪80年代开始在全球范围内开始流行的ISO 9000认证标准，它的产生成为很多企业获取市场认可的重要通行证，这在国际标准化历史上是一次里程碑意义的事件。这一认证发端于1959年美国军方对军工企业的品质要求（军标MIL－Q－9858A《品质大纲要求》和MIL－I－45208《检验系统要求》），要求军工企业编制“品质保证手册”，这是第二方品质体系的雏形。到20世纪70年代中期，英国认证机构英国标准协会（BSI）开展了独立的品质保证体系认证，受到了业界的普遍欢迎。鉴于其表现出的推广价值，BSI在1979年向国际标准化组织提交了质量认证国际标准的建议，1980年ISO正式开始建立品质保证技术委员会（TC176）着手这一工作，直接催生了后期“ISO 9000标准”的产生。其版本不断动态更新，目前ISO 9000质量认证标准已经从最初的1987版更新至2015版的ISO 9001和2018版的ISO 9004。

为了激励企业在质量管理的卓越表现，不同国家或地区都设立了不同的质量奖项，全球最知名的三大质量奖项包括欧洲质量奖（EFQM Excellence Award）、日本戴明奖（Deming－Award）和美国国家质量奖（Malcolm Baldrige National Quality Award）。1995年以后，美国质量协会（American Society for Quality）专门颁发了卓越质量经理认证和卓越组织认证（Certified Manager of Quality，CMQ/Organizational Excellence，OE），专门实施注册质量经理制度，在职场开始作为一种特殊的管理职业认证。当然美国质量协会的认证种类繁多，从1968年美国质量协会就开始进行认证考试，其中包括了各类技术工种，包括了校准技术师（Calibration Technician）、质量技师（Quality Technician）、质量审计师（Quality Auditor）、质量工程师（Quality Engineer）、质量改进助理师（Quality Improvement Associate）、质量检查师（Quality Inspector）、质量过程分析师（Quality Process Analyst）、可靠性工程师（Reliability Engineer）、六西格玛黑带（Six Sigma Black Belt）、六西格玛绿带（Six Sigma Green Belt）、六西格玛黄带（Six Sigma Yellow Belt）、软件质量工程师（Software Quality Engineer）、供应商质量专家认证（Supplier Quality Professional）等。中国也同样在全国范围内建立了质量奖项，目前运行中的质量奖项包括由中国质量协会（China Association for Quality）推行的全国质量奖（China Quality Award），其标志是英文质量的首字母外加五星红旗中的五星和长城标记，截至2018年已经进行了18届全国质量奖的评审工作，对于提升中国产品的质量起到了积极作用。另一个质量奖则被称为中国质量奖（China Quality Award），由原国家质量检验检疫总局承办，随着2018年3月国务院机构改革，中华人民共和国国家质量监督检验检疫总局的职责被整合进中华人民共和国国家市场监督管理总局，中国质量奖的相关工作也随之移交至国家市场监督管理总局，截至2018年中国质量奖已举行了三届，对于从政府层面推动中国产品的质量提升起到了重要作用。

2. 质量管理与竞争优势

从美国质量协会的诸多认证中可以看出，质量管理不仅是组织的目标，更是很多人从业的重要职业选择。质量管理工作早已从经验管理转变成一个需要复杂技术的专业工作。仅停留在质量管理的思想上显然不足以提高一个组织的产品或服务的质量。质量管理在全球范围内得到重视的原因在于企业的竞争优势有很大程度上来自企业质量管理的好坏。几乎所有发达经济体都意识到质量管理对于经济健康的重要性。1984年，美国政府将10月设定为国家质量月，随之在1987年确立了美国的最高质量奖为鲍德里奇国家质量奖。1988年，美国总统里根针对政府部门专门设立了联邦质量标兵奖和总统奖。恰恰因为从20世纪80年代中期美国从国家层面开始重视质量，才使美国和日本之间的质量差距逐渐缩小，并重新赢回了被日本抢占的大部分市场。特别有意思的是，1989年美国佛罗里达电力照明公司成为第一个拿到日本最高质量奖戴明奖的非日本公司，随后的AT&T动力系统部门在1994年成为第二家。到1990年，质量管理已经成为每个组织追求竞争优势的重要驱动力。1999年，美国国会将非营利性的教育和医疗机构也加入美国最高质量奖的评选行列。历史和现实都清楚地说明，质量管理不仅对于一家公司，对于一个地区或国家也同样极为重要，因为它能够真正构成一个公司、一个国家竞争优势的基础。

二、质量管理学

质量管理学是行为科学、系统科学、统计学、数学、计算机技术、经济学等学科相互交叉形成的一门学科。质量管理学是研究质量产生过程规律的科学，它的研究范围小到一个产品、一项服务、一家组织如何保证和实现质量，大到一个国家、一个社会、一个地区如何保证其发展质量。质量管理是技术和管理结合的产物，质量形成过程中不能只重视技术而忽视管理、更不能只有管理而不考虑技术，前者会造成技术无效、后者会造成管理无效，二者结合才能够在质量上既有效率又有效果。

质量管理学主要研究六个主要问题：（1）质量的界定与测量以及重要的质量思想和观点；（2）质量管理的工具和方法；（3）质量管理过程中的统计方法和手段；（4）质量设计的相关原理；（5）质量管理的控制原理；（6）质量成本等。质量管理学本身也隶属于管理科学，因此同样存在管理的二重性，有其自然属性和社会属性，前者强调全球范围内的普适规律，后者更关注在不同国家、地区、行业和企业中的差异。

质量管理学的发展大致经历了质量检验阶段、统计质量控制阶段和全面质量管理阶段。质量检验阶段是从20世纪初至30年代末，其主要特点是以事后检验为主体，由质检人员根据相关标准借助各种检测手段进行检查，避免不合格品进入下道工序或出厂，起到把关的作用。随着统计科学的发展，休哈特在20世纪20年代或30年代提出统计过程控制（statistical process control，SPC）理论并首创控制图，把数理统计方法引入质量管理学，为质量管理的科学化奠定了基础。40年代至50年代末的统计质量控制阶段，质量管理从单纯依靠质量检验事后把关发展到工序控制，突出了质量预防性控制与事后检验相结合，这一阶段质量管理强调用数据说话，强调应用统计方法进行科学管理。统计质量控制阶段强调定量分析，这是质量管理学走向成熟的标志。60年代伴随着系统科学的发展，质量管理也走向了系统工程的道路，质量管理学家费根鲍姆（Feigenbaum）与朱兰等人提出全面质量管理（total quality management，TQM）思想，强调全面、全过程、全员参与，这是系统科学全局观的表现。全面质量管理理论虽然发源于美国，却兴起于日本。

全面质量管理阶段的突出特点就是强调全局和系统。质量管理将会逐渐从企业渗透至政治、经济、科技、文化等各社会要素中。质量管理学将会在以下几个方向深入发展：（1）质量社会化；（2）质量法规将更加完善；（3）计算机技术、人工智能、网络技术在质量管理中的应用将更为广泛；（4）质量控制与抽样检验理论将沿着大数据方向发展等。

三、世界知名的质量管理奖项及中国质量奖

1. 日本戴明奖

1951年就设立的戴明奖可以说是全球范围内成立最早的质量奖项了，它是组织和个人在全面质量管理上可以获得的最高荣誉，个人奖主要关注他们对TQM这一领域的贡献，组织奖则关注组织成功实施全面质量管理所取得的杰出成就。戴明奖在日本的设立完全是因为第二次世界大战后日本为了感激美国质量管理学家戴明博士在统计质量控制上对日本全社会做出的贡献。戴明的教学和传授成为日本产品质量的重要基石，并在世界范围内成为产品质量的最高标准，戴明奖设立的初衷就是为了奖励那些在质量提升方面取得重大突破的日本企业。在日本科学家与工程师联合会（Japanese Union of Scientists and Engineers，JUSE）的指导下，戴明奖经过多年的发展也开始对来自海外的非日本企

业和对质量提升做出杰出成就的个人进行颁奖。戴明奖的颁奖典礼每年在日本国家电视台进行直播。

戴明是美国质量控制方面的专家，1950 年 7 月 15 日受 JUSE 的邀请进行了为期 8 天的讲座式访问，讲座的主题就是“质量的统计控制”（Statistical Control of Quality），这 8 天的讲座被编撰成册在日本销售，而戴明本人却将所得版税悉数捐献给了 JUSE。JUSE 的主任小柳吉一（Kenichi Koyanagi）为了感谢戴明的慷慨，提议设立一个以戴明命名的奖励基金以用来长久地纪念戴明的贡献和对日本的友谊，这一基金的宗旨是为了持续提升日本的质量控制水平。在这一提议之下 JUSE 董事会一致同意建立戴明奖，1951 年戴明本人任戴明奖委员会荣誉主席，石川一郎（Ichiro Ishikawa）任首任委员会主席，至此戴明奖（Deming Prize，主要针对个人）和戴明应用奖（Deming Application Prize）得以设立，1951 年 9 月 22 日举行了首届戴明奖颁奖典礼。随后戴明的抽样理论在日本翻译出版，戴明继续将版税捐给基金，自此以后，戴明奖得到迅速发展。如今 JUSE 负责了戴明奖的整体操作与运营。

自 1951 年戴明基金会设立以来，在 JUSE 的运作下戴明奖不断得到丰富和发展。1954 年日经品管文献奖（Nikkei QC Literature Prize）在基金会下得以设立；1957 年设立专门针对小企业的戴明应用奖（Deming Application Prize for Small Companies）；1970 年确定日本质量奖章（Japan Quality Medal）用来纪念世界质量国际会议首次在东京召开；1972 年设立运营部门质量控制奖（Quality Control Award for Operations Business Units）；1984 年戴明应用奖开始接受海外组织的申报（1985 年正式运行），同年制定了戴明应用奖和运营部门质量控制奖的相关规程和要求；1989 年美国佛罗里达能源与照明公司（Florida Power & Light Company）成为首家获得戴明应用奖的外国公司；1994 年日本质量奖章开始接受海外组织的申报（1995 年正式实施）；1995 年戴明小企业应用奖和戴明部门奖被统一合并为戴明应用奖；1996 年开始接受海外组织申报质量控制奖（1997 年正式实施）；1997 年飞利浦台湾公司成为首个获得日本质量奖（Japan Quality Medal）的海外公司；1999 年在规章文件中全面质量控制（total quality control，TQC）的表达被修订为全面质量管理（total quality management，TQM）；1999 年日本质量奖的申请资格发生变化，赢得戴明应用奖或者日本质量奖的组织可以在 3 年内继续申请奖章而非过去的 5 年内才有资格；2000 年戴明奖 50 周年纪念活动召开；2007 年戴明奖指导委员会（Deming Prize Steering Committee）成立；2010 年戴明奖 60 周年纪念日活动，同年运营部门质量控制奖被整合进戴明应用奖；2012 年戴明应用奖更名为戴明奖，而日本质量奖重新命名为戴明大奖（Deming Grand Prize）。一个组织在获得戴明奖后 3 年才有资格再次申报戴明大奖，所以对于实施全面质量管理的企业而言，获得戴明大奖是组织的最高荣誉。截至 2017 年，获得戴明大奖的企业共 29 家（从 1970 年颁奖以来，奖项遵循宁缺毋滥原则，因此很多年份出现空缺），这其中包括 11 家海外公司，丰田公司和爱信（Aisin）公司两次获得该项大奖。截至 2017 年获得戴明个人奖的人数共 83 人，其中 3 人由日本以外的外国人获得。而戴明奖的获得者（过去的戴明应用奖）共有 243 家，其中有 49 家是日本以外的海外企业获得的（数据截至 2017 年）。根据统计，自 2000 年以来，戴明奖获奖组织最多的国家是印度，其次才是日本，排在第三位的是泰国，2017 年获得戴明奖的 2 家企业都来自印度，而获得戴明大奖的则来自泰国。所有获奖组织至少 3 年以后才有资格申请最高奖——戴明大奖。戴明奖的主管单位 JUSE 与美国质量协会、欧洲质量组织、美国质量国际学会之间有着良好的合作伙伴关系，同时 JUSE 还与瑞士的 ISO 组织、印度产业联盟、台湾公司协同发展中心、欧洲质量管理基金会、巴西管理发展基金会、墨西哥蒙特雷理工大学、美国朱兰研究院、美国戴明学院，以及新加坡标准、生产力与创新局保持密切关系。

2. 美国波多里奇国家质量奖

20 世纪 80 年代日本各类产品纷纷涌入美国，且这些产品以精巧、质高和价廉使美国本土工业面临冲击。针对这一情形，美国时任商业部部长马可姆·波里奇（Malcolm Baldrige）召集了各领域学者（主要是经济学家和管理学家）与企业家展开研究以寻求应对之策，从而提高美国的竞争优势。在充分调研基础上他们向美国国会提出了设立“美国国家质量奖”的提议，1987 年波多里奇在一场竞技体育事故中意外去世。1987 年 8 月 20 日美国国会通过了波多里奇全国质量改进法案（The Malcolm Baldrige National Quality Improvement Act of 1987）第 100 到 107 号法令，根据该法案设立了波多里奇质量卓越绩效项目（The Baldrige Performance Excellence Program）以及相应的奖项。为表彰波多里奇的杰出贡献，美国国会通过并创立了以他的名字命名的国家质量管理奖，1988 年首次颁奖。波多里奇全国质量改进法案的主要内容是：“美国在产品和制造质量的领导地位已经遭遇到严重的挑战，有时已经被外国的竞争者成功超越。在过去的 20 多年中，美国生产率的增长大大地落后于我们的竞争对手。美国的商业和产业界正在逐渐认识到，在全国范围内，因质量造成的成本占到公司高达 20% 的销售收入。因而，改进产品和服务质量与提高生产率、降低成本、增加盈利能力息息相关。质量与质量改进活动的战略策划，对制造和服务的卓越表现的追求，对于国家经济的健康发展，在全球市场的竞争能力，显现得越来越重要。改进生产现场的管理水平，一线工人对质量的参与，SPC（统计过程控制）的加强，可以导致制造产品质量和成本的巨大改进。质量改进的理念不仅可以应用于大企业，同样可以贯彻于小企业；不仅可以应用于制造业，同样可以贯彻于服务业；不仅可以应用于私人企业，同样可以贯彻于政府机构。为了取得成功，质量改进项目必须由管理层领导，以客户为中心。而这个方法需要组织在运行模式上发生根本性的改变。一些行业已经成功引入了严格的第三方的质量审核，并授予了全国性的最佳奖。可以预料，全国性的质量奖活动会在以下几个方面有助于全美的质量和生产率：一是获奖的荣誉，有助于刺激美国企业改进质量和生产率，从而提高利润，赢得更大的竞争力；二是奖励这些企业提高产品和服务质量的成果，为其他企业树立学习榜样；三是设立商业、行业、政府和其他组织评估自身质量改进活动结果的原则和标准，以及为美国的其他组织提供准则和详细的资料，从而使管理者学习到什么是高质量，了解获奖单位是如何改变其文化，攀登高峰的”。

美国国家质量奖由美国商务部主管、美国总统授予，可分为两类：一类是企业，包括制造业和服务业（大小规模都包括）；另一类是组织，包括教育机构、医疗卫生等领域。该奖项并不授予特定的产品或服务，只授予特定的企业和组织。这一奖项成为美国质量改进的榜样，从而在美国国内形成了广泛的质量活动。

波多里奇奖是由美国总统亲自颁奖的唯一一个既针对私人组织也针对公共组织的奖项，这一奖项强调的是卓越绩效，由美国商务部下设的国家标准和技术协会（National Institute of Standards and Technology，NIST）直接负责。每年最多会有 18 个奖项被颁出，含六类组织：制造业、服务业、小企业、教育机构、健康护理组织、非营利组织。波多里奇奖的评奖标准由七个部分组成，这些标准聚焦于结果和持续改进，包括了领导（总分 120 分，其中高层领导 70 分、治理和社会责任 50 分）；战略（总分 85 分，其中战略制定 45 分、战略实施 40 分）；顾客（85 分，其中顾客的声音 40 分、顾客契合 45 分）；测量、分析和知识管理（总分 90 分，其中组织绩效的测量、分析和改进 45 分；知识管理、信息和信息技术 45 分）；员工（总分 85 分，其中员工环境 40 分、员工契合 45 分）；运营（总分 85 分，其中工作过程 45 分、员工契合 40 分）以及结果（总分 450 分，其中产品和过程结果 120 分、以顾客为关注焦点的结果 80 分、以员工为本的结果占 80 分、领导和治理的结果 80 分、财务和市场的结果 90 分），美国国家质量奖总分为 1000 分。当然除了这 1000 分的分值外，申请美国国家质量奖的企业需要将组织概况和组织现状进行介绍，波多里奇奖的评定标准中将组织简介界定为有关组织、组织运营的关键影响因素以及竞争性环境的一个简要的描述。组织简介是自我评价和撰写申请材料的起点，它将有助于组织明确关键信息中的差距并聚焦于关键绩效的要求和结果，组织简介本身也可作为初步的自我评价，如果组织发现针对某些主题的回应信息互相矛盾、信息不足或根本没有信息，组织就可以针对这些主题来策划行动。截至2017年，共有118家企业获得这一殊荣。

3. 欧洲质量管理基金会卓越奖

欧洲质量管理基金会卓越奖（The European Foundation for Quality Management Excellence Model）是欧洲最负声望的授予卓越组织的奖项。1988年9月15日，欧洲14个企业领导人与时任欧盟主席雅克·德洛尔（Jacques Delors）会面并共同签署了旨在提升欧洲企业竞争力的意向书。在此基础上欧洲质量管理基金会于1989年10月成立，67家欧洲企业总裁向基金会提交了各自的施政文本着力于实现EFQM的使命——我们渴望通过EFQM卓越模型让领导者学习、分享和创新实现持续卓越和愿景——追求持续卓越的世界。欧洲质量管理基金会的团队专家从实业界到实务界，并开发出EFQM卓越模型（如图1-2所示），同时在实践中不断得到修正。

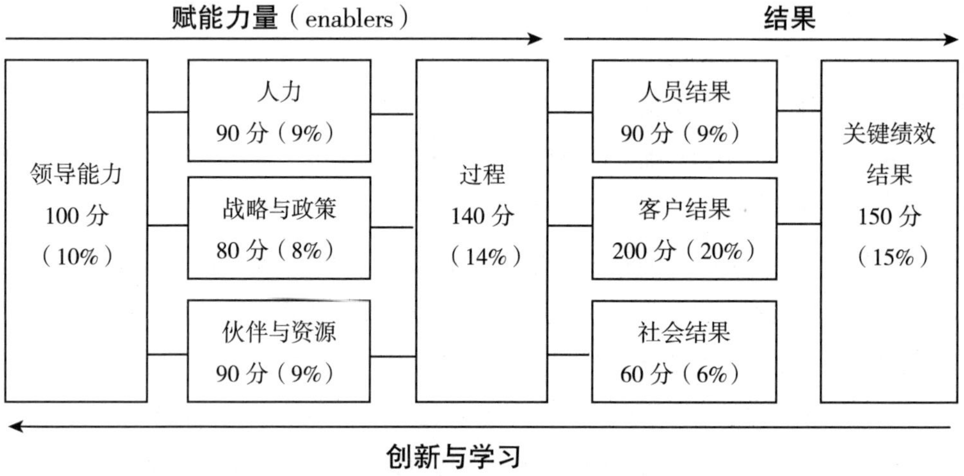

图1-2 EFQM卓越模型

资料来源：Davies, J., The implementation of the EFQM Excellence model in academic units of UK Universities, Doctoral Dissertation of University of Salford, 2004.

EFQM卓越模型包含三个重要组成：一是强调推动持续成功的八个核心原则或管理原则——为客户增加价值；创造可持续的未来；开发组织能力；巧用创造力和创新；借助愿景、激情和正直实施领导，敏捷管理，借助人才保证持续成功、保持卓越成果。二是推动持续成功的9个标准并分解为5个赋能力量（领导力、人员、战略、伙伴关系与资源以及过程、产品和服务）和4个重要结果（人员、客户、社会与经营结果）。三是源于PDCA（计划、实施、检查、处理）循环的RADAR逻辑（Results, Approach, Deploy, Assess and Redefine）。欧洲质量奖每年颁发一次。它面向欧洲每一个高绩效的组织，重在表彰卓越的企业，并帮助所有申请者追求卓越。EFQM 卓越奖定位于欧洲几十个国家和地区质量奖项的顶端，申请者通常都已经获得了所在地区和国家的质量奖。

4. 中国的质量奖

中国在国家层面的质量奖项分为全国质量奖和中国质量奖，其英文称谓都是“China Quality Award”。全国质量奖由中国质量协会（China Association for Quality，CAQ）负责承办，设立于2001年。自2012年起，全国质量奖中设置“卓越项目奖”以表彰运用卓越绩效模式在质量管理、技术创新等方面取得突出成效的重点工程和项目。目的是贯彻落实《中华人民共和国产品质量法》，激励和引导我国企业追求卓越的质量经营，增强组织综合竞争能力。中国质量协会与美国质量学会（American Society of Quality，ASQ）、日本科技联（Japanese Union of Scientists and Engineers，JUSE）、欧洲质量组织（European Organization for Quality，EOQ）以及中国国内外知名质量组织和高等院校建立了十分密切的联系，在质量研究与推广等方面做了大量有益的工作。中国质量协会承担了质量专业人员的考试，考试科目包括六西格玛黑带、六西格玛绿带、质量经理及可靠性工程师。全国质量奖的评奖标准基本按照2012年3月9日发布、2012年8月1日实施的《卓越绩效评价准则》进行（GB/T 19580—2012）。标准由国家质量监督检验检疫总局提出，由全国质量管理和质量保证标准化技术委员会归口，标准的起草单位包括中国标准化研究会、北京工业大学、中国人民大学、中国质量协会、上海三菱电梯有限公司、宝钢集团有限公司、上海质量管理科学研究院等。全国质量奖的标准借鉴国内外卓越绩效管理的经验和做法，结合我国企业经营管理的实践，从领导、战略、顾客与市场、资源、过程管理，以及测量、分析与改进及结果七个方面明确了组织卓越绩效的评价要求。标准注重组织运营绩效、满足顾客需求和持续改进与创新的能力，以及外部环境变化时组织的应变能力和可持续发展能力。

中国质量奖是2012年7月国家市场监督管理总局（原国家质量监督检验检疫总局负责[①]）颁发的奖项，是以中国政府名义设立的首个奖项，是政府名义在质量领域的最高荣誉，分设质量奖（每次不超过10个）和提名奖（每次不超过90个）。目前中国质量奖已经举行了三届颁奖大会，分别是2013年12月16日、2016年3月29日和2018年11月2日。原国家质量监督检验检疫总局2015年11月1日实施了新的《中国质量奖管

---

① 2018年3月13日，国务院不再保留工商总局、质检总局、食药监总局，将国家工商行政管理总局、国家质量监督检验检疫总局、国家食品药品监督管理总局、国家发展和改革委员会的价格监督检查与反垄断执法职责、商务部的经营者集中反垄断执法以及国务院反垄断委员会办公室等职责整合，组建国家市场监督管理总局，作为国务院直属机构。

理办法》①，共分六章四十二条。中国质量奖分为中国质量奖和中国质量奖提名奖两个奖项，每两年评选一次。当前的中国质量奖分为组织（制造业、服务业、工程建设业）、一线班组、城市政府、教育医疗机构以及个人等不同类别的奖项，军工企业则另行组织申报包含武器装备领域一线班组、武器装备领域组织以及武器装备领域个人奖项。

本章小结

本章从海底捞事件的案例开始，探讨了提升产品质量的艰巨性和复杂性，从哲学层面、经济学层面和运营层面阐述了对质量的认识，从产品和服务两个质量维度刻画了质量。同时本章还介绍了质量管理和质量管理学的演变与发展，并对戴明、朱兰等质量大师的观点和贡献做了说明，最后本章重点介绍了全球知名的质量奖项。

本章重要术语

质量认知　质量维度　性能表现　产品特征　感知质量　质量管理
戴明奖　波多里奇奖　EFQM

① 参见 http：//zgzlj. aqsiq. gov. cn/zcbf/201607/t20160726_470952. htm。

第二章

质量管理的历史发展与演进

【学习目标】

21 世纪是质量的世纪，通过本章的学习，使学生能够了解质量管理的历史发展过程，掌握我国质量管理的现实发展历程，并了解质量管理学代表性人物的观点及他们对质量管理所做的贡献。

【引导案例】

名牌的凋落

河北环宇集团从 1972 年开始生产电视机，在全国较有名气，获得过几十项荣誉，如“全国彩电评比一等奖”、“国家银质奖”及 1985 年“全国十大名牌”等，可谓名噪一时。可是到 1995 年底，环宇集团明亏 1.48 亿元，潜亏 4915 万元，负债 2.96 亿元，宣告破产。

环宇公司的彩电自 1974 年开始就被送进中南海，1984 年又较早地引进了彩电生产线，并进军欧洲市场，还在英国成立了英环公司，生产环宇电视机。此举吸引了 23 个国家的驻华大使、参赞来厂参观。1988 年，该公司生产电视机 40 万台，在当时算是很大的规模。但到了 1989 年，国内电视机市场开始走向疲软，而此时公司领导对电视机市场的发展走向没有做出正确的估计，仍然用老眼光看待市场。1989 ~ 1995 年，该厂对电视机产品的全部投入仅为 3000 万元。1984 ~ 1989 年，公司只销售了 47C – 2 型一种机型，虽然 1989 年后公司又开发了 54 厘米的几个新产品，但是其他电视机厂家则源源不断推出 64 厘米、74 厘米及画中画等新产品，而环宇彩电的产品线几乎没有太大变化，于是公司的市场占有率不断萎缩。

从市场开拓方面来看，环宇根本没有开辟自己的销售渠道与网络。电视机走俏时，该厂的销售只考虑先卖给谁、后卖给谁，根本不去考虑客户群体，也没有进行市场细分。环宇公司在全国的经销单位仅有20多个，没有自己的销售系统，市场疲软时，又不清楚产品的销路在哪里。从集团内部运作机制上看，其内部运作很不规范，内部结构变化频繁。自1987年起，公司机构每年一变或几变，从1987年到1991年的4年间进行了6次大调整，以及数次小调整。1991年后，集团内又做了3次拆分与合并的调整。电视机厂的厂长平均一年换一次，任期最长的为1年7个月，最短的则只有8个月，甚至连中层干部还没认全就下台了。而且，这些机构的调整，并没有把责、权、利理顺。厂长直接管理生产，但没有多少权力，公司总经理有权，但又不直接管理企业，导致企业运作存在很多制度性障碍。环宇集团最终于1995年7月宣告破产，在1996年被宝石集团收购。

（资料来源：岑英杰，《主业优先与多元发展案例》，载于《经济管理》1995年第5期。）

环宇集团破产，除了对市场前景的错误估计和集团内部运作不规范之外，最重要的就是对质量的认识不足。环宇集团以符合性质量概念作为衡量质量标准的依据，“符合标准”即为产品的质量，“符合”的程度就是质量的水平，这是在生产力不发达、市场竞争不充分条件下的产物。随着社会经济的发展、市场竞争的加剧，符合性质量概念的局限性逐步凸显出来。正是企业抱有这样的质量观念，才导致了其不能以长远、动态的眼光看待质量，对消费者的需求也很难有一个比较清晰准确的认识，因此，在质量管理上也就难以采取合理、有效的措施。

从环宇集团的失败案例来看，我们认识到：第一，企业的发展必须有一个长期的战略规划，对企业的发展目标、任务、企业的组织结构设置、各个时期所要达到一个怎样的程度等，都要有一个明确的认识，使得企业的各项活动都在一个指导思想下进行，不至于盲目而缺少章法。第二，要坚持全面质量管理。所谓全面质量管理就是一个组织以质量为中心，以全员参与为基础，通过让顾客满意和本组织所有成员及社会受益而达到长期成功的管理途径。第三，要转变质量观。用动态的眼光去看待消费者需求，时时刻刻洞察广大消费者的需求。环宇集团正是因为对质量的认识不够全面，放松了产品创新，不能更好地满足顾客不断变化的需求，所以渐渐地失去了市场。第四，要坚持创新。在现代市场中，创新已经越来越成为企业核心竞争力的重要推动力，只有不断创新，才能够适应市场需求，提高竞争能力，为企业创造更多的利益，使企业在市场上占据有利地位。环宇集团正是因为对市场前景做出了错误的估计，对电视机市场投入过少，创新不足，才逐渐被市场淘汰，最终走向破产。

第一节 质量管理的发展

质量管理是一门科学，它是伴随着产业革命和整个社会生产的发展而发展的。了解质量管理的发展历程，有助于我们有效地学习各种质量管理的思想和方法。从20世纪初到现在，质量管理的观点一直在不断更新，其发展过程主要经过四个阶段，即质量检验阶段、统计质量控制阶段、全面质量管理阶段、六西格玛管理阶段。

一、质量检验阶段

20世纪初期，美国工程师泰勒提出了科学管理的理论，主张企业内部实行严格的分工。随着企业规模的扩大以及企业内部分工的细化，大多数企业把检验从生产中分离出来，成立检验部门，质量管理进入“质量检验”阶段。这一阶段也称为传统质量管理阶段，其主要特征是按照规定的技术要求，对已生产出的产品进行筛选，把不合格品和合格品分开，这对于确保不合格品不流入下一工序或者出厂送到用户手中是非常必要和有效的，即使在今天的工厂中，质量检验仍是不可缺少的环节。质量检验阶段的主要质量职能是通过严格检验来保证工序间和出厂的产品质量。

在质量检验阶段，生产的产品相对简单，生产方式以手工操作为主，主要有以下三种情况：

（1）操作者的质量管理。手工艺者参与工艺品生产的全过程，对自己制作的工艺品的自豪感和对自己名声的看重，是手工艺者检查工艺品以确保工艺品制作精良的动机。在此过程中，质量由一个人或者少数几个人负责。

（2）工长的质量管理。工业革命产生了劳动分工，每个工人仅对每件产品的一小部分负责。泰勒提出了在生产中应该将计划与执行、生产与检验分开的主张，强调工长在保证质量方面的作用，把执行质量检验的责任由操作者转移给工长。

（3）检验员（部门）的质量管理。在一些工厂中开始设立专职的检验部门，对生产出来的产品进行质量检验，鉴别合格品或废次品。

质量管理的职能从操作者转移给工长，再转移给检验员（部门），其职能的划分越来越明确，逐渐形成了三权分立的局面，如图2-1所示。

质量检验阶段的三权分立尽管在一定程度上明确了各部门的责任与义务，但仍然存在局限性，主要包括：质量检验的工作仅限于事后检验，不能预防废品的产

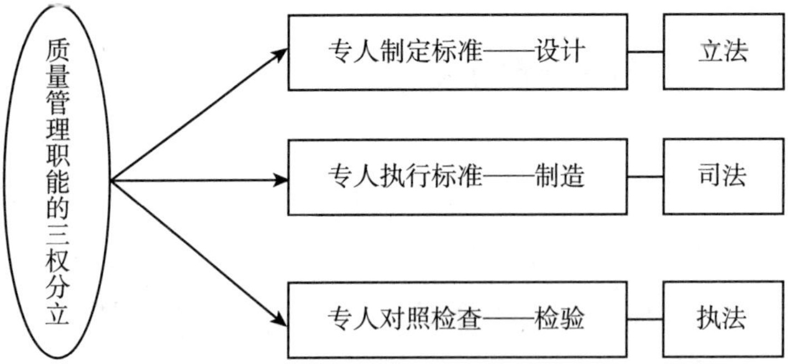

图 2 –1　质量检验分工

资料来源：[美] 约瑟夫·M. 朱兰、A. 布兰顿·戈弗雷，《朱兰质量手册》（第五版）（焦叔斌等译），中国人民大学出版社 2003 年版，第 86 页。

生，因而也不能减少因废品而造成的损失；在实际的质量检验过程中，仅限于检验，缺乏系统的优化，即使出现质量问题也很难找到责任人；经济上不合理，它要求全部检验，费用比较高，不适用于破坏性检验和比较昂贵产品的检验（这些检验不能进行全检）。

神医扁鹊曾经对魏文王说过，自己的医术并不比两位哥哥好，只是大哥治病，是治病于病情发作之前，由于一般人不知道他能事先铲除病因，反而觉得他的治疗没什么明显的效果；二哥治病，是治病于病情初起的时候，所以看上去他只能治轻微的小病；而自己治病，是治病于病情已经严重的时候，在经脉上穿针放血，在皮肤上敷药，用麻药让人昏迷，做的都是些不可思议的手术，所以人们认为他的医术最高明。其实，扁鹊的做法就是事后控制，而他大哥的做法是事前预防，二哥的做法是事中控制。从扁鹊和他哥哥们的故事中我们看到，事后控制不如事中控制，事中控制不如事前控制，可惜大多数人均未能体会到这一点，等到错误的决策造成了重大损失才寻求弥补，但有时是亡羊补牢，为时已晚。

也正是由于质量检验阶段的事后检验、全面检验和破坏性检验等客观矛盾，才促使人们去探寻质量管理的新思路与新方法。例如，1924 年，贝尔电话研究所的休哈特博士提出了控制生产过程进行产品缺陷预防的做法将事后把关变为积极预防；1929 年道奇（Dodge）和罗米格（Romig）提出“抽样检查表”，瓦尔德（Wald）提出逐次抽检（序贯抽检）方法，解决了全检不适合的情况。到了 20 世纪 30 年代初，由于经济危机，商品滞销，产品积压，生产力下降，导致这些方法未能得到广泛应用。因此，一直到 30 年代末 40 年代初，绝大多数企业仍采用事后检验的质量管理方法。

二、统计质量控制阶段

20 世纪 40 年代，为适应大规模生产的要求，美国和欧洲的一些数理统计学家，把概率论和数理统计的原理运用于质量管理，成功地创立了“过程控制图”和“产品抽样检查表”等体现预防为主的质量控制方法，使质量管理发展到“统计质量管理阶段”（statistical quality control，SQC）。这一阶段的主要质量职能是用管理统计的方法控制整个生产过程的质量。

在第二次世界大战期间，军需品面临严重问题（武器质量、被服质量、药品质量等），美国政府开始推广使用统计质量控制方法，用数理统计方法制定了战时质量管理标准，《质量管理指南》《数据分析的控制图方法》《生产中的质量管理控制图》成功解决了武器等军需品的质量问题，使美国的军工生产在数量上、质量上和经济上都处于世界领先地位。

由于采用了统计质量控制方法，给这些军工企业带来了巨额利润。战后，其他企业也竞相仿效，统计质量控制方法在飞机、通信、电子、军工等产品中得到广泛应用。由于大量使用统计质量控制方法，“事先控制，预防废品”的质量管理新思路随之产生，质量管理开始进入统计质量控制阶段。

在企业的实际生产中，也逐渐使用了统计质量的方法。例如，一家纺织机械厂，主要产品之一是细纱机，也是该厂创效益、创外汇的产品。机梁是细纱机的主要零件，其长厚比达 130∶1，极易产生加工变形，技术精度要求高，其中主要技术特性值平面度要求仅为 0. 15 毫米。与同行业相比，为了减少切削，机梁毛坯加工余量仅为 3 毫米，加工工艺难度较高，且机梁数量大，每台细纱机有 28 根，每年需 67000 根机梁。机梁质量的好坏将直接影响该厂经济效益，而现在机梁质量波动较大，返修率较高。为了提高机梁一次投入产出合格率，该纺织机械厂充分利用统计质量控制中的旧七种工具对机梁整个加工工艺过程进行了分析。为了寻找出现废品的原因，对 500 件机梁加工工序的一次合格率进行测试，从人、机、料、方法、环境五方面找出了影响机梁平面度而造成不合格品的原因。针对主要原因，该纺织机械厂制定相应的对策，实施后产品的一次合格率达到并超过质量管理小组预定的一次合格率为 85% 的目标。为了进一步巩固已取得的成果，该纺织机械厂将这次质量管理活动的各项措施进行标准化，制定了“作业指导书”，使生产人员能按作业指导书中的加工方法及要求进行操作。

不仅是纺织机械厂，很多企业也纷纷效仿，在实际工作中取得了很好的成绩。在这一阶段，统计方法得到全面集中的应用，结果表现为“统计质量控制”运动削弱了

“质量检验”作为管理过程的运用。质量检验阶段中把不合格品和合格品分开的事后把关检查，是基于废品已经出现，而废品既已出现，即使被检查出来，也已然造成了损失，因此它不是一种积极的方式。积极的方式应该是把废品消灭在发生之前，防止出现废品带来损失。大规模生产和生产效率的不断提高，会放大废品产生的风险与相应的损失，也使需要大量数据支持的统计方法的使用有了必要的基础。应用数理统计的方法对生产过程进行控制，并非等一个工序整批工件加工完成才去进行事后检查，而是在生产过程中定期地进行抽查，并把抽查结果当成一个反馈的信号，通过控制图发现或者鉴定生产过程是否出现了不正常情况，以便能及时发现和消除不正常的原因，防止废品的产生。

在统计质量控制阶段，主要强调对生产制造过程的预防性控制，使质量管理由单纯依靠质量检验事后把关发展到突出质量的预防性控制与事后检验相结合的工序管理，成为进行生产过程控制的强有力的工具；同时，统计质量管理仍然以满足产品标准为目的，而不是以满足用户的需要为目的；但是，统计质量管理偏重于工序管理，过分强调统计方法，忽视组织管理和生产者能动性，主要靠专家和技术人员进行统计分析，难以调动广大工人参与质量管理的积极性，从而影响了质量管理方法的普及，限制了它的发展。

虽然统计质量管理也存在一定的缺陷，但是统计质量控制是质量管理发展过程中的一个重要阶段，是质量管理理论和实践的一次飞跃。它是在20世纪40～60年代这段时间得到发展和推广应用的，把事后把关变为事前预防，很好地解决了全数检验和破坏性检验的问题，广泛深入地应用了统计的思考方法和统计的检查方法。

三、全面质量管理阶段

在新的社会历史背景和经济发展形势的推动下，全面质量管理的理论应运而生。20世纪50年代中期，美国学者费根鲍姆首先提出了全面质量管理理论。他指出：全面质量管理是为了能在最经济的水平上，并考虑到充分满足用户要求的条件下进行市场研究、设计、生产和服务，把企业内各部门的研制质量、维持质量和提高质量的活动构成一体的一种有效的体系。这一理论扩大了质量管理的应用范围，即从早期集中于生产过程扩展到产品设计和原材料的采购。这一理论的一个重要特征就是要求高层领导更多地参与到质量管理中来。

全面质量管理的出现不是偶然的，而是现代科学技术和现代工业发展的必然产物。20世纪70年代末期，质量管理发生了戏剧性的变化，开始从质量保证向质量管理战略方法转变。实际上，之前的质量管理一直致力于在产品送到市场之前发现并处理其质量问题，这无疑是一种消极被动的方法。由哈佛大学教授加文等（Pavid Garvin et al.，2012）倡导的质量管理战略方法是积极主动的方法，把事后处理与事前预防有机结合起来，质量和利润得以更紧密地结合在一起。这种方法也非常重视提高顾客的满意度，要求包括一线工人在内的各个管理层都要致力于改进产品质量。对于20世纪后半期出现的许多综合多种门类技术成果的大型、精密、复杂的现代工业产品来说，影响质量的因素已不是几十个、几百个，而是成千上万个。对一个细节的忽略，也会造成全局的失误。在这种情况下，仅在制造过程实施质量控制已不足以保证产品质量，必须应用系统原理、行为科学等理论实施全过程质量管理。这样，全面质量管理作为现代企业管理的一个重要组成部分也就应运而生，并且迅速得到推广，其具体过程如图2－2所示。

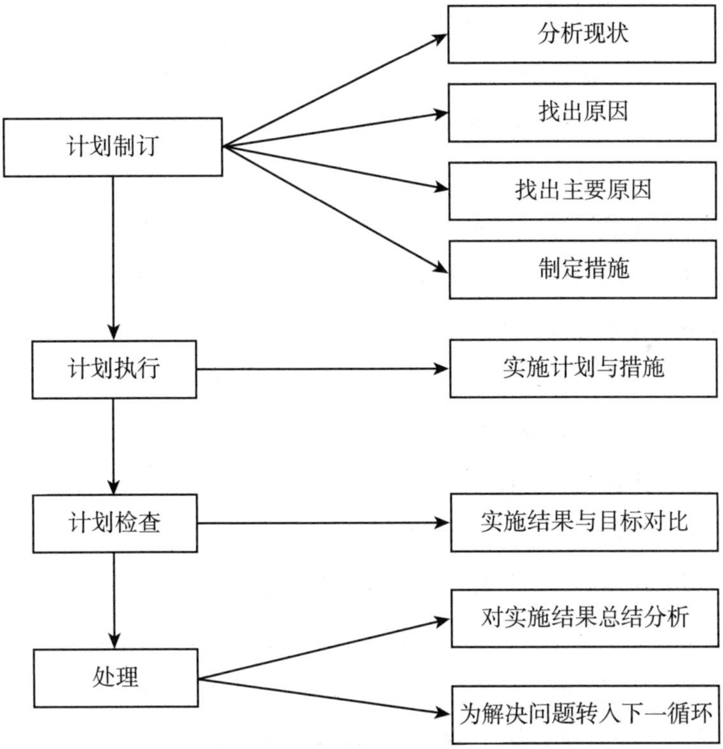

图2－2　全面质量管理阶段过程模型

资料来源：刘刚，《基本供应链的全面质量管理体系建设》，载于《物流工程与管理》2018年第11期，作者有改编。

由上述模型我们可以看到，全面质量管理是一个“三全”的质量管理体系，即全过程性、全员性、全面性。

（1）全过程性。全过程的质量管理是一种覆盖产品形成各个环节的质量管理，不仅要对产品加工制造环节进行管理，而且要对产品的市场调查、设计过程、销售直至售后服务等环节进行总体的质量管理。企业为了实现全过程的质量管理，就必须建立质量管理体系，将企业的所有员工和各个部门的质量管理活动进行有机的组织，将产品质量产生、形成和实现全过程的各种影响因素与环节都纳入质量管理的范畴，只有这样才能在日益激烈的市场竞争中及时地满足用户要求，不断提升企业竞争力。

（2）全员性。产品质量的好坏，是企业许多环节和工作的综合反映。每个环节的每项工作都涉及人，企业的人员，无论是前方的还是后方的，是车间的还是科室的，没有一个人不与产品质量有着直接或间接的关系。每个人都重视产品质量，都从自己的工作中去发现与产品质量有关的因素并加以改进，产品质量就会不断提高。全体成员根据各自的岗位特点，为提高产品质量、加强质量管理恪尽职守。加强质量管理，不是某几个部门或少数几个人的工作，而是许多部门，特别是包括技术部门在内的有关科室和生产车间的共同任务。因此，质量管理，人人有责。只有人人都关心质量，都对质量高度负责，产品质量才能有真正的提高和保证。所以，质量管理必须由全体人员进行管理。

（3）全面性。这里的全面性包括三个方面的内容。一是管理对象的全面性，即全面质量管理的对象是广义的质量，不仅包括产品质量，而且包括工作质量；二是管理方法的全面性，即在质量管理过程中要针对不同的情况，灵活运用各种现代化的管理方法和手段，将众多的影响因素系统地控制起来，具体包括数理统计、质量设计、反馈控制、信息化技术等；三是经济效益的全面性，即企业除保证自身能获得最大的经济效益外，还应从社会和产品寿命循环全过程的角度考虑经济效益问题。

全面质量管理随着进一步的扩展和深化，已经演变为一种全面、全过程、全员参与的质量管理，并且采用的方法是科学的、多种多样的，是一种综合、全面的经营管理方式和理念。正如我们所熟知的宝洁公司，从产品研制开始，直到设计、生产工艺保障、质量管理的控制、包装装潢、售前售后服务等都胜人一筹，靠的就是全面的质量管理制度和方法。“质量是企业的生命”，这句话已经成为现代企业的共识。而宝洁不仅将其作为企业运作原则，更是将其作为深入了解消费者对质量需求及进行其他企业行为的基本动力。它不只是方法论，更是一种行事态度。以质竞争，攻优夺誉，这便是宝洁公司营销策略的重要组成内容。从宝洁的案例我们可以看到，随着时代的发展，人们已逐渐认识到产品质量的形成不仅与生产制造过程有关，还与涉及其他许多过程、环节的因素有关。只有将影响质量的所有因素统统纳入质量管理的轨道，并保持系统、协调的运作，才能确保产品的质量。

四、六西格玛管理阶段

六西格玛是一种管理策略，是由当时在摩托罗拉任职的比尔·史密斯（Bill Smith）于1986年提出的。这种策略主要强调制定极高的目标、收集数据以及分析结果，通过这些来减少产品和服务的缺陷。六西格玛是一种改善企业质量流程管理的技术，以“零缺陷”的完美商业追求，带动质量成本的大幅度降低，最终实现财务成效的提升与企业竞争力的突破。

六西格玛管理是寻求同时增加顾客满意和企业经济增长的经营战略途径，是使企业获得快速增长和竞争力的经营方式，它不是单纯的技术方法的引用，而是全新的管理模式。六西格玛管理既着眼于产品、服务质量，又关注过程的改进，是在全面质量发展基础上的一种理念、文化和管理方法，其精华是六西格玛五大表现特征，即真正关注服务对象的满意度、以数据量化为基础、以减少偏差为侧重点、确保持续改进的五步过程（定义、测量、分析、改进和控制）和六西格玛文化。

六西格玛管理是一个不断改善的过程，在其标准下，企业永不间断地寻求质量的提高和质量的稳定，没有终点。六西格玛的具体实施步骤如下：

（1）找问题。即把要改善的问题找出来，当目标锁定后便召集有关员工成为改善的主力，并选出首领作为改善责任人，跟着编制的时间表跟进。

（2）研究现时生产方法，收集现时生产方法的数据，并作整理。

（3）找出原因。集合有经验的员工，利用科学方法找出每一个可能发生问题的原因。

（4）计划及制定解决方法。依靠有经验的员工和技术人才，通过各种检验方法，找出解决办法，当方法设计完成后，便立即实行。

（5）检查效果。通过数据收集、分析，检查其解决方法是否有效和达到什么效果。

（6）把有效方法制度化。当方法证明有效后，便制定为工作守则，各员工必须遵守。

（7）总结成效并发展新目标。当以上问题解决后，总结其成效，并制订解决其他问题的方案。

从质量检验阶段、统计质量控制阶段发展到全面质量管理阶段，再到全新的六西格玛管理，是质量管理工作一个质的飞跃，标志着质量管理进入了一个新的阶段，使得质量管理的概念更加全面，从而更好地为用户服务。

第二节 中国质量管理的现实发展历程

一、中华人民共和国成立初期的质量管理情况

中华人民共和国成立初期，计划经济占绝对主导地位，该体制所形成的思维模式一直影响着我国质量管理的发展，企业更重视生产是否按照计划完成，并不关注产品的质量管理。这就造成了国内企业生产出的产品信誉低，只能自产自销，很难走出国门，同时也造成了一定程度的浪费。自 1949 年新中国成立至 1977 年，我国所实行的质量管理基本上处于单纯的质量检验阶段。

20 世纪 80 年代，我国企业从传统的质量管理阶段跨越统计质量控制阶段，直接进入全面的质量管理阶段。改革开放以来，我国企业面对不断变化的外部环境，面对市场竞争的压力，逐步走向世界舞台，如何持续、快速、健康发展成为所有企业无法回避的现实问题。企业要想真正把握改革开放带来的机会就必须做好自身产品质量的保障，提高产品品牌价值，得到顾客认可。1978 年，以北京内燃机总厂为试点，机械工业系统开始推行全面质量管理，取得了初步成效，并于 1978 年开始了第一次“质量月”活动。当时，中国科学院系统科学研究所的刘源张在北京内燃机厂建立了我国第一个质量管理小组（quality control，QC），为推广全面质量管理做出了突出的贡献。1979 年，全国性质量管理群众团体——中国质量管理协会成立。在原国家经贸委的统一领导下，全国各地区、各部门有组织地开展了全面质量管理活动。1981 年，我国申请参加了 ISO/TC 176，成为 ISO 成员（观察国）。1985 年，原国家经贸委颁布了《工业企业全面质量管理办法》，全面质量管理得到了普遍推广。

在我国推行全面质量管理的过程中，QC 小组发挥了重要作用。自 1979 年开始，每年都召开一次全国 QC 小组代表会议，推动了质量管理小组的发展，也推动了全国全面质量管理活动的发展。1987 年《质量管理小组活动管理办法》的颁布，标志着我国质量管理小组活动走上了制度化的轨道。

二、ISO 9000 系列标准在我国的采用情况

随着企业对质量管理的不断重视，出台国家层面的质量管理标准就变得迫在眉睫。1988 年，我国标准化行政主管部门按照等效采用国际标准的指导思想，参考 1987 年版的 ISO 9000 系列标准，制定发布了 GB/T 10300《质量管理和质量保证》系

列标准，并授权有关机构对企业开展了贯标试点工作。1987 年，ISO 9000 系列标准的第一版正式发布，从 ISO 9000 的第一版就开始采用，也充分表明了我国要做好质量管理的决心。

国家技术监督局成立后，按照《中华人民共和国标准化法》和《中华人民共和国产品质量法》的相关要求，1989 年组织成立了全国质量管理和质量保证标准化技术委员会（后因国家标准化行政主管部门更名为国家标准化管理委员会）。全国质量管理和质量保证标准化技术委员会在广泛听取专家、学者、质量管理和标准化工作者意见的基础上，进一步对 ISO 9000 系列标准进行研究，最终决定由等效采用 ISO 9000 系列标准变为等同采用，并于 1992 年 10 月发布 GB/T 19000 idt ISO 9000：1987《质量管理和质量保证系列标准》，组织在全国范围内进行宣贯。这也意味着我国质量管理和质量保证方面的核心标准与国际标准完全实现统一，使我国获得国内质量管理体系认证的企业拿到了国际质量评价和监督的通行证。1992 年我国开展了“中国质量万里行”活动。1996 年，国务院颁布实施《质量振兴纲要》。1999 年召开了全国质量工作会议，会后发布了《国务院关于进一步加强产品质量工作若干问题的决定》。2000 年，新修订的《产品质量法》颁布实施，这将从根本上提高我国主要产业的整体素质和企业的质量管理水平。

伴随着 ISO 9000 系列标准的改版，我国又相继发布了 GB/T 19001 - 1994 idt ISO 9001：1994《质量体系设计、开发、生产、安装和服务的质量保证模式》、GB/T 19001 - 2000 idt ISO 9001：2000《质量管理体系要求》、GB/T 19001 - 2008 idt ISO 9001：2008《质量管理体系要求》等对应版本的质量管理和质量保证国家标准。

此外，我国还制定了一系列质量法律和法规，如《产品质量法》《消费者权益保护法》《反不正当竞争法》《计量法》《标准化法》等，使产品质量走上法制轨道，推行并逐步完善了我国的质量认证认可制度，建立了一个完整的质量认证体系。2001 年，中国质量管理协会重新启动全国质量管理奖评审工作。2001 年 4 月，为适应社会主义市场经济的发展，国务院决定，将原国家质量技术监督局和原国家出入境检验检疫局合并，组建国家质量监督检验检疫总局，主管全国质量、计量、出入境商品检验、出入境卫生检疫、出入境动植物检疫和认证认可、标准化等工作。同时成立中国国家认证认可监督管理委员会和国家标准化管理委员会，分别统一管理全国认证认可和标准化工作。所有这些工作，都极大地推动了我国质量管理工作的开展，提高了我国产品质量水平，增强了我国产品的市场竞争能力。

企业采用 ISO 9000 质量管理体系是时代的选择，有着重要的意义。一是强化品质管理，提高企业效益。在市场竞争日益加剧和国际化的今天，顾客乃至整个社会对质量的期望值变得越来越高，已经不单单满足于只凭抽检结果来证明产品的合格率，他们要求企业提供的产品从原材料到最终服务的全过程都要处于可控状态，并全部能够提供可追溯的数据和记录，要求产品提供者对质量有更高的承诺并制定切实的检验手段以确保产品的质量。二是实现企业质量管理规范统一，取得市场通行证。ISO 9000 质量管理体系的核心是建立文件化、模板化的质量体系。随着全球经济一体化进程的加速，市场竞争的规则在逐步统一，ISO 9000 质量管理体系已经成为全球在质量控制上的基本要求，这也就意味着取得 ISO 9000 质量管理体系认证的企业，获得了一张国际市场的通行证。三是注重沟通协调，完善内部管理，赢得顾客信赖。ISO 9000 质量管理体系区别于其他质量控制标准的最明显之处就是注重沟通协调，具体包括企业内部的沟通协调和与供应商、顾客等外部沟通协调。四是提高全员质量素质，强调风险防控，促进企业可持续发展。尽管市场经济和全球化几乎让每个企业家都真正经历了切肤之痛，但企业中员工的市场意识、竞争意识、质量意识都尚未发生根本改变，并未意识到质量问题可能带来的企业危机，依旧停留在只由质检人员把控产品质量的阶段。采用 ISO 9000 质量管理体系，能够让企业中的员工理解并感受到工业化国家在几百年的市场经济运行中所总结出的质量管理经验，同时通过规范化的质量管理工作流程，促进员工观念的彻底转变，从而提高企业员工的质量素质和意识，这对企业在市场经济和全球化的市场中不断前进具有重要意义，有利于提高企业的核心竞争力。

产品质量是企业的命脉和灵魂，尤其是在市场竞争激烈的今天，一个企业是否具有持续的竞争力与质量的保证息息相关，只有质量过硬，才能赢得顾客的满意与信赖，才能在市场上立于不败之地。ISO 9000 质量管理体系是国际认定的质量管理和质量保证的标准，企业在质量管理中采用 ISO 9000 质量管理体系是市场经济发展的实际要求，也是企业未来发展的客观需要，对企业的可持续发展有着十分重要的意义。

第三节　质量管理大师的思想

正是质量管理专家在质量管理方面所做的贡献，才让我们清晰地理解质量管理的相关知识，是他们的工作决定了现代质量管理的发展，影响了世界企业对质量管理的认知，因此，了解大师们的思想理念是非常必要的。

一、泰勒的质量管理理念

科学管理之父泰勒最早在质量管理方面提出了职能工长制。该过程是指，由一个工长负责一方面的职能管理工作，细化生产过程管理。即在职能工长制下，原有制度中的一个人的职能被八个人取代。这种职能管理思想为以后职能部门的建立和管理的专业化提供了参考。进行职能工长制变革的好处是：第一，能在较短时间内训练出一批工头，他们可以充分地执行其职务责任；第二，这一新体制无论对于工长还是对于工人，都完全适用于四项主要的管理原则。

职能工长制是根据工人的具体操作过程，进一步对分工进行细化而形成的。在泰勒看来，一位“全面”的工长应该具备九种品质：智能；教育；专门的或者技术的知识，手脚灵巧和有力气；机智老练；有干劲；刚毅不屈；忠诚老实；具有判断力和一般常识；身体健康。要找到一个具备上述三种品质的人并不太困难，但要找到一个能具备上述七种或八种品质的人，几乎是不可能的。所以为了使工长能有效地履行自己的职责，还必须把管理的工作再加以细化，使一个工长只承担一种管理职能。在实际工作中，由于一个工人同时接受几个职能工长的多头领导，容易引起混乱，所以没有得到推广。但是泰勒的职能管理思想，是把总经理的权力交给低一级的专业管理人员承担的一种分权的尝试，为以后职能部门的建立和管理的专业化提供了启发与思路。

二、戴明的质量管理理念

质量管理从质量检验阶段发展到统计质量控制阶段，美国质量管理学家戴明（W. Edwards Deming）起着关键作用。戴明对世界质量管理发展做出的卓越贡献而享誉全球。作为质量管理的先驱者，戴明学说对国际质量管理理论和方法始终产生着异常重要的影响。他认为，质量是一种以最经济的手段制造出市场上最有用的产品。一旦改进了产品质量，生产率就会自动提高。戴明的主要观点是：引起效率低下和不良质量的原因主要在于公司的管理系统而不在员工。他总结出质量管理的 14 条原则，认为一个公司要想使其产品达到规定的质量水平必须遵循这些原则。其原则简洁易明，成为全面质量管理的重要理论基础。

戴明的 14 条原则如下：

（1）持续改进产品和服务，创造一个改善产品和服务的永恒目标。高层管理者必须把关注点从短期目标转移到长远建设上来，坚持改革和创新，建立改进产品和服务的长期目标。

（2）建立新的质量观念。绝对不能容忍不合格的材料、有瑕疵的产品、不合规的操作、松散的服务存在于新的经济市场中。

（3）停止依靠大量检验来保证质量。检验是在生产出产品之后进行的，已经太迟了，而且成本高、效益低。正确的做法是改良生产过程，提供质量得以确认的统计数据，防止不合格产品而不是检查不合格产品。

（4）结束仅仅依靠价格选择供应商的做法。价格本身并没有实际意义，只是相对于质量才有意义。因此，只有管理当局重新制定采购原则，采用统计工具来判断供应商及其产品的质量，淘汰不能提供有关质量统计数据的供应商。

（5）持续且永无止境地改进生产和服务系统。在生产活动的每一道工序中，包括采购、运输、工程、方法、维修、销售、分销、会计、人事等，都必须降低浪费和提高质量。

（6）建立新时代的工作岗位培训。培训是要有计划的，并且必须建立在认可的工作标准之上，然后使用统计方法来衡量培训工作是否奏效。

（7）领导挂帅，进行现场指导。督导人员对生产过程中出现的不合格品、工具不合适、操作不清楚等情况要及时反映，必须让管理层知道需要改善的地方。公司得知后，要立即采取行动。

（8）排除员工的恐惧感。所有的工作者，不管是管理层还是普通员工，都要大胆地对公司不合理的地方提出质疑，表达意见，以便更好地为公司服务。

（9）打破部门之间的障碍。现代社会，团队意识是很重要的，每个部门都不能独善其身，必须协同作战，发挥团队精神，共同为公司服务。

（10）取消形式主义，注重工作程序。废除针对工人提出的标语、口号，很多改变往往是在一般员工的控制范围之外的，这些宣传只会导致反感。即使在没有提供新方法的情况下，也要不断追求新的生产率目标。

（11）取消数字指标。定额制和计件制都是只注重数量，不关乎质量，公司要把焦点放在质量上，提高产品和服务的质量，提升公司价值。

（12）为工作技艺自豪。临时工也是公司的一员，任何导致员工失去工作尊严的因素必须消除，增强他们的工作自豪感。

（13）制订和实施培训计划。生产力和质量的改进会导致部分工作岗位发生变化，因此要求所有员工不断接受训练及再培训，以适应公司的不断发展。

（14）采取行动完成转变。在高层管理者中采取相应的措施，促使每天的工作都符合上述 13 条原则。

戴明的另一主要成就是提出了产品质量的过程改进方法——PDCA 循环。PDCA 循环是质量体系活动应遵循的科学工作程序，也是全面质量管理的基本活动方法，也称“戴明环”。PDCA 循环是能使任何一项活动有效进行的一种合乎逻辑的工作程序，特别是在质量管理中得到了广泛的应用。它反映了质量改进和完成各项工作必须经过的四个阶段，即计划（plan）、执行（do）、检查（check）、处理（action）。这四个阶段不断循环下去，周而复始，使得质量不断改进。图 2－3 为 PDCA 循环示意。

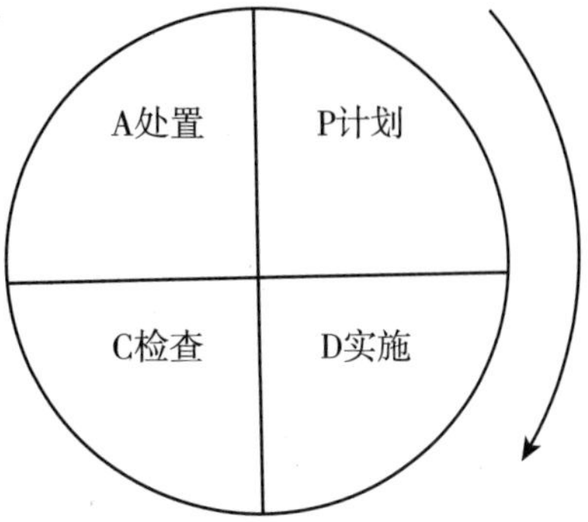

图 2－3　PDCA 循环

资料来源：张公绪，《新编质量管理学》，高等教育出版社 2003 年版，第 376 页。

三、朱兰的质量管理理念

朱兰（Joseph M. Juran）是继戴明之后对统计质量控制阶段产生深远影响的世界著名质量管理专家，被认为是日本质量管理取得成功的另一个主要贡献者。朱兰视质量为适用性，他认为管理的主要职责之一就是纠正质量缺陷。朱兰所倡导的质量管理理念和方法始终影响着世界以及世界质量管理的发展，并引领着世界质量管理的发展方向。他被认为是第一个提出计算质量成本的质量管理专家，解释了不良质量的成本如果得到降低，就有可能增加公司利润的原因。

朱兰认为，质量危机的解决必须打破传统的界限，制定新的行动步骤来对产品的质量进行改进，提出了著名的“朱兰三部曲”（如图 2－4 所示），即质量策划、质量控制和质量改进三个过程，每一个过程都需要一套固定的执行程序来实现。

1. 质量策划

质量策划是为实现质量目标做的准备工作，主要包括五个步骤：（1）明确顾客；（2）明确顾客要求；（3）开发满足顾客需求特征的产品；（4）开发工艺；（5）支付生产工艺。

2. 质量控制

质量控制为产品质量改进过程何时采取纠正措施提供了参考和依据，主要包括三个步骤：（1）评价产品性能；（2）与设计目标比较；（3）采取纠偏措施。

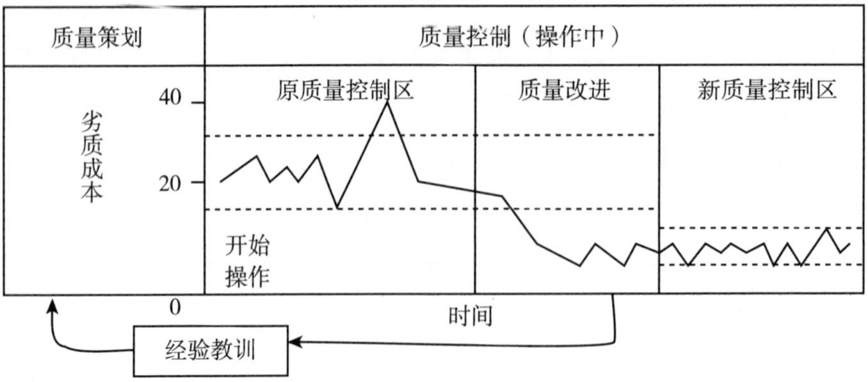

图 2-4 朱兰三部曲

资料来源：[美] 约瑟夫·M. 朱兰、A. 布兰顿·戈弗雷，《朱兰质量手册》（第五版）（焦叔斌等译），中国人民大学出版社 2003 年版，第 12 页。

3. 质量改进

质量改进是指突破原有的计划达到新的质量水平，主要包括四个步骤：（1）建立改进的基础条件；（2）确定改进项目；（3）建立项目组；（4）为小组提供资源、培训和激励。

朱兰对世界质量管理所做的另一个重要贡献就是提出关于质量控制的重要理论。朱兰认为，为获得产品的最佳使用效果，需要进行一系列相关的质量管理活动。这些活动主要包括市场调查、开发设计、计划采购、生产控制、检验、销售、反馈等各个环节。同时，这些环节又在整个过程周而复始的循环中螺旋式上升。因此，它也被称为“质量进展螺旋”。

四、费根鲍姆的质量管理理念

费根鲍姆（Armand V. Feigenbaum）是全面质量控制的创始人，因在 1983 年出版的《全面质量管理：工程和管理》中提出的全面质量管理而闻名。他主张用系统或者全面的方法管理质量，在质量过程中要求所有职能部门参与，而不局限于生产部门。他强调管理的观点，并认为人际关系是质量控制活动的基本问题。费根鲍姆在 1961 年出版了《全面质量控制》一书，把全面质量计划当作组织和企业中最有力的工具，在世界质量史上颇具影响。全面质量管理强调必须体现以下两个思想：（1）预防为主、不断改进的思想；（2）为顾客服务的思想。全过程的质量管理就意味着全面质量管理要“始于识别顾客的需要，终于满足顾客的需要”。

五、石川馨的质量管理理念

石川馨（Kaoru Ishikawa）是日本式质量管理的集大成者，深受戴明和朱兰的影响，在全面质量管理阶段，他率先将统计技术和计算机技术应用到全面质量管理过程中。用于发现问题“根本原因”的因果分析图就是石川馨的主要贡献之一。即利用“头脑风暴法”来集思广益，寻找影响质量、时间、成本等问题的潜在因素，然后用图形形式表示的用来揭示质量特性波动和潜在原因之间关系的一种十分有用的方法。

石川馨认为，质量不仅指的是产品质量，还包括工作质量、部门质量、人的质量、体系质量等，即全面质量管理就是在全公司范围内进行质量管理，包括全部门参与、全员参与、全过程参与。他推行的质量管理是经营思想的一次革命，内容可以归纳为六项：（1）质量第一；（2）面向消费者；（3）下道工序是顾客；（4）用数据、事实说话；（5）尊重人的经营；（6）机能管理。

六、克罗斯比的质量管理理念

在全面质量管理阶段的末期，被誉为“最伟大的管理思想家”“零缺陷之父”“世界质量先生”的美国质量管理专家克罗斯比（Philip B. Crosby）提出要推广“质量管理”哲学的发展和应用。克罗斯比引发了全球源于生产制造业，继而扩大到工商所有领域的质量运动，创造了其独有的词汇，如“零缺陷”“符合要求”的质量定义以及“不符合要求代价”等。

克罗斯比以他在工厂组装线上作为质量监督员的经验，编写了一本易于理解的管理学著作《质量是免费的》，他认为一套以零缺陷为目标的管理体系是必要的，可以极大地减少资源的浪费。在克罗斯比看来，产品质量应符合零缺陷管理理论：质量的定义是符合要求；质量通过预防措施来达成；质量的执行标准是零缺陷；质量要用不符合要求的代价来衡量。

克罗斯比的理论注重行为实践，强调用管理过程而不是统计知识来改善企业的状况。根据他自己的亲身经验，提出了改进质量的 14 个步骤：（1）管理阶层的承诺；（2）质量改进小组；（3）质量衡量；（4）质量成本；（5）质量意识；（6）改进行动；（7）零缺陷计划；（8）主管教育；（9）零缺陷日；（10）目标设定；（11）消除错误成因；（12）激励；（13）质量委员会；（14）持续改进。

本章小结

本章系统介绍了质量管理的历史发展与演进，以及质量管理这门科学诞生及发展的四个阶段。详细介绍了质量管理在各个国家的发展及演进，国际上及我国质量管理方面的法律法规和相关制度、准则，最后对戴明、朱兰等质量大师的生平和观点进行了简单介绍。

本章重要术语

质量管理　　质量检验　　统计质量管理　　全面质量管理　　六西格玛管理

第三章

质量战略与质量运营

【学习目标】

通过本章的学习，了解质量战略制定的过程；了解质量运营管理思想发展史及质量管理思想；了解运营管理所要实现的目标及系统运营管理；了解全面质量管理的发展、质量改进方法及实际运用。

【引导案例】

我国缺陷汽车与消费品召回实现“量变”与“质变”双提升

2017 年，我国缺陷汽车产品召回数量首次突破 2000 万辆；2017 年，我国召回缺陷消费品 2700 余万件——连年在两大领域实现“几何量级”增长。在数字的背后，是越来越多的伤害被防患于未然，是越来越多的产品被召回到生产商手中补救缺陷。2017 年 12 月 29 日，质检总局选择“召回”作为主题，召开年度最后一场新闻发布会，展现召回工作的“分量”之重与消费者对召回的关注之切。“这是连续第 4 年刷新年度召回数量纪录。”据质检总局执法督查司司长严冯敏介绍，截至 2017 年 12 月 28 日，2017 年国内各主要汽车产品生产者共实施缺陷汽车产品召回 251 次，召回缺陷汽车 2004.8 万辆，在 2016 年突破 1000 万辆的基础上，增加 77%，再创新高。近 3 年，我国年度缺陷汽车召回数量依次为 558.6 万辆、1133.5 万辆和 2004.8 万辆，每年增幅均超过 50%，年度召回数量已远超德国、英国、日本等汽车市场发达国家，召回规模仅次于美国列全球第二位。另据数据显示，自 2004 年我国实施缺陷汽车产品召回制度以来，已累计实施汽车召回 1548 次，召回缺陷汽车 5673.8 万辆，其中，党的十八大以来，实施 1013 次召回，召回缺陷汽车 4729.9 万辆，占 14 年来召回总量的 83%。“从总体数量上看，我国几乎每 4 辆车当中就有 1 辆曾经实施过召回。”据严冯敏表示，召回工作已成为加强产品安全监管、促进产品质量提升的重要举措，在对监督企业履行召回主体责任，消除产品安全隐患，保障消费者人身财产安全方面起到了重要作用。2017年，我国缺陷汽车产品召回的数据突破很大程度上要“归功于”高田气囊。全年受高田气囊事件影响，有29家汽车企业，召回36次，涉及车辆987万辆。同样“归功于”高田气囊的还包括缺陷问题的集中程度。2017年，汽车缺陷问题相对集中，其中“气囊和安全带总成”问题排名榜首，涉及车辆1063.8万辆，占召回总数量的53.1%，超过另外四大问题——发动机总成、转向系统总成、电气设备总成和车身总成的总和。

从历年召回统计数据来看，2017年的召回重大案例频出。在召回数量排在前10名的召回活动中，有6次是在2017年实施的，其中1次超过200万辆、3次超过100万辆，并且部分大规模召回活动由同一问题引发，汽车产品缺陷问题呈现出多品牌、跨区域、集中化的趋势。2017年，质检总局开展缺陷调查工作，引发汽车召回58次，召回缺陷汽车1358万辆，占全部召回数量的近70%。同时，在2017年实施的251次缺陷汽车召回活动当中，有58%是全球召回，相关生产者积极确保了全球召回活动在中国市场同步发布及同期实施。在我国召回工作者的努力下，我国消费者受“区别对待”的情况已不复存在。产品召回制度一方面说明企业对产品质量的重视；另一方面也说明我国企业在质量生产上仍旧有很长的一段路要走，如何高质量的生产与服务将是中国企业需要长期面对的问题。

（资料来源：薛军，《关于我国进口缺陷汽车后续监管有效性研究》，载于《中国质量与标准导报》2017年第8期。）

第一节　质量战略

质量战略是战略管理和质量管理相结合的产物，是战略管理在质量管理中的延伸和运用。这种管理模式既有战略管理的基本特点，又兼顾质量管理的内容。针对质量战略管理的动态过程性，进行如下质量战略过程构建，如图3－1所示。

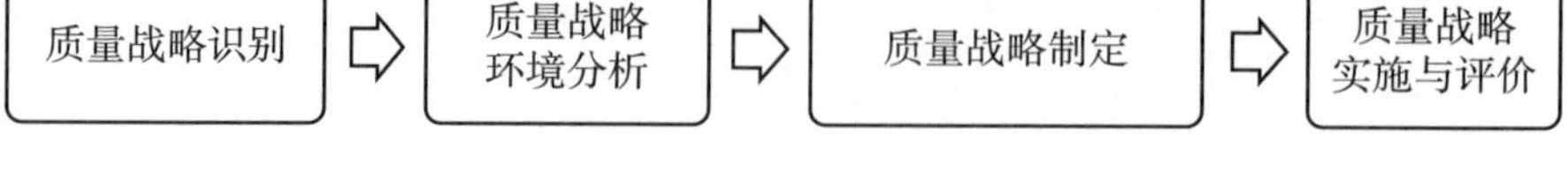

图3－1　质量战略过程

资料来源：［美］迈克尔·A. 希特、R. 杜安·爱尔兰、罗伯特·E. 霍斯基森，《战略管理：概念与案例》（第8版）（吕巍译），中国人民大学出版社2009年版，第6页，作者有修改。

一、质量战略识别

管理学大师德鲁克（Peter F. Drucker，2009）认为，如果不能弄清企业的愿景、使命和目标，企业就无从进行环境分析，进而无法结合自身的条件确定企业的经营目标和制定实现目标的经营策略。因此，实施质量战略的第一项任务是识别战略方向，包括制定企业的愿景、使命与目标。

企业使命是对企业在社会中的经济身份或角色的表示，它是对企业存在价值和意义的概括说明。企业使命着重回答两个基本问题：我们想成为什么样的企业？我们的业务是什么？

企业愿景是对企业的使命和未来理想状态的一种精简描述，它为企业战略的制定提供了背景框架，是企业自身的一种定位，体现了企业永恒的追求。具体包括企业方向、企业前景和企业优势三部分。

企业目标是指企业通过战略期内的战略行动而达到的具体结果，它是对企业使命的进一步细化和分解，是对企业生产经营管理活动全局的筹划和指导所要达到的目的。质量战略要求企业在进行使命、愿景陈述与制定战略目标时突出质量的理念，将质量作为企业的行动准则。

二、质量战略环境分析

在进行战略识别之后，还要进一步对企业的内外部环境进行分析。环境分析是战略管理过程中的关键环节和要素。

企业外部环境是企业外部的政治环境、经济环境、科技环境和社会环境的总称。一般可将外部环境分为三大类。（1）宏观环境分析。一般采用 PEST 分析模型评估政治法律（political & legal）、经济（economic）、社会文化（social & cultural）和技术（technological）等因素对企业战略的影响。（2）行业环境分析。指对某一具体企业目标的实现具有直接影响的各种外部环境因素的总称，如行业的性质、竞争者、供应商、消费者等。行业环境分析的目的在于弄清行业的总体情况，把握行业中企业的竞争格局以及本行业和其他行业的关系，从而有效地发现行业环境中存在的威胁，并努力寻找企业发展的机会，理顺竞争形势。（3）竞争者分析。对竞争对手的分析可以帮助企业了解竞争对手的经营现状和动态，对企业调整战略决策形成重要支持。竞争对手分析包括竞争者的未来目标、现行战略、资源和能力四部分。

企业内部环境，是指企业能够控制的内部因素。内部环境是企业进行生产经营活动的基础，内部环境虽然包含很多内容，但最根本的是企业的资源与能力。企业进行质量战略的制定和实施必须建立在现有的资源与能力上。此外，在内部环境分析时，还需掌握一些基本的方法，主要包括价值链分析法和投资组合分析法。这些方法可以帮助我们清晰地了解企业内部情况，从而为下一步质量战略的制定打下基础。

三、质量战略制定

企业战略制定在整个战略管理过程中居于重要地位，战略制定工作的好坏直接决定了整个战略管理过程水平的高低。企业要不断面对经营环境的变化，因此选择合适的质量战略和管理策略就显得尤为重要。

根据企业采取的质量战略行为对企业进行分类，可以把企业的质量战略分为防守型、进攻型和开拓型三种战略。

1. 防守型质量战略

长期以来，企业的质量管理是属于一种防守型的。质量的改进往往处于被动的地位。其突出特点是：总是等到产品出现了质量问题，用户提出意见，甚至要等到用户投诉或要求赔偿损失时，才被迫去研究和改进质量；企业对出现的质量问题不是全面、彻底地从根本上去解决，而是头痛医头，脚痛医脚，应付了事。对于提高质量没有长远的目标，没有全面的规划和措施，经常搞突击性的质量攻关或质量会战，以应付上级的质量检查。我们把这种搞质量的方法称为“防守消极被动型”的质量管理。防守型质量管理中的某些做法在一定时期对一定的产品来说，有时还可一时奏效，但作为质量经营的指导思想来说则是消极的，而且企业会逐渐失去市场竞争力。如何从“防守消极被动型”的质量管理转变为进攻型的质量管理，是当前质量经营新时代面对的课题。

2. 进攻型质量战略

进攻型质量战略是指企业主动地、积极地、有计划地提高产品和服务质量，不失时机地创造出高品质的产品或服务，开拓市场。对消费需求、市场动态以及本企业生产的产品在同行业中所处的地位要有预见性，要深刻洞察质量要求的经济和社会背景。基于以上观点，进攻型质量管理就是要主动地提高产品和服务质量，以适应消费者的需求。对质量要立足于变革、改进、突破和提高，而不是维持现状，要让质量水平的提高走在消费者要求的前面。

3. 开拓型质量战略

开拓型质量战略就是在进攻型质量管理的基础上进一步强调创新的精神，把提高质量同知识创新、技术创新、经营管理创新和组织制度创新结合起来，要求企业不断研制出具有新原理、新结构、新材料和新功能的全新产品。人类社会生产的发展和进步，就是不断创新的历史，没有这种创新的精神，就不可能有今天的物质文明。要达到开拓型的质量管理，企业必须建立强大的科研基地，并培养优秀的技术人才，要长期开展基础性研究、应用性研究和生产工艺研究，并把企业的质量目标同整个国家经济发展结合起来。开拓型质量经营的一个基本哲理是，社会总是存在着一个潜在市场，这个市场的需求是不断发展和变化的，也是永无止境的，企业质量经营的目标和任务就是要不断挖掘潜在市场，不失时机地推出品质更高的产品或服务来满足这一市场的需求。基于以上情况，实施开拓型质量战略要求企业必须坚持：（1）以客户为依据；（2）以客户满意为标准；（3）以创新发展为基础；（4）以培训教育为条件；（5）以全员参与为保证。

四、质量战略实施与评价

质量战略实施是指将企业制订的质量战略方案付诸行动。企业在对所处的内外部环境进行分析之后，根据企业的使命和宗旨制订实现战略目标的战略方案，然后专注于将战略方案转化为具体行动。战略的实施是一个自上而下的动态管理过程，自上而下是指公司高层制定质量战略目标后，向下按梯次传达，并推行实施。在这个按梯次传达执行的过程中，各部门分工执行各自的工作内容。动态是指在质量战略实施的过程中，一般通过“分析—决策—执行—反馈—再分析—再决策—再执行”的修正循环来达到质量战略的目的。

质量战略评价就是监测企业的活动与绩效，其目的是比较实际业绩与期望业绩、发现偏差、采取纠正与预防措施。为进行有效战略评价，需要做到以下三点：（1）建立正式的战略绩效评估过程，包括决定测量内容、建立绩效标准、测评实际绩效、把实际绩效与标准进行对比，以及采取纠正措施。（2）采用平衡计分卡。为了使高层管理者能够把握计划实施的“成绩”，应将所确定的关键测量指标体现在一个计分卡上。（3）实施经营审核。为确保目标的实现，高层管理者还要对管理体系进行定期或不定期的审核，以确认体系健全且运作正常，并能够实现预期的结果。

第二节　质量运营

产品质量的特性包括产品的性能、寿命、可靠性、安全性和经济性。性能是指产品满足使用目的所具备的技术特性。例如，摩托车的油耗和车速、CPU 缓存容量等。寿命是产品在规定条件下满足规定功能要求的工作总时间。如鼠标点击次数、电灯开关开启数等。可靠性是产品在规定的条件下和规定的时间内完成规定功能的能力。如手机电池充满电后的使用时间等。安全性是产品在制造、储存和使用过程中保证人身与环境免遭危害的程度。经济性是指产品从设计、制造到使用寿命周期内成本的大小，具体表现在用户购买产品价格和使用成本等。质量运营管理就是保证上述产品质量特征，围绕产品质量展开综合管理，始终确保产品质量不断提升，从而不断满足顾客需求。本节将从质量运营概述和运营系统管理两个方面系统讲述质量运营，如图 3－2 所示。

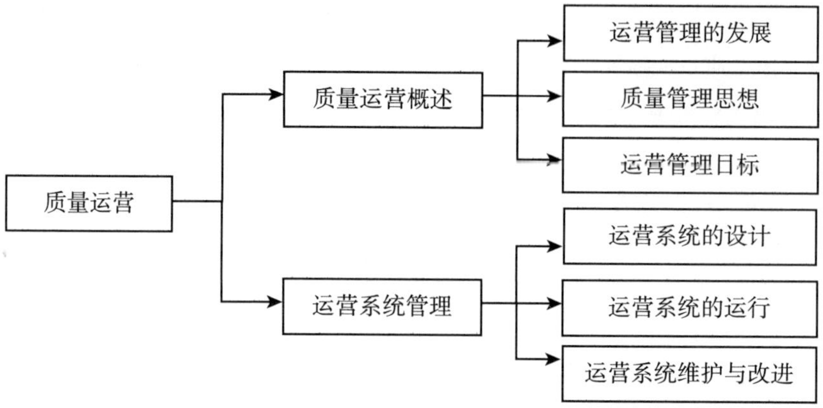

图 3－2 质量运营结构

资料来源：仝新顺，《运营管理》，清华大学出版社 2013 年版，第 10 页，作者有修改。

一、质量运营概述

1. 运营管理的发展

运营管理被定义为对生产和提供公司主要产品与服务的系统进行设计、运行和改进。运营管理随着管理思想、运筹学及科学技术的发展不断完善，其大致发展经历如表 3－1所示。

表 3－1 20 世纪以来运营管理发展演进的重大事件

时期	概念和方法	创始人或发源国
19 世纪末以前	经验管理	—
20 世纪初至 30 年代	科学管理原理、标准化时间和工作研究	弗雷德里克·温斯洛·泰勒
	动作研究和工作简化	弗兰克·吉尔布雷斯、莉莲·吉尔布雷斯
	工业心理学、霍桑试验、人际关系学	斯科特、闵斯特伯格、梅奥等

续表

时期	概念和方法	创始人或发源国
20 世纪初至 30 年代	流水线配线	亨利·福特
	作业计划图（甘特图）	亨利·甘特
	库存控制中的经济批量模型	F. W. 哈里斯等
	统计过程控制、抽样检验方法	休哈特、道奇和罗米格等
1940～1960 年	处理复杂系统问题的多种训练小组方法	G. B. 丹尼克
	运筹学的进一步发展，出现了仿真理论、排队论、决策论、数学规划、PERT（program evaluation and review technique）和 CPM（critical path method）等生产工具	美国和西欧的许多研究人员，美国杜邦公司
1960～1990 年	物料需求计划（material requirement planning, MRP）	美国生产与库存管理协会
	准时生产制（just in time, JIT）	日本丰田公司
	全面质量管理（total quality management, TQM）	费根鲍姆
	计算机集成制造系统（computer integrated making system, CIMS）	约瑟夫·哈林顿
	柔性制造系统（flexible manufacturing system, FMS）	麻省理工学院
	精益生产（lean production, LP）	麻省理工学院
	大规模定制（mass customization, MC）	斯坦·戴维斯
1990 年至今	车间计划、库存控制、工厂布置、预测和项目管理等	美国和欧洲
	企业资源计划（enterprise resource planning, ERP）	美国加特纳集团
	企业流程再造（business process reengineering, BPR）	迈克尔·哈默、詹姆斯·钱皮
	电子商务（electromic commerce, EC）	IBM 公司
	供应链管理（supply chain management, SCM）	SAP 和 ORACLE
	知识管理（knowledge management, KM）	德鲁克
	企业内容管理（enterprise content management, ECM）	美国加特纳集团
	经营结果导向管理（results－based management, RBM）	美国

资料来源：仝新顺，《运营管理》，清华大学出版社 2013 年版，第 7 页，作者有修改。

2. 质量管理思想

在竞争激烈与快速变化的市场中，企业若想进行高质量生产，持续提供满足消费者需求的产品和服务，就要不断改进质量管理理念。目前比较流行的管理理念主要有戴明学说、六西格玛管理、卓越绩效管理、ISO 9000 族和零缺陷管理思想，这些哲学理念对世界质量管理的发展具有深远意义。

（1）戴明理念。戴明是20世纪管理领域中最具影响力的人物之一，他是一位全球公认的质量管理专家、统计学家、管理顾问。他于1986年在其《走出危机》一书中提出，为了向以顾客满意为宗旨的质量型组织转变，组织的管理者必须关注14个要点或必须承担14个方面的义务。戴明认为，接受这14点并采取具体行动，是管理者对组织的生存，以及对投资者和雇员利益负责任的标志。这14点可以看作是对戴明管理理念的最具概括性的表述（第二章已做详细说明）。

除此之外，他还强调质量管理要关心系统，企业的管理应当以良好的系统为基础，要通过持续不断地改进系统来实现质量、生产率的改进和成本的降低；提出质量管理的PDCA循环；指出企业所患的阻碍变革的“七大绝症”：缺乏长远目标，只重视短期利润，绩效评估、考核或年度评比制度，管理层变动频繁、跳槽，管理者只注意看得见的数字而忽略一些未知或不可知的数据，超额的医疗成本，过多的法律成本。

（2）六西格玛管理思想。我们可以把六西格玛管理定义为获得和保持企业在经营上的成功并将其经营业绩最大化的综合管理体系和发展战略。六西格玛管理是寻求同时增加顾客满意度和企业经济增长的经营战略途径，是使企业获得快速增长和竞争力的经营方式。六西格玛是一种能够严格、集中和高效地改善企业流程管理质量的实施原则和技术，它包含了众多管理前沿的先锋成果，以“零缺陷”的完美商业追求，带动质量成本的大幅度降低，最终实现财务成效的显著提升与企业竞争力的重大突破。它不是单纯的技术方法的引用，而是全新的管理模式。六西格玛管理具有以下特点：比以往更广泛的业绩改进视角，强调从顾客的关键要求以及企业经营战略焦点出发，寻求业绩突破的机会，为顾客和企业创造更大的价值；强调对业绩和过程的度量，通过度量，提出挑战性的目标和水平对比的平台；提供了业绩改进方法。针对不同的目的与应用领域，这种专业化的改进过程包括：六西格玛产品/服务过程改进 DMAIC 流程①、六西格玛设计流程（design for six sigma）等；在实施上由“勇士 Champion”“大黑带 MBB”“黑带 BB”“绿带 GB”等经过培训职责明确的人员作为组织保障；通过确定和实施六西格玛项目，完成过程改进项目。每一个项目的完成时间在3～6个月；明确规定成功的标准及度量方法，以及对项目完成人员的奖励；组织文化的变革是其重要的组成部分。

---

① 定义（define）、测量（measure）、分析（analyze）、改进（improve）、控制（control）。

六西格玛的管理方法重点是将所有的工作作为一种流程，采用量化的方法分析流程中影响质量的因素，找出关键因素加以改进，从而达到更高的客户满意度。

（3）卓越绩效管理思想。卓越绩效模式是当前国际上广泛认同的一种组织综合绩效管理的有效方法。该模式源自美国波多里奇奖评审标准，以顾客为导向，追求卓越绩效管理理念。包括领导、战略、顾客和市场、测量分析改进、人力资源、过程管理、经营结果七个方面。卓越绩效模式建立在一组相互关联的核心价值观和原则的基础上。核心价值观共有 11 条：追求卓越管理；顾客驱动的卓越；组织和个人的学习；重视员工和合作伙伴；敏捷性；注重未来；促进创新的管理；基于事实的管理；社会责任；注重结果和创造价值；系统的观点。这些核心价值观是对国际上先进的经营管理理念和方法的反映，也是许多世界级成功企业的经验总结，它贯穿于卓越绩效模式的各项要求之中，应成为企业全体员工，尤其是企业高层经营管理人员的理念和行为准则。

（4）ISO 9000 族质量认证理念。ISO 9000 族标准于 1987 年的问世，是 30 多年来对全球企业界影响最为深远的事件之一。目前已有 150 多个国家和地区采用了这套标准，获得 ISO 9000 质量管理体系认证的企业多达数十万家。这套标准描述了一种标准化的 TQM 模式（连国际标准化组织自身都称为是“一个意想不到的成功”）。ISO 9000 族标准是关于质量管理体系的通用要求和指南，这套标准的问世为各类组织实现有序、有效的质量管理提供了方法论的指导，为贸易的供需双方建立信任、实施质量保证提供了通用的质量管理体系规范。

ISO 9000 族标准强调满足客户要求，它提供了一个“以客户为中心”的经营理念，使企业更加贴近市场。ISO 9000 族标准的另外一个好处就是提倡法制化管理，它可以转变一些人为的、随意性的规定，使企业管理变得合理化、制度化、透明化，能够对企业的法制化进程起到穿针引线的作用。此外，该标准不断发展，吸收国际上先进的质量管理理念，采用 PDCA 循环的质量哲学思想，对于产品和服务的供需双方具有很强的实践性和指导性。

（5）“零缺陷”质量管理思想。质量管理大师菲利浦·克罗斯比被誉为当代“伟大的管理思想家”“零缺陷之父”。他于 20 世纪 60 年代初提出“零缺陷思想”，并在美国推行零缺陷运动。零缺陷管理的思想主张企业发挥人的主观能动性进行管理，生产者要努力使自己的产品、服务没有缺陷，并向高质量标准的目标奋斗。零缺陷并不是说绝对没有缺陷或缺陷绝对等于零，而是要以“缺陷等于零为最终目标，每个人都要在自己工作职责范围内努力做到无缺点”。

零缺陷思想特别强调预防系统控制和过程控制，要求第一次就把事情做正确，使产品符合对顾客的承诺要求。开展零缺陷运动可以提高全员对产品质量和业务质量的责任感，从而保证产品质量和工作质量。零缺陷思想要求工作者一开始就本着严肃认真的态度把工作做得准确无误，在生产过程中对产品的质量、成本与消耗等方面进行合理安排，而不是依靠事后的检验来纠正。

这些质量管理思想为有效的质量运营提供了指导，合理地采纳质量管理思想将有助于企业提高产品质量和服务质量，获得长久发展。

3. 质量运营目标

（1）提高竞争力。1990 年，美国著名管理学者普拉哈德和哈默尔提出了核心竞争力的概念，他们认为随着世界的发展变化，竞争加剧，产品生命周期的缩短以及全球经济一体化的加强，企业成功不再归功于短暂的或偶然的产品开发或灵机一动的市场战略，而是归功于企业核心竞争力的外在表现。按照他们的定义，核心竞争力是能使公司为客户带来特殊利益的一种独有技能或技术，首先，这种能力能很好地实现顾客所看重的价值，如能显著地降低成本、提高产品质量、提高服务效率、增加顾客的效用，从而给企业带来竞争优势。其次，核心竞争力还必须是企业所特有的，并且是竞争对手难以模仿的，也就是说它不像材料、机器设备那样能在市场上购买，而是难以转移或复制的，这种难以被模仿的能力能为企业带来超过平均水平的利润。最后，核心竞争力还具有延展性，能够同时应用于多个不同的任务，使企业能在较大范围内满足顾客的需要。在市场竞争条件下，企业竞争靠的终究还是核心竞争力。不同的企业有各自不同的核心竞争力，归纳起来，最终都体现在企业所提供的产品上，体现在产品的质量、价格和适时性上，哪个企业能为市场提供质量好、价格低、市场适应性突出的产品，它就能在竞争中取胜。一个企业也许面临许多问题，如体制问题、资金问题、设备问题、技术问题、生产问题、销售问题、人员管理问题，以及企业和政府、银行、股东之间的关系等问题，任何一个方面的问题，都有可能影响整个企业的正常生产和经营，但消费者和用户只关心企业所提供的产品对他们的效用。因此，企业之间的竞争实际上是企业产品之间的竞争，而产品的竞争力，在很大程度上取决于企业生产与运作管理的绩效，即如何保证质量（quality）、降低成本（cost）、把握时间（time）和做好服务（service）。

（2）进行服务创新。服务通常是在消费者消费的同时才发生，服务的好坏取决于顾客接受服务的“真实瞬间”（moment of truth，MOT）。而在 MOT 中，服务接触（service encounter）直接影响到客户满意度。由于服务接触的顾客成千上万，为更好地执行顾客导向理念，可以依据顾客类型进行创新服务，如标准化服务或个性化服务等，以提高服务质量。

标准化服务实际上就是解决服务接触的问题，其中的标准化内容主要体现在服装、仪表、语言、态度、行为等方面的标准化上。第一，服务人员语言标准化。语言是沟通的媒介，服务中的有效沟通至关重要。很多服务企业在语言上对服务人员都有非常严格的规定，如接电话时的语言标准为“您好，我是某某公司某某部门的某某，很高兴为您服务”。第二，服务人员动作标准化。动作标准化是科学管理思维在服务方面的运用，很多企业为了保证服务人员的动作标准化，甚至不惜重金对服务人员进行标准化的礼仪培训。对标准动作的研究最典型的是吉尔布雷斯夫妇对砌砖动作的研究，他们把每砌一块砖的 18 个动作减少到只有 5 个，在特殊情况下甚至只需要 2 个。当然，服务人员动作标准化一方面是迎合客户的审美要求；另一方面是使顾客感到服务的公平性。第三，服务人员态度标准化。服务态度的标准化是一种理想状态，实际操作时难度极大。例如，为了让服务笑容更灿烂，很多企业要求服务人员口含筷子进行笑容练习，以达到最佳微笑效果。这种标准化表面看起来是态度标准化，实际仍然隶属于动作标准化的范畴。因为服务态度涉及服务人员的情感成分，这方面的工作极难做到统一化、标准化。

这种标准化服务解决了大规模的问题，但是仍有一小部分顾客需要进行个性化服务。个性化的诉求和表达往往是客户接受服务的本质体现。当然，对于企业的服务成本来说，个性化成本相对标准化服务要更高，但是顾客愿意为个性化提供补偿，那么企业的个性化定制自然也就成为服务运营中的重要方式。由于互联网的普及和移动互联的应用，消费者的行为逐渐从不可记录转变为可以留下痕迹，这些痕迹成为企业服务客户的重要基础，消费者行为的历史痕迹逐渐形成了巨量资料，这些巨量资料构成了我们所处的时代——大数据（big data）时代。大数据具有 4V 特点——数量多（volume）、速度快（velocity）、花样多（variety）、数据准（veracity）。这种 4V 特点为个性化定制提供了很好的基础，企业需要实施的只是对现有的数据进行有效挖掘与整合，从而构成有效的个性化服务基础。

（3）积极持续改进。持续改进总体业绩应该是组织的一个永恒目标。人们已经认识到质量竞争不仅是一种长久的存在，而且还会日益加剧。组织要在激烈的竞争中生存和发展，就必须开展持续的质量改进。质量改进也是消除浪费的重要手段。质量改进活动的开展能够帮助企业发现长期的系统性问题，并且通过分析原因，采取纠正和治疗措施，解决问题。这样的活动可以降低成本，消除浪费。质量改进也是不断满足顾客需求的必要手段。目前，几乎没有哪个企业敢于忽视顾客的力量和需求。但是，顾客的需求不仅不断变化，而且要求越来越高。顾客不仅要求企业改进产品，而且还会要求改进质量体系。因此，任何组织都需要持续不断地改进，以满足顾客不断变化的需求，从而达到可持续发展。

二、运营管理系统

运营管理研究的基本对象是运营过程。运营过程是一个投入、转换、产出的流程，企业运营必须考虑如何对这样的生产运营活动进行计划、组织和控制。随着现代企业的生产经营规模不断扩大，产品本身的技术和知识密集程度不断提高，产品的生产和服务过程日趋复杂，市场需求日益多样化，世界范围内的竞争日益激烈，运营管理本身也在不断发生变化。尤其是近十几年来，现代信息技术的突飞猛进为运营增添了新的有力手段，也使运营学的研究进入了一个新阶段，企业逐步进行两个方面的延伸，即“向前”关注产品的设计、生产系统的选择和“向后”关注产品的售后服务与市场。这些活动促进了运营由过程向系统的过度，使其内容更加丰富，范围更大，体系更加完整。

按照生命周期理论，可以将运营管理系统划分为运营系统的设计、运行、维护与改进三个部分。

1. 运营系统的设计

运营系统的设计包括产品或服务生产的选址与布局、产品与服务设计、流程选择与设施布置等。运营系统的设计通常在生产设施的建造阶段进行，但是在生产运营系统的生命周期内，对生产运营系统进行更新改造是不可避免的，包括扩建新的生产运营设施，增加新的设备，或者由于产品和服务的变化、产品升级换代，需要对生产运营设施进行调整和重新布置。在这种情况下，会遇到生产运营系统设计问题。生产运营系统的设计对生产运营系统的运行有先天性的影响。如果产品和服务选择不当，将导致方向性错误，造成人力、物力和财力无法弥补的浪费。厂址和服务设施选址将直接决定产品与服务的成本，影响生产经营活动的效果，这一点对服务业尤其重要。生产流程的设计和重组、工作设计和测量直接影响生产效率和生产成本，进而影响员工的生产积极性，最终影响生产服务质量和客户满意度，所以运营系统的设计是企业运营的基础。

2. 运营系统的运行

运营系统的运行主要解决生产运营系统如何适应市场变化，按照顾客的需要生产合格的产品和提供满意的服务。生产系统的运行主要涉及生产运营的计划、组织和控制等方面的内容。

（1）计划。计划是管理的首要职能，没有计划，企业内的一切活动就会陷入混乱甚至停摆。企业进行生产运营计划就是为了解决生产什么、生产多少、何时生产的问题，它主要涉及的指标有品种、产量、质量、产值和出产期。

（2）组织。制订详细的生产运营计划后，运营管理的组织功能要求对参与企业生产的原材料、机器、设备、劳动力、信息等各要素在生产过程中的各个阶段、各个方面进行合理的组织和协调，保证按计划完成生产任务。这其中借助项目管理和网络计划技术对生产进度进行精密管理，确保生产交货期短而准，借助物资与设备管理确保生产所需原料设备等各种物资及时到位，确保及时生产。

（3）控制。在企业的生产中，为了保证能够以最经济的方式按质、按量、按期完成生产任务，必须对在分析工作中得出的有关生产过程的信息及时反馈，与生产运营计划相对比，纠正偏差，这就是生产运营控制。生产运营控制主要包括接受订货控制、投料控制、生产进度控制、质量控制和成本控制。对订货生产型企业，接受订货控制是很重要的。是否接受订货，订多少货是一项重要决策，它决定了企业生产经营活动的效果。投料控制主要是决定投什么、投多少、何时投，它关系到产品的出产期和在制品数量。生产进度控制的目的是保证零件按期完工，产品按期装配和产出。库存控制包括对原材料库存、在制品库存和成品库存的控制。如何以最低的库存保证供应，是库存控制的主要目标。

总之，计划、组织和控制是企业运营系统中不可缺少的三个组成部分。计划工作着眼于未来，是对生产工作各个方面、各个阶段的总体安排；组织工作围绕生产过程，保证生产计划的完成；控制工作立足现在，参照过去，根据分析得出的生产信息，对未来的生产过程进行纠偏和监督，使各生产环节相互之间紧密结合，保证生产计划按质、按量、按期完成。

3. 运营系统的维护与改进

任何系统都有生命周期，如果不加以维护和改进，系统就会终止。生产运营系统的维护与改进包括对设施的维修和可靠性管理、质量的保证、整个生产系统的不断改进及各种先进的生产方式和管理模式的采用。在无形服务方面表现为对服务生产流程、服务内容、服务方式的创新升级。约束理论与最优生产技术、准时生产与大规模定制、企业资源计划、物流与供应链管理以及绿色制造等现代运营管理技术和手段都是常用的系统维护与改进工具。

第三节　全面质量管理

全面质量管理的理论是在20世纪60年代提出的，为适应现代化大生产对质量管理整体性、综合性的客观要求，从过去局部性的管理进一步走向全面性、系统性的管理。

全面质量管理的框架如图 3－3 所示。

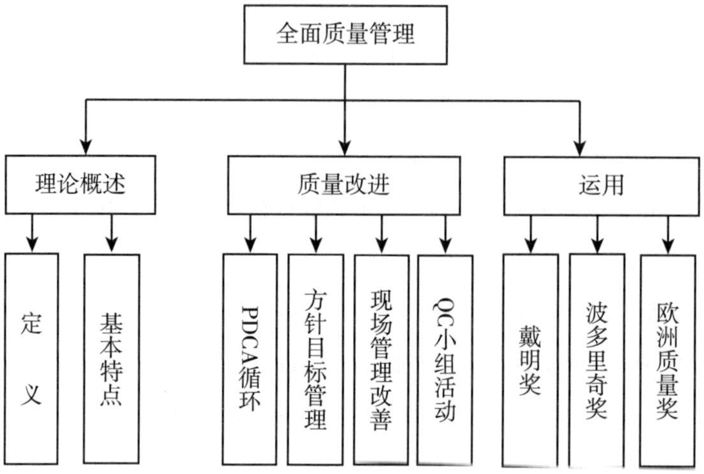

图 3－3　全面质量管理框架

资料来源：戚维明等，《全面质量管理（第三版）》，中国科学技术出版社 2010 年版，第 69～111 页。

一、全面质量管理理论概述

1. 定义

费根鲍姆在《全面质量管理》（1961）一书最早指出：全面质量管理是为了能够在最经济的水平上并考虑到重复满足用户要求的条件下，进行市场研究、设计、生产和服务，把企业的研制质量、维持质量和提高质量的活动构成整个有效的体系。各国纷纷引进全面质量管理理念，并结合各自国情加以改造。基于各国国情不同，在推行全面质量管理的过程中其认知和做法也有所不同。在国际社会中，对全面质量管理比较规范的称法主要是 TQM（total quality management）和 TQC（total quality control），但其核心是基本一致的。

目前使用最广泛的是 TQM，国际标准 ISO 8402：1994 中将全面质量管理定义为："一个组织以质量为中心，以全员参与为基础，目的在于通过让顾客满意和本组织所有成员及社会受益而达到长期成功的管理途径。"根据这个定义，全面质量管理可以理解为以质量为中心，建立在全员参与基础上的一种持续改进的管理方法，其目的在于长期获得顾客满意、组织成员和社会的利益。

2. 主要特点

全面质量管理的基本特点可以概括为"三全一多"，即全企业的质量管理、全过程的质量管理、全员的质量管理和多样性的质量管理。

（1）全企业的质量管理。这可以从纵向与横向两个维度进行理解。从纵向的组织学角度来看，企业可以划分为上、中、下三个层次。全企业的质量管理要求企业的质量管理活动分布在各个管理阶层、各个职能部门，不同层次的管理有不同的侧重点。上层也称最高经营管理层或战略决策层，管理侧重从企业整体利益出发进行质量决策，制定企业的质量方针、质量目标、质量政策和质量计划，并协调企业各部门、各环节、各类人员的质量管理活动，保证企业经营目标的实现；中层也称为经营管理层，其主要职能是贯彻落实上层管理者的质量决策，为基层工作进行具体的管理；为各职能部门制定具体的管理目标，拟订和选择计划的实施方案、步骤及程序，评价生产经营成果和制定纠正偏离目标的措施等。下层也称为执行管理层或操作层，其主要职能是按照规定的计划和程序，协调基层组织的各项工作和实施计划。基层管理要求每个职工严格地按标准、按规程进行生产，相互间进行分工合作，并结合本职工作开展合理化建议和质量管理小组活动，不断进行作业改善。

从质量管理职能来看，产品质量控制分散在企业的各个部门当中，要保证和提高产品的质量，就需要把分散在各个部门的质量控制职能运用起来。但是企业内部各个部门的职责和职能不同，其质量控制的内容也就有所差别。为了更有效地进行全面质量管理，各个部门之间要加强组织协调。为了从组织、制度上保证企业能够长期稳定地生产出具有质量保证、满足顾客希望的产品，企业应当建立健全企业质量管理制度，使企业内部的各种质量活动构成一个有效的整体。

（2）全过程的质量管理。任何产品质量都有一个产生、形成和实现的过程，这个过程由多个相互联系、相互影响的环节构成，每个环节都或多或少地对产品质量产生影响，因此需要控制影响产品质量的所有环节和因素。为此，全过程的质量管理不仅包括检验部门，而且涉及市场调研、产品的选型、研究试验、设计、原料采购、制造、检验、储运、销售、安装、使用和维修等多个环节的流程控制。换句话说，要保证产品质量或服务的质量。不仅要搞好生产或作业过程的质量管理，还要搞好设计过程和使用过程的质量管理，要把质量形成全过程的各个环节或有关因素控制起来，形成一个综合性的质量管理体系，做到预防为主，防验结合。

（3）全员的质量管理。全员的质量管理即全面质量管理要求参加质量管理的人是企业的全体员工。因为产品质量是企业各个部门、各个环节和各类职工的全部工作结果的综合反映。因此，全面质量管理要求企业上自最高层领导、下至各阶层管理人员和一线操作员工都应关心产品质量，参加各种质量管理活动。通过全员参与，可以调动员工的主观能动性和创造精神，同时也让每个人都知道自己应该做什么、如何做。

（4）多样性质量管理。全面质量管理的综合性要求企业进行质量管理的方法是全面的、多种多样的，它是由多种管理技术和管理方法组成的综合性方法体系。全面、综合地运用多种方法进行质量管理是科学质量管理的客观要求，随着科技的发展和消费者行为的改变，消费者对产品的质量提出了更高要求。而影响产品质量的因素既有物的因素，又有人的因素；既有技术的因素，又有管理的因素；既有企业内部的因素，又有企业外部的因素。要对众多的影响因素统筹管理，单靠一两种管理方法或者技术是不可能实现的，必须根据不同情况，灵活运用各种管理方法和技术。

当前，全面质量管理常用的七种工具主要有：统计分析表法和措施计划表法、排列图法、因果分析法、分层法、直方图法、控制图法和散布图法。此外，随着对质量管理研究的深入，还有一些方法以及近些年开发的新方法，如质量功能展开、田口方法、故障模式和影响分析、头脑风暴法、六西格玛法、水平对比法、业务流程再造等。总之，为了实现质量目标，必须综合运用各种先进的管理方法和技术手段，必须善于学习国外的先进质量管理经验，不断改进本组织的业务流程和管理方法，不断提高组织成员的质量意识和质量技能。

上述的“三全一多”解释了全面质量管理的要求，为开展全面质量管理提供了指导，同时促进了全面质量管理由理论走向实践的运用和发展。

二、质量改进

坚持持续不断地改进质量是质量管理的特点，“质量改进永无止境”是质量管理的基本信念。只有坚持持续改进的原则，积极寻找不足与差距，不断改进质量形成过程各个流程的工作，才能提高企业整体质量水平。对此，为全面实施质量改进目标，下面介绍不同的质量改进方法。

1. PDCA 循环

PDCA 循环是全面质量管理的思想基础和方法，又称戴明环，最早由美国质量管理专家休哈特博士提出的，由戴明采纳、宣传，获得普及。PDCA 循环即计划、实施、检查和处置四个阶段的循环。在质量管理活动中，要求把各项工作按照计划制订、计划实施、检查实施效果、将成功的实践纳入标准、不成功的留待下一循环去解决的流程进行下去。PDCA 循环就是按照这样的顺序进行质量管理，并且不停地周而复始的运转。

PDCA 循环的内容主要包括：计划阶段的主要内容是通过市场调查、进行客户访问、了解国家经济政策与产业发展导向等方面，了解顾客的需求，制定方针、战略和对策措施等；实施阶段要按照计划的方针、战略和对策去做，实实在在地完成质量工作；检查阶段主要是在计划执行过程中或执行之后，检查执行情况是否符合计划的预期结果；处置阶段是总结实施的过程，将行之有效的方法纳入标准化流程，以后就按照此标准执行。对于解决不好或者尚待解决的问题，则转入下一轮 PDCA 循环。在实际运行中，我们又把 PDCA 循环的四个阶段划分为八个步骤，更加细致地改进质量管理工作（如表 3－2 所示）。

表 3－2 PDCA 循环八步骤

阶段	步骤		质量管理方法
	序号	管理内容	
P 阶段	1	分析现状，找出存在质量问题	排列图法、直方图法、控制图法、工序能力分析、KJ 法、矩阵图法
	2	分析产生质量问题的原因或因素	因果分析图法、关联图法、矩阵数据分析法、散布图法
	3	找出影响质量问题的主要因素	排列图法、散布图法、关联图法、系统图法、矩阵图法、KJ 法、实验设计法
	4	制订措施计划	目标管理法、关联图法、系统图法、因果图法、过程决策程序图法
D 阶段	5	执行措施计划	系统图法、矢线图法、矩阵图法、过程决策程序图法、程序图法
C 阶段	6	检查计划的实施效果	排列图法、控制图法、系统图法、过程决策程序图法、程序图法、检查表法、抽样检验法
A 阶段	7	总结经验，巩固成绩，工作结果标准化	标准化、制度化、KJ 法
	8	提出未解决的问题	转入下一轮 PDCA 循环

资料来源：曾瑶、李晓春，《质量管理学》，北京邮电大学出版社 2012 年版，第 150 页。

综上所述，PDCA 循环具有以下特点：（1）PDCA 循环是一个连续的循环过程，每经过一个循环，生产质量水平就得到进一步提高。若干循环的连续是一步一个台阶，不断地提高就是持续不断地改进。（2）PDCA 循环各个步骤之间一环套一环，具有很强的逻辑性。（3）PDCA 循环的四个阶段相辅相成，缺一不可，并且先后顺序不可颠倒。

2. 方针目标管理

目标管理 20 世纪 50 年代起源于美国，是一种以自主管理为核心的综合管理方法。

后来，日本对美国的目标管理方法进行改进，称为方针管理，强调通过控制过程以达到结果。在20世纪70年代末，我国在学习发达国家现代化管理方法的过程中，分别向美国和日本学习方针管理与目标管理，并将其命名为方针目标管理。方针目标管理是组织为实现以质量为核心的中长期和年度经营方针，充分调动员工的积极性，通过个体与群体的自我控制与协调，促进实现个人目标，从而保证实现组织目标的一种科学管理方法。

方针目标管理的基本过程是：根据企业的外部环境、经营目标和实际经营绩效制订计划，确定一系列目标；与中层有关部门讨论下一层次的目标和对策；由各个部门制订实施计划和预案，落实各有关人员的职责，实施检测和绩效评价。方针目标管理按照PDCA循环展开，包括方针制定、实施、检查、纠正措施和方针评审四个环节。

3. 现场管理改善

现场是企业管理活动的缩影，企业的主要活动是在现场完成的。现场管理是指运用科学的管理制度、标准和方法对生产现场各生产要素，包括人（man）、机（machine）、料（material）、法（method）、环（environment）、测（measurement），即“5M1E”及信息等进行合理有效的计划、组织、协调和控制，使其处于良好的结合状态，以达到优质、高效、低耗、均衡、安全生产的目的。

现场管理改善的方法主要有：（1）目视管理，即指利用各种形象直观、色彩适宜的视觉感知信号来组织现场生产活动，以提高劳动生产率的一种管理方法。（2）防错法，由日本专家新乡重夫最早提出。防错法的目的是在过程差错发生之前加以预防，是一种在生产过程中通过采用自动报警、标识、分类等有效手段，使操作人员减少或避免产生差错的管理方法。（3）5S活动，即整理（seiri）、整顿（seiton）、清扫（seiso）、清洁（seiketsu）、素养（shitsuke）。5S活动的最大功效是能够事半功倍地减少或消除无效劳动或损耗，通过改善现场环境，消除人身及生产、服务过程中的事故隐患，保障安全，引导员工养成良好的行为习惯，直接或间接地促进生产、服务质量及经营目标的实现。

4. QC小组

QC作为全面质量管理不可或缺的重要组成部分，在石川馨博士的倡导下首创于日本，其后由朱兰博士介绍推广。QC小组即在生产或工作岗位上从事各种劳动的职工，是围绕企业的生产经营战略、方针目标和现场存在的问题，以改进质量、降低消耗、提高人的素质和经济效益为目的的组织。

QC小组实施改进、解决问题所涉及的管理技术主要有三个方面：（1）遵循PDCA循环。通常所说的QC小组活动的“四个阶段，八个步骤”中的四个阶段就是PDCA，通过PDCA循环改进质量管理。（2）以事实为依据，用数据说话。QC活动过程中的课题确定、目标制定、问题分析、原因确认、对策措施的制定和效果评价等，都要有数据来说明，而所提供的数据必须是客观存在的，经得起检验和推敲。（3）应用统计方法及多种工具方法。QC小组为了取得证据，要收集大量的数据，其中有的是有效数据，有的是无效数据。有效、无效数据的判断需要借助统计方法进行筛选，有效数据需要借助统计技术进行整理分析。

三、全面质量管理的运用

1. 戴明奖

戴明奖是全面质量管理方面的世界最高奖项，1951年为纪念美国质量学家戴明"二战"后为日本产品质量提升做出的卓越贡献而设立的，也促进了日本在质量提升方面开始大规模地使用统计过程控制方法。戴明奖从1951年设立至今，设立了很多不同的子项，也几经变化，目前呈现的奖项主要包括戴明奖（The Deming Prize）、戴明杰出服务奖（The Deming Distinguished Service Award）、戴明个人奖（The Deming Prize for Individuals）、戴明大奖（Deming Grand Prize）、日经质量控制文献奖（The Nikkei QC Literature Prize）。

戴明奖给企业的TQC带来了极大的影响，获得戴明奖的企业，都积极按照奖项的标准和要求，根据自己企业的特点、市场环境，不断改进质量控制方法，以保证其质量和服务都能得到不断的改进与提高。这些获得质量奖的企业也影响着其他企业开展质量管理活动，不断进行自我思考、创新、企业变革，制订自己的质量战略目标和经营战略目标。通过这种直接或间接影响，纠正了企业过去不重视经营战略的做法，引导并促进企业持续发展。

2. 波多里奇奖

美国波多里奇奖是世界三大质量奖项之一。设立波多里奇国家质量奖的目的在于：一是促进美国公司为荣誉而改进质量和生产率，同时增加利润、获得竞争优势；二是表彰那些改进了产品和服务质量的公司，并为其他公司提供榜样；三是建立指南和准则，以使企业、行业、政府及其他的组织可以用来评估各自质量改进活动的成效；四是通过提供得奖组织是如何变革其文化并实现了卓越的详细信息，为其他希望实现高质量的组织提供具体的指导。该奖项主要是从七个领域考察卓越的企业或者组织，分别是领导、战略策划、顾客及市场关注、信息及分析、人力资源关注、流程管理和成果创造。

波多里奇奖评奖准则中体现了11种核心理念和价值观，具体包括：（1）具有远见的领导；（2）顾客驱动的卓越；（3）组织及个人的学习；（4）对雇员及合作伙伴的重视；（5）敏捷性；（6）注重未来；（7）管理创新；（8）基于事实的管理；（9）公共责任与公民义务；（10）注重结果和创造价值；（11）系统的视野。价值观和核心理念是把关键业务要求集成于一个基于成果的框架下的基础。这些价值观和核心观念是从根植于高效能组织的各种行为中发现的，它们是这些组织使命、文化、战略中表达或反映的，为广大员工所接受和认同的基本理念及价值取向，渗透到评价准则的各个组成部分之中。

3. 欧洲质量奖

欧洲质量奖是世界三大质量奖项之一，是欧洲最负声望的授予卓越组织的奖项。其目的与美国波德里奇质量奖和日本戴明奖一样，均为推动质量改进运动、提高对质量改进重要性和质量管理技术方法的意识，并对展示出卓越质量承诺的企业进行认可。其奖项分为质量奖、单项奖、入围奖和提名奖。欧洲质量奖授予被认定为最好的企业，它们的各类质量方法和经营结果是欧洲或世界的楷模；单项奖授予在卓越化模式的一些基本要素中表现优秀的企业；入围奖意味着组织在将持续改进作为它们质量管理的基本原则方面获得了较高的水准；提名奖意味着它们已经达到欧洲质量奖卓越化模式的中等水平。

欧洲质量奖的价值理念基于以下八个方面：（1）结果导向；（2）以顾客为中心；（3）领导力与坚定不移的目标；（4）基于过程和事实的管理；（5）员工发展与参与；（6）持续学习、创新和改进；（7）发展伙伴关系；（8）社会责任。对以下九个领域的卓越表现进行评价，即领导、战略与策划、员工投入、合作关系和资源、过程管理、顾客对产品评价、人力资源结果、社会效益评价、主要绩效结果。

世界三大质量奖对比如表3-3所示。

表3-3　世界三大质量奖对比

差异点	戴明奖	波多里奇奖	欧洲质量奖
成立时间	1951年	1987年	1992年
奖项设置	四大奖项	六大行业	三大奖项
核心理念	没有统一的理念	11条核心理念	8条基本理念
评审范围	对海外企业开放	不对海外企业开放	质量活动必须在欧洲发生
评价标准	戴明奖申请指南	波多里奇卓越绩效准则	EFQM卓越模式
评价方法	对“基本要求”“有特色的活动”和“高层领导的作用”独立评价	过程采用A-D-L-I，结果采用Le-T-C-Li	RADAR逻辑

资料来源：张志强、朱伟，《世界三大质量奖简析》，载于《中国质量》2015年第12期。

本章小结

质量战略是战略管理和质量管理相结合的产物，是战略管理在质量管理中的延伸和运用。这种管理模式既有战略管理的基本特点，又兼顾质量管理的内容。本章介绍了质量战略识别、质量战略环境分析、质量战略制定和质量战略实施与评价四个过程，质量战略的内、外部环境分析及相关分析模型与方法。最后介绍了全面质量管理的运用。

本章重要术语

质量战略　使命　愿景　战略分析　波多里奇奖　PDCA 循环

戴明奖　运营系统　质量运营　欧洲质量奖　全面质量管理

第四章

质量设计的相关思想与理论

【学习目标】

通过本章的学习，掌握质量设计的相关理论，了解质量观的演进过程，熟悉价值流思想，了解产品质量设计及相关职能，掌握实验设计的原则与方法，以及田口方法的使用，包括SN比、参数设计、容差设计。

【引导案例】

波动就是我们的常态

在我们的日常生活中，总会遇到一些问题，例如在一些较为空旷的郊外，很多家庭会使用风力来进行发电，然而一年中平均会有15%的日子风力不足，无法满足家庭的日常使用。这时，这些家庭就需要依赖电力公司来获取电力，倘若电力公司在这15%的日子里不加预告地随意停电，那么就会引起用户的强烈不满。由于自然能源的不可控，因此在利用自然能源的时候，波动是在所难免的。即使是社会生产的产品或者是服务，也同样会遇到波动，例如机动车发生故障、列车晚点、漏雨等。诸如此类由于波动而造成的损失，是不是同样涉及产品或者服务的质量?

（资料来源：菲利普·克罗斯比，《质量无泪》，中国财政经济出版社2002年版，第146页，作者整理。）

第一节　质量与生产性

一、质量观的演进

质量已取代价格成为选择产品或服务的首要因素，是企业开拓和占领市场的最有力武器。20 世纪以来质量管理经历了从产生、发展到成熟的过程，这个过程中人们的质量观也随之变化。质量观的演进过程可大致分为三个阶段：质量检验观、质量控制观、质量设计观。

1. 质量检验观

在第二次世界大战以前，人们的质量观还只限于对产品质量的检验，通过严格检验来保证出厂或转入下道工序的产品质量。质量检验所使用的手段是各种检验工具、设备和仪表，质量检验的方式是严格把关，对产品进行全数检查。在由谁来执行这种质量职能的问题上，在实践中也有一个逐步变化的过程。

（1）20 世纪前，产品质量主要依靠操作者的技艺水平和经验，检验和生产都集中在操作工人身上，称为“操作者的质量管理”。

（2）1918 年前，美国出现了以 F. W. 泰勒为代表的“管理运动”，促使产品的质量检验从加工制造中分离出来，质量管理的职能由操作者转移给工长，是“工长的质量管理。”

（3）1938 年前，随着企业生产规模的扩大和产品复杂程度的提高，产品有了技术标准，公差制度也日趋完善，各种检验工具和检验技术也随之发展，大多数企业开始设置检验部门，有的直属于厂长领导，这时是“检验员的质量管理”。

其间已出现质量控制观的思想，表现为统计和数学方法、抽样表和控制图的使用。这一阶段质量观的主要特征是“劣中选优的事后检验把关”。

2. 质量控制观

20 世纪 30 ~ 60 年代，大批量生产的进一步发展要求用更经济的方法来解决质量检验问题，并要求事先防止成批废品的产生。基于质量检验观，一些著名的统计学家和质量管理专家就开始关注质量检验的弱点，并设法运用数理统计学的原理去解决这些问题。1924 年，美国电报电话公司贝尔实验室的休哈特提出了控制和预防缺陷的概念。1931 年休哈特将自己的研究成果以及所设计的质量控制方案和控制图汇集起来，出版了《工业产品质量的经济控制》一书。休哈特提出了用数理统计中正态分布“6σ”的原理来预防废品，根据测定的产品质量特性值，按照“6σ”原理绘制质量控制图，不仅能了解产品或零部件的质量状况，而且能及时发现问题，有效降低了产品的不合格率，使生产过程处于受控状态。人们的质量观也开始从事后的检验转移到生产过程中的控制。这30年间，质量控制观着重于应用统计方法来控制生产过程质量，发挥预防作用，保证产品质量。但产品质量的形成过程，不仅与生产过程紧密相关，而且还与其他一些过程、环节和因素密切相关，这不是单纯应用质量控制方法就能解决的。

20世纪60～80年代，美国GE公司的费根鲍姆积累了质量管理的丰富知识和经验后，出版了《全面质量管理》（1961）一书。由此，全面质量管理（TQC/TQM）的理念成为质量控制观的主流思想。该书强调解决质量问题不能仅限于检验和数量统计方法。费根鲍姆指出：全面质量管理是为了能够在最经济的水平上并考虑充分满足用户要求的条件下进行市场研究、设计、生产和服务，把企业各部门的研制质量、维持质量和提高质量的活动构成一体的有效体系。这一阶段的主要特征是数理统计方法与行为科学相结合，注重人在管理中的作用，全面、全方位参与管理。

全面质量管理思想是从质量控制观向质量设计观的过渡思想，费根鲍姆已经注意到产品质量的好坏不仅取决于技术标准，还需满足用户的要求，而要想提高这部分的质量就不得不在生产之初做好市场研究、质量设计的工作。

3. 质量设计观

20世纪80年代后期至今，在全面质量管理思想的推动下，随着科学技术和市场需求的不断发展，人们的质量观在不断拓展、深化和完善。80年代后期，为使产品质量能够在国际间得到一定程度的统一，需要对企业的质量保证能力进行客观评价。国际标准化组织成立了质量管理与质量保证技术委员会，陆续颁布了面向质量管理和质量保证的ISO 9000系列国际标准1987版、1994版和2000版。ISO 9000：2000版标准中对于质量的描述是“一组固有特性满足要求的程度”。“要求”是指“明示的、通常隐含的或必须履行的需要或期望”。明示的需要是指在合同、标准、规范、图样、技术要求和其他文件中已经做出规定的需要；通常隐含的需要是指组织、顾客和其他相关方的惯例或一般做法。质量定义中的满足明示或隐含的需要不仅针对顾客，还要考虑其他受益者和社会的需要，即符合法律、法规、环境、安全、能源利用和资源保护等方面的要求以及员工、所有者、供应商的期望和需要。

在传统的质量观中，质量的优劣由技术标准评判，又称质量的符合性，但标准的制定更多还是从产品本身出发，因此符合性质量观没有对顾客的需求进行考虑，特别是隐含的需求和期望。在符合性质量的基础上，朱兰在其2003年出版的《朱兰质量手册》

一书中提出了适用性质量观，即产品的使用功能需要考虑顾客的要求，包括生理的、心理的、伦理的等方面。但即使如此，对于质量的优劣、用户需求的满足还都是基于生产方的视角。直到顾客及相关方满意的质量观建立以来，产品质量评价的对象才从产品扩展到过程、体系等所有方面，特别是从顾客的角度来评价产品的质量，是对传统质量观的一个重大挑战。

质量设计观的主要观点认为，质量由用户定义，质量管理通过可获利能力将市场和成本联系起来，从而减少缺陷、降低成本，实现顾客需求满意。因此，应在产品设计中提出质量要求，确定产品的质量水平，在生产前增强产品的竞争能力，这是与质量检验观和质量控制观最显著的区别。

基于质量设计观，日本的质量管理专家田口玄一博士于 1983 年出版的《质量工程学概论》中提出波动引起的损失，在肯定用户需求的同时，从质量波动和损失的角度对质量进行了定义。与传统的从价值角度来界定产品或服务的质量不同，田口博士从损失角度来衡量产品质量，研究质量设计方法来改进产品质量，这种质量观也为质量管理与改进提供了新的视角。

二、质量损失与波动质量观

1. 田口玄一的波动质量观

田口玄一的波动质量观不同于以往的质量观，他将顾客利益放在了第一位，而且没有从传统的价值角度来界定产品或服务的质量，而是从损失角度来看待这一问题。他认为不仅不合格品会造成损失，即使是合格品也会造成损失，只要产品的质量特性没有达到理想功能就会造成损失，只是损失的大小和影响程度不同而已。因此，他将质量界定为“商品上市后给予社会的损失”，但他同时指出，“由功能本身所产生的损失除外”。

根据田口玄一的界定，“给予社会的损失”一方面是由于功能波动带来的损失，另一方面则是由于弊害项目造成的损失。由于功能波动带来的损失，如日本的新干线，其功能可以说是划时代的，但如果遇到地震它就要停运，所架设的线路一旦出现了故障，也要停运的，正是由于这样的功能波动，使得新干线的功能质量并不好。弊害项目造成的损失用药剂来举例的话就是副作用，如酞胺哌啶咽的安眠功能是很好的，但是其副作用又很大，所以弊害项目的损失就很大。因此，所谓质量好的商品，应该是其本来的功能没有波动，包含使用成本在内的弊害项目的损失又很小。

之所以会特别指出“由功能本身所产生的损失除外”，是因为功能本身会给社会造成多大的损害，以及如何减少其损失，就不是质量管理的问题了。例如，酒的主要成分是酒精，酒精不仅能够促进血液循环、通经活络、祛风湿，而且在中国数千年的文明发展史中，酒也已经成为一个重要的文化象征；但与此同时，酒精还有醉人的功能，会使人麻痹、不清醒，进而发生失去理智的行为。每年因醉酒而发生事故、因闹事而蒙受损失的人不少，但我们能否因此而改变酒的成分，从而使其不醉人？答案一定是否定的，一旦酒精不再是酒的主要成分，酒也就不能称之为酒了。因此，社会允许具有何种功能的商品，是文化问题，是法律问题，而不是技术问题。也就是说，商品的功能以至价值，应与技术范畴、工程学范畴分开，而归于文化问题来讨论。

2. 质量损失

“提高经济效益的巨大潜力蕴藏在产品质量之中”，这句名言已经被世界许多企业的成功经验所证实。只有减少与质量有关的损失，效益才能得到充分体现和增加。在实践中，不合格品所造成的损失，为我们所见的仅是企业内部的质量损失范畴，但这只是冰山一角，组织的大量隐患和损失往往潜藏在更深的层面。因此，质量损失应该是产品在整个生命周期过程中，由于质量不满足规定要求，对生产者、使用者和社会所造成的全部损失之和。它存在于产品的设计、制造、销售、使用直至报废的全过程，涉及生产者、使用者和整个社会的利益。

（1）生产者的损失。生产者的质量损失包括因质量不符合要求，在产品交付前和交付后两方面的损失，既包括有形损失，也包括无形损失。有形损失是指可以通过价值计算的直接损失；而无形损失则是指由于片面追求过高的质量，使生产成本过多增加而造成的额外损失。

（2）消费者的损失。消费者的损失是指产品在使用过程中，由于质量缺陷而使消费者蒙受的各种损失。

（3）社会的损失。无论是生产者损失还是消费者损失，从广义上来看都属于社会损失；相反，社会损失最终也会成为对个人和环境的损害。所谓社会损失，主要是指由于产品缺陷对社会所造成的公害和污染，对环境和社会资源的破坏和浪费，以及对社会秩序、社会安定所造成的不良影响等。

（4）质量波动的损失。产品质量的好坏是由满足用户要求的特征，即质量特征来描述的。不同的产品有不同的质量特征，但即使是同一批产品，由同一个工人，用同样的材料、设备、工具在相同的环境下制造出来，其质量特征值或多或少还是会有所差别。这说明质量波动是客观存在的事实，即使是合格品或者是优等品，也会存在一定的误差，从而也会给生产者、使用者或者社会带来损失。

三、商品的品种与质量问题

作为一个制造企业，在传统的以产品为出发点来判断质量好坏的质量观的指导下，企业的活动将主要由以下六个阶段构成：（1）产品规划（按功能及价格对需要进行估计，同时包含设计寿命）；（2）产品设计（研制、设计规划所规定的功能的产品）；（3）生产工艺的设计；（4）生产；（5）市场开拓（让需要者了解新产品而进行的活动）；（6）销售。

我们在购买男士衬衫的时候，一般考虑的因素主要有颜色、款式、尺码和价格等。至于选择哪一种颜色，哪一种款式，不仅取决于个人的主观价值判断，而且还会受到流行潮流的影响。但是即使蓝色的比粉色的销量大，也并不意味着蓝色的比粉色的质量好。质量好是相对于功能来说的，不易皱、版型好、方便洗涤等都会给消费者带来较少的损失和较低的使用成本。那些颜色、款式再称心的衬衫，如果很容易就起皱，或者容易脏、带静电、引发皮炎等，那么绝大多数人是不会考虑回购的。因此，在购买商品的时候，消费者首先会考虑的要素还是效用和价格。我们说，颜色、款式等都是主观价值观的东西，体现为品种；与此相对应的，如易皱、静电、引发皮炎等则是与消费者损失相关的，是质量项目。那么，衬衫的尺码是属于品种问题还是质量问题呢？

从目前市场上销售的男士衬衫来看，按领圈及袖长来划分尺码，大约有 100 种左右，大多数都是领圈间隔为 1 厘米，袖长间隔为 2 厘米的各种组合。对于消费者而言，如果是定制衬衫的话，则必须先测量定制所必需的领圈、袖长、肩宽、胸围、下摆、上袖、衣长和袖口等身体各个部位，然后放出适当的富余量做出纸型，再进行裁剪和缝制。但是，定制的衬衫不仅价格高，而且量尺寸以及缝制都需要手工进行，因此受技师个人技能的影响较大，波动也就较大。而且由于必须试样，也会带来由于不能立刻穿上而造成的时间损失。

换作是从市场上购买尺码确定的成品衬衫。如果消费者的领圈与袖长的尺寸恰好与尺码相同，就意味着他能买到合适的衬衫，那么有关尺码的损失就是 0；而如果与尺码偏差较大，那么就意味着他将买不到合适的衬衫，于是就会产生与尺码相关的损失。如领圈为 40.5 厘米的男士就不得不选择小 0.5 厘米的尺码，或者是大 0.5 厘米的尺码；而如果与尺码的偏差太大的话，消费者可能就会放弃购买这款衬衫。

如果那个领圈为 40.5 厘米的男士最终选择了 41 厘米领圈的衬衫，是不是就意味着 41 厘米领圈的衬衫质量要比 40 厘米领圈的好？这显然是不对的，因为每厘米的尺码仅是一个标准化的问题，属于品种问题，而非质量问题。如果进一步缩小尺码的间隔，那么领圈为 40. 5 厘米的消费者也就能买到恰好的衬衫了。因此，通过增加品种尺寸，也就是细分市场的方法就可以解决这一问题。

但是，由于那些领圈大而袖长短的人往往较少，需求量也就较少，因此厂商往往不愿意做，零售商店也由于积压时间长，造成资金呆滞而不愿意购进。对于这类特殊尺码，有必要设立专门经营特殊尺码的零售商店。

现在我们换一个角度来重新思考刚才这一问题，增加尺码数目虽然是增加品种数目的问题，但其实也是对因没有恰好尺码而引起损失的质量问题的一个对策，旨在解决因市场结构引起的质量问题。所谓品种问题，其实就是要考虑不同客户的特殊情况，将产品规划为不同颜色、款式、尺码、价格等的细致分档。而如何进行市场细分，如何进行品种的设计与规划，就需要涉及规划、经营、设计等所有的部门。

产品的销售最初是由其功能即品种和价格所决定的，但如果质量很差的话，消费者就会要求赔偿，并且不会再买第二次。那样的话，在产品研发、生产准备、市场开拓等方面的巨额资金投入和努力也就都白费了。多数质量问题都是在产品投入使用以后才暴露出来的。因此，为了在质量方面不出问题，必须在产品的制造全过程中进行有条不紊的规划和运营，才能保证产品在投入市场及使用过程中均具有竞争力。特别是在产品设计阶段的质量设计是最重要的，因为在生产时即使可以减少商品间的波动，但是商品的老化、对环境的适用性是不能改善的，而在产品设计阶段，对于所有这些问题都是可以采取措施避免的。

第二节 产品质量设计与实验设计

一、产品质量设计

所谓产品质量设计，就是在产品设计中提出质量要求，确定产品的质量水平（或质量等级），选择主要的性能参数，规定多种性能参数经济合理的容差，或制定公差标准和其他技术条件。无论新产品的研制，还是老产品的改进，都要经过质量设计这个过程。产品设计过程的质量管理，关键就是要搞好质量设计。

1. 产品质量设计的主要任务

（1）保证产品的功能质量，要求所设计的新产品达到技术上规定的功能目标。

（2）保证产品的价值质量，即质量成本，要使产品的生产技术准备费用、制造费用和使用费用最低，使产品在价格上有较强的市场竞争能力。

（3）保证产品的图纸（或配方）质量，要能够正确反映设计思想和用以指导生产的技术要求。避免因图纸（或配方）设计不周而造成产品质量低劣和其他各种损失。

因此，为了使产品的技术水平高、工艺性能好、成本低，大力加强产品设计过程的质量管理，建立设计开发全过程的质量保证体系，确保产品的设计质量是非常重要的。

2. 产品质量设计的职能

产品质量设计的主要职能是：收集分析质量信息，制定质量目标，组织质量评价活动，进行设计评审、故障分析、实验室实验、现场实验、小批试生产鉴定等。

（1）产品质量信息的收集分析。技术和质量情报是开发新产品的依据，它对开发新产品的成败影响极大。因此，企业应当建立技术情报和质量信息系统，对各种技术情报、质量信息进行全面的、统一的管理和使用。

（2）产品质量目标的制定。产品质量目标应在充分分析市场动态、用户要求、技术水平的基础上，结合企业的质量政策和实力来制定，并要坚持以下原则：

① 保证在同类同档产品中具有自己的特色。

② 力争成为同类产品中的质量领军者，具有较高的质量水平。

③ 当不能实现行业中质量领先时，则应做到在同档产品中成本最低。

（3）产品质量评价活动。在产品开发的不同阶段，有不同的评价内容和重点。

① 规划、方案、构思阶段。主要是对产品质量目标进行评价，也称为 A 评价。其目的是为了早期沟通设计、生产、供销、质量等部门的意见，通盘考虑产品开发方案中各种重要问题，如质量目标是否符合用户和本企业发展的要求，技术上是否先进，研制费用是否低等。

② 样品试制、实验阶段。主要是对产品的性能进行评价，也称为 B 评价。这一阶段的评价可能不止一次，主要是验证产品的设计（配方）是否正确，产品性能是否达到方案要求等。

③ 小批试制阶段。主要是对产品的使用寿命、有效性进行评价，也称为 C 评价。这一阶段不仅要对产品的各项指标进行全面考核，而且还要对投产前的各项准备工作进行评价，以保证大量投产后的产品质量。

④ 批量生产阶段。是对销售市场进行评价，主要是考核产品的使用效果，收集用户意见和市场需求情况，以作为进一步改进产品质量的依据。

（4）产品质量—成本分析。进行质量—成本分析的目的是在保证实现产品质量目标的前提下，努力降低产品的成本，以便获得更大的销路和更好的经济效益。

（5）产品设计评审。设计评审是防止产品缺陷的一种早期报警手段。为了及早发现、防止和弥补设计本身的缺陷，在产品开发设计过程的各阶段决策点上，组织与产品形成有关但不直接参与或对产品开发设计不负直接责任的专家，对产品设计及可能出现的缺陷进行评审，以及时查出和补救设计中的不足，防止把设计中的质量缺陷带到生产中去而影响产品的性能、使用效果及制造成本、保养费用等。

二、实验设计

实验设计是以概率论与数理统计为理论基础，以较小的实验规模（实验次数）、较短的实验周期和较低的实验成本经济、科学地安排实验，并分析实验数据，获得理想的实验结果和正确结论的数理统计方法。一个完整的实验包括实验设计、实验实施和实验结果分析三个阶段。实验设计基本思想是英国统计学家费舍尔（R. A. Fisher）在 20 世纪 20 年代进行农田实验时提出的。他在实验中发现，除受实验条件的影响之外，各研究对象受到环境条件的影响难以严格控制，其特性值往往很分散，特别是当误差因素的影响较大时，实验之间可比性丧失，甚至导致错误的结论。传统的实验设计法认为，随机误差不可忽视，故提出对实验方案必须作合理的安排，通过描述上述诸因素对特性值影响大小的定量分析方法和尽量消除或减小误差因素对特性值的影响，使实验数据有合适的数学模型，以减少随机误差的影响，从而提高实验结果的精度和可靠度，这就是实验设计的基本思想。

在 20 世纪三四十年代，英、美、苏等国将此法用于生物学、医学等领域，对实验设计法进行了进一步研究及应用推广。“二战”期间，英美等国在工业实验中采用实验设计法取得了显著效果。战后，在工业生产中经常要进行技术革新，寻求优质、高产、低消耗的方法，日本学者田口玄一首先将实验设计法成功应用于新产品的开发设计，借鉴实验设计法提出了信噪比实验设计，并逐步发展为以质量损失函数、三次设计为基本思想的田口方法，田口博士在最早出书介绍他的理论时将其称为实验计划法（design of experiment，DOE）。对于一些复杂的电子、机械产品，利用实验设计法合理选择元器件或零部件的参数，可以大大改善产品功能目标值的稳定性，故也被称为稳健性设计（robust design）。70 年代初期，著名数学家华罗庚带头在我国推广实验设计法。无疑，在现代工业生产中，实验设计法与保证和提高产品质量有着密切关系。作为方法论，它是现代质量管理中一种非常重要的应用方法。近些年来，随着计算机技术的发展，出现了各种针对实验设计和数据分析的统计分析软件，如 SAS、SPSS、Stata、Minitab、Design－Experts、R、Lingo 等，使实验设计和统计分析工作简单易行。

三、实验设计的原则与方法

1. 实验设计的原则

在科学实验中，由受到实验因子[①]之外的其他因素的影响，实验所得到的观测值与真实值之间总存在一定的误差，简称实验误差，按其性质可分为系统误差[②]、过失误差[③]和随机误差[④]。通过长期实践，费舍尔总结了有关实验设计的一些基本原则，如重复实验原则、实验顺序随机化原则、分块实验（又称局部控制）原则等，它们至今仍是指导实验研究的基本原则。

（1）重复实验原则。重复实验主要是指，在相同的实验条件下，独立重复实验的次数应足够多，通常应重复实验两次以上。这里的“独立”是指要用不同的个体或样品做实验，而不是在同一个体或样品上做多次实验。由于在实验过程中，虽然对确定的实验条件要进行严格控制，但仍可能会由于随机性原因而造成随机误差。另外，受确定的实验条件以外的一些因素的影响，也可能会造成实验误差。而重复实验的作用就在于：

① 估计实验误差，在进行方差分析时将误差成分的影响计算出来，定量地评价误差的大小，若在一个处理[⑤]上有 n 次重复，则实验指标的实测值 y 和真实值 u 之间的实验误差 s 服从正态分布 $N(0,\sigma^2)$。则 σ 的估计：

$$\hat{\sigma} = s = \left(\frac{1}{n-1}\sum_{i=1}^{n}(y_i-\bar{y})^2\right)^{\frac{1}{2}}$$

② 降低实验误差，即降低以个体差异为主的各种实验误差，统计学已经证明误差与重复次数的平方根成反比，适当的增加重复可以减少误差。

③ 增强代表性，可以排除随机误差的干扰和影响，更广泛地认识实验的影响与适应范围，确保能真实地反映随机变量的统计规律性。

---

① 实验因子：对实验指标产生影响，在实验中需加以考虑的实验条件称为实验因子，简称因子或因素，通常用大写字母表示。

② 系统误差是由于某种实验条件下的一些比较确定的干扰因素所引起的误差，它具有规律性，有一定的方向或趋势，系统误差可以校正和消除。如某作物不同品种的产量比较实验，土地的肥沃程度不同就会造成系统误差。

③ 过失误差是由于实验人员粗心大意、过度疲劳或操作不正确等所造成的误差。例如，读错数据、记录错误等。只要实验人员认真、细心操作，过失误差是可以避免和消除的。

④ 随机误差是由于实验中除实验因子之外的一些无法加以控制的干扰因素所造成的误差，随机误差具有随机性，没有一定趋势或规律，难以避免，不可消除。

⑤ 按照实验因子的给定水平对实验对象所做的操作称为处理。在单因子实验中，该因子的每一个水平的实施就是一个处理；在复因子实验中，各个因子的任一水平所组成的组合称为一个处理，或称处理组合。

（2）实验顺序随机化原则。实验顺序随机化是指实验中任何一个处理都随机地安排在任何一个实验单元上，即实验所用的仪器、实验材料、实验操作人员以及实验单元的次序也要随机地确定。为了使系统性误差不至于影响对实验结果的分析、选优，就需要遵循实验顺序随机化原则来确定实验的顺序，使各实验结果相互独立，从而有效降低系统误差。常用的随机化方法主要有：随机数表法、计算机生成随机数法和抽签法。

（3）局部管理原则（又称“分块实验原则”）。分块实验是针对实验条件的不均匀性，人为地把时间、空间、实验材料和实验设备等实验条件划分成若干个区块。使区块内的实验条件相同或者相近，而区块之间允许存在较大的差异。例如，要从甲、乙、丙三个小麦品种中选出一个最佳的品种。假定实验田的肥沃、贫瘠程度不一致，这样就会给实验结果带来系统误差的影响。当最好的品种恰巧播种在贫瘠处，而最差的品种恰巧播种在肥沃处时，差品种的收成可能比好品种的收成还好，这样就可能掩盖事实的真相，导致错误的结论。为了消除因土地肥瘦不均而引起的系统误差，实验时可将实验田分成若干小块，在小块中保持土地的肥力一致，并在每小块中再划分更小的小块分别播种甲、乙、丙三个小麦品种。通过这样安排实验，消除了系统误差对实验的影响，无论是在贫瘠的小块还是在肥沃的小块，好的品种收成都会好，差的品种收成都会差，结论也就更加准确、可靠了。遵循分块实验原则进行实验，就是要消除系统误差对实验结果的影响。

2. 实验设计的方法

（1）单因子实验设计。实验中只考虑一个因子（记为 A），选择它的 a 个水平 A_1，A_2，…，A_a，比较这 a 个水平的水平效果的实验称为单因子实验。因这类实验的实验数据可归纳成一元表，所以又称一元配置实验。

（2）二因子实验设计。包含两个因子的实验就是二因子实验，一般又称二元配置实验。在有多个因子的实验中，当实验数据显示各因子的综合效果不等于各因子效果的单纯叠加时，说明因子之间存在着交互作用。在这种情况下，使用单一因子实验法常会导致错误的结论，故单一因子实验法不是理想的实验方法。两个因子之间的交互作用称为二因子交互作用，三个因子之间的交互作用称为三因子交互作用。交互作用通常在代表各因子的字母之间加“×”号来表示。例如，A 因子与 B 因子之间的交互作用可记为 A×B。在二因子实验中，A 因子有 a 个水平，B 因子有 b 个水平，因此一共要对 ab 种条件组合进行实验。将各水平组合的重复实验数记为 n，$n \geqslant 2$ 时，是有重复的二因子实验，此时的实验总数为 abn 次。当 $n=1$ 时，是没有重复的二因子实验，此时的实验总数为 ab 次。

（3）直交实验设计。由于产品质量受多种因素的影响，所以在工业生产中常常需要取多个因子进行实验。因子个数为 2 和 3 时，用二元配置、三元配置来安排实验是可行的。但因子数大于 3 时，实验规模将变得很大。例如，有 5 个因子，每个因子取 5 个水平，对全部水平组合都进行实验，则一共要做 $5^5=3125$ 次实验。要做这么多次实验，所耗时间、人力、物力、财力都将十分庞大，这实际上是不可能的。即使因子及水平数较少时，要做全部实验也不一定是必要的。因此，在有多个因子的情况下，必须积极地搜集有关因子之间是否有交互作用的情报，不对全部水平组合进行实验，而只对其中一部分进行实验，这就需要利用直交表来进行实验设计。关于直交表的具体使用请参考本章第三节直交表中的介绍。

第三节　田口方法

日本学者田口玄一独创了质量工程学，国际上通常称为"田口方法"，是一种低成本、高效益的质量工程方法，它强调产品质量的提高不是通过检验，而是通过设计。20 世纪 50 年代初，日本电讯研究所中，以田口玄一为首的一批研究人员在费歇尔多元配置法实验设计基础上开发了直交实验技术，并利用一套规范化直交表安排实验。该方法将质量管理与经济效益联系在一起，将工程经验与统计原理相结合，运用数学方法，从工程观点、技术观点和经济观点对质量管理的理论和方法进行综合研究，从而形成了一套独具特色的，有效性、通用性、边缘性极强的质量稳健性设计方法。田口理论认为产品的目标特性与影响目标特性的参数水平组合之间存在的是非线性关系，利用这一特性，充分利用各元件的组合及调整，即使采用特征值波动较大的三级品元件，仍可得到较稳定的质量特性。

田口方法的基本思想是：用直交表安排实验方案，以误差因素模拟造成产品质量波动的各种干扰，以信噪比作为衡量产品质量稳健性的指标，通过对各种实验方案的统计分析，找出抗干扰能力最强、调整性最好、性能最稳定且可靠的设计方案，并以质量损失最小为原则，合理地确定参数的容差，以达到成本最低、质量最优的技术经济综合效果。

一、相关概念

1. 控制因子、信号因子和噪声因子

对于一个产品或者制程，影响产品或制程质量特性的参数有很多（如图 4－1 所示），其中 y 表示此过程输出的产品或制程的品质特性（响应值）。一般而言，任何一个

质量特性值 y 在生产过程中均受很多因素的影响，田口玄一将影响质量特性的因素分为控制因子（X）、信号因子（W）和噪声因子（误差因子 Z）。控制因子是指能控制其水平，并要选出其最佳水平的因子；信号因子，是指为了实现目标值的要求而选取的因子；噪声因子，也称误差因子，是指使质量特性偏离目标值的因素，即引起所有内、外噪声的因子。

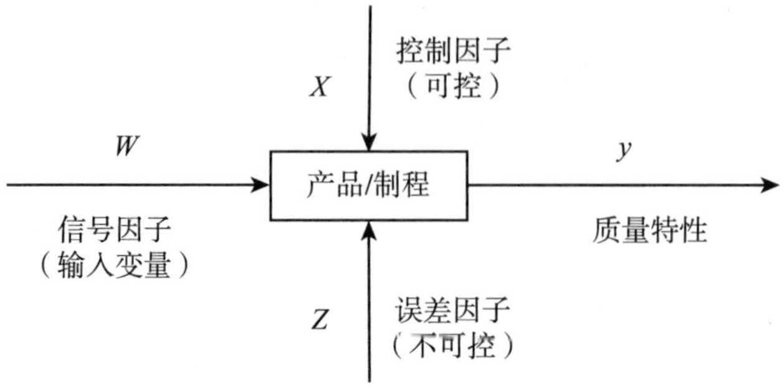

图 4－1　影响产品/制程质量特性的参数

资料来源：田口玄一，《忽略这条线》（中国兵器工业质量管理协会译），兵器工业出版社 1990 年版，第 12 页，作者有改编。

2. 外部噪声、内部噪声、随机噪声

田口玄一认为引起产品质量波动或引起产品功能偏离目标值的原因（噪声）来自以下三个方面：

（1）外部噪声。由于环境因素与使用条件变化，会使产品不能正常发挥其功能。例如，一台电动机的转速随外部环境条件波动，如温度、湿度、电源电压等。

（2）内部噪声。产品在储存或使用中，由于材料老化或零部件磨损，其功能会逐渐发生变化。例如，由于绝缘材料老化、润滑油干燥、轴承磨损等原因，使电动机不能正常运转。

（3）随机噪声。按同一规格和条件生产出来的一批产品，在同样的环境条件下使用，各产品的质量也会有差别。这种差别虽无法预测，但它们服从一定的统计规律，因此引起这种质量波动的原因称为随机噪声。

3. 生产线外质量控制与线上质量控制

解决的对策有生产线外质量控制与线上质量控制两种。所谓线外质量控制，即产品设计阶段和制造设计阶段的质量控制活动，通过实验设计，保证产品最佳化和制造过程最佳化（主要是工艺参数的最佳化设计）。线外质量控制可以应用直交表、信噪比（S/N）和损失函数来达成，强调有效率的实验和仿真，以减少变异。所谓线上质量控制，是实际生产阶段的质量控制活动。田口式质量工程较关心线外质量控制，以降低成本、提供最佳质量为目标；对于线上质量控制则以稳定制造过程为目标。

系统设计、参数设计、容差设计这三方面的内容构成了田口方法的“线外质量控制”，田口线外质量控制、质量损失函数和田口线上质量控制构成了田口质量工程，如图 4 –2 所示。

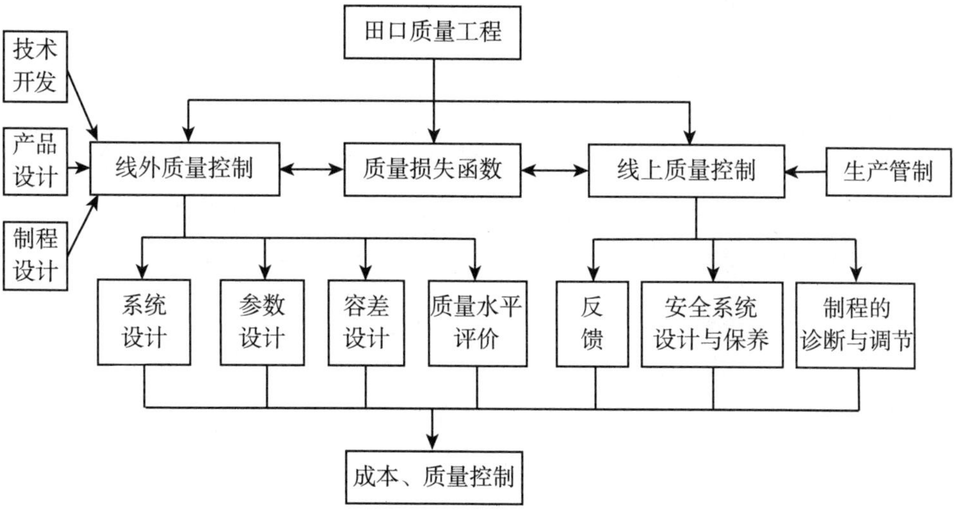

图 4 –2 田口质量控制体系

资料来源：田口玄一，《质量工程学概论》（魏锡禄、王和福译），中国对外翻译出版公司 1985 年版，第 78、79 页，作者有改编。

一般所讲的田口参数设计是指田口线外质量控制，本章讨论的田口实验设计即为田口线外质量控制。在田口线外质量控制中，参数设计是线外质量控制的核心，它通过实验优化方法确定系统各参数的最优组合，使产品对环境条件和其他噪声因素的敏感性降低。最终效果是在不提高产品成本甚至降低成本的基础上使产品质量损失最小，可见，参数设计是获得高质量产品的关键，也是田口方法的中心内容。系统设计是线外质量控制的基础和前提，容差设计是对系统设计和参数设计的完善与提高，质量水平评价是对田口线外质量控制的效果评价与分析。

二、三次设计理论

1. 三次设计理论简介

20 世纪 70 年代，田口玄一基于其波动质量观的理念，把产品设计分三个阶段，即系统设计（一次设计）、参数设计（二次设计）和容差设计（三次设计），因此也称为三次设计。其思想就是在产品设计阶段就进行质量控制，试图用最低的制造成本生产出满足顾客要求的、对社会造成损失最小的产品。三次设计以实验设计法为基本工具，通过对零部件或元器件的参数进行优选，以求减少各种内、外因素对产品功能稳定性的影响，突破设计“瓶颈”或改善生产流程，从而达到提高产品质量、降低产品成本的目的。该方法应用于产品开发、技术开发，能发挥立即有效的成果。除用于产品稳健性设计之外，这种方法还可用于评价、改善计测仪器（或计测方法）的误差和分析产品的最佳动态特性等方面。

2. 三次设计的内容

（1）系统设计。系统设计，也称第一次设计，即功能设计，主要依靠专业技术人员来完成。系统设计阶段是应用专业技术进行产品的功能设计和结构设计的阶段。在一定的意义上，系统设计可以认为就是传统的产品设计，但是，它是三次设计的基础。对于结构复杂的产品，要全面考察各种参数对质量特性值的影响，单凭专业技术进行定性的判断是不够的，因为这样无法定量地找出经济合理的最佳参数组合。通过系统设计可以帮助我们选择需要考察的因子及其水平。这里所说的因子是指构成产品这一系统的元件或构件，水平是指元件或构件的参数（或取值）。

在系统设计阶段，需要完成两项工作：一是对产品进行整体系统的结构和功能设计，即合理确定产品的结构，使产品达到所要求的功能，包括材料、元件、零件的选择以及零部件的组装系统。二是探求产品输出特征值的计算公式——建立数学模型，即找出产品的输出特征指标与各有关元器件特征指标之间的函数关系。这一工作主要为了对所设计的产品进行优化，从而为参数设计提供服务。对于得不到数学模型的产品，则只能通过实验来确定其输出特性。

（2）参数设计。参数设计阶段是确定系统中各参数最佳组合的阶段。参数设计与实验设计法有密切的关系。它能够巧妙地利用实验设计法解决系统的各参数与质量特性值之间呈非线性关系的优化问题，通过选择控制因子的水平，确定系统中元器件或零部件参数的一组最佳组合。参数设计则是参数中心值以及最佳组合的非线性设计，目的是衰减内、外噪声使产品的特征值在达到目标值的基础上波动最小、稳定性最好。参数设计是三次设计的核心内容。

参数设计需要解决的同样是两个方面的问题：一是确定参数；二是在系统设计的基础上，运用直交实验、方差分析、信噪比等方法，研究各种参数组合与输出特性的关系，从而找出经济合理、特性值波动最小的最佳参数组合。

（3）容差设计。容差设计，也称第三次设计，是产品设计的最后一个阶段，可以认为是参数设计的补充。容差也就是容许偏差或公差，指的是质量特性的允许变化范围。通过参数设计确定了系统各零部件或元器件参数的最佳组合之后，进一步确定这些参数波动的容许范围，就是容差设计。例如，虽然进行了系统参数的优选，但各零部件或元器件参数的最佳组合仍不能满足对产品质量的要求时，就需要分析各参数对质量目标值影响的大小，并要将影响大的参数的波动控制在较小的范围之内，即要确定它们的容差，也就是要提高零部件或元器件的质量等级。由于零部件或元器件质量等级的提高是与产品成本的提高联系在一起的，因而将评定质量特性值的波动引起的经济损失与确定容差结合起来考虑很重要。另外，此阶段常要研究各参数波动对质量特性值的影响，所以也要用到实验设计法。

举例来说，我们去给窗框配玻璃，首先需要考虑配套玻璃的尺寸公差问题。在量玻璃的时候，尺寸上存在一定的波动，这是正常的。但如果尺寸过小，玻璃就会从窗框上掉下来，而如果尺寸过大则装不进去。这就需要我们进行设计，计算出一个尺寸区间满足实际生活需要（具体设计参考本章第三节容差设计）。

田口方法在20世纪80年代初被引入美国后，在福特汽车获得成功，使福特在1986年盈利超越通用。后来，美国通用汽车工程管理学院专门设置了田口方法的课程。1994年美国国家航空航天局开始推广田口方法，首先应用在航天飞机燃料贮箱中。由于世界范围内高技术产业兴起和社会生产力的迅速发展，国际市场竞争的焦点已开始由价格的竞争转向质量设计的竞争。设计竞争的严峻形势迫使每个企业重新考虑其质量经营战略。

三、质量损失函数

通过前面的介绍我们已经了解到，产品质量特性的波动是客观存在的，而有波动就必然会造成损失。

通过容差设计来确定各参数的最合理的容差，使总损失（质量与成本之和）达到最小（最佳）。我们知道，使若干参数的容差减少需要增加成本，但由此会提高质量，减少功能波动的损失。因此，要寻找使总损失最小的容差设计方案。其中质量损失函数是用于容差设计的主要工具之一。

1. 定义

如何度量由于功能波动所造成的损失，田口玄一提出了质量损失函数的概念，把功能波动与经济损失联系起来。

设产品输出特性值为y，目标值为m。若$y \neq m$，则造成损失，且$|y-m|$越大，损失越大。假设输出特性值为y的产品，相应的损失为$L(y)$，若将$L(y)$在$y=m$处进行

泰勒公式展开，就有：

$$L(y) = L(m) + \frac{L'(m)}{1!}(y-m) + \frac{L''(m)}{2!}(y-m)^2 + \frac{L'''(m)}{3!}(y-m)^3 + \cdots$$

$y=m$ 时，损失最低，即 $L(m)=0$；又因为 $y=m$ 处是极值点，所以 $L'(m)=0$，而且，由于偏差（$y-m$）的值非常小，使得展开式中的每一个后续微分比前一项来说都是更高阶无穷小。即泰勒展开式的第四项及以后各项都远远小于第三项，因而可忽略不计。所以，质量损失函数可近似表达为：

$$L(y) \approx \frac{L''(m)}{2!}(y-m)^2$$

上式中$\frac{L''(m)}{2!}$二阶项是一个比例常数，令其为 k，质量损失函数变为：

$$L(y) = k(y-m)^2$$

2. 系数 *K* 的确定方法

（1）基于产品的功能视角，即根据功能界限 Δ_0 和相应的损失 A_0 来确定 k。所谓功能界限 Δ_0 是指产品能够正常发挥功能的极限值。若产品的输出特性为 y，目标值为 m，则当 $|y-m| \leqslant \Delta_0$ 时，产品尚能正常发挥功能；而当 $|y-m| > \Delta_0$ 时，产品的功能则丧失了。又因为该产品功能丧失时的损失为 A_0，可以认为在 $y=m \pm \Delta_0$ 两点上，均是 $L(y)=A_0$，由损失函数 $L(y)=k(y-m)^2$ 推导可得：$A_0=k\Delta_0^2$，因此，$k=\frac{A_0}{\Delta_0^2}$。

（2）基于单个产品的损失成本，即根据容差 Δ 和相应的损失 A 确定 k。所谓容差，是指产品的合格范围。设产品输出特性为 y，目标值为 m，若 $|y-m| \leqslant \Delta_0$ 时，产品为不合格品。若产品为不合格品时，造成的损失为 A，此时可以认为在 $y=m \pm \Delta$ 两点上，均是 $L(y)=A$，由损失函数 $L(y)=k(y-m)^2$ 推导可得：$A=k\Delta^2$，因此 $k=\frac{A}{\Delta^2}$。

我们回到之前讨论过的男士衬衫的例子，根据损失函数 $L(y)=k(y-m)^2$ 来求 k，需要首先了解消费者的容差，以及超出容差时的损失。在当时的情况下，如果超出容差 Δ，消费者就不会购买成品衬衫而选择定做，而定做的话，给消费者带来的损失为 400 元。这就意味着，当本人的尺寸偏离 m 的尺寸大于 Δ 时，即使会损失 400 元，消费者也会选择定做。

倘若 $\Delta=0.5$ 厘米，则 $k=\frac{A}{\Delta^2}=\frac{400}{0.5^2}=1600$，损失函数为 $L(y)=1600\ (y-m)^2$。

（3）根据功能界限与容差之间的关系，确定产品的容差。工厂在制造产品时，产品容差一般应比较小。当产品质量特性值的偏差大于产品容差时，产品就是不合格品。

按照上面的定义，继续探讨刚才的给窗框配玻璃的问题，当玻璃的横向尺寸为 y 时，其损失函数便为 $L(y)=k(y-m)^2$。若在现场配玻璃的时候，过宽或者过窄必须要重新切割玻璃时的平均损失为 A_0。那么，上面的损失函数在 $|y-m|$ 为 Δ_0 时，由于损失为 A_0，所以比例常数 k 可由下式估计：

$$K=\frac{A_0}{\Delta_0^2}$$

为了决定切割玻璃时平板玻璃尺寸的容差 Δ，需要知道不合规格时的具体损失 A。若 A 已知，代入损失函数 $L=\frac{A_0}{\Delta_0^2}(y-m)^2$ 的左边，对 $\Delta=|y-m|$ 求解便可求出 Δ，因为 $A=\frac{A_0}{\Delta_0^2}\times\Delta^2$，所以 $\Delta=\sqrt{\frac{A}{A_0}}\times\Delta_0$。

如果现场切割玻璃不合适而造成的功能损失 A_0 为 150 元，容许范围 Δ_0 为 3 毫米，因为玻璃不合适而造成的修补费用 A 为 30 元时，可求出容差：

$$\Delta=\sqrt{\frac{A}{A_0}}\times\Delta_0=\sqrt{\frac{30}{150}}\times 3=1.34(\text{毫米})$$

因此，玻璃的宽度的规格为 $m\pm1.34$ 毫米，厂商不应该出售不符合此规定的玻璃。

田口方法可以说是一种低成本、高效益的质量工程方法，它强调产品质量的提高不是通过检验，而是通过设计。随着市场竞争的日趋激烈，企业只有牢牢把握市场需求，用较短的时间开发出低成本、高质量的产品，才能在竞争中立于不败之地。在众多的产品开发方法中，田口方法不失为提高产品质量、促进技术创新、增强企业竞争力的理想方法。

【例 4－1】 假设电视机电源直流输出的目标值 $m=100$ 伏，当输出电压偏离目标值 15 伏时，因电视机发生故障，用户损失 $A_0=50$ 元。

① 求损失函数的 k 值。

② 已知不合格时的返修费 $A=1$ 元，求容差 Δ。

③ 若某产品的直流输出电压 $y=108$ 伏，那么此产品是否应投放市场？

解： ① $K=\frac{A_0}{\Delta_0^2}=\frac{50}{15^2}\approx0.22$

损失函数为 $L(y)=0.22(y-100)^2$

② $\Delta=\sqrt{\frac{A}{A_0}}\times\Delta_0=\sqrt{\frac{1}{50}}\times15=2.12$

③ 当 $y=108$ 伏时，相应的损失为 $L(108)=0.22\times(108-100)^2=14.08$（元）。

若不经返修就投放市场，工厂虽然少花了1元返修费，但给用户造成了14.08元的损失，因此不应投放市场。

四、参数设计

1. 设计思路

一般情况下，许多产品的输出特性与因素水平组合（原因特性）之间均存在着不同的非线性函数关系。例如，某一产品的目的特性值为y，因素水平组合为x，它们之间存在着如图4－3所示的非线性关系。由图4－3可知，当因素水平组合x处于x_0时，其因素水平组合波动为Δx_0，此时的目的特性值为y_0，与目标值一致，其目的特性值的波动幅度为Δy_0，远远大于目的特性值波动幅度的要求。但是通过实验和分析可以找到因素水平组合x_1，其波动仍为Δx_0，与此对应的目的特性值等于y_1，其波动幅度为Δy_1，Δy_1满足要求。从$\Delta y_1 < \Delta y_0$这一事实可以看出，在因素水平组合与目的特性值之间存在非线性函数关系，只要合理地选择因素水平组合x，就能在其波动幅度不变的情况下，大幅度缩小目的特性值y的波动范围。

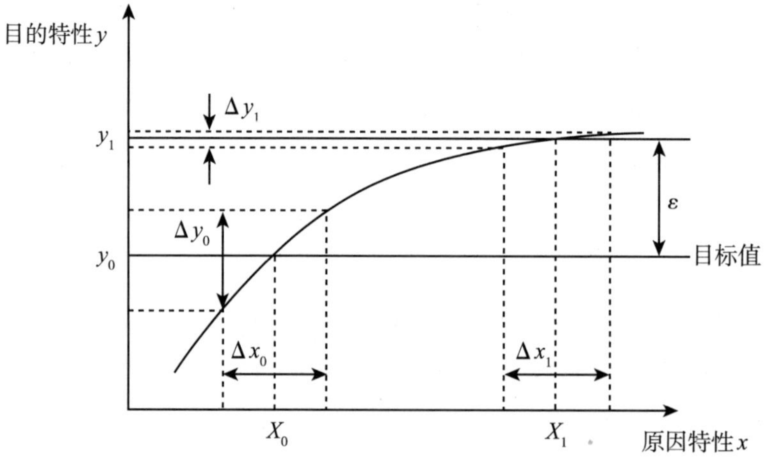

图4－3　目的特性与因素组合的关系

资料来源：田口玄一，《质量工程学概论》（魏锡禄、王和福译），中国对外翻译出版公司1985年版，第83页。

但是当因素水平组合x从x_0变为x_1时，目的特性值虽然有较大改善，但是又带来一个新的问题，即目的特性值也随之发生了偏移，从原来的目的值y_0移到了y_1，偏移量为δ。如何消除这个偏移量δ，使其恢复到原来的目的值，而波动仍保持Δy_1范围不变呢？

当我们进行直交实验后，通过趋势图、方差分析、信噪比等方法，就能寻找到各因素与目的特性之间的变化态势和数量关系。如果某因素 z 与其他因素无交互作用，且与目的特性呈线性关系，即：$y=\varphi(z)=a+bz$。

这样，无论因素选择在哪个水平，目的特性值的导数 $y'=\frac{d_y}{d_x}$ 都不变，如图 4－4 所示。

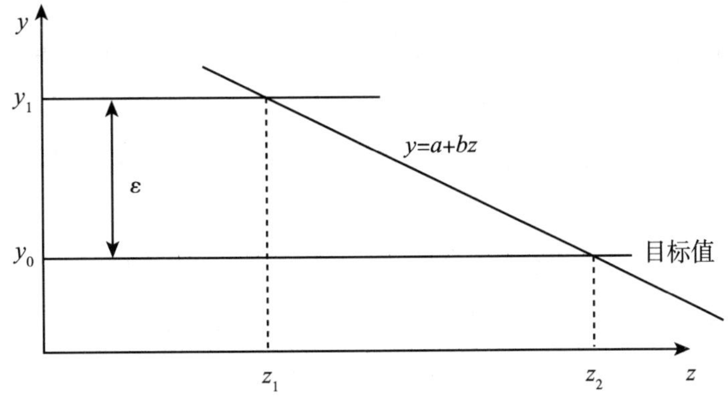

图 4－4　目的特性与原因特性的线性关系

资料来源：田口玄一，《质量工程学概论》（魏锡禄、王和福译），中国对外翻译出版公司 1985 年版，第 83 页。

因此，只要将因素 z 从 z_1 改变到 z_2，使目的特性 y 从 y_1 变化到 y_0，并使 $y_1-y_0=\varepsilon$，这样目的特性值的偏移量 ε 就能得到补偿，从而消除了偏移量 ε。如果因素与目的特性没有呈线性关系，我们可以根据上述思想，选择目的特性随因素变化斜率很小的因素，或者采用非线性回归，找出变换后的线性方程，然后进行校正。

由此可知，参数设计是为了使用一部分质量波动大、成本低的零部件和一部分质量波动小、成本高的零部件，设计出目的特性稳定的优质产品。显然，因素变化对目的特性没有影响或者影响很小的因素应取波动大、成本低的；反之，应取波动小、成本高的。

2. SN 比实验设计法

SN 比（signal－noise ratio）是系统抵抗杂音程度的尺度，也就是稳健性① SN 比源于通信和电气工程中通信的信号杂音比概念，又称信噪比。为了对所选择设备的质量特征

① 稳健性是当系统中的控制因子出现变动或者杂音干扰时，系统输出保持不变的性质。简单地说就是系统抵抗外来干扰，或者内部劣化、老化的能力。

进行量化引入 SN 比（输入信号强度与噪声强度之比），田口博士扩张了这个概念，将这个概念引入直交实验设计中，用它来模拟噪声因素对质量特性的影响。

正如前面所提到，我们以损失的大小来衡量产品质量的好坏。如汽车，我们最理想的汽车是把我们从 A 地点送到 B 地点（有用功能），同时没有污染、没有噪声、没有交通事故（无用功能），无用功能越小越好。定义它为 SN 比，用数式来表示如下：

$$\text{SN 比} = 10\log\left(\frac{\text{信号(有用功能)}}{\text{噪声(无用功能)}}\right)\text{d}B$$

这样 SN 比就是一个具体的数字，数值越大质量越好。式中的 10 和 log 没有实质的意义，只不过是和通信中的 SN 比整合而已。

以 SN 比作为评价产品质量稳定性的指标，发展了 SN 比实验设计法。其主要内容包括：

（1）提出用 SN 比作为评价产品质量稳定性的指标。产品的目标特性通常为计量值，田口将计量值又分为望目、望大和望小特性。所谓望目特性是指有具体目标值要求的特性；望大特性是指希望目标值越大越好的特性；望小特性是指希望目标值越小越好的特性。

① 望目特性的 SN 比。设产品的望目特性值为 y_0，质量特性 y 服从正态分布 $y\sim N(\mu y,\sigma y)$，SN 比计算公式为：

$$SN = 10\lg\left[\frac{\frac{1}{N}(S_m - S_y^2)}{S_y^2}\right]$$

式中：

$$S_m = N(\bar{y})^2$$

$$S_y^2 = \sum_{i=1}^{N}(y_i - \bar{y})^2/(N-1)$$

其中，y_i 为质量特性值，$\bar{y}$ 为质量特性均值。

② 望小特性的 SN 比。SN 比计算公式为：

$$SN = -10\lg\left(\frac{1}{N}\sum_{i=1}^{N}y_i^2\right)$$

③ 望大特性的 SN 比。SN 比计算公式为：

$$SN = -10\lg\left(\frac{1}{N}\sum_{i=1}^{N}\frac{1}{y_i^2}\right)$$

（2）对因子进行了分类，包括控制因子、标示因子、信号因子和误差因子四类。

（3）在应用方面，提出用内侧直交表和外侧直交表相结合的方法对参数进行选优。

通常外侧直交表用于安排误差因子和信号因子，内侧直交表用于安排控制因子和标示因子。内侧直交表中控制因子的一种参数组合对应着一个外侧直交表。外侧直交表的数据可通过理论计算或通过实验获得，利用外侧直交表的数据可进一步计算 SN 比。SN 比则是该外侧直交表所对应的内侧直交表中控制因子的参数组合的数据。按常规对内侧直交表中的 SN 比数据进行分析，就可完成对参数的选优。可通过理论计算获取数据的参数设计称为可计算性项目的参数设计（或三次设计）。可计算性项目的参数设计通常采用内外表直积法进行。对于需要通过实验获取数据的参数设计通常采用综合误差因素法进行。

例如，某晶体管稳压电源，输入交流电压220V，其目的特性值为输出电压 y；组成稳压电源电路的元器件有晶体管（A）、电容（B）、电阻（C）等，则输出电压 y 是各元器件的参数 A，B，C，…的函数，即：

$$y = f(A,B,C,\cdots)$$

假定该稳压电源电路的输出电压目标值为 m，则在参数设计中，首先需要寻找一组参数 A_0，B_0，C_0，…，使得：

$$f(A,B,C,\cdots) = m$$

又由于各元件值都有波动 $\pm\Delta A$，$\pm\Delta B$，$\pm\Delta C$，…，所以 $f(A_0\pm\Delta A, B_0\pm\Delta B, C_0\pm\Delta C, \cdots)$ 将偏离目标值 m，为此需要使 $f(A_0\pm\Delta A, B_0\pm\Delta B, C_0\pm\Delta C, \cdots)\rightarrow\min$。

产品设计的经验表明，全部采用优质元器件的产品，其质量也未必能达到优质品。即使达到优质品，经济上未必合理，质量特性也未必稳定，因为产品质量不仅取决于元器件质量，而且还取决于其参数水平的组合。所以，从具体实施的角度来讲，参数设计是使用一些质量差、波动大、成本低的元器件和一些质量好、波动小、成本高的元器件，通过有效的方法，找出它们之间的最佳参数水平组合，以设计出质量好、成本低的产品。

3. 直交表

直交表是一些已经制作好的规格化的表，是直交试验设计的基本工具。直交表的每一列等同于一个因素。每一列中，各水平重复出现的次数是相等的，并且任意两列中，各水平在相同横向上的搭配也是均衡的。这些特定保证直交表安排的试验，具有均衡分散性、整齐可比性。直交表的基本型有：2 系，如 L4、L8、L16、L32、L64 等；3 系，如 L9、L27、L81 等；混合系，如 L12、L18、L36 等。直交表的表达方式如图 4－5 所示，典型的一个直交表是用 L_a（b^c）来表示，它代表共有 a 组实验、最多可以容纳 b 个水准的因子 c 个，也就是代表一个 a 行 c 列的直交表。

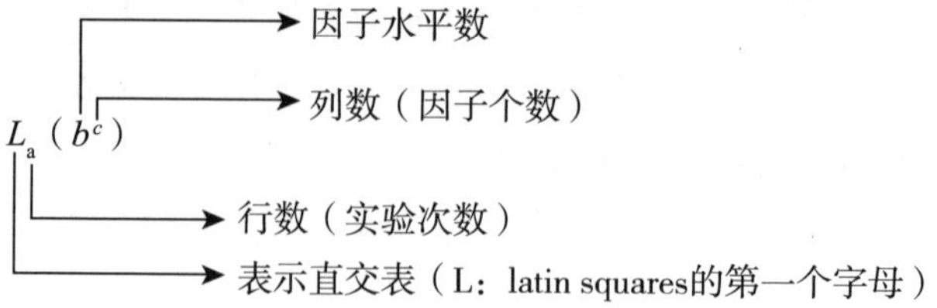

图4－5 直交表的表达方式

资料来源：［日］田口玄一，《质量工程学概论》（魏锡禄、王和福译），中国对外翻译出版公司1985年版，第336页。

举例来说，对于3因素3水平的试验，若全部做全需要 $3^3=27$（次），而用直交表进行的试验值需要9次，这9次在全体27次试验中是均衡分散的，具有很强的代表性。

田口稳健设计中的参数设计一般都需要用到两个直交表，即用于安排可控因素的直交表，称为内表或设计变量矩阵；用于安排噪声因素的直交表称为外表或不可控因素矩阵（如表4－1所示）。表4－1中，A、B、C、D、E、F是可控因子，e是误差因子。所谓误差因子，是田口方法提供的对未考虑到的系统可控因子的一个补充。若该误差因子对系统性能影响较大，则说明还有未考虑到的其他重要可控因子。U、V和W是噪声因子。

表4－1　因子直交试验设计的基本结构

直交表类型	内表 $L_8(2^7)$							外表 $L_4(2^3)$					信噪比SN
试验因素	可控因子安排及行数							噪声因子安排和行数					
								试验次序				噪声因素安排	
								1	2	3	4		
列号 / 试验次序	1 A	2 B	3 C	4 D	5 E	6 F	7 e	1 1 1	1 2 2	2 1 2	2 2 1	U V W	
1	1	1	1	1	1	1	1	y11	y12	y13	y14		SN1
2	1	1	1	2	2	2	2	y21	y22	y23	y24		SN2
3	1	2	2	1	1	2	2	y31	y32	y33	Y34		SN3
4	1	2	2	2	2	1	1						SN4
5	2	1	2	1	2	1	2						SN5
6	2	1	2	2	1	2	1						SN6
7	2	2	1	1	2	2	1						SN7
8	2	2	1	2	1	1	2	y81	y82	y83	y84		SN8

资料来源：［日］田口玄一，《质量工程学概论》（魏锡禄、王和福译），中国对外翻译出版公司1985年版，第111页，作者有改编。

4. 参数设计的流程

参数设计是田口稳健设计的重要内容，它的工具是前述的正交试验设计和信噪比。参数设计的工作步骤可按图 4－6 进行。

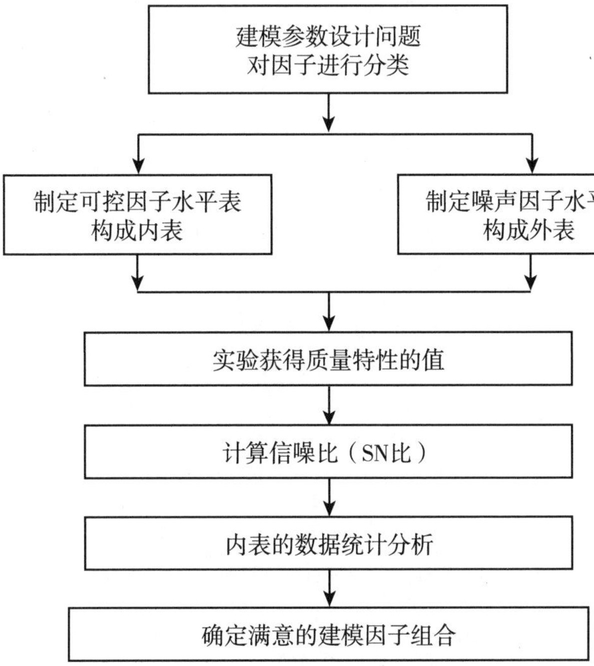

图 4－6　参数设计的流程

资料来源：［日］田口玄一，《质量工程学概论》（魏锡禄、王和福译），中国对外翻译出版公司 1985 年版，第 107～118 页，作者根据文字整理。

5. 参数设计的例示

在概略介绍了什么是参数设计后，现以北美一家汽车零部件供应商生产的产品优化设计为例进一步说明怎样进行参数设计。该零部件供应商主要向整车厂供应汽车面板，如图 4－7 所示，图中实线部分表示铸型腔尺寸，虚线表示零件尺寸，该汽车面板采用模具注塑法工艺生产，待注塑并冷却后，存在大量零件收缩的质量问题。所谓零件收缩，是指零件达到周围环境温度后的尺寸与铸型腔尺寸之间的差异。该质量特性参数受许多工艺参数和环境变量的影响。

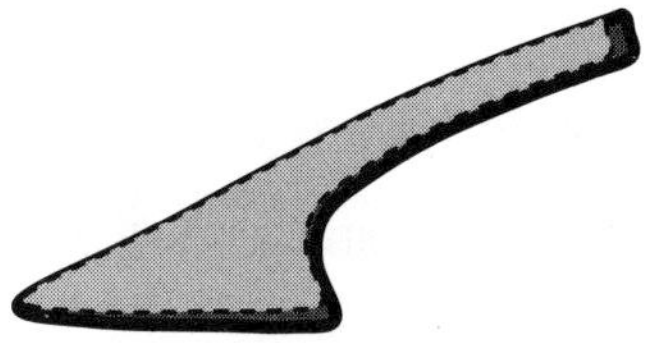

图 4－7　汽车面板轮廓

资料来源：http：//www. doc88. com/p-0824775114270. html。

（1）当前状态评估。对照收缩率的控制目标或规格（%）：0. 4 +/ －0. 1。对当前状态的评估结果为（样本容量 $N=49$）：平均值（Mean）为 0. 45%；标准差（StDev）为

0.07%；Pp① = 0.5；Ppk② = 0.24；Cp③ = 0.45；Cpk④ = 0.21。由此可见，该注塑工序生产能力严重不足。

（2）建立P控制图⑤，结果如图4－8所示（目前设置为粗体且下划线的数据）。通过分析，该注塑工序受下列因素的影响：不同的供应商、冷却时间、融化温度、螺杆转速、填充时间、填充压力、喷嘴直径、模子壁的温度、小球尺寸的内在变异、小球的研磨度。

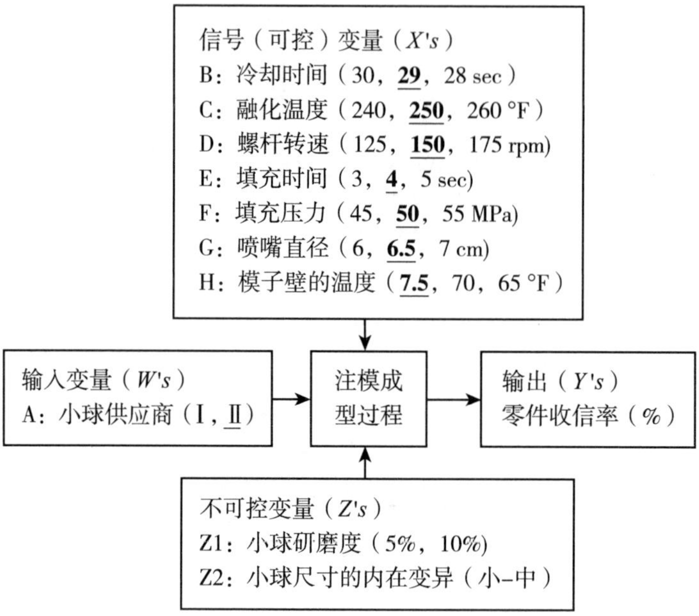

图4－8 构建p控制图

资料来源：http：//www.doc88.com/p－0824775114270.html。

目前的工艺参数设置如表4－2所示。可以根据田口参数设计基本思想将上述工艺参数进行分类，如表4－3所示。

---

① Pp（Performance Index of Process）：定义为不考虑过程有无偏移时，容差范围除以过程性能，一般表达式为：Pp，性能指数公式为：$Pp = T/6S = (T_U - T_L)/6S$。

② Ppk：是指考虑过程有特殊原因引起的偏差时，样本数据的过程性能。

③ Cp：是一种用于测量机器或过程潜在能力的指数，更适合表现工序的加工能力（在不考虑规格的情况下）。

④ Cpk：是一种用于测量机器或过程在生产规格范围内产品的能力的指数。

⑤ p控制图，用于控制对象为不合格品率或合格率等计数值质量指标的场合。常见的不良率有不合格品率、废品率、交货延迟率、缺勤率、差错率等。

表 4－2　　目前的工艺参数设置

A：小球供应商	B：冷却时间	C：融化温度	D：螺杆转速	E：填充时间	F：填充压力	G：喷嘴直径	H：模子壁的温度
（Ⅱ）	29sec	250℉	150rpm	4sec	50MPa	6.5cm	75℉

资料来源：http：//www.doc88.com/p－0824775114270.html。

（3）创建内外表。为进行信噪比的计算分析，首先需要创建内表和外表。内表是输入变量（*W*）和过程参数（*X*）的实验设计。外表则是噪声变量（*Z*）的实验设计，注塑成型内表：DOE 因子和水平如表 4－4 所示，以粗体且下划线表示。

表 4－3　　工艺参数分类

输入变量（*W*）	小球供应商（*supplier*）（A）
信号因子（*X*）	冷却时间（*cool time*）（B） 融化温度（*melt temp*）（C） 螺杆转速（*screwspeed*）（D） 填充时间（*fill time*）（E） 填充压力（*fill press*）（F） 喷嘴直径（*nozzle dia.*）（G） 模子壁的温度（H）
噪声因子（*Z*）	小球的再研磨度（*Z*1） 小球尺寸的内在变异（*Z*2）

资料来源：http：//www.doc88.com/p－0824775114270.html。

表 4－4　　DOE 因子和水平

DOE 因子	水平
A：小球供应商	Ⅰ，**Ⅱ**
B：冷却时间	30，**29**，28 sec
C：融化温度	240，**250**，260 ℉
D：螺杆转速	125，**150**，175 rpm
E：填充时间	3，**4**，5 sec
F：填充压力	45，**50**，55 MPa
G：喷嘴直径	6，**6.5**，7 cm
H：模子壁的温度	**75**，70，65 ℉

资料来源：http：//www.doc88.com/p－0824775114270.html。

由此可见，DOE 共 8 个因子，其中第 1 个因子 2 个水平；后 7 个因子 3 个水平，则全部可能实验组合为：$3^7 \times 2^1 = 4374$。如此之多的实验，一是为实验资源所不容许，二是实验时间不允许，所以有必要借助实验设计进行分析。如果用 Minitab 软件进行分析，则该实验是 8 个因子的混合水平设计，分别为 2 层和 3 层。软件具体操作步骤在此不做详细赘述。Minitab 将创建一个实验（非随机化），该实验设计表显示了田口 18 次实验组合（如表 4－5 所示）。

然后建立外表，由前面可知，实验噪声变量有小球再研磨度（低水平 5% 和高水平 10%），小球内在的尺寸变异（低水平为小尺寸，高水平为大尺寸），2 个噪声变量分别设置为 2 个水平，则有 4 种组合，如表 4－6 所示。

表 4－5　　内表

运行	A:供应商	B:冷却时间	C:融化温度	D:螺杆转速	E:填充时间	F:填充压力	G:喷嘴直径	H:模子壁的温度
1	1	1	1	1	1	1	1	1
2	1	1	2	2	2	2	2	2
3	1	1	3	3	3	3	3	3
4	1	2	1	1	2	2	3	3
5	1	2	2	2	3	3	1	1
6	1	2	3	3	1	1	2	2
7	1	3	1	2	1	3	2	3
8	1	3	2	3	2	1	3	1
9	1	3	3	1	3	2	1	2
10	2	1	1	3	3	2	2	1
11	2	1	2	1	1	3	3	2
12	2	1	3	2	2	1	1	3
13	2	2	1	2	3	1	3	2
14	2	2	2	3	1	2	1	3
15	2	2	3	1	2	3	2	1
16	2	3	1	3	2	3	1	2
17	2	3	2	1	3	1	2	3
18	2	3	3	2	1	2	3	1

资料来源：http：//www.doc88.com/p－0824775114270.html。

表 4－6　　外表

小球尺寸	再研磨度	
	低水平（L）	高水平（H）
低水平（L）	11	12
高水平（H）	21	22

资料来源：http：//www.doc88.com/p－0824775114270.html。

综合表 4－5 和表 4－6 可得到综合的内外表，如表 4－7 所示。

表 4－7　　综合的内外表

运行	A:供应商	B:冷却时间	C:融化温度	D:螺杆转速	E:填充时间	F:填充压力	G:喷嘴直径	H:模子壁的温度	S11	S12	S21	S22
1	1	1	1	1	1	1	1	1				
2	1	1	2	2	2	2	2	2				
3	1	1	3	3	3	3	3	3				
4	1	2	1	1	2	2	3	3				
5	1	2	2	2	3	3	1	1				
6	1	2	3	3	1	1	2	2				
7	1	3	1	2	1	3	2	3				
8	1	3	2	3	2	1	3	1				
9	1	3	3	1	3	2	1	2				
10	2	1	1	3	3	2	2	1				
11	2	1	2	1	1	3	3	2				
12	2	1	3	2	2	1	1	3				
13	2	2	1	2	3	1	3	2				
14	2	2	2	3	1	2	1	3				
15	2	2	3	1	2	3	2	1				
16	2	3	1	3	2	3	1	2				
17	2	3	2	1	3	1	2	3				
18	2	3	3	2	1	2	3	1				

资料来源：http：//www.doc88.com/p－0824775114270.html。

至此，内外表已经建立起来，接下来就应按照表4－7所示的实验组合对各因素水平的配合进行实验，实验的组合共有18×4＝72（个），结果如表4－8所示。

表4－8　　综合的内外表实验结果

运行	A:供应商	B:冷却时间	C:融化温度	D:螺杆转速	E:填充时间	F:填充压力	G:喷嘴直径	H:模子壁的温度	S11	S12	S21	S22
1	1	1	1	1	1	1	1	1	0.53	0.58	0.6	0.61
2	1	1	2	2	2	2	2	2	0.43	0.43	0.53	0.51
3	1	1	3	3	3	3	3	3	0.27	0.28	0.35	0.39
4	1	2	1	1	2	2	3	3	0.25	0.29	0.31	0.37
5	1	2	2	2	3	3	1	1	0.43	0.45	0.46	0.49
6	1	2	3	3	1	1	2	2	0.28	0.3	0.38	0.42
7	1	3	1	2	1	3	2	3	0.14	0.19	0.25	0.28
8	1	3	2	3	2	1	3	1	0.2	0.24	0.27	0.34
9	1	3	3	1	3	2	1	2	0.34	0.35	0.36	038
10	2	1	1	3	3	2	2	1	0.44	0.49	0.56	0.64
11	2	1	2	1	1	3	3	2	0.45	0.48	0.6	0.64
12	2	1	3	2	2	1	1	3	0.4	0.46	0.55	0.58
13	2	2	1	2	3	1	3	2	0.41	0.5	0.57	0.65
14	2	2	2	3	1	2	1	3	0.18	0.26	0.29	0.35
15	2	2	3	1	2	3	2	1	0.36	0.37	0.49	0.56
16	2	3	1	3	2	3	1	2	0.15	0.23	0.28	0.34
17	2	3	2	1	3	1	2	3	0.3	0.37	0.36	0.43
18	2	3	3	2	1	2	3	1	0.27	0.35	0.49	0.53

资料来源：http：//www.doc88.com/p－0824775114270.html。

（4）计算信噪比。该信噪比为望目特性，表4－9是信噪比的计算结果。通过Minitab可以得到其均值响应表和S/N响应表，分别如表4－10和表4－11所示。

表4－9　　信噪比计算结果

运行	S11	S12	S21	S22	Avg	S	S/N
1	0.53	0.58	0.6	0.61	0.58	0.0356	2.42
2	0.43	0.43	0.53	0.51	0.475	0.0526	1.91
3	0.27	0.28	0.35	0.39	0.3225	0.0574	1.50
4	0.25	0.29	0.31	0.37	0.305	0.05	1.57
5	0.43	0.45	0.46	0.49	0.4575	0.025	2.52
6	0.28	0.3	0.38	0.42	0.345	0.0661	1.44
7	0.14	0.19	0.25	0.28	0.215	0.0624	1.07
8	0.2	0.24	0.27	0.34	0.2625	0.0591	1.30
9	0.34	0.35	0.36	0.38	0.3575	0.0171	2.64
10	0.44	0.49	0.56	0.64	0.5325	0.0869	1.57
11	0.45	0.48	0.6	0.64	0.5425	0.0918	1.54
12	0.4	0.46	0.55	0.58	0.4975	0.0826	1.56
13	0.41	0.5	0.57	0.65	0.5325	0.1021	1.43
14	0.18	0.26	0.29	0.35	0.27	0.0707	1.16
15	0.36	0.37	0.49	0.56	0.445	0.0968	1.33
16	0.15	0.23	0.28	0.34	0.25	0.0804	0.99
17	0.3	0.37	0.36	0.43	0.365	0.0532	1.67
18	0.27	0.35	0.49	0.53	0.41	0.1211	1.06

资料来源：http：//www.doc88.com/p－0824775114270.html。

表 4－10　　均值响应表

水平	A	B	C	D	E	F	G	H
1	0.368889	0.491667	0.402500	0.432500	0.393750	0.430417	0.402083	0.447917
2	0.427222	0.392500	0.395417	0.431250	0.372500	0.391667	0.39625	0.417083
3		0.310000	0.396250	0.330417	0.427917	0.372083	0.395833	0.329167
变化幅度（Δ）	0.058333	0.181667	0.007083	0.102083	0.055417	0.058333	0.395833	0.329167
排序	4.5	1.0	7.0	3.0	6.0	4.5	8.0	2.0

资料来源：http：//www.doc88.com/p－0824775114270.html。

表 4－11　　S/N 响应表

水平	A	B	C	D	E	F	G	H
1	18.1967	17.5203	15.1044	18.6286	14.4995	16.3687	18.8320	17.0048
2	13.6857	15.7575	16.8514	15.9390	14.4119	16.5349	14.9873	16.5860
3		14.5457	15.8678	13.2559	18.9121	14.9199	14.0043	14.2327
变化幅度（Δ）	4.5110	2.9746	1.7470	5.3727	4.5002	1.6151	4.8277	2.7721
排序	3	5	7	1	4	8	2	6

资料来源：http：//www.doc88.com/p－0824775114270.html。

根据 S/N 值和均值响应确定因子设置。遵循以下三个步骤：

第 1 步：寻找那些因子对应的 Δ 排序较大，S/N 排序较小；选择最优设置以满足目标——均值越接近于目标值越好。

第 2 步：在余下的因子中，寻找较高 S/N 排序的因子；确定使 S/N 最大化。

第 3 步：对于那些具有较低 Δ 排序和较低 S/N 排序的因子，所作选择也许比较容易实现健壮。

由第 1 步可以得到推荐的设置结果为：B－2，H－2，F－2；由第 2 步可以得到推荐的设置结果为：D－1，F－1，A－1，E－3，G－1；由第 3 步可以得到推荐的设置结果为：C－2。用 Minitab 可以在此基础上进行预测，可以得到结果：S/N＝28.711，Mean＝0.441667，此结果的均值响应偏离较大。考虑到 E 因素所选水平的均值偏离较大，故将 E 由水平 3 调整为水平 1，得到新的结果：S/N＝24.984，Mean＝0.4075，Stdev＝0.221924，新的设置改善较为明显。通过这样的分析，就可以最终将可控因子的水平组合确定下来，即：A－1，B－2，C－2，D－1，E－1，F－2，G－1，H－2。

五、容差设计

选择系统各元件的最佳参数组合是参数设计的目的。当仅用参数设计还不能充分衰减内、外噪声的影响时，即使要增加成本，也应将元件自身的波动控制在一定的范围之内，这就是要进行容差设计的目的。因此，容差设计在参数设计之后进行。进行容差设计，首先要研究按参数设计确定的最佳水平组合取值，但选用价格低廉的零部件或元器件（即它们本身质量等级较低，误差较大）时，系统质量特性值的波动有多大。此时，仍要应用实验设计法这一工具。

1. 容差设计的任务

容差设计的基本任务主要有两个：（1）设计出满足目的特性波动范围要求的原因特性的波动范围；（2）设计出满足目的特性波动范围要求的最低成本的原因特性波动范围的最佳组合。

由这两个基本任务可知，一个是质量设计任务，一个是成本设计任务，恰好是田口玄一在波动质量观中特别强调的两个方面。物美价廉的产品才是用户最欢迎的，而要做到真正的物美价廉，就必须在产品形成的全过程来不断提高产品质量、降低产品成本，特别是在最初的产品设计阶段。

在容差设计的过程中，一方面，为了完成质量设计任务，往往需要采用质量波动小的优质零部件来降低目的特性值的波动，但这势必又会增加产品的成本；另一方面，为了完成成本设计任务，往往要采用质量波动大的劣质零部件来降低产品成本，而这又会导致目的特性值的波动增大，降低产品质量。因此，容差设计的成败或者优劣，就在于如何在提高产品质量和降低成本间这对矛盾间寻求平衡。

继续我们前面提到的给窗配玻璃的案例，现在我们假定玻璃恰好能从窗框掉下的尺寸为 m_1，恰好进不了窗框的尺寸为 m_2。现在仅以玻璃的横向尺寸波动为例来考虑的话：m_1 及 m_2 的平均值取为 m，其差的一半取为 Δ_0，即：

$$m = \frac{m_1 + m_2}{2}$$

$$\Delta_0 = \frac{m_2 - m_1}{2}$$

那么，消费者对于玻璃横向尺寸的容许界限便为 $m \pm \Delta_0$。

事实上，玻璃尺寸的容差并不是上面的 $\pm \Delta_0$。$\pm \Delta_0$ 是使用条件的容差，而不是切割玻璃的制造厂和零售商店的容差。因为，消费者在买了玻璃回到安装现场后，如果发现不符合规格，那么就需要重新切割玻璃来进行修正，或者是重新购买新的玻璃，这样一来消费者不仅损失了一块玻璃的钱，还损失了从零售商店到现场的往返费用。

而容差设计就是在参数设计确定的组成系统（或产品）的各元器件参数中心值的基

础上，确定各元器件参数最合适的容差，即设计出满足目的特性波动范围要求的原因特性的波动范围，以及满足目的特性波动范围要求的最低成本的原因特性波动范围的最佳组合。

2. 容差设计的思路

在进行容差设计的过程中，需要考虑造成目的特性值波动的原因特性，然后依据帕累托“关键的少数与次要的多数”原理，把影响目的特性值波动的原因特性也进行划分，分为主、次原因特性。对于主要原因特性，应采用优质零部件来降低目的特性值的波动；而对于次要原因特性，则可以采用波动大的劣质零部件来降低成本。对于具体零部件的波动量到底可以有多大，一方面需要利用实验设计来确定其波动对于目的特性值波动的影响程度，另一方面则可根据下列原则来决定采用何等质量、何等成本的零部件。

（1）对目的特性的波动影响大、成本低的零部件采用优质品，即尽可能压缩其波动范围。

（2）对目的特性的波动影响大、成本高的零部件，采用基本满足目的特性波动要求条件下的、成本较低的零部件，即在基本满足目的特性的要求下，尽量降低成本。

（3）对目的特性的波动影响小的零部件尽量采用成本低的零部件，尤其是成本高的应以降低成本为主要内容。

大量事实证明，经过三次设计后的新产品（或新工艺），其性能稳定、可靠且成本低廉，能够实现在质量和成本两方面的最佳平衡，在市场上具有较强的竞争力。

综上所述，进行容差设计时，首先要研究采用廉价元件时参数设计是否能满足上位特性的质量要求。如不能满足，则应进一步分析对上位特性影响大的下位特性有哪些，并结合经济性分析，确定这些下位特性的容差，从中找出既能满足上位特性质量要求，又不至于使生产成本增加太多的改良方案。

本章小结

为了在质量方面不出问题，必须在产品制造的全过程进行有条不紊的规划和运营，才能保证产品在投入市场、使用过程中均具有竞争力。本章详细介绍了在产品设计阶段的质量设计流程，提出质量要求，确定产品的质量水平，选择主要的性能参数，规定多种性能参数经济合理的容差，或制定公差标准和其他技术条件。简单介绍了质量观演进的三个阶段，即质量检验观、质量控制观、质量设计观。最后介绍了“田口方法”的具体内容和使用方法，并重点讲解了参数设计及容差设计，包括质量损失函数、实验设计的方法及其原则、SN 比实验设计法和直交实验法。

本章重要术语

质量设计　　田口方法　　参数设计　　实验设计　　SN 比　　直交表

第五章

统计过程控制与控制图

【学习目标】

通过本章的学习，能够掌握统计过程控制和控制图的概念，了解控制图的重要性，熟悉控制图原理、判稳和判异准则，掌握控制图的使用方法。

【引导案例】

统计过程控制管理的应用实践

当今工业生产中的很多问题都涉及大规模复杂数据的分析以及由此所带来的动态质量控制与改进，因此对传统的统计过程控制的灵活性与有效性提出了更大的挑战。

为了实现企业“国内一流、国际先进”的要求，上海烟草集团责任有限公司从 2000 年开始引入统计过程控制（statistical process control，SPC）方法，并于 2003 年率先在上海卷烟厂开始实施卷烟制造流程西格玛水平测评和六西格玛管理改进。五年时间企业通过对 SPC 应用的深化与创新，结合先进的信息化技术，实现制造过程的自动数据分析、智能报警、提示调整等功能，形成对制造过程的智能化控制，并根据生产与管理的不同需求，建立了具有不同层级的立体化结构的生产过程管理模式。

SPC 的本质是运用随机事件的统计规律来判断过程输出中的变异是由必然因素还是由偶然因素引起的，为过程的稳定状态提供分析 SPC 的方法依据。因此，从本质上说，其适用于所有制造过程，同时还适用于服务型、管理型过程。

一、实践 SPC 的主要过程

1. 确立强有力的组织保障，优化资源配置

在实施 SPC 方法初期即确立由分管质量的副总经理和副厂长担任 SPC 方法推进的第一责任人，并由质量管理部门负责协调相关的日常工作，组织发动各车间应用 SPC 方法。通过设立有效的组织机构，充分体现领导重视，并为有效调动工厂相关资源提供组织保障。

2. 注重氛围的营造，分层普及理论知识

首先，在 SPC 方法导入的初期阶段，即针对基层干部、质量管理员、生产条线中层管理干部开展 SPC 方法基础概念的普及培训，以增强员工参与意识，消除各种顾虑。同时，通过培训来提高各级员工对 SPC 原理、运用方法、诊断技术等知识的掌握程度。其次，在深化应用阶段，为了实现生产现场过程的智能化控制，工厂分层再次实施了 SPC 方法的培训，其中针对操作人员主要开展了 SPC 基础概念培训，针对核心 SPC 推进人员开展的培训强调熟悉工艺流程与控制原理，并以掌握 SPC 原理、概率计算、统计软件应用为主。

3. 以项目为载体，实现分步推进

为了实现 SPC 控制图的深化应用，进行了 SPC 项目的立项申报，明确 SPC 方法的应用范围及具体实施目标、周期和分阶段推进计划。项目的实施中，通过识别与确认卷烟制造过程（制丝、卷包、滤棒成型）关键质量特性，计算参数的控制界限，制定运行规则，建立异常反应计划，并结合信息化手段，实现制造过程的自动数据采集与分析、智能报警、提示调整等功能的开发应用，并最终形成了质量监控系统。通过持续提高 SPC 的应用水平，逐步实现制造过程全方位的智能化控制和立体化管理。对 SPC 的相关实施过程，上海卷烟厂经过归纳总结，建立了相关的厂级的实施导则与实施指南，进一步规范了 SPC 在卷烟制造行业的实施方法，并逐步在整个公司的层面进行推广。

二、实施 SPC 的主要成果

上海卷烟厂通过不断的研究与实践，在整个生产流程中实施和推广 SPC 的应用。自 2010 年底开始，在制丝、卷包及成型等生产现场陆续安装了 SPC 控制系统，使生产各环节的过程能力获得稳定提高。

上海卷烟厂还通过自主研发，建立了一套完整的制造过程 SPC 控制系统，并将系统运用至卷烟制造过程的各个环节。工作人员在中控室及现场都能方便使用 SPC 控制系统，实时、同步、清晰掌握各个环节的实际情况，使整个生产过程透明化、清晰化。

上海卷烟厂通过 SPC 方法的创新应用，实现了卷烟制造过程的智能化控制，通过生产现场的及时预警、提供辅助原因诊断、快速纠偏，促进了过程能力提升，对工厂提升产品质量、降低生产成本起到了举足轻重的作用，同时也对企业的管理方式和理念产生了深远影响。

（资料来源：上海烟草集团有限责任公司，《统计过程控制（SPC）管理的应用实践——上海烟草集团有限责任公司案例》，载于《上海质量》2013 年第 1 期。）

20 世纪 20 年代，贝尔电话实验室成立了以休哈特为首的过程控制研究组，提出了过程控制理论和监控过程的工具——控制图，第一张控制图诞生于 1924 年 5 月 16 日。1931 年休哈特出版了《工业产品质量的经济控制》一书之后，SPC 应用于各种制造过程改善便由此展开。

第一节 统计过程控制

一、统计过程控制概念

统计过程控制来源于英文“statistical process control”，主要是指应用统计分析技术对生产过程进行实时监控，科学地区分出生产过程中产品质量的随机波动与异常波动，从而对生产过程的异常趋势提出预警，以便生产管理人员及时采取措施，消除异常，恢复过程的稳定，从而达到提高和控制质量的目的。

SPC 强调全过程监控、全系统参与，并且强调用科学方法（主要是统计技术）来保证全过程的预防。SPC 不仅适用于质量控制，更可应用于一切管理过程（如产品设计、市场分析等）。正是它的这种全员参与管理质量的思想，实施 SPC 可以帮助企业在质量控制上真正做到事前预防和控制，SPC 可以对过程进行可靠的评估；确定过程的统计控制界限，判断过程是否失控和过程是否有能力满足质量要求；SPC 提供了一个早期报警系统；减少对常规检验的依赖性，定时的观察以及系统的测量方法替代了大量的检测和验证工作。

正是基于 SPC 的这些预防和控制方式，使得企业可以降低成本、提高劳动生产率、降低产品不良率，更好地实施质量体系。

二、SPC 发展简史

SPC 的基本原理和方法是 20 世纪 20 年代由美国的休哈特博士为了有效地对生产过程中产品质量进行监测控制而提出的，今天的 SPC 和当年的休哈特方法并没有本质的区别。自创立以来，它就在工业和服务等行业得到了推广与使用。

“二战”时期，美国将休哈特方法制定为战时质量管理标准，为保证军工产品的质量和及时交付起到了重要作用。战后经济遭到严重破坏的日本，1950 ~ 1980 年在工业界广泛推广和应用 SPC，使日本跃居世界产品质量和生产率的领先地位，以至于美国著名的质量管理专家伯格（Roger W. Berger）也曾说：日本成功的基石之一就是 SPC。

在日本推行 SPC 取得优势竞争力的影响下，从 20 世纪 80 年代起，SPC 在许多工业发达国家复兴，世界很多大公司也纷纷在自己内部积极推广和应用 SPC。虽然 SPC 是从产品的质量监控开始的，但经过多年实践和发展，尤其是与计算机技术的紧密结合，其原理和方法现已广泛应用于设计、销售、服务、管理等过程。

美国从 20 世纪 80 年代开始推行 SPC。如美国汽车工业，包括福特汽车公司、通用汽车公司、克莱斯勒汽车公司等；美国钢铁工业，包括美国 LTV 钢铁公司、内陆钢铁公司、伯利恒钢铁公司等。

三、什么是 SPD 与 SPA

SPC 迄今经历了三个发展阶段，即 SPC、SPD、SPA 阶段。

1. 第一阶段：SPC

统计过程控制（SPC）是美国的休哈特在 20 世纪二三十年代提出的理论，它能科学地区分生产过程中产品质量的偶然波动与异常波动，从而对过程的异常及时告警，以便人们采取措施，消除异常，恢复过程的稳定。

2. 第二阶段：SPD

SPD 是英文“statistical process diagnosis”的简称，即统计过程诊断。SPC 虽然能对过程的异常进行告警，但是它并不能告诉我们是什么异常，发生于何处，即不能进行诊断。1980 年我国张公绪教授提出选控控制图系列（cause selecting control charts series）为统计诊断理论奠定了基础。1982 年张公绪教授首创两种质量诊断理论（diagnostic theory with two kinds of quality），突破了传统的美国休哈特质量控制理论，开辟了统计质量诊断的新方向。从此 SPC 上升为 SPD。SPD 是 SPC 的进一步发展，也是 SPC 的第二个发展阶段。1994 年，张公绪教授及其学生提出多元逐步诊断理论（step wise multivariate diagnostic theory），解决了西方工业发达国家诊断理论中存在的由于变量多而致犯第一种错误的概率大的问题。1996 年，张公绪教授又提出两种质量多元诊断理论（multivariate diagnostic theory with two kinds of quality），解决了多工序、多指标系统的质量控制与诊断问题。目前 SPD 已进入实用性阶段，我国仍然居于领先地位。

3. 第三阶段：SPA

SPA 是英文“statistical process adjustment”的简称，即统计过程调整。正如病人确诊后要求进行治疗，过程诊断后自然要加以调整，故 SPA 是 SPD 的进一步发展，也是 SPC 的第三个发展阶段。这方面国外刚刚起步，并称之为算法的统计过程控制（algorithmic statistical process control，ASPC），目前尚无实用性的研究成果。

四、SPC 和 SPD 的步骤

SPC 和 SPD 的步骤如下：

步骤1：培训SPC和SPD。培训内容包括：SPC和SPD的重要性；正态分布等统计基本知识；质量管理七种工具，其中特别要对控制图格外进行深入学习；一元和多元两种质量诊断理论；如何制定过程控制网图；如何制定过程控制标准等。

步骤2：确定关键变量（即关键质量因素）。具体又可分为以下两点：

（1）对全厂每道工序都要进行分析（可用因果图），找出对最终产品影响最大的变量，即关键变量（可用排列图）。如美国LTV钢铁公司共确定了大约20000个关键变量。

（2）找出关键变量后，列出过程控制网图。所谓过程控制网图即在图中按工艺流程顺序将每道工序的关键变量列出。

步骤3：提出或改进规范标准。具体又分为以下两点：

（1）对步骤2得到的每一个关键变量进行具体分析；

（2）对每个关键变量建立过程控制标准，并填写过程控制标准表（见表5－1）。

表5－1　　过程控制标准表

所在车间		控制点		控制因素		文件号		制定日期	
控制内容									
过程标准									
控制理由									
测量规定									
数据报告途径									
控制图	有无建立		控制图		制定者		批准者		
	控制图		类型		制定日期		批准日期		
纠正性措施									
操作程序									
审核程序									
制作者		审批者		审批日期					

资料来源：张公绪，《质量管理学》，高等教育出版社2003年版，第75页。

本步骤最困难，最费时间。例如，制定一个部门或车间的所有关键变量的过程控制标准，大约需要一个人工作两年多。

步骤4：编制控制标准手册，在各部门落实。将具有立法性质的有关过程控制标准的文件编制成明确易懂、便于操作的手册，供各道工序使用。如美国LTV钢铁公司共编制了600本控制标准手册。

步骤5：对过程进行统计监控。主要应用控制图对过程进行监控，若发现问题则须对上述控制标准手册进行修订，即反馈到步骤4。

步骤6：对过程进行诊断并采取措施解决问题。应注意以下几点：

（1）可以运用传统的质量管理方法进行分析，如新、老七种工具等。

（2）应该重视应用诊断理论进行分析和诊断，如两种质量诊断理论。

（3）在诊断后的纠正过程中有可能引出新的关键质量因素，即反馈到步骤2、步骤3、步骤4。

推行SPC的效果是显著的。如美国LTV钢铁公司在1985年实施了SPC后，劳动生产率提高了20%以上。

五、SPC的意义

随着时间的推移，SPC也在不断发展，但是总体来看我国SPC理论的应用还没有普及。随着市场竞争的日益激烈，企业对产品的质量提出了更高的要求，特别是生产国际化的产品，企业将面临全球化的产品竞争，而产品竞争的关键在产品质量。质量无国界，企业要想加入全球产业链，就必须按照国际统一的质量管理标准和方法进行质量管理，于是纷纷通过了ISO 9000、QS 9000等质量管理认证。而国际标准化组织将SPC作为ISO 9000族质量体系改进的重要内容，QS 9000认证也将SPC列为一项重要指标。鉴于此，世界许多大公司不仅自身采用SPC，而且要求供应商也必须采用SPC控制质量，SPC已成为企业质量管理必不可少的工具和质量保证手段，也是利用高新技术改造传统企业的重要内容。

第二节　控制图的基本原理

一、基本概念

控制图（control chart）又叫管制图、管理图，是根据假设检验的原理所构造，对过程质量特性进行测定、记录、评估，从而监察过程是否处于控制状态的一种用统计方法设计的图，是一种动态的控制手段。

在生产过程中，产品质量由于受随机因素和系统因素的影响而产生变差。前者由大量微小的偶然因素叠加而成；后者则是由可辨识的、作用明显的原因所引起，经采取适当措施可以发现和排除。当一生产过程仅受随机因素的影响，从而产品质量特征的平均值和变差都基本保持稳定时，称为处于控制状态。此时，产品的质量特征是服从确定概率分布的随机变量，它的分布（或其中的未知参数）可依据较长时期在稳定状态下取得的观测数据用统计方法进行估计。分布确定以后，质量特征的数学模型随之确定。为检验其后的生产过程是否也处于控制状态，就需要检验上述质量特征是否符合这种数学模型。为此，每隔一定时间，在生产线上抽取一个大小固定的样本，计算其质量特征，若其数值符合这种数学模型，就认为生产过程正常，否则，就认为生产中出现某种系统性变化，或者说过程失去控制。这时，就需要考虑采取包括停产检查在内的各种措施，以期查明原因并将其排除，恢复正常生产，不使失控状态延续下去。因而，利用控制图可以判定质量波动是基于偶然的随机因素还是系统原因，以便针对不同情况，采取相应措施，控制生产过程的质量。

控制图最早是1924年由美国的休哈特提出，旨在进行工序控制，稳定生产过程质量，达到防患于未然的目的。

二、基本格式

控制图的基本格式包含两部分：

一是标题部分。主要包括：企业、车间、班组的名称，机床设备的名称、编号，零件、生产名称、编号，检验部位、要求、测量工具、操作工、调试工、检验工、绘图者的名称，以及控制图的名称编号等。

二是控制图部分。是指根据概率统计原理，在普通坐标纸上作出两条控制限线和一条中心线，然后把按时间顺序抽样所得的质量特性值（或样本统计量）以点子的形式依次绘于图上，从点子的动态分布情况来分析生产过程质量以及趋势的图形。控制图的基本格式如图5－1所示。

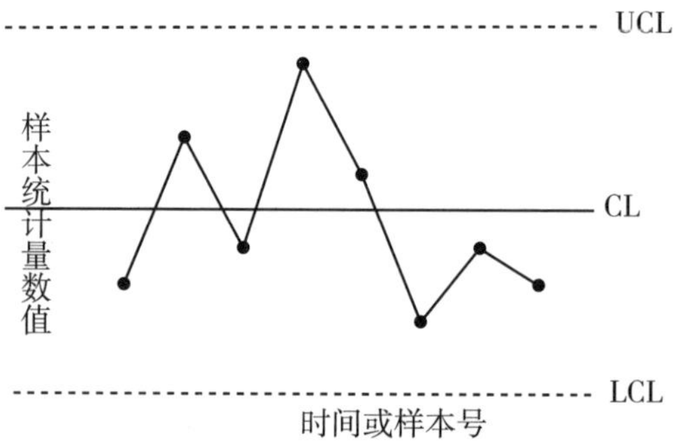

图5－1　控制图示例

资料来源：张公绪，《质量管理学》，高等教育出版社2003年版，第76页。

图5－1中，横坐标是以时间先后顺序排列的样本组号，纵坐标为质量特性或样本统计量。上下两条控制限线一般用虚线表示，上面一条称为上控制限（upper control limit，UCL），下面一条称为下控制限（lower control limit，LCL），中心线（central line，CL）用实线表示。

在生产过程中，按要求定时抽取样本进行观测绘图，测得的点子（数据）按时间先后顺序一一描绘在图上。如果点子落在两条控制限线中间，且点子的排列是随机的，则表明生产过程仅有偶然性原因导致的随机误差存在，生产状况基本正常，处于统计控制状态，可不必对生产过程进行干预；如果点子落在两控制限线之外，或点子在两控制限线内的排列是非随机的，则表明生产过程中有系统性原因导致的系统误差存在，此时可判定工序处于非统计控制状态，有必要对工序采取措施使其恢复正常。通过控制图，可对生产过程进行监控，对系统性原因的出现及时警告，对工序进行控制。

三、功能

控制图可用于：

（1）诊断：评价一个过程的稳定性。

（2）控制：决定某一过程何时需要调整，何时需要保持原有状态。当过程发生异常质量波动时必须及时对过程进行调整，采取措施消除异常因素的作用（严加控制）；当过程能够稳定在合理的正常质量波动状态时，就应保持原有状态。

（3）确认：确认某一过程的改进效果。

四、质量波动理论

人们对波动有以下认识：

（1）过程中有许多导致波动的因素存在；

（2）每种因素的发生是随机且无法预测的，然而这些因素都影响着过程的输出，即质量特性；

（3）质量特性有波动是正常现象，无波动是虚假现象或是测量仪器分辨率低；

（4）彻底消灭波动是不可能的，但减少波动是可能的；

（5）控制过程就是要把波动限制在允许的范围内，超出范围就要设法减少波动并及时报告，迟到的报告有可能引起损失，是失职行为。

导致质量特性波动的因素根据来源的不同，可分为人（man）、机（machine）、料（material）、法（method）、环（environment）、测（measurement）六个方面，简称为“5M1E”。从对质量影响的大小来分，质量因素又可分为偶然原因（common cause）和可查明原因（assignable cause）两大类。偶然原因，简称为偶因，又称为一般原因。可查明原因，又称为特殊原因（special cause）或系统性原因，俗称异常原因，简称为异因。国家标准 GB/T 4091－2001《常规控制图》对此做了如下解释：

控制图理论认为存在两种变异。第一种变异为随机变异，由“偶然原因”（又称为“一般原因”）造成。这种变异是由种种始终存在的且不易识别的原因所造成，其中每一种原因的影响只构成总变异的一个很小的分量，而且无一构成显著的分量。然而，所有这些不可识别的偶然原因的影响总和是可度量的，并假定为过程所固有。消除或纠正这些偶然原因，需要管理决策来配置资源，以改进过程和系统。

第二种变异表征过程中实际的改变。这种改变可归因于某些可识别的、非过程所固有的，并且至少在理论上可加以消除的原因。这些可识别的原因称为“可查明原因”或“特殊原因”。它们可以归结为原材料不均匀、工具破损、工艺或操作的问题、制造或检测设备的性能不稳定等。

偶然原因引起质量的偶然波动，异常原因引起质量的异常波动。偶然波动是不可避免的，但对质量的影响稍小，故对于偶然波动不必予以特别处理。异常波动则不然，它对于产品质量影响较大，可造成质量过大的异常波动，甚至造成产品质量不合格，同时它也不难加以消除。因此，在生产过程中异常波动是注意的对象。一旦发现产品质量有异常波动，就应尽快找出其异常因素，并采取措施加以排除。将质量因素区分为偶然原因与异常原因，质量波动区分为偶然波动与异常波动，并分别采取不同的处理策略，这是休哈特的贡献。

在实际生产中，产品质量的偶然波动与异常波动总是交织在一起的，如何加以区分并非易事。控制图就是区分这两类产品的质量波动，即区分偶然原因与异常原因这两类质量因素的重要科学方法。

五、控制图的统计学原理

1. $\pm 3\sigma$ 原理

在生产过程中，仅有随机性因素存在时，产品质量特性值 X 会形成某种确定的典型分布，如正态分布。但是当出现系统性原因时，X 就偏离原来的典型分布了。我们可以用统计学中假设检验的方法来及时发现这种分布的偏离，从而判定系统性误差原因是否存在。下面我们以 X 服从正态分布为例加以说明。

设当生产不存在系统性原因时，$X \sim N(\mu, \sigma^2)$，根据正态分布理论可知，产品质量统计值在上下限之间的概率为 $P(\mu - 3\sigma < X < \mu + 3\sigma) = 0.9973$。因此，一般将产品质量特性值的均值作为控制图的中心线，均值加（减）3 倍标准差作为控制图的上（下）控制界限。则 X 落在两条虚线外的概率之和只有 0.27%，即 1000 个样本（数据）中平均约有 3 个数据超出分布范围，我们称为小概率事件。在一次观测中，小概率事件是不可能发生的，一旦发生就认为过程出现问题。有 997 个落在了两条控制限线之间，如果从处于统计控制状态的工序中任抽一个样品 X，我们可以认为 X 一定落在分布范围 $\mu \pm 3\sigma$

之中，而认为出现在分布范围之外是不可能的，这就是 $\pm 3\sigma$ 原理。

现生产正常进行，按加工次序每隔一定时间抽取一个样品，如果此时工序仍然只受到偶然性原因的影响，那么被抽取的产品质量特性值仍服从原来的正态分布，该产品的质量特性值一定落在两条虚线内。如果某一产品质量特性值落在了两条虚线之外，根据统计理论，落在两条虚线之外的概率仅为0.27%，是小概率事件，在一次实验中是不可能发生的。而此时竟然发生了，说明原来的分布出现了较大的变化，图5－2中的◎点超出上控制限不是偶然的现象，它是分布逐渐变化的结果。分布之所以如此变化，是由于生产工序出现了系统性原因。系统性原因不只影响◎点，也会影响其他点，不过以◎点较为明显突出。这时超过上下控制限的面积不再是0.27%，而是大于0.27%，可能是百分之几甚至更大，点子落在两条控制限线之外的概率较之前大大增加。因此我们可以认为，当点子落在上下控制限线之外时，表明生产过程出现了系统性原因，工序处于失控状态，必须追查具体的管理技术原因，及时采取措施，使工序恢复到控制状态。

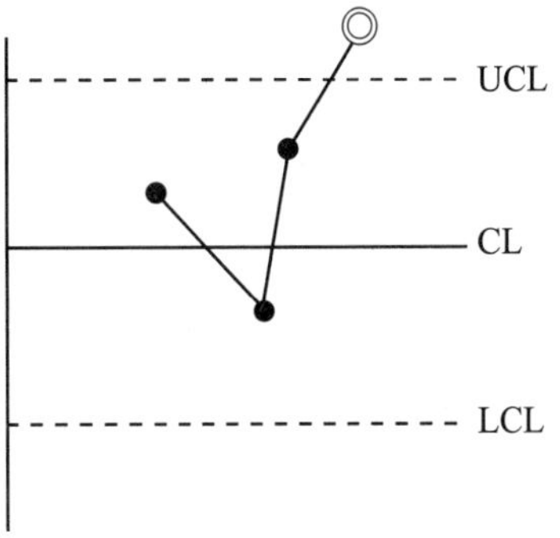

图5－2　控制图示例

资料来源：张公绪，《质量管理学》，高等教育出版社2003年版，第79页。

一般来说，$\pm 3\sigma$ 原理在一次实验中，如果样品出现在分布范围 $\pm 3\sigma$ 的外面，则认为生产处于非控制状态。习惯上，我们把 $\mu - 3\sigma$ 定为LCL，$\mu + 3\sigma$ 定为UCL，μ 定为CL，这样得到的控制图称为 $\pm 3\sigma$ 原理的控制图，也称为休哈特控制图。

2. 两类错误

控制图之所以规定 3σ 界限，主要是基于实践中经济的考虑，这可以从两个方面加以说明。

应用控制图判定生产是否稳定，是应用统计原理进行的推断判定，因而就可能出现两类错误。第一类错误是将正常判定为异常，即生产仍处于统计控制状态，但由于随机性因素的影响，点子超出了控制限，而将生产误判为出现了异常，我们称为虚发警报。例如，上述处于控制状态的样品仍有0.27%的概率落在 3σ 界限外，即问题发生的可能性在1000次中约有3次。我们将犯这类错误的概率称为第一类风险，记为 α。第二类错误是将异常判定为正常，生产已经变为非统计控制状态，但是点子没有立刻超出控制限，而将生产误判为正常，这是漏发警报。我们把犯第二类错误的概率称为第二类风险，记为 β。孤立来看，哪类错误都可以缩小，甚至避免，但是要同时避免两类错误是不可能的。显然，放宽控制限可以减少第一类风险，例如将范围从 $\pm3\sigma$ 扩展到 $\pm5\sigma$，则有：

$$P\ (\,|X-\mu|\leqslant5\sigma)=99.9999\%$$

$$P\ (\,|X-\mu|>5\sigma)=0.0001\%$$

此时 $\alpha=0.0001\%$，即 100 万次才大约有一次犯第一类错误。但是，由于将界限从 3σ 扩展到 5σ，从而使得第二类风险增大，即 β 增大。犯第二类错误的概率随控制界限的变宽而增大，与对犯第一类错误概率的影响刚好相反。也就是说，当控制界限幅度加宽后，α 减小而 β 增大；当控制界限幅度变窄后，β 减小而 α 增大。看来错误不可避免，因此控制图控制限的合理确定，应该是以两类错误所造成的总损失最小为原则。研究发现，在控制图应用中，犯两类错误的总和呈抛物线，并恰好在以 3σ 作为控制界限处最小。即当采用 3σ 原则设计控制界限时，控制图应用中所犯错误造成的损失最小。所以，称 3σ 原则为最经济原则。具体如图 5－3 所示。

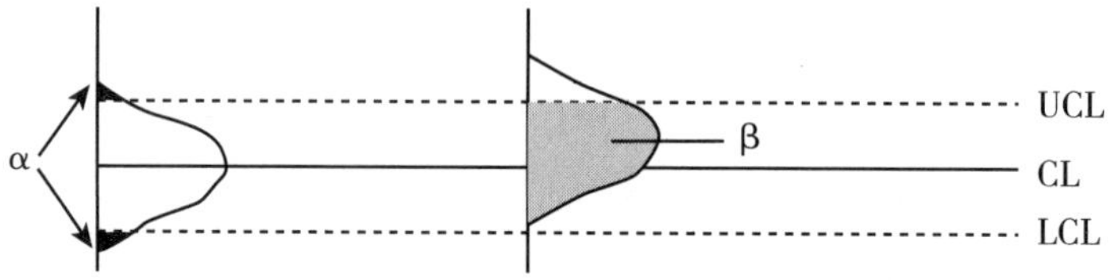

图 5－3　控制图两类错误发生的概率

资料来源：何桢，《六西格玛绿带手册》，中国人民大学出版社 2011 年版，第 273 页，作者有改编。

六、常规控制图的分类

常规控制图的种类很多，一般按数据性质分为计量控制图和计数控制图两大类。这两大类中常用的各种控制图如表 5－2 所示，表中给出了各种控制图的控制界限公式。

表 5－2　　控制图类型

类别	控制图名称	控制图符号	中心线	上下限	国标编号
计量控制图	均值—标准差控制图	$\bar{x}-s$	$\bar{\bar{x}}$	$\bar{\bar{x}}\pm A_1\times\bar{s}$	GB 4091.2
			$\bar{s}$	$B_4\bar{s}$，$B_3\bar{s}$	
	均值—极差控制图	$\bar{x}-R$	$\bar{\bar{x}}$	$\bar{\bar{x}}\pm A_2\times\bar{R}$	GB 4091.3
			$\bar{R}$	$D_4\bar{R}$，$D_3\bar{R}$	
	中位数—极差控制图	$\tilde{x}-R$	$\bar{\tilde{x}}$	$\pm\bar{A}_2\bar{R}$	GB 4091.4
			$\bar{R}$	$D_4\bar{R}$，$D_3\bar{R}$	
	单值—移动极差控制图	$x-R_s$	$\bar{x}$	$\bar{x}\pm2.66\bar{R}$	GB 4091.5
			$\bar{R}$	$3.27\bar{R}$，0	

续表

类别	控制图名称	控制图符号	中心线	上下限	国标编号
计数控制图	不合格率控制图	p	$\bar{P}$	$\bar{P}\pm 3\sqrt{\bar{P}(1-\bar{P})/\bar{n}}$	GB 4091.6
	不合格数控制图	pn	$n\bar{P}$	$n\bar{p}\pm 3\sqrt{n\bar{P}(1-\bar{P})}$	GB 4091.7
	单位缺陷控制图	u	$\bar{u}$	$\bar{u}\pm 3\sqrt{\bar{u}/\bar{n}}$	GB 4091.8
	缺陷数控制图	c	$\bar{c}$	$\bar{c}\pm 3\sqrt{\bar{c}}$	GB 4091.9

资料来源：何桢，《六西格玛绿带手册》，中国人民大学出版社2011年版，第276页，作者有改编。

第三节 控制图的判断准则

一、判稳准则

对于判异来说，"点出界就判异"虽不是百分百可靠，也是极其可靠的。但是在控制图上如打一个点子未出界，可否判稳呢？打一个点子未出界有两种可能性：过程本来稳定或是漏报（这里由于α小，所以β大），故打一个点子未出界不能立即判稳。但是若连打m个点子都未出界，则情况会大不相同，这是整个点子系列的$\beta_{总}=\beta_m$，要比个别点子的β小很多，可以忽略不计。于是只剩下一种可能，即过程稳定。如果连接在控制界的点子更多，则即使有个别点子偶然出界，过程仍可看作是稳态的，这就是判稳准则的思路。

如果点子是随机排列，且处于下列情况之一，则可认为过程处于稳定状态。

（1）连续25个点子在控制界限内；

（2）连续35个点子，仅有1个点子超出控制界限；

（3）连续100个点子，仅有2个点子超出控制界限。

判稳准则也是对随机现象加以判定，故可能发生两种错误。我们以上述判稳准则（1）为例分析该准则的α，即α_1，记d为界外点数，假设过程是稳态的，于是：

$$P(\text{连续 25 点}, d=0)=C_{25}^{0}(0.997\ 35)^{25}=0.935\ 385$$

故：

$$P(\text{连续 25 点}, d>0)=1-P(\text{连续 25 点}, d=0)=1-0.935\ 385=0.064\ 185=\alpha_1$$

上式表示，在过程正常的情况下，连续25点出现$d>0$是小概率事件，在一次试验中它实际上不太可能发生，若发生即判断过程不稳。类似地有：

$$\alpha_1=0.0654,\quad \alpha_2=0.0041,\quad \alpha_3=0.0026$$

根据上述α的数值，可见它们依次递减，也即这三条判稳准则判断的可靠性依次递增。另外，三条判稳准则所需要的样本个数依次递增，也即成本越来越高。故进行判稳时，应从判稳准则（1）开始；若不判稳，则根据准则（2）进行判断；若仍不能判稳，则接着进行准则（3）；若准则（3）依旧不能判稳，则不能继续再应用判稳准则，而应该对该过程尽力找出异因。

二、判异准则

什么是异常？我们知道 SPC 的基准是稳态，若过程显著偏离稳态就称为异常。故异常可以有异常好与异常坏两类。初学者很容易误解，以为判异一定是指“异常坏”。

判异准则有两类：（1）点出界就判异；（2）界内点排列不随机判异。

由于对点子的数目未加限制，故上述（2）的判异模式原则上可以有无穷多种，但现场能够保留下来继续使用的只是具有明显物理意义的若干种，在控制图的判断中要注意对这些模式加以识别。

现将八条判异准则分别介绍如下：

准则 1：一点超出控制界限（点子在控制界限上，按超出界限处理）。

此准则由休哈特在 1931 年提出，在许多应用中，它甚至是唯一的判异准则。准则 1（见图 5－4）可对参数的变化或参数的变化给出信号，变化越大，则给出信号越快。对于 X－R 控制图而言，若尺图保持稳态，则可除去参数变化的可能。准则 1 还可对过程中的单个失控作出反应，如计算错误、测量误差、原材料不合格、设备故障等。准则 1 犯第一种错误的概率，或称显著性水平，α_0 为 =0.0027。

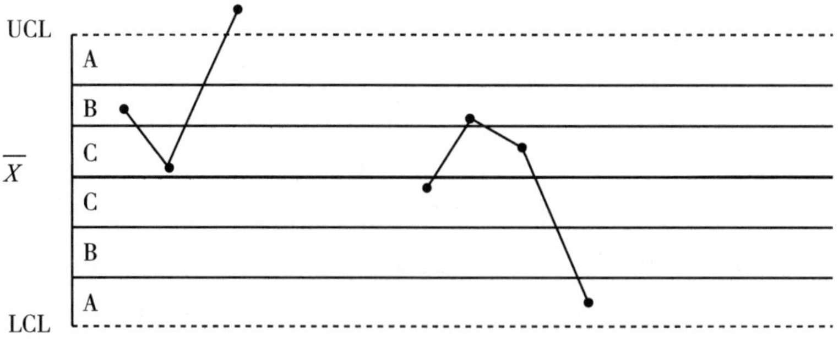

图 5－4　准则 1 示意

资料来源：何桢，《六西格玛绿带手册》，中国人民大学出版社 2011 年版，第 274 页，作者有改编。

准则 2：连续 9 点落在中心线同一侧。

本准则通常是为补充准则 1 而设计的，以便改进控制图的灵敏度。选择 9 点是为了使其犯第一种错误的概率与准则 1 的 $\alpha_0=0.0027$ 大体相仿，也使本准则采用的点数比格兰特和列文沃斯 1980 年提出的 7 点链判异的准则所增点数不多。现对准则 2（见图 5-5）作进一步的分析：在控制图中心线一侧连续出现的点称为链，其中包含的点子数目称为链长。链长大于等于 9 判异。若过程正常，则出现下列点数的链的 α 分别为：

$$P(\text{中心线一侧出现长为 7 的链})=2\left(\frac{0.9973}{2}\right)^7=0.0153=\alpha_7$$

$$P(\text{中心线一侧出现长为 8 的链})=2\left(\frac{0.9973}{2}\right)^8=0.0076=\alpha_8$$

$$P(\text{中心线一侧出现长为 9 的链})=2\left(\frac{0.9973}{2}\right)^9=0.0038=\alpha_9$$

$$P(\text{中心线一侧出现长为 10 的链})=2\left(\frac{0.9973}{2}\right)^{10}=0.0019=\alpha_{10}$$

与准则 1 的 $\alpha_0=0.0027$ 相比，α_{10}距离要比 α_9 距离 α_0 更接近一些，但 10 点链比 9 点链要多一个点子，且较格兰特和列文沃斯提出的 7 点链判异准则所增点数多了些，故取 9 点链判异。若链长等于 7 判异，则 $\alpha_0=0.0153$，比准则 1 的 α_0 大得过多了。

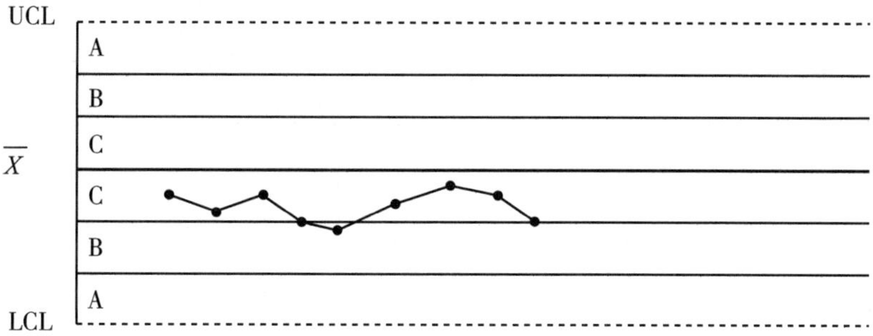

图 5-5　准则 2 示意

资料来源：何桢，《六西格玛绿带手册》，中国人民大学出版社 2011 年版，第 274 页，作者有改编。

准则 3：连续 6 点递增或递减。

此准则是针对过程平均值的趋势进行设计的，它判定过程平均值的较小趋势要比准则 2 更为灵敏（见图 5-6）。产生趋势的原因可能是工具逐渐磨损、维修水平逐渐降低、操作人员技能的逐渐提高等，从而使得参数 μ 随着时间而变化。若过程正常，则：

$$P\ (n\text{ 点趋势})=\frac{2}{n!}\ (0.9973)^n$$

于是：

$$P\ (5\text{ 点趋势})=0.01644=\alpha_5$$

$$P\ (6\text{ 点趋势})=0.00273=\alpha_6$$

P（7 点趋势）$=0.00039=\alpha_7$

显然，6 点趋势的 α_6 最接近准则 1 的 $\alpha_0=0.0027$，故 6 点趋势判异是合适的。

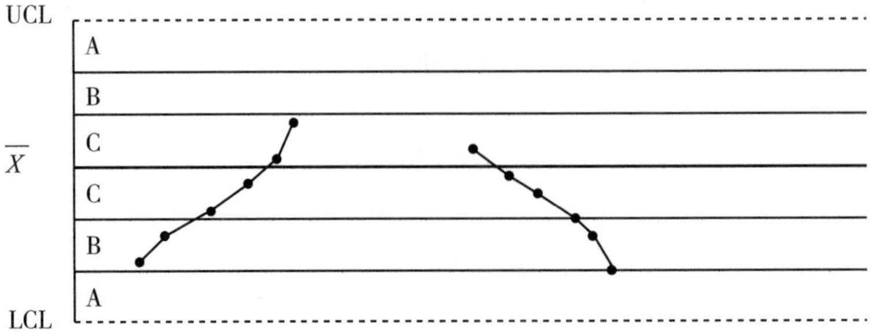

图 5－6　准则 3 示意

资料来源：何桢，《六西格玛绿带手册》，中国人民大学出版社 2011 年版，第 274 页，作者有改编。

准则 4：连续 14 点中相邻点上下交替。

出现本准则的现象是由于轮流使用两台设备或由两位操作人员轮流进行操作而引起的系统效应（见图 5－7）。在采用多头秤加快包装速度的场合也有类似的情况。实际上，这就是一个数据分层不够的问题。选择 14 点是通过统计模拟试验得出的，以使其 α 大体与准则 1 的 $\alpha_0=0.0027$ 相当。

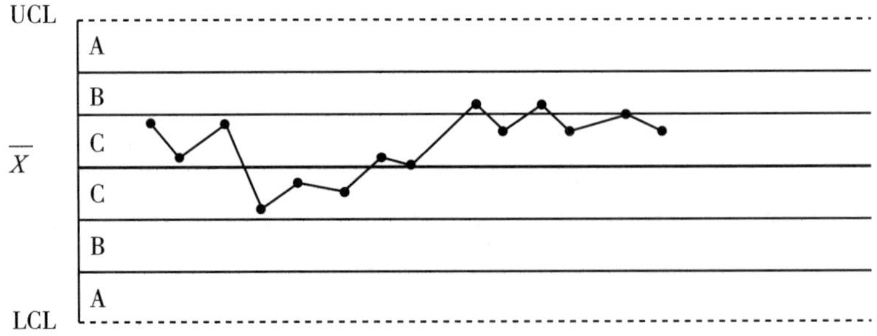

图 5－7　准则 4 示意

资料来源：何桢，《六西格玛绿带手册》，中国人民大学出版社 2011 年版，第 275 页，作者有改编。

准则 5：连续 3 点中有 2 点落在中心线的同一侧的 $2\sigma \sim 3\sigma$ 的范围内。

过程平均值的变化通常可由本准则判定，它对于变异的增加也较灵敏（见图 5－8）。这里需要说明：三点中的两点可以是任何两点，至于这第三点可以在任何地方，甚至可以根本不存在。现在计算一下本准则的 α。若过程正常，则点落在中心线一侧 2σ 界限与 3σ 界限之间的概率为：

$$\Phi(3)-\Phi(2)=0.998650-0.977250=0.0214$$

3个点中2个点在中心线同一侧的 $2\sigma\sim3\sigma$ 的范围之内，另一个点落在控界限的任何地方。表明参数 μ 发生了变化。发生这种情况的概率为：

$$2\times C_3^2\times0.0214^2\times(0.9973-0.0214)=0.00268$$

这与 $\alpha=0.0027$ 接近。

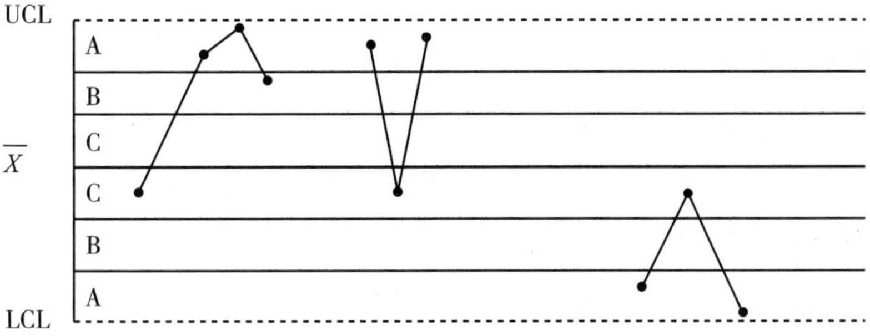

图5-8　准则5示意

资料来源：何桢，《六西格玛绿带手册》，中国人民大学出版社2011年版，第275页，作者有改编。

准则6：连续5点中有4点落在中心线同一侧的 σ 以外。

与准则5类似，这第5点可在任何地方（见图5-9）。本准则对于过程平均值的偏移也是较灵敏的。出现本准则的现象是由于参数发生了变化。若过程正常，在控制图中点子落在 1σ 与 3σ 之间的概率为 $\Phi(3)-\Phi(1)=0.998650-0.841345=0.157305$，故发生这种情况的概率为：

$$2\times C_5^1\times0.157305^4\times(0.5-0.00135-0.157305)=0.002081817\approx0.0021$$

这与 $\alpha=0.0027$ 接近。

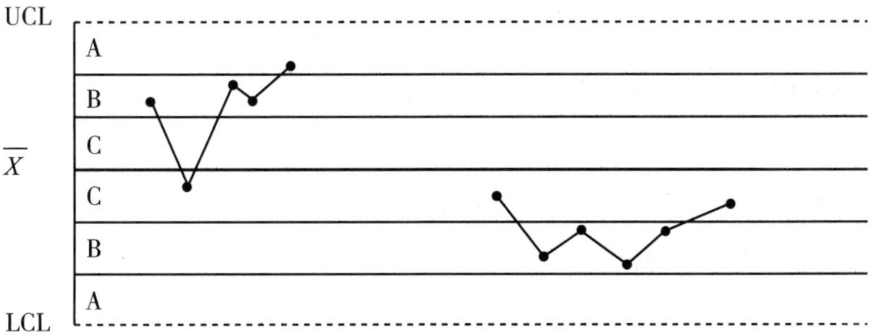

图5-9　准则6示意

资料来源：何桢，《六西格玛绿带手册》，中国人民大学出版社2011年版，第275页，作者有改编。

准则7：连续15点在中心线正负σ之间。出现本准则的现象是由于参数σ变小（见图5－10）。对于本准则不要被它的良好“外貌”所迷惑，而应该注意到它的非随机性。造成本准则现象的原因可能有数据虚假或数据分层不够等。注意，碰到这种情况不要高兴得过早，首先需要检查下列两种可能性：（1）是否应用了假数据，弄虚作假；（2）是否分层不够。在排除了上述两种可能性之后，才能总结现场减少标准差σ的先进经验。

现在分别计算下列各种点子集中在中心线附近的σ。

若过程正常，则连续14个点子集中在中心线附近的α为：

$$\alpha_{14}=0.68268^{14}=0.00478$$

连续15个点子集中在中心线附近的α为：

$$\alpha_{15}=0.68268^{15}=0.00326$$

连续16个点子集中在中心线附近的α为：

$$\alpha_{16}=0.68268^{16}=0.00223$$

其中，$\alpha_{15}=0.00326$，比较接近准则1的$\alpha_0=0.0027$，故有准则7。从表面上看，$\alpha_{16}=0.00223$与$\alpha_0=0.0027$更接近一点，但连续16点要比连续15点多一个点子，应用起来不如15点方便，故仍选取连续15点集中在中心线附近的判异准则。

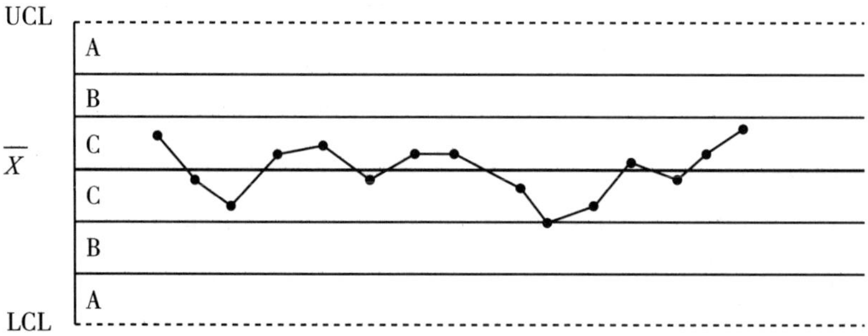

图5－10　准则7示意

资料来源：何桢，《六西格玛绿带手册》，中国人民大学出版社2011年版，第275页，作者有改编。

准则8：8点在中心线两侧，但无一在中心线正负σ之间。

造成本准则现象的主要原因是数据分层不够，本准则即为此而设计的（见图5－11）。现在计算本准则的α，若过程正常，则点子落在1σ与3σ之间的概率为：

$$\Phi(3)-\Phi(1)=0.998650-0.841345=0.157305$$

于是：

$$\alpha_8=2\times[C_8^1+C_8^2+C_8^3+C_8^4+C_8^5+C_8^6+C_8^7+C_8^8]\times0.157305^8\approx0.0002$$

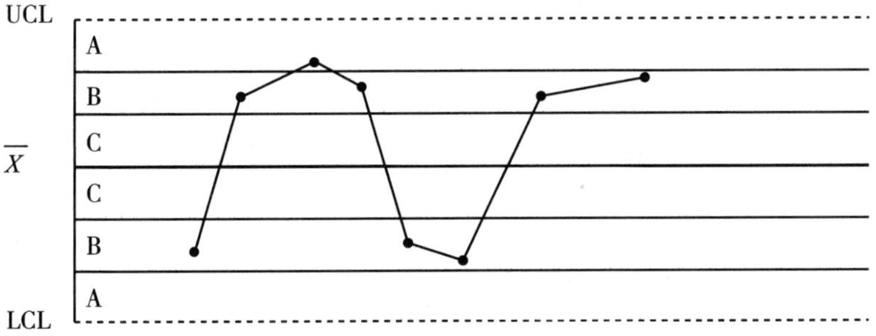

图 5－11　准则 8 示意

资料来源：何桢，《六西格玛绿带手册》，中国人民大学出版社 2011 年版，第 275 页，作者有改编。

类似地，可求出：

$$\alpha_7 = 2 \times 127 \times 0.15731^7 \approx 0.0006$$

$$\alpha_6 = 2 \times 63 \times 0.15731^6 \approx 0.0019$$

$$\alpha_5 = 2 \times 31 \times 0.15731^5 \approx 0.006$$

根据上述计算，张公绪《质量工程师手册》中建议将准则 8 改为：连续六点在中心线两侧，但无一在中心线正负 σ 之间。

第四节　过程能力及过程能力指数

一、过程能力的概念

过程能力（process cabability，PC）又称工序能力或工艺能力，是指过程处于受控或稳定状态下的实际加工能力。此种能力表现在过程稳定的程度上，是过程固有的能力，即过程能稳定地生产合格产品的能力，满足产品质量要求的能力。这里所说的过程，是指操作者、机器、原材料、工艺方法和环境五个基本质量因素综合作用的过程，也就是产品质量的生产过程。如果在生产制造过程中对这些因素严格控制，则过程会处于受控或稳定状态，该过程就具有稳定的过程能力。这种能力可用过程质量特性值的波动范围来衡量。

在过程稳定时，质量特性 X 服从正态分布 $N(\mu, \sigma^2)$，其中标准差 σ 大小表示过程稳定的程度。一般情况下，过程能力和产品质量的实际波动成反比，即过程能力越高，质量波动越小，过程能力越容易得到保证。也就是 σ 愈小，过程愈稳定。一般用特性值散布的 6 倍标准差（6σ）衡量，其计算公式为：

$$B = 6\sigma \approx 6S = \frac{6R}{d_2}$$

式中：B 表示过程能力（质量特性值的分布范围）；σ 表示总体标准差；S 表示样本标准差；R 表示极差；d_2 表示与样本容量 n 有关的系数。

之所以过程能力用 6σ 表示，主要基于过程处于受控状态时，质量特性 X 服从正态分布，根据正态分布理论，质量特性值落在 $\mu \pm 3\sigma$ 范围内的概率为：

$$P(\mu - 3\sigma < X < \mu + 3\sigma) = 99.73\%$$

因此，过程处于稳定或受控状态时，在 $\mu \pm 3\sigma$，即 6σ 范围内包括 99.73% 的产品，只有 0.27% 的产品在 6σ 范围之外。若过程能保证合格品达到 99.73%，则可以认为该过程能稳定地生产合格品。如果把波动范围扩大，则会回归到我们之前讨论的控制图的两类错误，当过程能力从 6σ 增加到 8σ 或 10σ 就需要在设备精度、操作人员技术水平、客观环境条件等方面花费很高的代价，而所包括的合格品比例却提高很少，付出的成本远高于获得的收益，从经济角度来看是不合理的。因此，从过程保证不合格品不超过 3‰出发，取 6σ 来表征过程能力是合适的，这样可以兼顾全面性和经济性。

处于稳定生产状态下的过程要具备以下几方面的条件：（1）原材料或上一道工序半成品按照标准要求供应；（2）本过程按作业标准实施，并应在影响工序质量各主要因素无异常条件下进行；（3）过程完成后，产品检测按标准要求进行。总之，工序实施以及前后过程均应标准化。在非稳定生产状态下的工序所测得的过程能力是没有意义的。

过程能力的测定一般是在成批生产状态下进行的，过程满足产品质量要求的能力主要表现在两个方面：（1）产品质量是否稳定；（2）产品质量精度是否足够。当确认过程能力可以满足精度要求的条件时，它是以该过程产品质量特性值的变异或波动来表示的，产品质量的变异可以用频数分布表、直方图、分布的定量值以及分布曲线来描述。在稳定生产状态下，影响过程能力的偶然因素的综合结果近似地服从正态分布。为了便于过程能力的量化，可以用 3σ 原理来确定其分布范围：当分布范围取 $\mu \pm 3\sigma$ 时，产品质量合格的概率可达 99.73%，接近于 1，因此以 $\pm 3\sigma$，即 6σ 为标准来衡量过程的能力是具有足够精确度和良好经济特性的。在实际计算中就用 6σ 的波动范围来定量描述过程能力。

二、影响过程能力的因素

在加工过程中，影响过程能力的因素主要有以下五个方面：

（1）设备。如设备精度的稳定性、性能的可靠性、定位装置和传动装置的准确性、设备冷却润滑的保护情况、动力供应的稳定程度等。

(2) 工艺。如工艺流程的安排，过程之间的衔接，工艺方法、工艺设备、工艺参数、测量方法的选择，过程加工的指导文件，工艺卡、操作规范、作业指导书、过程质量分析表等。

(3) 材料。如材料的成分、物理性能、化学性能处理方法、配套元器件的质量等。

(4) 操作者。如操作人员的技术水平、熟练程度、质量意识、责任心等。

(5) 环境。如生产现场的温度、湿度、噪声干扰、振动、照明、室内净化、现场污染程度等。

过程能力是上述五个因素的综合反映，但是在实际生产中，这五个因素对不同行业、不同企业、不同过程，以及对质量的影响程度有着明显的差别，其主要作用的因素称为主导因素。如对化工企业来说，设备、装置、工艺是主导因素。又如，机械加工的铸造过程的主要因素一般是工艺过程和操作人员的技术水平，而手工操作较多的冷加工、热处理即装配调试中的操作人员更为重要，是主导性因素，等等。

在生产过程中，随着企业的技术改造和管理的改善，以及产品质量要求的变化，主导因素也会随之变化。如当设备问题解决了，可能工艺管理或其他方面又成为主导因素；当工艺问题解决了，可能操作人员的水平、环境条件的要求又上升到主导因素，等等。进行过程能力分析，就是要抓住影响过程能力的主导因素，采取措施，提高过程质量，保证产品质量达到要求。

三、过程能力指数

过程能力指数表示过程能力满足产品技术标准的程度。技术标准是指加工过程中产品必须达到的质量要求，通常用标准、公差（容差）等来衡量，一般用符号 T 表示。质量标准 T 与过程能力 B 的比值，称为过程能力指数，记为 C_p。

过程能力指数 C_p 值，是衡量过程能力满足产品技术要求程度的指标。过程能力指数越大，说明过程能力越能满足技术要求，甚至有一定的储备能力，但不能认为过程能力指数越大，加工精度就越高或技术要求越低。

1. 计量值过程能力指数的计算

(1) 双侧公差而且分布中心 μ 和标准中心 M 重合的情况（如图 5－12 所示）。

此时 C_p 值的计算为：

$$C_p = \frac{T}{6\sigma} = \frac{T_U - T_L}{6\sigma}$$

式中，T_U 为质量标准上限，T_L 为质量标准下限，$T = T_U - T_L$。

σ 可以用抽取样本的实测值计算出样本标准差 S 来估计，这时：

$$C_p \approx \frac{T}{6S} = \frac{T_U - T_L}{6S}$$

式中，T_U 为质量标准上限，T_L 为质量标准下限，$T = T_U - T_L$。

（2）双侧公差且分布中心 μ 和标准中心 M 重合的情况（如图 5 – 13 所示）。

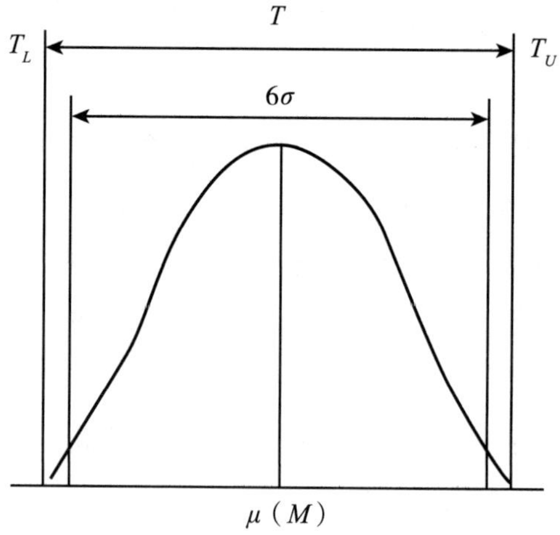

图 5 – 12　分布中心和标准中心重合

资料来源：陈运涛，《质量管理》，清华大学出版社、北京交通大学出版社 2008 年版，第 261 页。

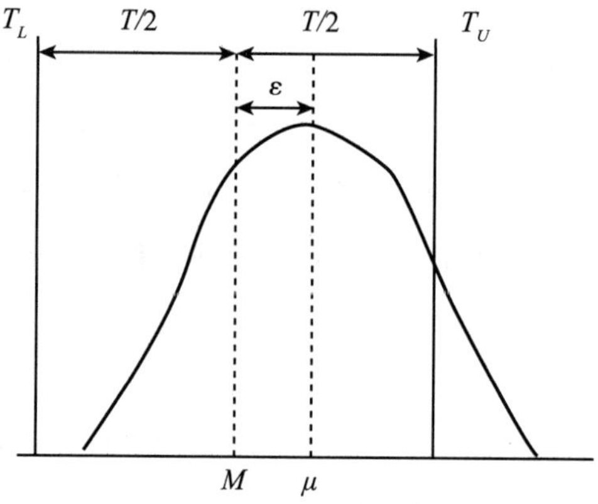

图 5 – 13　双侧公差且分布中心和标准中心不重合

资料来源：陈运涛，《质量管理》，清华大学出版社、北京交通大学出版社 2008 年版，第 261 页。

虽然分布标准差 σ 未变，C_p 也没变，但却出现了过程能力不足的现象。

令 $\varepsilon = |M - \mu|$，这里 ε 为分布中心对标准中心 M 的绝对偏移量。把 ε 与 $T/2$ 的比值称为相对偏移量或偏移系数，记作 K，则：

$$K = \frac{\varepsilon}{\frac{T}{2}} = K = \frac{|M - \mu|}{\frac{T}{2}}$$

又：

$$M = \frac{(T_U - T_L)}{2}$$

$$T = T_U - T_L$$

所以：

$$K = \frac{\frac{1}{2}(T_U + T_L) - \mu}{\frac{1}{2}(T_U - T_L)}$$

从上述公式可知：

① 当 μ 恰好位于标准中心时，$|M - \mu| = 0$，则 $K = 0$，这就是分布中心与标准中心

重合的理想状态。

② 当μ恰好位于标准上限或下限时，即$\mu = T_U$或$\mu = T_L$时，则$K=1$。

③ 当μ位于标准界限之外时，即$\varepsilon > \frac{T}{2}$，则$K>1$。所以$K$值越小越好，$K=0$是理想状态。

如图5-13所示，因为分布中心μ和标准中心M不重合，所以实际有效的标准范围就不能完全利用。若偏移量为ε，则分布中心右侧的过程能力指数为：

$$C_{P上} = \frac{(\frac{T}{2} - \varepsilon)}{3\sigma}$$

分布中心左侧的过程能力指数为：

$$C_{P下} = \frac{(\frac{T}{2} + \varepsilon)}{3\sigma}$$

我们知道，左侧过程能力的增加值补偿不了右侧过程能力的损失，所以在有偏移值时，只能以两者中较小值来计算过程能力指数。这个过程能力指数称为修正过程能力指数，记为C_{PK}。

$$C_{PK} = \frac{\left(\frac{T}{2} - \varepsilon\right)}{3\sigma} = \frac{T}{6\sigma}\left(1 - \frac{2\varepsilon}{T}\right)$$

由于$K = \frac{2\varepsilon}{T}$，$C_P = \frac{T}{6\sigma}$，因此：$C_{PK} = C_P$（$1-K$）。

当$K=0$时，$C_{PK} = C_P$，即偏移量为0，修正过程能力指数就是一般的过程能力指数。当$K \geqslant 1$时，$C_{PK}=0$，这时C_P实际上也已为0。

（3）单侧公差情况下C_P的计算。技术要求以不大于或不小于某一标准值的形式表示，这种质量标准就是单侧公差。如强度、寿命等就只规定下限的质量特性界限；又如机械加工的形状位置公差、光洁度及材料中的有害杂质含量，只规定上限标准，而对下限标准却不作规定。

在只给定单侧标准的情况下，特性值的分布中心与标准的距离就决定了过程能力的大小。为了经济地利用过程能力，并把不合格品率控制在0.3%左右，按3σ分布的原理，在单侧标准的情况下就可用3σ作为计算C_P的基础。

① 只规定上限标准时（如图5-14所示），过程能力指数为：

$$C_P = \frac{T_U - \mu}{3\sigma} \approx \frac{T_U - \bar{X}}{3S}$$

注意，当$\mu \geqslant T_U$时，则认为$C_P=0$，这时可能出现的不合格品率高达50%～100%。

② 只规定下限标准时（如图5－15所示），过程能力指数为：

$$C_P=\frac{\mu-T_L}{3\sigma}\approx\frac{\bar{X}-T_L}{3S}$$

注意，当$\mu \leqslant T_L$时，则认为$C_P=0$，这时可能出现的不合格品率同样高达50%～100%。

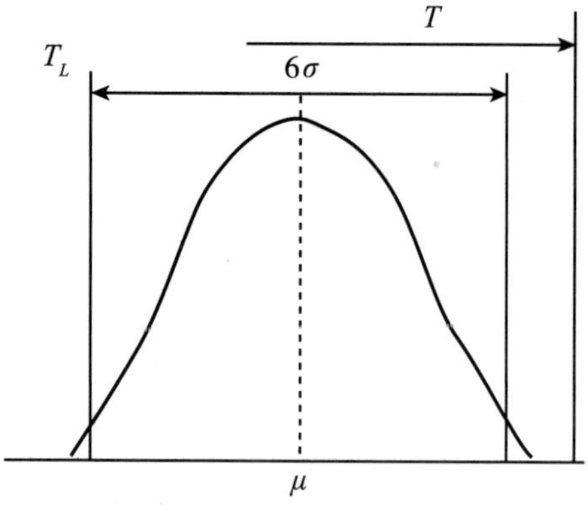

图5－14 只规定上限标准示意

资料来源：陈运涛，《质量管理》，清华大学出版社、北京交通大学出版社2008年版，第262页。

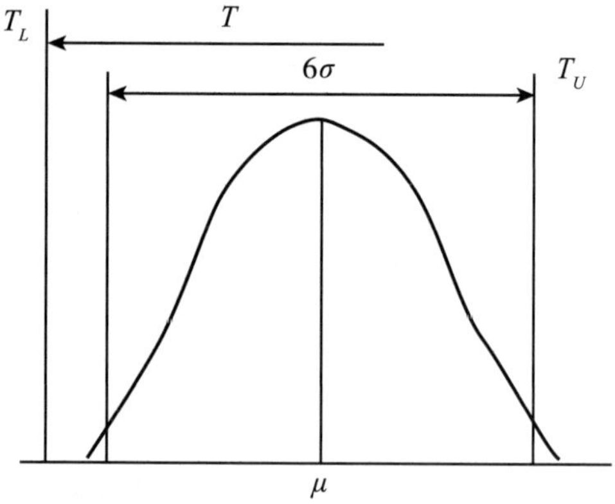

图5－15 只规定下限标准示意

资料来源：陈运涛，《质量管理》，清华大学出版社、北京交通大学出版社2008年版，第262页。

2. 计件值情况下C_P的计算

在计件值情况下相当于单侧公差只规定标准上限的情况，其C_P计算公式为：

$$C_P=\frac{T_U-\mu}{3\sigma}$$

当以不合格品数nP作为检验产品质量指标，并以$(nP)_U$作为标准要求时，取样本k个，每个样本量为n，其中不合格品数分别为$(nP)_1$，$(nP)_2$，…，$(nP)_k$，则样本不合格品数的平均值为$n\bar{P}$，其中：

$$\bar{P}=\frac{[(nP)_1+(nP)_2+\ldots+(nP)_k]}{kn}=\frac{\left[\sum_{i=1}^{k}(np)_i\right]}{kn}$$

二项分布可得$\mu=n\bar{P}$，则$\sigma=\sqrt{n\bar{P}(1-\bar{P})}$，$C_P=\dfrac{[(nP)_U-n\bar{P}]}{3\sqrt{n\bar{P}(1-\bar{P})}}$。

当以不合格品率P作为检验产品质量指标，并以P_U作为标准要求时，C_P值可计算如下：如果要求批不合格品率为P_U，取样本k个，每个样本量分别为n_1，n_2，…，n_k，

其样本平均值 $\bar{n}$ 与不合格品率平均值 $\bar{P}$ 分别为：

$$\bar{n} = \frac{1}{k}(n_1 + n_2 + \dots + n_k) = \frac{1}{k}\sum_{i=1}^{k} n$$

$$\bar{P} = \frac{n_1P_1 + n_2P_2 + \dots + n_kP_k}{n_1 + n_2 + \dots + n_k} = \frac{\sum_{i=1}^{k} n_iP_i}{\sum_{i=1}^{k} n_i}$$

这时有 $\mu = \bar{P}$，则 $\sigma = \sqrt{\frac{\bar{P}(1-\bar{P})}{\bar{n}}}$，$C_P = \frac{P_U - \bar{P}}{3\sqrt{\frac{\bar{P}(1-\bar{P})}{\bar{n}}}}$。

注意，样本量 n 最好为定值，以减小误差。

3. 记点值情况下 C_P 的计算

在记点值情况下仍相当于单侧公差只规定标准上限的情况，其 C_P 值可用公式 $C_P = \frac{T_U - \mu}{3\sigma}$ 求得。

当以疵点数（或缺陷数）C 作为检验产品质量指标，并以 C_U 作为标准要求时，C_P 值计算过程如下：

取样本 k 个，每个样本大小为 n，其中疵点数（或缺陷数）分别为 C_1，C_2，…，C_k，则样本疵点数的平均值为：

$$\bar{C} = \frac{1}{k}(C_1 + C_2 + \cdots + C_k) = \frac{1}{k}\sum_{i=1}^{k} C_i$$

由泊松分布可得：$\mu = \bar{C}$，$\sigma = \sqrt{\bar{C}}$，则 $C_P = \frac{C_U - \bar{C}}{3\sqrt{\bar{C}}}$。

四、过程能力的判定

当过程能力指数求出后，就可以对过程能力是否充分作出分析和判定。即判断 C_p 值在多少时，才能满足设计要求。

（1）根据过程能力指数的计算公式，如果质量特性分布中心与标准中心重合，这时 $K=0$，则标准界限范围是 $\pm 3\sigma$（即 6σ）。这时的过程能力指数 $C_P = 1$，可能出现不合格品率为 0.27%。这种过程能力基本满足设计质量要求。

（2）如果标准界限范围是 $\pm 4\sigma$（即 8σ）时，$K=0$，则过程能力指数为 $C_P = 1.33$。

这时的过程能力不仅能满足设计质量要求，而且有一定的富余能力。这种过程能力状态是理想的状态。

（3）如果标准界限范围是 $\pm 5\sigma$（即 10σ）时，$K=0$，则过程能力指数为 $C_P=1.67$。这时过程能力有更多的富余，即过程能力非常充分。

（4）当过程能力指数 $C_P<1$ 时，我们就认为过程能力不足，应采取措施提高过程能力。

根据以上分析，过程能力指数 C_P 值（或 C_{Pk}）的判断标准如表 5－3 所示。

表 5－3　过程能力的判断标准与评价

过程能力指数	不合格率（%）	评价	措施
$C_P>1.67$	≤0.00006	过程能力过于富余，成本过高	应牺牲部分质量以降低成本
$1.67\geq C_P>1.33$	0.00006～0.006	过程能力充分	对于次要过程可适当降低，对于关键过程应保持
$1.33\geq C_P>1.00$	0.006～0.27	过程能力欠缺	对于次要过程尚可，但对于重要过程显得不足
$1.00\geq C_P>0.67$	0.27～4.55	过程能力不足	应对过程加以改进
$C_P\leq 0.67$	≥4.55	过程能力严重不足	应在提高抽样检查频率的同时，尽快改进

资料来源：尤建新等，《质量管理学》，科学出版社 2014 年版，第 200 页。

五、提高过程能力的分析

（1）$C_P>1.33$。当 $C_P>1.33$ 时表明过程能力充分，这时就需要控制过程的稳定性，以保持过程能力不发生显著变化。如果认为过程能力过大，应对标准要求和工艺条件加以分析。一方面可以降低要求，以避免设备精度的浪费；另一方面也可以考虑修订标准，以提高产品质量水平。

（2）$1.33\geq C_P>1.00$。当过程能力处于 1.0～1.33 时，表明过程能力满足要求，但不充分。当 C_P 值很接近 1 时，则有产生超差的危险，应采取措施加强对过程的控制。

（3）$C_P\leq 1.0$。当过程能力小于 1 时，表明过程能力不足，不能满足标准的需要，应采取改进措施，改变工艺条件，修改标准，或严格进行全数检查等。

六、提高过程能力指数的途径

在实际的过程能力调查中，过程能力分布中心与标准中心完全重合的情况是很少的，大多数情况下都存在一定量的偏差。所以过程能力分析时，计算的过程能力指数一般都是修正过程能力指数。从修正过程能力指数的计算公式 $C_{Pk}=\frac{T-2\varepsilon}{6\sigma}$ 中可以看出，式中有 3 个影响过程能力指数的变量，即质量标准 T、偏移量 ε 和过程质量特性分布的标准差 σ。那么要提高过程能力指数就有三个途径：减小偏移量、降低标准差和扩大标准范围。

（1）调节过程加工的分布中心，减小偏移量。偏移量是过程分布中心和技术标准中心偏移的绝对值，即 $\varepsilon=|M-\mu|$。当过程存在偏移量时，会严重影响过程能力指数。假设在两个中心重合时过程能力指数是充足的，但由于存在偏移量，过程能力指数下降，造成过程能力严重不足。所以调整过程加工的分布中心，消除偏移量，是提高过程能力指数的有效措施。

（2）提高过程能力，减小分散程度。由公式 $B=6\sigma$ 可知，过程能力是由人、机、料、法、环五个因素所决定的，这是过程固有的分布宽度，当技术标准固定，过程能力对过程能力指数的影响是十分显著的。由此看出，减小标准差 σ，就可以减小分散程度，从而提高过程能力，以满足技术标准的要求程度。一般来说，可以通过以下一些措施减小分散程度。

① 修订操作规程，优化工艺参数。补充或增添中间过程，推广应用新技术、新工艺。

② 改造或更新与产品质量标准要求相适应的设备，对设备进行周期性检查，按计划进行维护，从而保证设备的精度。

③ 提高工具、工艺装备的精度，对大型的工艺装备进行周期性检查，加强维护保养，以保证工装的精度。

④ 按产品质量要求和设备精度要求保证环境条件。

⑤ 加强人员培训，提高操作者的技术水平和质量意识。

⑥ 加强现场质量控制，设置关键、重点过程的过程管理点，开展 QC 小组活动，使过程处于控制状态。

（3）修订标准范围。标准范围的大小直接影响对过程能力的要求，当确信若降低标准要求或放宽公差范围不致影响产品质量时，就可以修订不切实际的现有公差的要求。

这样既可以提高过程能力指数，又可以提高劳动生产率，但必须以确实不影响产品质量、不影响用户使用效果为依据。

本章小结

统计过程控制是对生产运营过程的控制，强调全过程监控、全系统参与，并且强调用科学方法（主要是统计技术）来保证全过程的预防。控制图是对过程质量特性进行测定、记录、评估，从而监察过程是否处于控制状态的一种用统计方法设计的图示，是一种动态的控制手段。

控制图的统计学原理包括 $\pm 3\sigma$ 原理和两类错误，判断准则包括判稳准则和八条判异准则。针对控制过程还可以进行过程能力分析，提高过程能力指数。

本章重要术语

控制图　　$\pm 3\sigma$ 原理　　两类错误　　判异准则　　过程能力

第六章

业务流程的改善与再造

【学习目标】

通过本章的学习，能够掌握业务流程的概念以及业务流程改善与再造的内涵，熟悉价值流思想，了解业务流程改善与再造的方法、特点与原则，全面掌握如何通过业务流程改善与再造优化流程提高质量。

【引导案例】

福特汽车公司的业务流程重组

20世纪80年代初，福特汽车公司跟美国的其他许多公司一样，想方设法紧缩人员，减少行政管理费用。福特汽车公司认为能够减少费用的地方之一是应付账款部门。向福特汽车公司供货的供应厂商提出的账单，由该部门付款。当时，福特汽车公司的北美应付账款部门雇用了500多名员工。公司管理层认为，通过使用电脑使某些职能自动化，能够使该部门工作人员减少到400名，即减少20%。根据我们给再造所下的定义，使原有的手工操作实现自动化而取得的改进仍属于渐进，算不上是企业再造。福特汽车公司的管理层认为减少20%人员的成绩已经很不错，直至他们参观了日本马自达汽车公司。福特汽车公司的管理人员注意到马自达汽车公司的规模虽然较小，但它雇用的办理应付账款事务的人员只有5名，而福特汽车公司却雇用了500名，两者对比，相差过于悬殊。其原因不是用规模大小、企业精神、提倡唱公司之歌、做早操等说明得了的。福持汽车公司通过自动化使其人员减少20%，但制造汽车的成本显然仍不能同马自达相匹敌。于是，福特汽车公司的主管人员不得不对包括应付账款部门在内的全部工作流程进行反思。

这个决定标志着福特汽车公司的观念发生了重大变化，因为公司的再造只能从业务流程着手，而不是从与完成这种流程有关的行政组织机构着手。“应付账款”不是一种工作流程，因此，不是再造的问题。它是一个部门，是组织机构上的一种产物，是从某种特定的流程设计所派生出来的。

福特汽车公司再造的流程并不是“应付账款”，而是“采购工作”。采购流程是从提出购货订单开始，也就是说，从根据下属工厂所需要的原材料、零部件而提出购货订单开始，一直到最后付款，将货供应给下属工厂（该工厂也就是采购流程的客户）为止。采购流程包括应付账款职能，但它还包括购货和收货。

福特汽车公司原先的原材料、零部件采购流程显然是按常规办事的。流程一开始，由采购部门向供应商发出购货订单，并将一份副本送交应付账款部门。供应商发货，货物运到福特汽车公司的收货点后，办事人员填写一份表格，说明收到货物的情况，并将表格发给应付账款部门。与此同时，供应商向福特汽车公司的应付账款部门送去发票。

福特汽车公司新的采购流程是：采购部门的一名采购员向供应商发出购货订单，与此同时，将订单上的有关内容输入联机数据库。供应商跟以往一样，将货物发往买方的收货点。货物运到后，收货点的工作人员通过电脑终端机进行核对，检查货物同购货订单的内容记录是否相符。如果相符，收货点的工作人员接收这批货物，并通过电脑终端告诉数据库货物已经运到。数据库登记收到这批货物，同时电脑会自动签发一张支票并在适当的时候发往供应商。如果这批货物同数据库中购货订单的内容不相符，那么，收货点的工作人员会拒绝签收，退还给供应商。

福特汽车公司这次再造的基本概念是简单明了的。审定支付货款一事，以往由应付账款部门负责，现在改为在收货点办理。这项工作的原有流程有着迷宫般的复杂性，如查找材料、暂缓执行、记入备忘录等，足以使500名办事人员或多或少地为此忙忙碌碌。新的流程却不是这样。实际上，新的流程实施后，整个应付账款部门就几乎没有继续存在的必要。在福特汽车公司的某些部门，例如，在发动机部，办理应付账款的人员减少到只有过去的5%。原有的人员中只有极少数人留下来继续做应付账款方面的工作，处理出现的特殊情况。

福特汽车公司应付账款部门的一项规定是，只有收到发票才能付款。尽管这条规定难以明确表达出来，但它已成为一种框架，原先的采购流程就是遵循这种框架形成的。福特汽车公司的管理层在着手调整采购流程时，曾认真地提出问题：是否仍想按照这条规定办事？答案是否定的。破除这项规定的办法就是取消发票。于是，福特汽车公司不再实行“发票收到后才能付款”，改为实行新的规定“货物收到后才能付款”。仅仅改一个词，就为企业的一项重大变革奠定了基础。

（资料来源：［美］迈克尔·哈默、詹姆斯·钱皮，《企业再造——企业革命的宣言书》（王姗姗等译），上海译文出版社2007年版，第31～36页，作者有改编。）

管理学大师哈默①曾说过，对于21世纪的企业来说，流程将非常关键，优秀的流程是区分成功企业和其竞争者的重要因素之一。企业业务流程体系建设和改造的对象和重点都是流程，业务流程的改善和管理是提高产品质量、提升企业业绩和竞争力的关键所在，因此要想在众多企业中脱颖而出，首先有必要明确流程的含义。

企业流程并不是一个新的概念，在许多管理领域，都在不同时期、从不同角度提出了流程的概念。最古老的流程思想可以追溯到泰勒的科学管理。泰勒②首先倡导对工作流程进行系统的分析，这种思想成为工业工程的主要思想。在工业工程领域，制造工作被分为转换、制造、装配和测试四种活动。流程设计是对原材料加工、零件加工、分装和总装活动在整个车间内的组织与物流工程的设计。在这里，流程指生产流程，是从原材料到制成品各项工序安排的程序。流程的一般含义是指一个或一系列连续有规律的行动，这些行动以确定的方式发生或执行，促使特定结果的实现；关注的焦点是流程中某一个职能的某一项活动，流程的分析和设计遵循劳动分工的原则。流程对企业来说司空见惯，甚至可以说，企业就是依赖各式各样的流程运作。如开会有会议流程，报销有报销手续规定等，这些制度就形成了一个个流程。

哈默（1993）指出，流程是为客户创造价值的一系列相互关联的活动过程。流程的客户即为流程的输出对象，这里的客户是广义的，可以是外部的客户，也可以是企业内部的客户。流程的输入就是客户的需求，流程的输出是满足客户需求的产品或服务，其实服务也是产品的一种。例如，在售后服务流程中，输入的是客户提交的产品运行故障问题，输出的是故障问题得到及时、正确的解决，这里的客户就是外部的客户。又如，在办公用品采购流程中，输入的是员工对办公用品的采购请求，输出的是办公用品的及时到位提高了员工的工作效率，这里的客户就是企业内部的员工。流程的一个重要特征是端到端的、横跨组织中的职能，因此需要由组织中不同的角色来协同完成。而这种协同性恰恰是很多组织的弱点，往往是组织越复杂，这种协同性就越差，这也是为何流程优化显得如此重要的原因。哈默曾举过一个订单履行流程的例子。订单履行就是一个通过发送产品给客户来创造价值的流程，它横跨组织中的多个部门，由多项相关联的作业构成：从客户那里接到订单、输入电脑、检查客户信用情况、生产、仓库配货、选择发运方式、分拣和包装产品、搬运和发送上路。这些作业没有一项单独为客户创造价值。

---

① 迈克尔·哈默（Michzel Hammer，1948—2008），企业再造之父，20世纪90年代最杰出的管理思想家之一。

② 费雷德里克·温斯洛·泰勒（F. W. Taylor），美国古典管理学家，科学管理的创始人，被管理界誉为“科学管理之父”。

不搬运就无法发送，不分拣就无法包装，只有当所有的活动放在一起，单个活动才能创造价值。

流程大致分为三种：第一种是管理流程，指的是管理企业运作的系统，典型的管理流程包括公司的制度、规范、战略管理等；第二种是运营流程，指的是能够创造价值流的主要业务，典型的运营流程包括采购、生产、广告、市场和销售；第三种是支持流程，包括支持主要业务的会计、招聘、呼叫中心和技术支持等。

第一节　业务流程概述

一、业务流程的概念

业务流程就是“工作的流动”，是以市场为导向、以用户为中心、以产出产品和服务为目标的一系列连贯、有序的企业活动的组合。作为一种面向用户和市场日常经营生产的活动，业务流程是为达到特定的价值目标而由不同的人分别共同完成的业务与业务之间的传递或转移过程。存在于企业内部、企业间的业务流程类似贯穿于人体的精神系统，卓越的业务流程管理，可显著提高企业的竞争力和市场生存能力，从而帮助企业在竞争中更快地为客户提供产品和服务，灵活地应对市场变化。企业业务活动之间不仅有严格的先后顺序限定，而且活动的内容、方式、责任等也都必须有明确的安排和界定，以使不同活动在不同岗位角色之间进行转手交接成为可能。而狭义的业务流程，则认为它仅仅是与客户价值的满足相联系的一系列活动。

综合各种定义可以总结出，业务流程是指为完成某一目标（或任务）而进行的一系列逻辑相关的活动的有序集合。这个定义中重点强调的是目标性、相关性和有序性。目标性是指这些活动的实施具有明确的目标，即为了获得某种效果或完成某件事情；相关性是指这些活动存在着必然的联系；有序性是指这些活动间有着一定的必须遵循的顺序。

不同的表述方式分别从不同角度阐释了业务流程的定义，但归纳起来业务流程具有以下特点：

（1）目标性：有明确的目标或任务。这个目的可以是一次满意的客户服务，可以是一次及时的产品送达等。

（2）内在性：包含于任何事物或行为中。所有事物与行为，都可以用以下语式来描述：输入的是什么资源，输出了什么结果，中间的一系列活动是怎样的，输出为谁创造了怎样的价值。

(3) 整体性：至少两个活动组成。流程，顾名思义有一个“流转”的意思隐含在里面，而至少要有两个活动才能建立结构或者关系，才能进行流转。

(4) 动态性：流程是一个动态的概念，它由一个活动到另一个活动，按照一定的顺序逐渐展开。

(5) 层次性：组成流程的活动本身也可以是一个流程。流程是一个嵌套的概念，流程中的若干活动也可以看作是“子流程”，可以继续分解若干活动。

(6) 结构性：流程结构的表现形式是多样的，如串联、并联、反馈等。其表现形式的不同，往往影响着流程的输出效果。

业务流程作为将原材料加工成产成品的生产工序活动，是构成企业价值流的重要环节，那么什么是价值流思想？业务流程如何影响价值流，将在接下来的一节中展开详细介绍。

二、价值流思想

迈克尔·波特（1990）[①] 首次提出了价值流的概念。其核心理论是：企业所创造的价值，实际上来自企业价值流的某些特定的价值活动，企业在竞争中的优势，尤其是能够保持长期的优势，是企业在价值流某些特定的战略环节上的优势。彼得·海因斯在波特的基础上，重新定义价值流为“集成物料价值的运输线”。它更注重顾客对产品的需求，把顾客需求作为生产过程的终点而非利润。

价值流是相互衔接的、一组有明显存在理由的、实现某一特殊结果的一连串的活动。在任何企业中，所有被创造出来的价值都必须经过一系列的活动和任务，在合适的时间、按照合适的顺序逐步完成的，也就是必须得经过一个价值流以后，最终才能得出结果。价值流表现为：从产品概念形成到实现投产的设计流程；从原材料进厂到产成品出厂的生产流程；从订单到产品交付的信息处理流程。它为一个产品或服务提供的一切活动按次序的组合，包括增值活动和不增值活动。任何完整的价值流描述都应该包含两方面——物料流和信息流。物料流是各阶段的产品在整条价值流里的流动。信息流是推动物料流所需信息的流动，它决定每个工序下一步该生产什么，或下一步该做什么，信息流包含产品研发过程中的信息流动，也包含从订单到生产的管理过程的信息流动。

---

① 迈克尔·波特（Michael E. Poter），哈佛大学商学院教授，他是当今全球第一战略权威，是商业管理界公认的“竞争战略之父”。

价值流管理的思想指竞争不是发生在企业与企业之间，而是发生在企业各自的价值流之间，只有对价值流的各个环节（业务流程）实行有效管理，在某一些环节或者价值流上建立企业自身的优势，才有可能在市场上获得相应竞争优势。优势环节越多，企业市场竞争优势越大。

制造企业的产品在整个基本生产过程中所需进行的全部生产活动主要包括三大部分：增值活动（value-added-activities），指那些真正为客户创造价值的活动，如装配；必要但不增值活动（necessary non-value-added activities），指那些在目前的产品开发、补充订货或者生产系统中还需要的，尚不能马上取消或者不可避免的活动，称为“第一种浪费”，如检验工作以确保质量；不增值活动（non-value-added activities），指那些在操作上完全不必要的、必须马上去掉的活动（称为第二种浪费），如待料、整理半成品、一次搬运等。

价值流主要具有以下性质：

（1）隐蔽性，价值流是隐藏在整个运作过程中，需要主动去挖掘、去发现；

（2）连续性，价值流在企业内部流动，并且是连续不断的；

（3）周期性，产品有其生存周期和生命周期，产品的生产、销售随着季节不同有其周期性，体现了价值流运作的周期性；

（4）相关性，价值流在企业内部是相互交合在一起的，分析处理过程比较复杂。

第二节　业务流程的改善与再造

企业业务流程的改善与再造是企业提升产品质量和管理品质、实现资源成本最小化、改善失效、提高效益的有力方法及途径。企业业务流程再造可以培育和不断提升企业的核心竞争力，形成自身独特的竞争优势、提供更加质优、价廉的产品服务。

一、业务流程的再造

1. 业务流程再造的内涵

业务流程再造指重新对企业的业务流程做彻底性设计和根本性思考，从而在服务、质量、速度和成本等方面获得显著的业绩改善，使企业可以最大限度适应现代的以“顾客、竞争、变化”为特征的企业经营环境。由上述定义可以看到，业务流程再造包含了四个关键词：根本的、彻底的、显著的和流程。它们就是流程再造的核心内容。

（1）业务流程再造过程中的根本性再思考表明，企业人员必须对企业已形成的基本理念进行重新思考，即对企业在经营过程中长期以来一直所遵循的基本理念，如规模经营、分工思想、官僚体制和等级制度等重新进行思考。这需要我们打破旧有的思维模式，通过创造性思维对问题重新思考。通过仔细思考这些企业运营过程中最根本的问题，企业也许最终会发现自己所依赖的运营前提假设是过时的，更甚者也许是错误的。

（2）彻底性再设计表明，业务流程再造应该从事物的最根本上进行改造，而不是对现存事物进行表面的改变或简单的调整和修补，应要将所有的陈规旧制抛弃，进行彻底的、全面的改造，发明创造出新的工作模式。也就是重新构造企业，而不是简单地对企业进行调整和增强。如果只在组织形式和管理制度上进行小的调整，这对于一个企业的改善是毫无意义的。

（3）显著性的改善所要阐述的是业务流程再造并不是普通意义上的改善、提升业绩等，而是要使企业业绩有大的飞跃、显著增长以及产生显著性变化。钱皮与哈默制定了一个评价显著改善的标准，即将成本降低 40%，生产周期压缩 70%，市场份额增长 25%，企业收益和顾客满意度提高 40%。通过调整旧的系统只能对绩效有简单的提高，只有以新的系统取代旧的系统才能实现巨大的绩效飞跃。这也是业务流程再造工作所具有的特点，同时也是再造过程取得成功的标志。

（4）业务流程再造这一关键词所关注的是企业的业务处理流程，它是一切“重组”工作的核心。在这个关键词中，流程是最重要的关键词。可以这样说，企业的运作就是依赖各种流程实现的，对于企业，业务流程是企业赖以生存的生命线，它决定企业的运行效率。如果按照价值链的观点来说，竞争并非发生在企业之间，而是发生在企业各自的价值链之间。只有对价值链的各个环节，即业务流程实行有效管理的企业，才有可能在市场竞争中真正获得优势。

2. 业务流程再造的原则

（1）以流程为中心。坚持以流程为中心的原则，就是使再造的目的始终围绕企业由过去的以任务为中心变成以流程为中心进行再造。许多企业再造偏离了最初设计的轨道，原因就在于未能坚持以流程为中心的原则。而那些在再造中取得巨大成功的企业，则无一例外地贯彻了这一原则。

一般地，成功的企业再造都是循序渐进的，其好处是避免再造的过分猛烈冲击，无论对于企业的正常运转还是对于员工的心理准备而言，循序渐进都是必要的。但是，过分缓慢和谨小慎微都很可能导致改革领导者和实施者将注意力集中于处理再造中所面临的诸多小的技术问题和员工的不适应，从而忽略了改革的中心任务，使改革最终偏离了最初的目标。因此，无论企业选择哪种方式，激进式或渐进式，都必须牢记核心原则。

（2）以顾客需求为导向。以顾客需求为导向意味着企业在判断流程的绩效时，是站在顾客的角度考虑问题，尽管这样做时常会和企业的其他需要发生冲突。以顾客需求为导向必须使公司的各级人员都明确，企业存在的理由是为顾客提供价值，而价值是由流程创造的。只有改进为顾客创造价值的流程，企业的改革才有意义。顾客要的是流程的结果，其过程与顾客无关，所以，任何流程的设计和实施都必须以顾客标准为标准，这是企业再造的成功保证。

（3）以人为本的团队管理。以流程为中心的企业既关心人，也关心流程。进行团队式管理，是由组织所担负的任务所决定的。对于传统的企业来说，其所面对的是相对静止的市场环境，所以最终决定进行细致分工的任务型管理是具有较高效率的。除了企业的领导人以外，在传统企业中，企业的其他成员只需要考虑如何完成本职工作，一个职员是否称职的衡量标准是他是否努力工作、对于分配给他的工作是否能保质保量地完成。这样传统企业中每个人对于自己工作所属流程的进展都不关心，但是，想要在现代激烈竞争的环境中生存，一个企业则必须以流程为中心，这样企业中的每一分子都关心企业生产的整个运转流程情况，从“要我做”转变为“我要做”，这才是一个企业再造的生存之道，也是团队式管理的精髓。

二、业务流程的改善

1. 业务流程改善的概念

流程改善是一项策略，通过不断发展、完善、优化业务流程，提高产品质量，更好地进行全面质量管理，保持企业的竞争优势。流程改善最重要的是在组织高管层面有完善的优化计划与实施步骤，以及对预期可能出现的障碍与阻力有清醒认识。在流程的设计和实施过程中，要对流程不断进行改进，以期取得最佳的效果。对现有工作流程的梳理、完善和改进的过程，称为流程的改善。

业务流程再造的目的，是通过重新思考企业的业务流程，并对其进行重新设计，以实现各项业绩指标，如成本、质量、服务和速度等，得到突破性的提升。因业务流程再造强调的是“戏剧性的改善”，一般涉及的变革太剧烈，一听就让人敏感，而且失败的比率也较高。很多企业现在开始引入一种并非全新设计的方法，而是融入了业务流程改善（business process improvement，BPI），也可称作业务流程优化的思想。相对而言，BPI 强调渐进改良，需要分析理解现有流程，在现有流程基础上进行改进并建立新流程；而 BPR 强调全新设计法，从根本上重新考虑产品或服务的提供方式，在一张白纸上重新设计流程。

流程优化继承了流程再造对现有流程体系进行根本性思考的特征，抛弃了进行彻底性变革的特征，强调的是渐变，而不是突变。企业进行流程优化的过程就是在不断地识别、分析公司流程中短板的过程，通过流程优化的手段，如对于企业组织结构的再设计、企业资源的重新配置，来实现流程的改善。

2. 业务流程改善的重点

制造企业的产品在整个基本生产过程中所需要进行的全部生产活动主要包括增值活动、必要但不增值活动和不增值活动。业务流程优化的重点是识别和减少流程中的不增值活动，即那些在操作上完全不必要的、必须马上去掉的活动。从理论上来说，业务流程中的每个活动都应该是增值的。什么是增值呢？增值就是流程的客户愿意为这个活动支付一定的费用。然而，由于组织的官僚化、分工的细化以及客户需求的变化，许多流程包含了很大比例的对输出不直接产生价值的活动。通常有一个指标可以衡量流程的效率和增值性，即流程中增值的活动时间占全流程周期的比例，根据国际上的研究结果，这个指标通常不到5%，也就是说，大量的资源和时间浪费在不增值的活动上了。

例如，国内电话申请及安装流程的周期为半个月，但其中真正增值性的活动时间不到6个小时，而国际上的最佳实践数据也显示，电话申请及安装流程的周期只要1～3天。那么，流程中的非增值的因素有哪些呢？

最常见的有四类：（1）活动之间传递和等待时间过长；（2）检查、评审点过多，降低了流程的整体效率；（3）由于第一次执行存在缺陷而导致的返工，有时是单个活动的返工，有时是一连串活动的反复循环，从而增加时间和劳务成本；（4）客户界面复杂以及客户接触点繁多复杂，导致沟通存在障碍，给客户带来不便，容易造成时间上的延误和用户满意指数的下降。

第三节 海尔企业业务流程的改善与再造的案例分析①

一、海尔业务流程再造的背景

海尔集团从1984年开始创业，在海尔集团首席执行官张瑞敏“名牌战略”思想的引领下，经过35年的艰苦奋斗和卓越创新，从一个濒临倒闭的集体小厂发展壮大成为

① 资料来源：钱存，《业务流程再造——海尔集团案例研究》，载于《现代商贸工业》2016年第37期。

在国内外享有较高美誉的跨国企业。海尔集团几十年来的业绩大家有目共睹，现已跻身家电行业的前列。

海尔国际化经营战略的目标是使海尔成为一个国际领先企业。但是随着企业规模的迅速扩大，员工队伍不断壮大，为了更好地发展，借鉴世界各国著名企业的经验，海尔集团认为：组织变革是不容质疑的趋势，而流程再造可以提升企业的效率，可以将员工素质和工作责任心与顾客满意度结合起来，带动企业持续不断地发展。1998 年海尔开始实施国际化战略以来，在全集团范围对原来的业务流程进行了重新设计和再造，并以市场链机制对再造后的流程进行了整合，通过 BPR 形成了与国际市场接轨的、有应变能力的、以市场链流程为特征的管理体制。企业的主要目标由过去的利润最大化转向以市场为中心，把外部市场竞争效应内部化。在有效根治“大企业病”的同时，有效地解决了管理团队的创新协作精神和员工投入回报机制内部化的问题，提高了企业员工的整体素质，强化了企业的市场应变能力，大大提升了海尔的国际竞争力，为海尔实现全年目标乃至冲击世界 500 强奠定了更为坚实的基础。

海尔集团在 1999 年 3 月达沃斯会议上就提出了国际化企业的三条标准，即企业内部组织结构必须适应外部市场的变化、造就一个全球化的品牌和要有一个基于网络系统的营销战略。围绕这三条标准，海尔在 1999 年 3 月就提出企业必须完成两方面转变：一是从职能型结构向以市场链为纽带的流程型结构转变；二是由主要经营国内市场向国外市场转变及从制造业向服务业转变。

海尔集团从亏损 147 万元到 1998 年销售额 168 亿元，比 1997 年销售额增加了 68 亿元；1999 年销售额 268 亿元，2000 年销售额 408 亿元，分别比 1997 年增长了 100 亿元、140 亿元。与此同时，在美国的冰箱占有率已达 27.7%。已长成巨人的海尔，在挑战大企业病的威胁下，不仅没有放慢发展速度，反而增长速度越来越快，这其中的成果离不开海尔 SST（索赔、索酬和跳闸）市场链和业务流程再造，接下来是对海尔集团业务流程再造的分析。

二、海尔集团业务流程再造的思路

1. 业务流程

海尔流程再造的目标是以订单信息流为中心带动商流、物流、资金流的业务流程。通俗地讲就是企业生产首先要从市场获得订单。有了订单，人、财、物才能流动起来，而且是计算机网络管理下的同步流动。没有订单，人、财、物就要停滞。

按照设计，业务流程分为主流程、支持流程和流程基础三个部分，其业务流程模型图就是“三个大圈（主流程）、六个小圈（支持流程）、两块基石（流程基础）”。海尔市场链的主流程：就是把原来各事业部的财务、采购、销售业务全部分离出来，同时建立海外推进本部、商流推进本部、物流推进本部、资金流推进本部，再将企业内部原先分散、各自对外的各种资源整合为全集团统一创建品牌服务的营销（商流）、采购（物流）、结算（资金流）体系，使整个企业变成一个环环相扣、运行有序的链条。目的就是通过整合，使海尔同步业务流程中各产品本部从原来分散的负责采购、制造、销售过程转变为统一面向市场客户的生产开发产品过程，通过生产开发出能满足消费者即时与潜在的需求的商品，创造有价值的订单。

2. 组织模式

过去海尔是一种金字塔式的组织结构，员工应对的是层层上级。现在通过业务流程再造，将其变成一种扁平化的组织结构。原来再造前的订单流程是：供货公司把订单先传到集团的市场部，经过事业部、企划处到生产分厂，分厂做一个计划再发到车间。现在没有了这些中转站，工人和市场需求的距离一下子被拉近了，每个部门、每个员工直接对市场负责。

3. 物流整合

一个现代企业，在网络经济时代，必须要搞现代化物流。如果不搞现代物流，你就没有生路。现代物流提升企业的是核心竞争力。物流使海尔一只手抓住了用户的需求，另一只手抓住了可以满足用户需求的全球的供应链，把这两种能力结合在一起，这就是企业的核心竞争力。要做物流，一方面就意味着企业内部的管理革命，另一方面则意味着速度。

三、海尔以市场链为纽带的业务流程再造的具体分析

海尔以市场链为纽带的业务流程再造过程主要包括作业层再造、经营层再造和战略层再造。

1. 作业层再造

在认识到产品的质量问题后，海尔开始了全面质量管理（TQM）的历程，在生产经营中提出了“日事日毕、日清日高”（over every control and clear，OEC）的管理方法，通过进行 OEC，优化了局部业务流程，企业内的作业效率得到了提高，塑造了海尔品牌，并且为以后进一步的流程再造打下了思想和实践基础。在多元化战略的指导下，海尔将直线职能制的组织结构转变为事业部制，进而又转变为产品本部制。

2. 经营层再造

海尔的市场链主要是指以海尔文化和 OEC 管理模式为基础，把市场中的利益调节机

制引入企业内部，在集团的宏观调控下，把企业内部的上下流程、上下工序和岗位之间的业务关系由原来的单纯行政机制转变成平等的买卖关系、服务关系和契约关系，通过这些关系把外部市场订单转变成一系列内部的市场订单，形成以订单为中心、上下工序和岗位之间相互咬和、自行调节运行的业务链。每个流程、每个工序、每个人的收入来自自己服务的顾客（市场），如图6-1所示。若服务有效，按合同可以索酬；服务的效果不好，对方可以索赔。

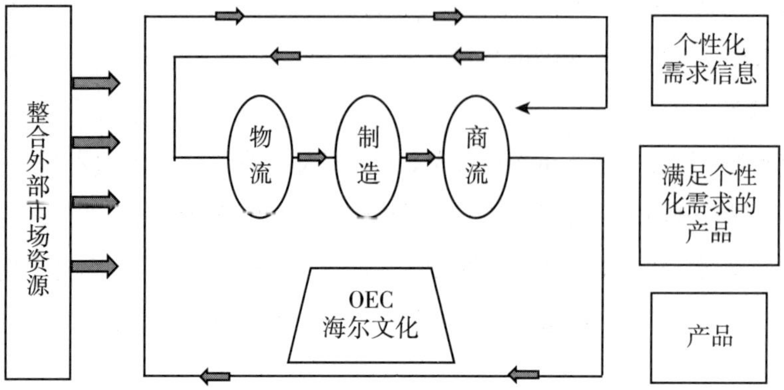

图6-1 海尔集团BPR示意

资料来源：高德鑫、魏大鹏，《国内企业BPR的关键点——对海尔流程再造的分析》，载于《航天工业管理》2004年第11期。

从市场链流程再造概念的提出到2000年底，海尔基本完成了市场链流程再造第一阶段的任务：确定了市场链的基本定义和流程工作图，并据此完成了组织结构重组工作；通过整合全球的供应链资源和用户资源，形成了以订单信息流为中心，带动物流和资金流运行的基本框架。

3. 战略层改造

根据企业国际化发展的战略目标，海尔提出了“三化”原则，即扁平化、网络化和信息化；建立了全员SBU（战略事业单元）的战略执行机制和SST的市场激励机制；将企业的持续改善和不断创新的理念融入企业的经营管理文化中，使之成为企业不断进化的不竭动力。主要特征体现在：

（1）以SST为手段。所谓SST是指索酬、索赔、跳闸的第一个汉语拼音字母的缩写，其中跳闸是指在订单履行过程中出现问题时，由利益相关的第三方制约并解决问题。所谓利益相关的第三方是指海尔集团法律中心成立的内部仲裁庭，它负责市场链运作过程中上下流程、上下工序的责任界定和契约纠纷，为市场链把脉问诊，确保流程高效运作。再造后形成的业务流程体系在每一流程内的上道工序与下道工序岗位通过索酬、索赔和跳闸手段，形成岗位之间的市场链。

（2）以订单为凭据。商流本部从外部客户获得订单开始，以完成客户订单为目标，根据业务流程顺序分解成一系列内部流程订单，通过内部订单的履行达成终端客户的订单目标，流程之间以订单为依据形成市场契约关系。

（3）以企业文化和 OEC 管理为平台，价值分配市场化。海尔的 OEC 管理理念贯穿于企业整个内部市场链，流程之间的内部订单履行以 OEC 管理为保障，通过 SST 手段，在规定的时间、地点和条件下迅速完成订单的各项内容。再造后所有的业务流程与岗位的收益不再是"大锅饭"，而是全部由自己服务的"顾客"来支付，这是价值分配与激励机制领域的一次深刻革命。

组织结构调整以前，海尔集团是传统的事业部制结构（如图 6－2 所示），集团下设 6 个产品本部，每个本部根据具体产品分设产品事业部，各事业部内分别设有资材、规划、财务、销售、科研、质管、设备、检验等职能处室。同时集团下设规划、财务、人力、法律、营销、技术、文化、保卫八大职能中心，它们和事业部下属的职能处室是传统的行政关系；产品本部和事业部是行政隶属关系；产品事业部是独立核算中心，它与下属职能处室是行政隶属关系。在这种组织结构下，集团是投资决策中心，本部是经营决策中心，事业部是利润中心，分厂是成本中心，班组是质量中心。这样的业务流程是纵向一体化结构。

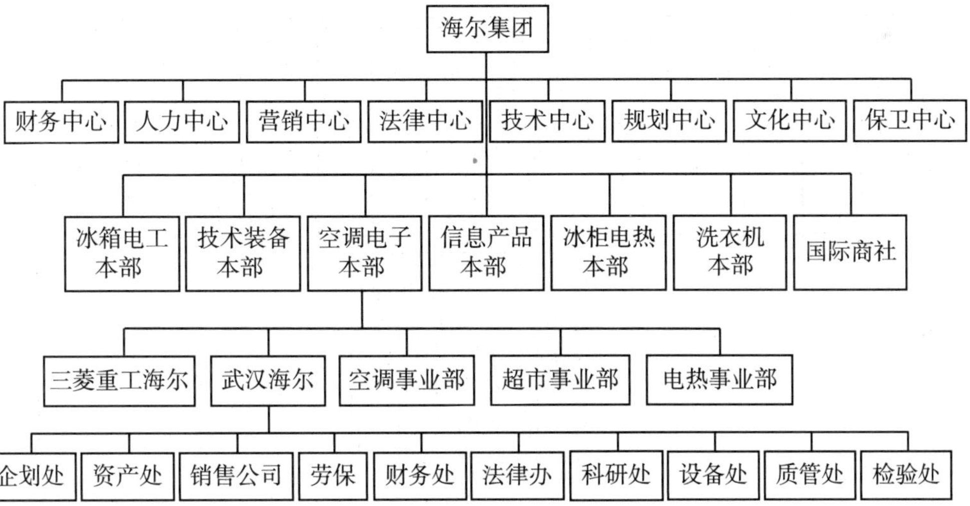

图 6－2　海尔再造前的组织结构

资料来源：钱存，《业务流程再造——海尔集团案例研究》，载于《现代商贸工业》2016 年第 37 期。

海尔集团根据国际化发展思路对原来事业本部制的组织结构进行了战略性调整：第

一步把原来分属于每个事业部的销售、采购、财务业务完全剥离出来，整合成独立经营的商流推进本部、物流推进本部、资金流推进本部，实行全集团范围内统一营销、统一采购、统一结算；第二步把原来的职能管理资源进行整合，如人力资源开发、质量管理、信息管理、设备管理、法律、保卫等职能管理部门全部从事业部中分离出来，以集团的职能中心为主体，注册成独立经营的服务公司；第三步把这些专业化的流程体系通过市场链连接起来。经过整合，集团形成直接面向市场的、完整的物流、商流等核心流程体系，以及资金流、技术质量管理、人力资源、设备管理等支持流程体系。

这样，海尔市场链流程管理模式就具有了"三化一中心"的特征，即结构形态扁平化、流程关系市场化、运行传导信息化和以订单信息流为中心（如图6－3所示）。"下道工序就是用户"，或者说下道工序就是市场，每个人都有自己的市场，都有一个需要对自己的市场负责的主体。原来每个部门都有一个上级，现在所有部门的上级都是市场。过去每个员工只向上级负责，而现在不仅对上级负责，更重要的是对市场、对客户（含内部客户）负责。其实质是通过市场链把外部市场压力转化为内部市场压力，给每个员工提供个性化创新的空间，以满足消费者个性化需求，最大限度地减少组织结构性消耗，大大提高经营管理的效率，使企业规模化之后能够保持持续创新的能力和巨大的成长潜力。

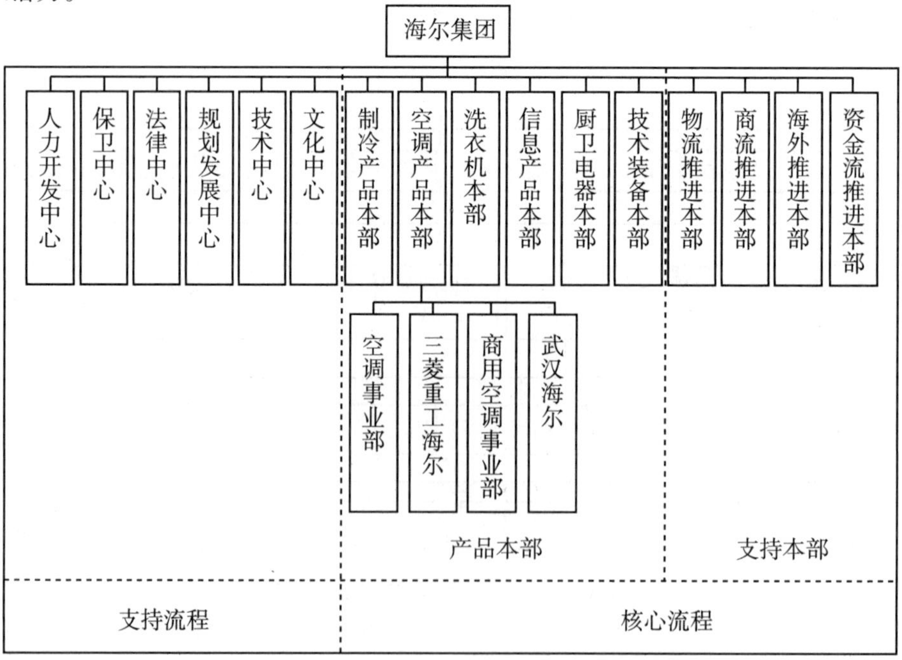

图6－3 海尔再造后的组织结构

资料来源：钱存，《业务流程再造——海尔集团案例研究》，载于《现代商贸工业》2016年第37期。

四、业务流程再造过程中的关键点分析

1. 业务流程再造始终不离其初始目标

企业再造从根本上讲是为了生存发展、提高营业收益、增强企业核心竞争力而进行的变革。企业再造的目标不能脱离提高企业盈利能力，完善客户服务这一基本准则。海尔在流程再造的整个过程中都注意了这个原则，从产品质量的提高到可以满足个性化需求的柔性制造系统，从准时生产方式（just in time，JIT）到企业 & 消费者（Business & Consumer，B&C）的电子商务平台，无不是适应市场环境变化与提高顾客满意度的举措。

不幸的是，许多企业在实施流程再造的过程中过于注重过程本身的细枝末节。并行工程、信息化等技术手段的实施成为一种风尚，企业在强调效率提高的同时陷入了“为改造而改造”的陷阱中。这种思想必将导致对其他重要方面的忽视。

要使业务流程再造见成效、有回报，流程再造的实施就要紧紧围绕顾客满意这个中心。质量管理学的质量回报（return of quality，ROQ）原理认为，如果质量改进工作不能给企业带来好处，则质量改进就是浪费。不能改造服务或者不能增加额外收益的质量改进工作应该被抛弃。ROQ 原理同样适用于对流程的改造。收益与成本的比例大小是衡量流程再造成败的重要标准，任何流程再造目标的制定都不要偏离这一标准；在制订再造计划和实施的过程中始终要与初始制定的目标进行校准，以保证再造目标的实现。

2. 激进式再造和渐进式再造的选择

海尔采用的是一种渐进式的再造方式。迈克尔·哈默在 1993 年出版的《企业再造》一书中提出，流程再造应当是根本性的、激进的，从而取得经营绩效戏剧性的变化。由于实施激进式流程再造的企业失败的案例很多，学术界和企业界对流程再造是激进式还是渐进式颇有争议。激进式的变革是指企业在较短的时间内，通过企业对现有工作流、组织结构和企业文化的变革来使企业盈利能力产生戏剧性的提升。渐进式的变革则是企业在较长时间内，通过不断的沟通和局部改善，采用阶段性的办法，以完成从局部到整个系统的变革。

问题的关键在于，要认识到业务流程再造所体现的是一种管理思想，而不仅是方法。业务流程再造提供了一种全新的管理视角，主张从企业内部流程的改善入手提高企业盈利能力，并且表达了积极主动适应环境变化的思想。采用激进式或渐进式要看企业面临的市场情况，两者都是业务流程再造所允许的再造手段。建立内在的自我完善机制，持续不断地进行流程改进才是流程再造思想的真正含义，企业应当综合运用这两种再造方式。

实际上，在目前日渐激烈的市场竞争中，企业竞争优势的建立是一个持续改善的过

程，仅凭一次业务流程再造无法赢得持续的竞争优势，频繁的大规模改造由于风险过高而不现实。企业要从内部建立一套持续改善的机制，一方面要建立健全市场反馈系统，对顾客的需求进行调查，及时反馈顾客需求；另一方面要营造学习型的企业文化，鼓励创新，消除浪费。企业在与外部环境相互作用的过程中，运用自我改善机制，不断对现有流程的内容和组织结构进行改善，以动态的方式稳定经营并发展于变化的市场环境之中，保证与市场相适应。

3. 处理好企业业务流程再造与企业战略的关系

海尔的再造过程与它的企业战略规划是紧密相连的。在初期名牌战略的指引下，海尔实施了 TQM，提高业务流程的效率，改进产品质量；后来又在服务先导和多元化战略的指引下，改造了制造系统和经营流程，全面提高了对客户的服务水平，做到了准确、及时的个性化服务，增强了经营灵活性；在国际化战略的指引下，企业进行了组织结构的创新，变纵向组织结构为横向网络化结构，将市场危机感引入企业内部，建立了以市场链为纽带的新型流程体系。

业务流程再造和企业战略是互动的关系：有意识的企业流程再造要在企业战略的框架之下进行；发源于基层的或者局部的再造会促进企业系统的再造，但是也必须在与组织战略协调一致的情况下才会被领导层采纳。流程再造解决的是企业内部的响应能力问题，而战略解决的是企业的方向问题。“火车准点运行了，但是它将要驶向何方呢?”这生动的比喻巧妙地反映出了流程再造与企业战略之间的关系。我国企业在 BPR 之前要做好企业的远景规划，向员工阐释再造的迫切性和再造成功后的益处，通过沟通力图争取全体员工的配合。

4. 处理好再造与组织变革的关系

海尔在分阶段进行流程再造的过程中，先后两次对组织结构进行变革，从一开始的直线职能制结构转变成产品本部制，又由产品本部制改造成为横向网络化结构。可以看出，即使是在渐进式的改造过程中，最终仍然不可避免地要进行组织变革才能彻底改造原来的流程模式。

根据流程再造的思想，组织形式的设置必须以流程为导向进行必要的改造，根据流程的具体形式来制定相应的组织形式。总的原则就是要努力提高流程的运作效率、对顾客的服务水平和流程适应性。根据 J. 佩帕德和 P. 罗兰（1995）的建议，企业进行系统性再造可采用 ESIA 法，即清除（eliminate）、简化（simply）、整合（integrate）和信息化（automate），其中整合是组织结构变革中常用的方法。

传统的理论认为，流程再造是对企业以职能为中心的组织结构的挑战。但是职能具有专业化、效率高和能够快速吸收、创造该领域先进知识的特点，确立流程的中心地位并不代表要否定职能的优势和作用。以流程为中心是要从系统的角度整合跨流程的各个职能，对整个流程的投入和产出进行管理。实践中有的公司确实建立了以流程和团队为基础的组织结构，但是大多数公司仍然保留了以职能为基础的组织结构，只不过通过设立流程负责人等方式加强了对流程的控制。调整组织结构必须以企业和市场环境的实际情况为准则。调整组织结构并不一定是要破除或建立某种特定的组织形式，而是要根据企业的发展战略和流程再造的特点，设计出相应的组织形式。

关键是对“整合”的理解。海尔认为，企业的核心竞争力要通过两种整合来实现：一种是企业体制与市场机制的整合；另一种是企业产品功能与用户需求的整合。海尔开始由于实行多元化经营战略，破坏了特定产品业务流程的完整性，于是围绕该产品的业务流程来整合组织资源，建立事业部制或者产品本部制来理顺从设计到销售的整个流程。随着企业的规模进一步扩大，组织的职能部门数目过多，造成内部成本过高，就有必要对组织资源进行重新整合，建立形如横向网络化的组织结构。流程再造的基本原则和目标是要结合企业的战略，降低成本，增加收益。“整合”只是一种手段，并不是目的，提高客户满意度，增强企业核心竞争力才是目标。

5. 学习型企业文化的建立

流程再造的顺利实施必须通过全体员工的共同努力，良好的学习型企业文化是企业实施 BPR 最好的思想基础。海尔流程再造之所以能够顺利进行，得益于海尔在企业发展过程中形成的以 OEC 为基础的学习型企业文化。

对进行流程再造的企业来说，企业要建立持久的核心竞争力，持续不断地进行改善，需要建立一种学习型的企业文化，这将构成企业自我调节机制的基础。通过自我超越和团队学习，建立共同的心智模式和共同愿景，从而使员工对持续改善和系统思考达成深刻的理解和共同的认知。通过建立学习型的企业文化，可以提高全体员工对市场环境和企业经营策略的适应能力，从而有助于培养持久的竞争能力。我国企业普遍有迫切进行流程再造的愿望，但由于流程再造过程中存在着高风险和高成本，因此对我国企业来说，重点是广泛吸取国内外企业 BPR 成败的经验，把握好再造过程中的关键环节，以企业战略为导向，以企业文化建设为基石，有条不紊地进行企业流程再造。

本章小结

对于 21 世纪的企业来说，流程将非常关键，业务流程的改善和管理是提高产品质量、提升企业业绩的关键所在。古今中外、各路学者对业务流程的定义有不同的理解，综合各种定义可以总结出，业务流程是指为完成某一目标（或任务）而进行的一系列逻辑相关的活动的有序集合。业务流程竞争不是发生在企业与企业之间，而是发生在企业各自的价值流之间，只有对价值流的各个环节（业务流程）实行有效管理，在某一些环节或者价值流上建立企业自身的优势，才有可能在市场上获得相应的竞争优势。优势环节越多，企业市场竞争优势越大。价值流指的是制造企业的产品在整个基本生产过程中所需要进行的全部生产活动，业务流程作为企业价值流的中间环节，对于企业生产活动、产品质量具有重要影响。

企业业务流程的改善与再造是企业提升产品质量和管理品质、实现资源成本最小化、改善失效、提高效益的有力方法与途径。企业业务流程再造可以培育和不断提升企业的核心竞争力，形成自身独特的竞争优势，提供更加质优、价廉的产品服务。

最后通过海尔企业业务流程再造的成功案例分析，更深刻理解业务流程改善与再造这一提升企业产品质量，进行全面质量管理的工具和手段。为以后各企业提高产品竞争力、获得竞争优势提供借鉴经验。

本章重要术语

业务流程　　价值流思想　　业务流程的改善与再造　　市场链　　全面质量管理

第七章

质量检验与抽样检验理论

【学习目标】

通过本章的学习，能够掌握质量检验的概念，理解抽样检验方案的检查程序，掌握一次抽样方案检验特性，掌握接收概率计算、ISO 2859 抽样系统。

【引导案例】

海尔的质量之路

产品检验不仅是生产企业保证商品质量符合标准的必要手段，也是质量监督机构和消费者评价商品质量的手段。海尔集团重视检验对商品质量的保证作用，不仅获得了用户的信任，也获得了质量监督机构的高度认可。“海尔集团以‘砸冰箱’为开端，长期重视质量管理与创新，形成了特色鲜明的海尔质量文化，探索建立了‘人单合一双赢’的管理模式，依靠质量管理实现了企业的发展壮大。”2013 年 12 月 16 日，原国家质检总局局长支树平在首届中国质量奖颁奖仪式上这样评价海尔集团。海尔集团荣获首届中国质量奖，成为两家获奖组织之一。

“海尔创世界名牌，第一是质量，第二是质量，第三还是质量。”早在创业之初，海尔集团首席执行官张瑞敏就旗帜鲜明地提出了这一理念。“对产品质量的尊重就是对消费者的尊重、对自己的尊重”，“优秀的产品是优秀的人干出来的”，“有缺陷的产品就是废品”，“高标准、精细化、零缺陷”，“绝不从我手中放过一个缺陷”，“第一次做好就是最佳质量成本”，海尔从未放松对质量的要求，这些质量文化早已深入海尔人心。将质量视为生命的海尔人，将“提供有全球竞争力的产品，最大限度地满足顾客和相关方的需求，成为世界名牌”作为自己的质量目标。海尔集团有三个质量理念。第一个质量理念是“有缺陷的产品就是废品”。20 世纪 90 年代初期，中国不少企业将产品分为一等品、二等品、三等品和等外品，而且这些产品最终都能出厂。但是，海尔认为如果让有缺陷的产品出厂，这个产品就不可能有竞争力，而且也是对用户不负责任。第二个质量理念是“谁生产不合格的产品，谁就是不合格的员工”。第三个质量理念是“质量改进是个没有终点的连续性活动，停止就意味着开始倒退”。打开电脑、输入密码、填写表格……每个海尔人每天都要填写自己的“日清”表格，这种工作方式是海尔质量管理的一种模式——OEC 管理模式。O 代表 Overall（全方位），E 代表 Everyone（每人）、Everything（每事）、Everyday（每天），C 代表 Control（控制）、Clear（清理）。OEC 的汉语意思是每天的工作每天完成、清理，并且每天都要有提高。海尔人将其提炼为“日事日毕，日清日高”八个字。

海尔集团不仅树立了先进的产品质量观念，更为了落实这一观念建立一系列配套的质量管理制度。建造自己的质量检测中心，从严把质量检验关入手实施质量管理就是这一系列管理手段的重要一环。1998 年，海尔集团投入巨资建成质量检测中心，成为国内第一家具备国家级实验室资格的企业实验室。海尔集团对自己的产品检验有许多独特的方法，不仅有针对用户抱怨而创新的细致入微的独特质量检测方法，还有防电墙热水器、不用洗衣粉的洗衣机等冲刺国际标准的突破性质量创新。为了检测冰箱排水口是否畅通，海尔人发明了给冰箱打吊瓶的检验方法：将吊瓶的针头布置在排水口附近，连续打 7 天吊瓶，如果不出现冷藏室积水、水滴结冰堵塞排水口的现象则表明该冰箱此项检测合格。所有的海尔笔记本电脑都要通过一项特殊的测试——摇“屏”晃“脑”20000 次，即将笔记本电脑按 10 次/分钟的频率摇晃显示屏，每进行 1000 次，由测试人员对显示屏转轴和屏线进行检查、记录，能顺利通过 20000 次摇晃无故障的笔记本才算合格。海尔集团凭借着对质量检验的高度重视，极大地提升了产品的质量，受到国内外消费者及权威质量认证机构的高度认可。

（资料来源：中国质量新闻网，http：//www.cqn.com.cn/news/zggmsb/dier/816649.html。）

生产和检验是一个有机的整体，检验是生产中不可缺少的环节。特别是现代企业的流水线和自动线生产中，检验本身就是工艺链中一个组成工序，没有检验，生产过程就无法进行。从质量管理发展过程来看，最早的阶段就是产品质量检验阶段。伴随着流水作业等先进生产方式的出现，企业提高了对质量检验的要求，并增设了专职检验人员以及专职检验部门。质量检验曾是保证产品质量的主要手段，统计质量管理和全面质量管理都是在质量检验的基础上发展起来的。

第一节 质量检验

一、质量检验的概念

20 世纪初，美国企业出现了流水作业等先进生产方式，提高了对质量检验的要求，随之在企业管理制度中出现了专职检验人员，组成了专职检验部门。如汽车制造企业中增设的品质管理部门，包括品质保障科、品质检验科，负责整个企业产品从原材料采购到生产制造到最终成品交付顾客各个环节的质量检验。质量检验部门是企业中承担专业检验和管理任务的机构，它既要代表企业进行把关检验，执行内部监督，又要代表国家和用户进行验收，同社会和用户（或消费者）的利益紧密相关。因此质量检验是生产中不可缺少的环节。

质量检验不仅存在于制造业中，而是隶属于各个行业，包括工业、农业、采矿业、能源和燃料、化学工业、电子电器行业、食品行业、技术服务业、卫生管理等各个行业和领域，基本覆盖了国民经济和社会管理的各个方面。质量检验有利于提高生产效率和专业化分工的发展，并且能够避免不合格品流入下一道工序或者顾客，有效阻止损失的进一步扩大。

具体来说，质量检验就是对产品的一个或多个质量特性进行观察、测量、试验，并将结果与规定的质量要求进行比较，以判断每项质量特性合格情况（与否）的一种活动过程。

为了正确理解质量检验的概念，必须区分以下两个观念。

（1）认为产品质量是由设计和制造来决定的，而不是检验出来的，因而对检验工作不予重视，甚至有所放松。这种观念显然是片面的。毋庸置疑，产品质量同设计和制造十分密切，但质量的最终形成绝不仅限于设计和制造这两个环节，质量检验对产品质量的形成有重要的作用。正如美国著名质量专家朱兰所说，产品的质量形成过程包括市场研究、产品开发、设计、制定产品规格、工艺、采购、仪器仪表及设备装置、生产、工序控制、产品检验、测试、销售及服务 13 个环节。各个环节之间相互依存，相互联系，相互促进。它是符合“质量螺旋”规律的，取决于企业所有部门，其中包括质量检验部门的质量职能。

（2）认为质量检验只不过是事后把关，只能阻止不合格品出厂或者流入下一道工序而不能预防废品产生，因此有些企业认为检验是可有可无的，或者仅仅是一种辅助手段。这种观念显然也是片面的。预防为主与检验把关，绝不是对立和矛盾的，它们是相辅相成、相互结合的，它们的目标和对象也是各不相同的。预防是针对正在生产或尚未生产的产品而言的；把关通常是针对已经生产出的产品来说的。前者应力求通过预防使生产出的产品百分之百是合格品，避免或减少损失发生；而后者则是应该通过检验，严格把关，不使一个不合格品流到下道工序或用户手中。从这个角度说，把关也是为了预防下一道工序不合格品的产生，所以预防和把关在生产中都是不可缺少的，但应以预防为主。

二、质量检验的基本类型

质量检验按照不同的分类特征可以分为不同的质量检验方式，如按照检验的数量可以分为全数检验、抽样检验、免检等，按照质量特性值可以分为计数检验、计量检验。但不论以何种方式检验，质量检验的实际检验活动可以分为三种基本检验类型，即进货检验、工序检验、完工检验。

1. 进货检验

进货检验是指企业购进的原材料、外购件、外协件及配套件等入厂入库前的检验。对于检验合格的产品才能正常办理验收入库，这是保证生产正常进行和产品质量的重要措施。凡是购进的原材料、辅料、外协件等进厂时必须配备合格证或者其他证明合格的合法证明书，否则可以不予接收。进货检验有包括首件（批）样品检验和成批进货检验。

（1）首件（批）样品检验。首件（批）样品检验是指企业对已经选定或准备选定的合同供货单位第一次提供的一件或一批样品进行的鉴定性检验。其检验内容严格按规定的工作程序进行。主要是对供应单位所提供的产品质量水平进行评价，并建立具体的衡量标准，通常发生在供货单位首次供货、设计或产品结构有重大变化、工艺方法有重大变化、从市场临时采购产品等情形。

（2）成批进货检验。成批进货检验是指在正常生产情况下，对与企业有合同或合作关系的供货方按购销合同规定持续性的成批供货进行的进厂检验。一般需事先制定入库检验指导书，检验合格后相关人员需做好检验记录，并按照检验规程办理入库。

2. 工序检验

工序检验又称过程检验，是指对原材料投产后陆续形成成品之前的每道工序上的在制品所做的符合性检验。目的是防止出现大批不合格品，避免不合格品流入下道工序去继续进行加工。工序检验可以由专业人员进行，同时也可以培训员工进行自检和互检。工序检验通常通过以下三种形式进行：

（1）首件检验。对于改变加工对象或者改变生产条件后生产的第一件或几件产品进行的符合性检验，即为首件检验。首件检验一般通过三检制判定，即经过自检、互检、专检后判定产品合格与否。只有当首件检验合格后才能进行批量生产，能够尽早发现生产异常，预防产品批量报废。

（2）巡回检验。巡回检验就是检验工人按一定的时间间隔和路线，依次到工作地或生产现场，用抽查的形式，按照图纸、工艺规程或标准规范的要求检查刚生产出来的产品是否合格，以保证工序质量。巡回检验是按生产过程的时间顺序进行的，因此有利于判断工序生产状态随时间过程而发生的变化，这对保证整批加工产品的质量是极为有利的。

（3）末件检验。末件检验是指主要依靠模具或专用工艺装备加工并保证质量的产品，在批量加工完成后，对加工的最后一件（几件）进行的验证检验。这种“末件检验制度”非常重要。末件检验主要针对某一设备或者工序的最后一件或者几件，与产品完工不是一个概念。

3. 完工检验

完工检验又称最后检验，完工检验是对全部加工活动结束后的半成品或成品进行的检验，对于半成品来说主要是指产品入库前的检验，对于成品而言主要是指产品出厂前的检验，是产品出厂前最后一道质量防线和关口。由此可见完工检验是极为重要的，必须由专职人员按照有关程序进行，以确保出厂产品的质量。一般产品出厂前进行检验需要附带出厂检验报告或者合格证，证明此批产品合格与否。

三、质量检验的职能

质量检验的对象是产品的一个或多个质量特性，目的是对产品的一个或多个质量特性是否符合规定的质量标准取得客观证据。质量检验的主要职能有以下四个：

1. 鉴别职能

根据技术标准、产品图样、工艺规程或订购合同、技术协议的规定采用相应的检测、检查方法观察、试验、测量产品的质量特性，判定产品质量是否符合规定的要求，这是质量检验的鉴别职能。鉴别是把关的前提，通过鉴别才能判断产品质量是否合格。因此鉴别职能是质量检验所固有的第一职能，是质量检验各项功能的基础。

2. 把关职能

把关是质量检验最基本的职能，也可称为质量保证职能，也是质量检验最初的主要职能。其特点是按照标准规定对成品进行检验，即从成品中挑出不合格品，这种质量检验的方法就是把关，即严禁不合格品出厂或者流入下一道工序。随着生产自动化程度的提高，检验的手段和技术有所发展和变化，但质量检验的把关作用仍然是不可或缺的。只有通过检验，不接受、不制造、不流出不合格品，才能真正保证产品的质量。

3. 预防职能

现代质量检验既有事后把关的职能，也有预防的职能。这也是现代质量检验区别于传统检验的重要之处。预防的职能可以通过下列活动得以实现：

（1）进货检验、工序检验以及完工检验。这些检验活动既起到把关作用，也起到预防作用。前一工序的把关检验，对后面的生产过程和下一工序的生产，都能起到预防的作用。

（2）首件检验和巡回检验。开始生产或者设备进行修理或者设备调整等应进行首件检验，当首件检验合格并取得认可时方能正式成批投产，而为了预防生产过程中不合格品的出现应进行巡回抽查。

（3）过程能力的测量和控制图的使用。认真执行SPC，就可能找到或发现质量波动的特征和规律，从而改进质量状况，预防不稳定的生产状态出现，防止大批不合格品的发生。

4. 报告职能

报告的职能也就是信息反馈的职能。这是为了使高层管理者和有关质量管理部门及时掌握生产过程中的质量状态，评价和分析质量体系的有效性。将质量检验获取的数据和信息，经汇总、整理和分析后写成报告，为组织的质量策划、质量控制、质量改进、质量考核以及质量决策提供重要依据。每个企业对报告的周期要求可能不同。

四、质量检验的主要管理制度

质量检验在企业中占据重要地位。首先，质量检验是企业管理科学化、现代化的基础工作之一。其次，质量检验是企业最重要的信息来源，企业许多信息都直接或间接地通过质量检验来获得，是企业的一手数据。最后，企业检验是保护用户利益和企业信誉的卫士，产品质量直接影响到社会和用户的切身利益，也影响到企业的声誉。毋庸置疑，加强企业质量检验是十分重要的。中国在借鉴国外经验和长期实践的基础上，已累积了一套行之有效的质量检验的管理原则和制度。

1. 三检制

三检制是指操作者的自检、工人之间的互检和专职检验人员的专检三者结合起来进行质量检验的一种管理制度。实行三检制，可以发挥生产者和专业检验人员两方面的优势，充分调动其积极性，防止因个人差错造成的大量报废，保证产品质量。

（1）自检。自检就是生产者对自己所生产的产品，按照图纸、工艺和合同中规定的技术标准进行检验，并作出产品是否合格的判断。一般是生产者在作业过程中进行，充分体现了生产工人必须对自己生产的产品质量负责。

（2）互检。互检就是生产者之间相互对所生产出来的产品进行检验并做出合格性判断的活动。如下道工序的生产者对上道工序的生产者制造的产品的检验、下个轮班的生产者对上个轮班的生产者制造的产品的检验，以及本班组的生产者对制造的产品进行的相互检验等。

（3）专检。专检是专业检验人员对“自检”“互检”的结果进行的复核以及按规定必须由专业检验人员进行的质量检验项目的活动。专检是现代化大生产劳动分工的客观要求，它是自检和互检不能取代的，而且三检制必须以专业检验为主导。

2. 重点工序双岗制

重点工序双岗制是指操作者在进行重点工序加工时，同时应有检验人员在场，必要时应有技术负责人或用户的验收代表在场，监视工序必须按照规定的程序和要求进行。实行双岗制的工序，在工序完成后，操作者、检验员或技术负责人和用户验收代表应立即在工艺文件上签字，并尽可能将情况记录存档，以示负责和便于以后查询。

3. 留名制

留名制是一种重要的技术责任制，是指在生产过程中，从原材料进厂到成品入库出厂，每完成一道工序，改变产品的一种状态，包括检验和交接、存放和运输，责任者都应该在工艺文件上签名，以示负责。特别是在成品出厂检验单上，检验员必须签字或者加盖印章。签名后的记录文件应妥善保管，以便以后参考。

4. 质量复查制

对于生产重要产品（如军工产品）的企业，为了保证交付产品的质量或参加试验产品的稳妥可靠、不带隐患，在产品检验后出厂前，要请同产品有关的设计、工艺、生产、试验和其他相关的技术部门的人员进行复查。复查的主要内容是：检查图纸、技术文件是否有错；检验结果是否正确；检查有关技术问题或质量问题的处理是否得当等。这种做法对于质量保证还不够健全的企业是很有效的。

5. 不合格品管理制度

对已发现的不合格产品应采取纠正措施，如返修、返工、报废和重新更换等。企业一般会将不合格品进行分级，涉及外形、包装方面的不合格的要求一般低于涉及安全、功能性失效方面的不合格。并根据不合格品的类别判断使用、让步接收或接受不合格品，这些都必须经企业内授权人员批准，并向顾客、最终使用者或执法机构、法定检验机构以及负有控制责任的其他机构提出让步申请报告，只有当让步（即对使用或放行不符合规定要求的产品的许可）申请得到认可后，才能使用和放行这些不合格品。对不合格品必须记录标识，进行隔离，并建立分析报告制度，以便有效地防止使用和交付不合格品以及再发生同类不合格。

6. 质量跟踪制度

这是我国大中型制造企业长期实行的一项质量检验管理制度。这种制度要求，在生产过程中每完成一项作业都要做记录，记下检验结果和存在问题，操作者和检验者的姓名，检验时间、地点和情况分析，并在产品的适当位置作出质量状况标记。这种记录与带标记的产品同步流转，产品完工后将记录存档备查。产品出厂时还附有质量跟踪卡，该卡片随产品一起流转至最终用户，以便用户将产品使用中出现的问题及时向生产厂家反馈。反馈的信息是生产企业进行质量改进的重要依据。

7. 质量统计和分析制

质量的统计和分析是质量报告和信息反馈的基础，也是进行质量考核的依据。它是指企业的车间和质量检验部门，根据上级要求和企业质量状况，对生产中各种质量指标提出建议、统计汇总、计算和分析，并按期向厂部和上级有关部门汇报。质量统计资料一定要数据准确，分类整理，按规定项目和格式填写。质量指标可以分为两类：一类是上级管理部门对企业考核的质量指标；另一类是企业自行考核的质量指标。质量指标由于企业的产品和生产类型的不同而有所不同。

8. 质量检验的考核

在质量检验中，由于检验人员的技术、经验不足，管理、设备故障等主客观因素的影响，产生检验误差是在所难免的，甚至经常发生。检验误差会引起质量检验过程中的漏检或错检，各个企事业单位需要制定考核机制对检验部门或检验人员的工作质量进行考核，一般都会与绩效挂钩。

第二节 抽样检验

一、抽样检验概念及基本术语

1. 抽样检验概念

质量检验的方式可以按照不同的特征划分，按检验的数量可以分为全数检验、抽样检验等。

全数检验需要对一批待检产品100%检查，这种检验方式有工作量大、周期长、成本高等缺点，尤其对于破坏性检验项目，除非特殊场合需要全检，一般来讲全检不是最合适的检验方式。许多企业根据自身条件限制，对大多数产品选择抽样检验。

抽样检验又称抽样检查，是指根据预先制订的抽样方案，从交验的一批产品中，随机抽取部分样品进行检验，根据样品的检验结果，按照规定的判断准则，判定整批产品是否合格，并决定是接收还是拒收该批产品的统计方法和理论。

抽样检验的主要优点是工作量小、成本低、效率高，缩短了检验周期，节省了检验人员和设备，且有利于集中精力抓好关键质量。抽样检验以“批”作为处理对象，特别适用于破坏性检验。

抽样检验是利用样本数据对一批产品做出接受与否的判断，它实质上是在明确质量要求的基础上利用样本数据对整批产品的质量做出判断，最终做出接收还是拒绝该批产品的决定。难免会将合格的产品批错判为不合格，导致整批拒收，或者将不合格的产品批错判为合格，导致整批接收。因此经过抽样检验判为合格的批，不等于批中每个产品都合格；经过抽样检验判为不合格的批，不等于批中全部产品都不合格。抽样检验的特点导致抽样检验中存在两类风险，也是抽样检验不可避免的缺陷：

（1）生产者风险（producer's risk，PR），是将合格品批错判为不合格品，使生产者承担合格批产品拒收的风险。一般生产者风险概率用 α 表示。实际中常取 $\alpha=0.05$，表示如果供需双方认可，那么在100批合格的交验产品中，生产者要承担的风险是平均有5批被错判为不合格而拒收。

（2）消费者风险（consumer's risk，CR），是指将不合格批判错为合格，使用户承担不合格批产品接收的风险。一般消费者风险概率用 β 表示。通常情况下消费者风险概率常取 $\beta=0.10$，表示如果供需双方认可，那么在100批不合格的交验产品中，消费者要承担的风险是平均有10批被错判为合格而接收。

基于抽样检验的特点，抽样检验一般适用于下列情况：

（1）生产批量大、自动化程度高、产品质量稳定的产品或工序；

（2）带有破坏性检验的产品或工序；

（3）对成本、生产效率、检验周期要求较高的产品或工序。

2. 抽样检验基本术语

抽样检验的常用术语简单介绍如表7－1所示。

表7－1　　抽样检验基本术语

术语名称	概念
单位产品 样本大小	为实施抽样检验而划分的基本产品单位，或称为个体。样本中所包含的单位产品数量称为样本大小，又称样本容量，一般用 n 表示
检验批 批量	检验批是指作为检验对象而汇集起来的一批产品。检验批中单位产品的数量为批量，一般用 N 表示
不合格、 不合格品	不合格是指单位产品的任何一项质量特性未满足规定要求；不合格品是指具有一项或一项以上质量特性不合格的单位产品
合格判 定数	合格判定数（acceptance number），在抽样方案中，预先规定的判定批产品合格的那个样本中最大允许不合格数，通常记作 A_c 或 C
不合格 判定数	不合格判定数（rejection number），抽样方案中预先规定判定批产品不合格的样本中最小不合格数，通常记作 R_e

续表

术语名称	概念
抽样检验方案	是为实施抽样检验而确定的一组规则，其中包括对样本大小所做的规定，以及通过对样本的检验结果决定批量是否合格的判定规则。抽样检验方案分为计数抽样检验方案和计量抽样检验方案
计数检验	是指根据给定的技术标准，将单位产品简单地分成合格品或不合格品的检验，或是统计出单位产品中不合格品数的检验。前一种检验又称“计件检验”，后一种检验又称“计点检验”
计量检验	是指根据给定的技术标准，将单位产品的质量特性（如重量、长度、强度等）用连续尺度测量出其具体数值并与标准对比的检验
批不合格品率	计件抽样检验常用的批质量表示方法，通常记作 p，是指批的不合格数 D 除以批量 N，即 $p=\frac{D}{N}$
批每百单位产品不合格数	计点抽样检验常用的批质量表示方法，是指批的不合格品数 C 除以批量 N 乘以 100，即 $100p=\frac{C}{N}\times 100$

资料来源：张公绪，《新编质量管理学》，高等教育出版社 2003 年版，第 205～206 页，作者整理。

为了更好地理解这些基本术语，需要注意以下几点。(1) 单位产品的划分具有随意性，应视情况而定，如 1 千克玉米，1 袋玉米。(2) 对于合格判定数，举例说明，若 $n=5$，$A_c=1$，样本中不合格品个数为 0 或 1，则判定批合格，否则不合格。(3) 批不合格品率和批每百单位产品不合格品数是产品批质量的两种表示方法，其中批不合格品率 p 常用于计件抽样检验，批每百单位产品不合格数常用于计点检验。(4) 样本的数量不等同于样本容量，因为总体中的若干个个体只组成一个样本。例如，全校师生的身高值为一个总体，随机抽取 50 人的身高，这 50 人的身高数据就是总体的一个样本，这个样本中的个体的数量（50）就是样本容量。样本容量不需要带单位。

二、抽样检验的方法

抽样检验的方法主要有四种：简单随机抽样法、系统抽样法、分层抽样法和整群抽样法。

1. 简单随机抽样法

简单随机抽样是指每一个个体被抽到的机会都是相同的。简单随机抽样可以用随机数发生器产生的随机数表来选择样本，或者用抓阄、抽签的方式选择样本。这种方法的优点是抽样误差小，缺点是抽样手续比较烦琐。在实际工作中，真正做到总体中的每个个体被抽到的机会完全一样是不容易的。这往往是由各种客观条件和主观心理等许多因素综合影响造成的。

2. 系统抽样法

系统抽样法又叫等距抽样法或机械抽样法，是依据一定的抽样距离，从总体中选择样本。系统抽样法操作简便，实施起来不易出差错，因而在生产现场人们乐于使用它。但是系统抽样的抽样起点一旦被确定，整个样本也就完全确定，因而这种抽样方法容易出现大的偏差。特别是当总体含有一种周期性的变化，而抽样间隔又同这个周期相吻合时，就会得到一个偏移很大的样本。例如，检验人员根据生产节拍，每10分钟抽取1个样本，而不合格品恰好也是按照这个周期出现的，那么抽到的恰恰都是不合格品。因此，在总体会发生周期性变化的场合不宜使用这样的抽样方法。

3. 分层抽样法

分层抽样法也叫类型抽样法，就是按照总体的属性特征分成若干类型或层，按规定比例从不同层中随机选择样本的方法。这种抽样方法的优点是，样本的代表性比较好，抽样误差比较小；缺点是抽样手续较简单，随机抽样还要烦琐。这个方法常用于产品质量验收。

4. 整群抽样法

整群抽样又叫聚类抽样、集团抽样，是将总体分成许多群，每个群由个体按一定方式结合而成，然后随机抽取若干群，并由这些群中的所有个体组成样本。这种抽样方法的优点是抽样实施方便，缺点是由于样本只来自个别群体，而不能均匀地分布在总体中，因而代表性差，抽样误差大。这种方法常用在工序控制中。

下面举例说明上述四种抽样方法的运用。

【例7-1】某汽车零部件公司购进一批零部件配套件，共计1000个，放置于EU箱内，每箱20件，共50箱。如果从中取100个零件的样本进行检验，运用上述四种抽样方法应分别如何抽取样本？

（1）简单随机抽样法。将1000个零部件混合均匀，并将所有零件从1~1000逐一编号，然后根据随机数表、抽签或者直接随机选取100个零部件组成样本。

（2）系统抽样法。将1000个零部件混合均匀，并将所有零件从1~1000逐一编号，按照随机数表、抽签或者直接随机选取一个编号作为起始编号。如3号，则其他样本零件编号即确定，即13、23、33、…、973、983、993，共100个零部件。

（3）分层抽样法。50箱零部件每箱随机抽取2个零件，共抽取100件组成样本。

（4）整群抽样法。50箱零部件随机抽取5箱，将这5箱作为一个群体组成样本。

三、抽样检验方案

对于批产品的合格与否的判定，可能不是一次抽样完成的，根据这一准则，抽样方案可分为一次抽样方案、二次抽样方案与多次抽样方案。

1. 一次抽样方案

一次抽样方案又叫单次抽样方案，是指从批量为 N 的一个产品批中随机抽取容量为 n 的样本，对样本中的产品逐一检验，如果样本中的不合格品个数 d 不超过某个预先制定的接收数 A_c，则判定此批为合格，如果 $d \geq R_e$（一般等于 A_c+1），则判定此批为不合格。一次抽样方案记为（N，n，A_c），也可记为（n，A_c）（此处因为 N 对接收概率无影响，可参照后面章节）。一次抽样方案是一种最简单、最常用的抽样检验方案，一次抽样方案的优点在于方案的设计、培训与管理比较简单，且成本较低，能最大限度地利用检验数据。其缺点是抽样数据大，由于抽样次数少，在心理上可能不易接受其可靠性。一次抽样方案的检查流程如图 7-1 所示。

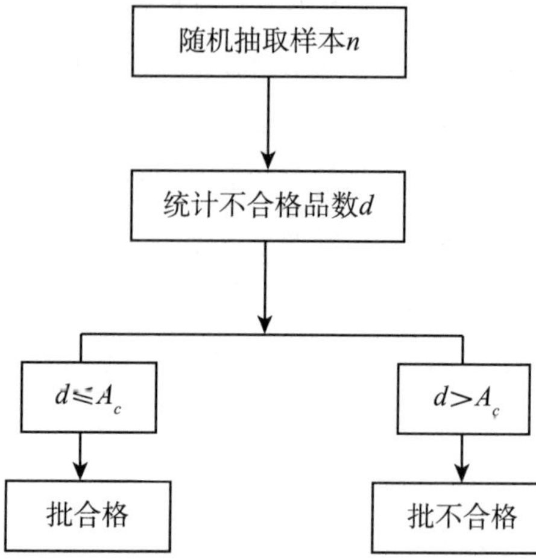

图 7-1　一次抽样检查流程

资料来源：张公绪，《新编质量管理学》，高等教育出版社 2003 年版，第 209 页。

2. 二次抽样方案

二次抽样方案是指最多从批中抽取两个样本，当第一个样本不足以做出批合格与否的判断时抽取第二个样本，记为（n_1，n_2，A_1，A_2），其中 n_1 表示抽取第一个样本的大小，n_2 表示抽取第二个样本的大小，A_1 表示抽取第一个样本时的合格判定数，A_2 表示抽取第二个样本时的合格判定数。二次抽样中，可以让 $n_1=n_2$，并非一定要如此，而是此时检查最少，操作最简单。二次抽样相对于一次抽样，更易于让人接受其可信度，但其抽样量不定，管理相对复杂，需要事先进行一定的培训。二次抽样检查的流程如图 7-2 所示。

3. 多次抽样方案

上述两个抽样方案是通过一次或者最多两次抽样就能判断出一批产品合格与否，而多次抽样方案则允许抽取三次及以上样本才能最终对批产品做出接收与否的判断的抽样方案，抽样方案规定了合格判定数 A，不合格判定数 R。多次抽样方案可能依次需要抽取 k 个样本，是否需要抽取下一个样本取决于样本所决定的信息，如果 $k-1$ 个样本即可判断批产品接收与否，则无需进行下一次样本的抽取。多次抽样方案抽样次数并不是无限多，而是规定了最多抽样次数，如 ISO 2859 最多抽样次数达 7 次。多次抽样的抽样数量相对少，且在心理上最易接受其可靠性，但操作复杂，需要进行专门训练（如图 7-3 所示）。

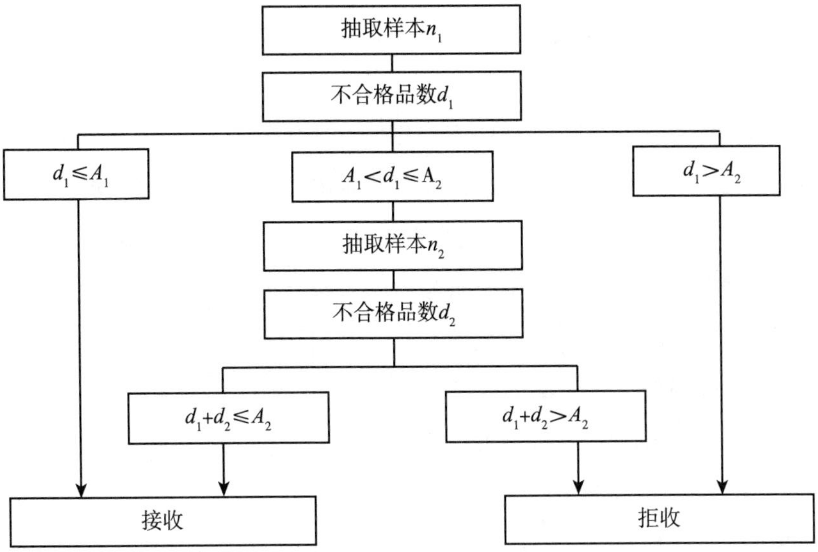

图 7－2　二次抽样检查流程

资料来源：陈荣秋、马士华，《生产与运作管理》（第三版），高等教育出版社 2011 年版，第 509 页。

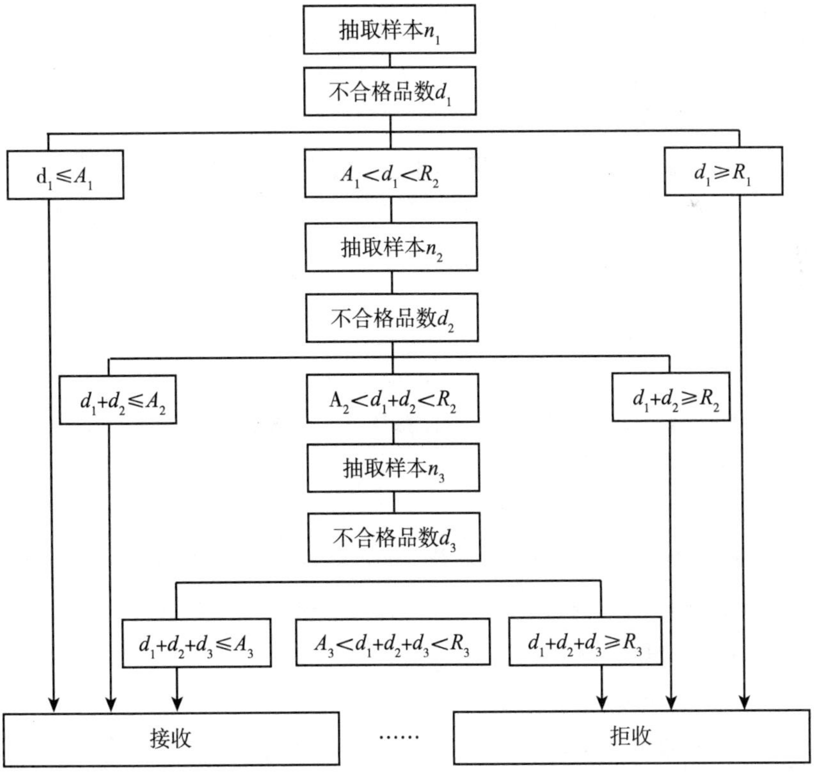

图 7－3　多次抽样检查流程

资料来源：陈荣秋、马士华，《生产与运作管理》（第三版），高等教育出版社 2011 年版，第 510 页。

四、接收概率与 OC 曲线

接收概率是指当使用一个确定的抽样方案时，具有给定质量水平的批或过程被接收的概率，在我国国家标准中称为合格概率。如果采用给定的抽样方案（n，A）去验收批量 N 和不合格率 p 已知的检验批时，把检验批判定为合格而接收的概率即为接收概率，记为 L（p）。接收概率依赖于批不合格品率 p，p 越大，接收概率越小。接收概率是批不合格品率 p 的函数，所以 L（p）又称为抽样方案（n，A）的检验特性函数，简称 OC 函数，把 L（p）画在坐标上就得到了抽样特性曲线，简称 OC 曲线（operating characteristic curve）（如图 7－4 所示）。OC 曲线表述了一个抽样方案对一个产品的批质量的辨别能力，好的抽样方案 OC 曲线应接近理想的 OC 曲线。

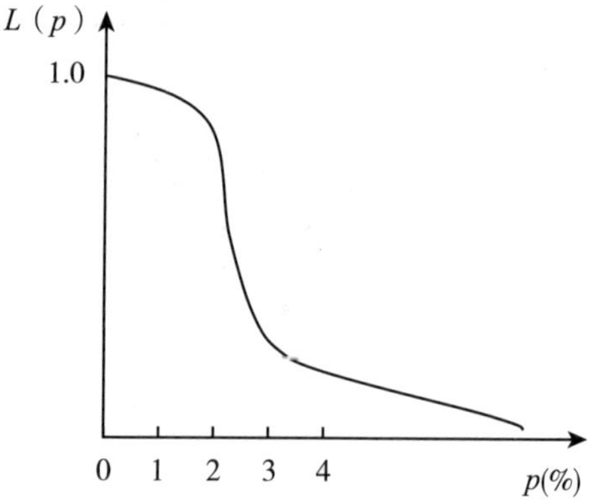

图 7－4　一次抽样方案 OC 曲线

资料来源：张公绪，《新编质量管理学》，高等教育出版社 2003 年版，第 212 页。

1. 接收概率的计算

在一次抽样方案情形下，根据待验收批量的数量情况，计数抽样检验的接收概率计算方法可以分为三种。

（1）批量为有限的情况，用超几何分布法计算接收概率。如果采用抽样方案（n，A）来检验，对于批量 N，随机抽取一个大小为 n 的样本，其中不合格品数为 d，如果 d 不超过 A，就接收此批产品。在样本中，实际上不合格品数量是随机的，如果用 X 表示这个随机变量，并且用 d 表示随机变量 X 的任意观测值，依据概率论的超几何分布，有：

$$p(X = d) = \frac{C_{N_p}^{d} C_{N-N_p}^{n-d}}{C_N^n}$$

式中，N 为批量大小，N_p 为批不合格品数，n 为样本大小，d 为样本中不合格品数。此时，若 $0 \leqslant d \leqslant A$，则可以认为这批产品是合格的，因此事件是互不相容的，所以接收这批产品的概率是：

$$p(X=0)+p(X=1)+p(X=2)+\cdots+p(X=A)$$

如果用 L（p）表示当批不合格品率为 p 时抽样方案（n，A）的接收概率，则接收概率 L（p）为：

$$L(p)=\sum_{d=0}^{A} p(X=d)=\sum_{d=0}^{A} \frac{C_{N_p}^{d} C_{N-N_p}^{n-d}}{C_N^n}$$

（2）批量为无限大或者批量有限但（n/N）$\leqslant 0.1$ 的情况，采用二项分布计算法。当产品的批量大到无法计数时，可以近似认为批量是无限大的。此时用超几何分布计算比较复杂，可以用二项分布近似计算。对于已知批不合格率为 p，如果采用抽样方案（n，A）来检验，批接收概率为：

$$L(p) = \sum_{d=0}^{A} C_{N_p}^{d} p^{d} (1 - p)^{n-d}$$

（3）批量有限但$(n/N) \leqslant 0.1$ 且 $p \leqslant 0.1$，可以采用泊松概率去近似接收概率的计算。

$$L(p) = \sum_{d=0}^{A} \frac{(np)^{d}}{d!} \cdot e^{-np}$$

在实际计算中，可以通过相应的分布概率表，对于给定的 N、N_p、n、d，可以通过查表查出 L（p），也可以通过 Excel 的函数功能计算。下面举例说明三种计算方法。

【例 7－2】 某公司采购一批外协件，已知批量为 60，不合格品率 $p=5\%$，采用抽样方案（10，1）进行抽样检验，求接收概率 L（p）。

解： 由于批量有限，可以采用超几何分布法计算接收概率。

$L(\mathrm{p}) = L(5\%)$

$$L(p) = L(5\%) = \sum_{d=0}^{A} P(X = d) = \sum_{d=0}^{A} \frac{C_{N_p}^{d} C_{N-N_p}^{n-d}}{C_{N}^{n}} = \frac{C_{3}^{0} C_{57}^{10}}{C_{60}^{10}} + \frac{C_{3}^{1} C_{57}^{9}}{C_{60}^{10}} = 0.573 + 0.358 = 0.931$$

【例 7－3】 某公司采购一批外协件，已知批量为 1000，不合格品率 $p=2\%$，采用抽样方案（20，1）进行抽样检验，求接收概率 L（p）。

解： 由于批量有限，但$(n/N) \leqslant 0.1$，虽然可以用超几何分布计算，但是计算过程复杂，可以用二项分布概率近似计算。

$$\begin{aligned} L(2\%) &= \sum_{d=0}^{A} C_{N_p}^{d} p^{d} q^{n-d} \\ &= C_{20}^{0} (0.02)^{0} (0.98)^{20} + C_{20}^{1} (0.02)^{1} (0.98)^{19} \\ &= 0.668 + 0.272 = 0.94 \end{aligned}$$

【例 7－4】 某公司采购一批外协件，已知批量为 10000，不合格品率 $p=5\%$，采用抽样方案（100，5）进行抽样检验，求接收概率 L（p）。

解： 由于（n/N）$\leqslant 0.1$，且 $p \leqslant 0.1$ 可以用泊松分布概率近似计算。

$np = 100 \times 0.05 = 5$

$$\begin{aligned} L(p) &= \sum_{d=0}^{A} \frac{np^{d}}{d!} \cdot e^{-np} \\ &= \frac{5^0}{0!}e^{-5} + \frac{5^1}{1!}e^{-5} + \frac{5^2}{2!}e^{-5} + \frac{5^3}{3!}e^{-5} + \frac{5^4}{4!}e^{-5} + \frac{5^5}{5!}e^{-5} \\ &= 0.007 + 0.034 + 0.084 + 0.14 + 0.175 + 0.175 \\ &= 0.615 \end{aligned}$$

2. OC 曲线的类型

批接收概率 $L(p)$ 随批质量 p 变化的曲线称为抽检特性曲线或 OC 曲线。如前所述，给定一个抽样方案 (n, A)，对应不同的合格品率 p，就能计算出对应的接收概率。将 $(p, L(p))$ 值绘制在坐标轴上即得抽样特性曲线。OC 曲线的类型主要分为三种：

(1) 理想的 OC 曲线。由生产者和消费者协商确定一个批不合格品率 p_0，当 $p<p_0$ 时，要求产品100%接收，即 $L(p)=1$。当 $p>p_0$ 时，要求产品100%拒绝，即 $L(p)=0$。这就是理想的 OC 曲线（如图 7－5 所示）。但是由于抽样检验中存在着两种风险，这样的理想境界是达不到的，唯一的办法是进行百分之百全检，但即便是百分之百的全检，也可能存在错漏检的情况。所以这种抽样方案实际上是理论上存在而现实中达不到的。

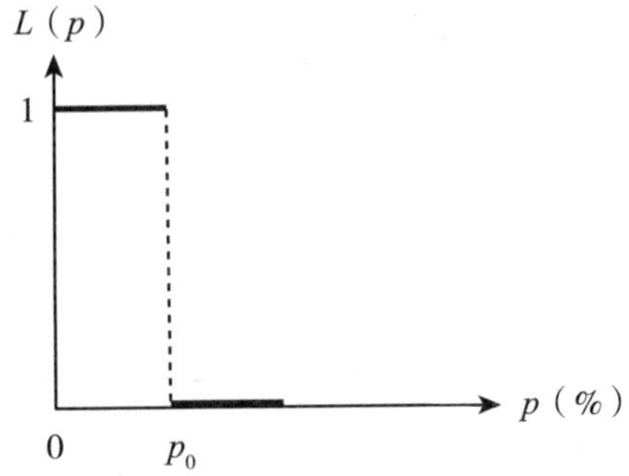

图 7－5　理想抽检方案 OC 曲线

资料来源：张公绪，《新编质量管理学》，高等教育出版社 2003 年版，第 212 页。

(2) 单线型 OC 曲线。线性方案是指（1.0）方案，即从产品批中随机抽取一个产品进行检查，若这个产品不合格则拒收此批产品，若这个产品合格，则接收此批产品。这种方案对批质量的判别能力和对用户的质量保证都是很差的。

(3) 标准型抽样 OC 曲线。理想方案在现实中并不存在，现实中更多是标准抽样方案，用 p_0、α、p_1、β 四个参数衡量一个抽检方案和理想方案的接近程度。当 α 和 β 接近于0，p_1 接近于 p_0 时，抽检方案趋于理想方案。具体内容见本章第三节计数标准型抽样检验。

3. OC 曲线的影响因素

根据抽样检验的接收概率可知，一次抽样方案的 OC 曲线与参数 N、n、A 有关，这些参数的不同组合就得到不同形状的 OC 曲线。下面通过分析不同数值的参数对 OC 曲线的影响。

(1) 批量 N 对 OC 曲线的影响。固定 $n=10$，$A=1$，计算 N 为不同值时 $L(p)$ 的数值。计算结果如表 7－2 所示。选取 $N=50$、$N=500$、$N=2000$ 画出 OC 曲线（如图 7－6 所示）。

表 7－2　固定 $n=10$，$A=1$，$L(p)$ 计算结果

p	N					
	50	100	500	1000	2000	∞
0.05	0.902	0.923	0.916	0.915	0.914	0.914
0.1	0.742	0.738	0.737	0.736	0.736	0.736
0.25	0.191	0.229	0.241	0.243	0.243	0.244

资料来源：张公绪，《新编质量管理学》，高等教育出版社 2003 年版，第 215 页。

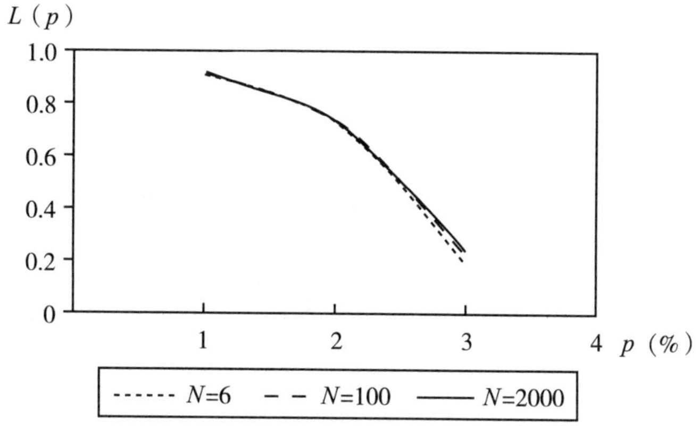

图 7－6　N 变化对 OC 曲线的影响

资料来源：张公绪，《新编质量管理学》，高等教育出版社 2003 年版，第 215 页。

从图 7－6 中可见，这三个方案的 OC 曲线十分接近，说明批量 N 变化对 OC 曲线的斜率影响不大，一般当 $n/N \leq 0.1$ 时，可以把批量 N 看作无限。这时可以认为抽样检验方案的设计与 N 无关，因此一般只用（n，A）来表示抽样方案。

（2）合格判定数 A 对 OC 曲线的影响。用同样的方法，固定 N、n，计算 A 取不同值时得到的 OC 曲线（如图 7－7 所示）。可以发现随着 A 的增大，OC 曲线右移且变得平缓，说明抽样方案的性能发生了变化，而且接收概率在同一批水平下变大。同样随着 A 减小，OC 曲线左移且陡峭，说明 A 越小，接收概率越低。样本大小 n 对 OC 曲线的影响，根据同样的方法（如图 7－8 所示），随着 n 变大，OC 曲线变得更加陡峭，导致使用方风险概率 β 显著减少。因此，大样本的抽样方案，对于区分优质批和劣质批的能力是比较强的，亦即使用方接收劣质批和拒收优质批的概率都比较小。

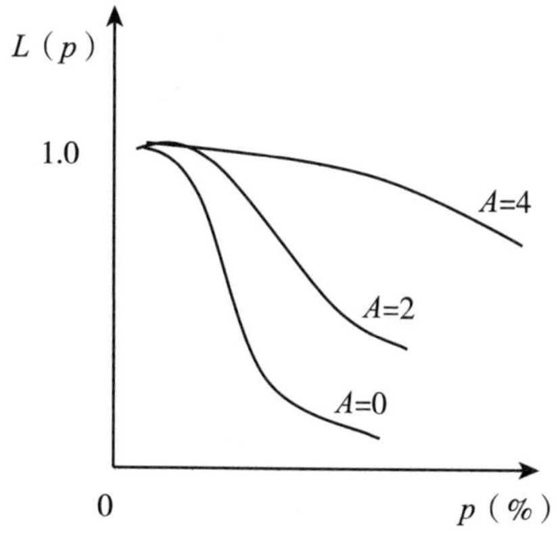

图 7－7　A 变化对 OC 曲线的影响

资料来源：张公绪，《新编质量管理学》，高等教育出版社 2003 年版，第 216 页。

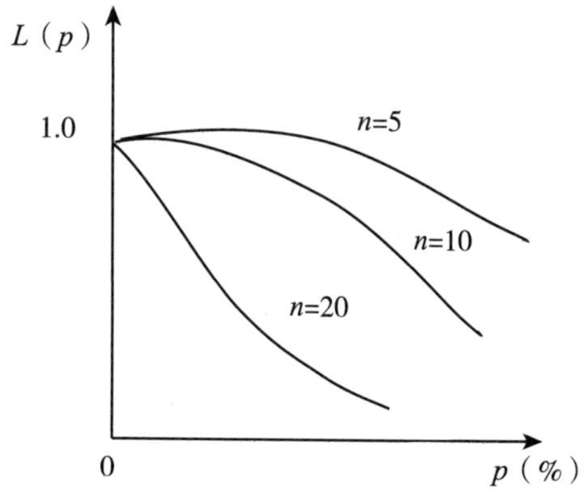

图 7－8　n 变化对 OC 曲线的影响

资料来源：张公绪，《新编质量管理学》，高等教育出版社 2003 年版，第 216 页。

第三节 计数型抽样

根据检验判据的不同，抽样检验方法可以分为计数型抽样和计量型抽样，其中发展最成熟、应用最广泛的是计数型抽样，根据适用情况不同，计数型抽样又可进一步细分为计数标准型、计数挑选型、计数调整型等多种方案。本节对这些常见的抽样检验进行简单介绍。

一、计数标准型抽样检验

计数标准型抽样检验就是同时严格地控制生产方和使用方风险的一种抽样检验过程，也就是计数标准型抽样检验同时规定对生产方的质量要求和对使用方的质量保护。计数抽样检验的标准做法是，由生产方与使用方协调确定 p_0 与 p_1，把 p_0 作为批的合格质量标准，也称生产方风险质量，把 p_1 作为批的不合格质量标准，也称使用方风险质量，决定 p_0 与 p_1 时，要综合考虑生产能力、制造成本、质量要求和检验费用等。选取 p_0 与 p_1 后，规定当 $p=p_1$ 时，批尽量、不合格，须以某个指定的低概率 β 接收。理想情形下，当质量水平达到某一不可接收质量界限时，应100%拒收批，但是因为允许抽样检验中使用方风险的存在，不合格的质量水平被接收概率为 β，故批接收概率不是0而是 β。当 $p=p_0$ 时，批尽量合格，须以某个指定的高概率（$1-\alpha$）接收。理想情形下，当质量水平达到某一可接收质量界限时，应100%接受批，但因为生产者风险的存在，好的质量批被拒收的概率是 α，故其接收概率不是1而是 $1-\alpha$。经过长期实践和理论证明，一般取 $\alpha=0.5$、$\beta=0.1$ 比较合适。一个标准型抽样方案的OC曲线必须通过预先规定的两个点（p_0，$1-\alpha$）、（p_1，β），如图7-9所示。当 p_0、α、p_1、β 确定后，可以通过联立方程组求出 n、A，根据 N 大小，可选择不同的计算方法，求出（n，A）后修正为整数。

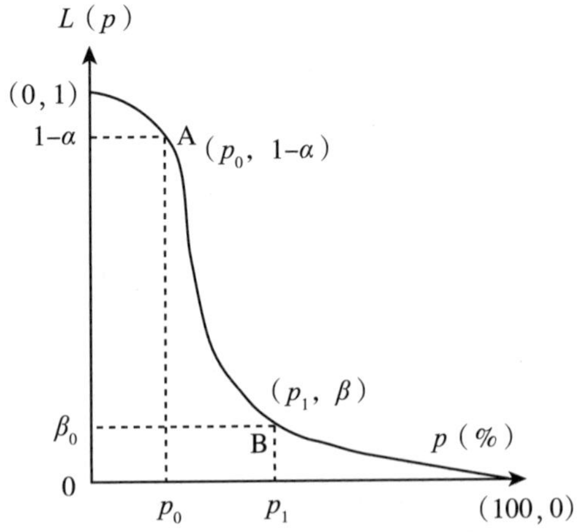

图7-9 计数标准型抽样OC曲线

资料来源：张公绪，《新编质量管理学》，高等教育出版社2003年版，第219页。

$$L_{(P_0)} = \sum_{d=0}^{A} C_n^d p_0^d (1 - p_0)^{n-d} = 1 - \alpha$$

$$L_{(P_1)} = \sum_{d=0}^{A} C_n^d p_1^d (1 - p_1)^{n-d} = \beta$$

p_0、p_1 是计数标准型抽样方案的两个重要参数，在对孤立批进行抽样检验时，主要在于控制（p_0，$1-\alpha$）、（p_1，β）这两个点，以保护生产方的利益和确保使用方的需求。

二、计数挑选型抽样检验

1. 计数挑选型抽样检验概念

计数挑选型抽样检验是用预先规定的抽样方案对批进行初次检验，判为合格的批直接接收，但是判为不合格的批必须经针对被检特性进行全数检验，将批中的不合格品一一挑选出来换成合格品后再提交检验的过程。这种检验一定程度上保护了生产方和使用方的权益，但因面临全检，不适用于破坏性检验，且检验成本较高。

2. 平均检验总数（average total inspection，ATI）

用抽样方案（n，A）抽检不合格品率为 p 的多批产品，这时会出现有的批经过初次抽检就合格，而有的批则初检不合格，还需全数挑选的情况。将这两种情况下发生的平均每批检验产品的个数称作平均检验总数，记作 $\overline{I}$ 。ATI 是计数挑选型抽样检验中的重要经济指标，是衡量计数挑选型抽样方案经济性的一个尺度。

$$\overline{I} = n + (N - n)[1 - L(p)] = nL(p) + N[1 - L(p)]$$

3. 容许不合格品率（lot tolerance percent defective，LTPD）

把事先规定的不想接收的批的极限不合格品率称为批容许不合格品率，也称极限质量，记为 LQ。与 LTPD 相对应的接收概率一般为 10%，LTPD 是孤立批抽样检验的重要参数，严格控制 LTPD 就能起到保护使用方的作用。其设计原则是：确保 LTPD 以低概率接收的同时使 ATI 最小。

4. 平均检出质量（average outgoing quality，AOQ）

平均检出质量是指对于一定质量的待验收产品，利用某一验收抽样方案检验后，检出产品的预期平均质量水平。当采用挑选型抽样检验方案时，假设不合格品率为 p 的 k 批产品接受挑选型抽检，批的接收概率为 L（p），检验后的批平均质量 AOQ 应是检验合格通过的批中包含的不合格品数除以接收的产品总数。假设批量为 N，检验的总批数为 k，则检验过的产品是 kn，由于不接受批中的所有产品，经过挑选性检验后全部替换成合格品，所以不接受批中不存在不合格品。在平均接收批 kL（p）中，有（$N-n$）p 个不合格品。因此平均检出质量为：$AOQ=\frac{kL(p)(N-n)p}{kn}=\frac{N-n}{N}\times p\times L(p)\approx p\times L(p)$，当 n 相对于 N 很小时，$N-n\approx N$。

在抽样方案（n，A）已定的情况下，不管产品的不合格品率 p 是多少，平均漏过去的不合格品率总不会超过某个定值。这个值就是 AOQ 曲线的最大值，称为平均检出质量上限（average outgoing quality level，AOQL）。其设计原则是：确保抽检通过的多数批的平均不合格品率在 AOQL 以下的同时，使 ATI 最小。AOQL 考虑的是对数批（至少 10 批）的平均不合格品率，不适用于少数批的抽样检验。

5. 保证质量的两种方法

（1）控制 LTPD，保证每批的质量。通过控制每批 LTPD 指标来保证每批的质量。例如，用户希望不合格品率高 1% 的批在抽检时不合格，则批容许不合格品率可定为 1%，即 LTPD = 1%。这种方法适用于两种情况：①抽检合格批为流入下道工序或者顾客；②产品入库后仍可保持批的原状态。

（2）控制 AOQL，保证多数批的平均质量。预先规定平均检出质量上限 AOQL，保证抽检通过的多数批的平均不合格品率在 AOQL 以下。这里指的“抽检通过的批”，既包括初检合格直接通过的批，也包括初检虽不合格，但经全数挑选后通过的批（不合格如数换成了合格品，而使批不合格品率变 0）。这种方法适用于：①产品按所需数量出库且要求仓库内的产品平均不合格百分比低于一定值；②即使产品未入库，但和检验完的产品批混放：不论产品流向如何，都应控制 AOQL。

应当注意，只有检验的参数包括了产品的全部欲控参数时，挑选型抽样才能保证批质量。如果检验参数不包括全部欲控参数，则对欲控而未检的参数来说，初检的不合格品率不会因全检而减少，因而无法保证批质量。

三、计数调整型抽样检验

1. 计数调整型抽样检验概念

计数调整型抽样检验是指根据已检验过的质量信息，随时按一套规则“调整”检验的严格程度的抽样检验过程。计数调整型抽样方案不是一个单一的抽样方案，而是由一组严格度不同的抽样方案和一套转移规则组成的抽样体系。对具有一定要求的交验批，不是固定采用某一种验收方案，而是根据交验产品质量的实际情况，采用一组正常、加严和放宽三个严格程度不同的方案，并且用一套转换规则把它们有机地联系起来。在一般情况下，使用正常检查方案；当发现产品质量水平下降时，转换到采用加严检查方案；当抽样检查结果表明产品质量有明显的提高时，转换到采用放宽检查方案；如果发现产品质量下降到某种规定程度时，就要停止检查，直到采取措施确认生产过程恢复控制状态，而且产品质量达到规格要求以后，才能重新开始采用抽样验收检查。

2. 三种计数抽样方案比较

抽样检验涉及生产方和使用方的共同利益，需综合考虑生产需求、制造成本、设施设备、检验成本等，根据实际情况挑选合适的抽样方案，既能达到检验目的，又能满足需求节省成本。下面就介绍的三种抽样方案适用情况进行比较（如表 7 - 3 所示）。

表 7 - 3　　不同方案对比

计数方案	适用范围	优点	缺点	国家标准
标准型	孤立批	同时满足供需双方需求，减少两类风险	样本量大，经济适用性差	GB/T 13262 - 91
挑选型	① 产品一批接一批入库 ② 各工序间的半成品交接 ③ 向指定的用户连续供货	保护生产方和使用方权益	不适用于破坏性检验	GB/T 13546 - 92
调整型	① 连续批产品 ② 进厂原材料、外构件、出厂成品、工序间在制品交接 ③ 库存品复检 ④ 工序管理和维修操作 ⑤ 一定条件下的孤立批	将提交批质量水平保持在 AQL 或更好状态	检验程序较标准型复杂	GB/T 2828. 1 - 2003

资料来源：田英、蒋仁言，《基于等风险的抽样检验方案》，载于《交通科学与工程》2014 年第 1 期。

3. ISO 2859 - 1 抽样系统

ISO 2859 - 1 抽样系统是一个计数调整型抽样检验标准，它根据连续提交各批的检验结果，来确定对后续各批的检验是采用放宽、正常还是加严的检验方案。其主要目的在于通过调整检验的严宽程度，促使生产方改进和提高产品质量，同时可根据需求选择供应商。

4. ISO 2859 - 1 抽样系统要素

（1）可接收质量界限（acceptance quality limit，AQL）。AQL 是抽样体系的核心，指当一个连续系列批被提交验收抽样时，可允许的最低过程平均质量水平，也称为可接收质量水平。AQL 是调整型抽样方案设计体系的主要依据。实际上，AQL 是消费者和生产者双方都认为可以接受的最大过程平均不合格品率。或者说，它是抽样验收时允许判为合格的过程平均不合格品率的上限。在设计调整型抽样方案时，当生产者提供优于 AQL 的交验批时，应当以高概率接收；但当生产者交验的产品质量低于 AQL 时，基于 AQL 接收的准则，一般不能为消费者提供满意的质量保护，而是采取转为加严检查的措施，以保护消费者的利益。

（2）不合格品分类。缺陷和不合格品的分级是调整型抽样方案设计体系的基础，因为它是确定合格质量水平 AQL 的重要依据之一。在 ISO 2859－1 抽样系统中，规定不合格可以分成下列三类：

A 类不合格。单位产品的极重要质量特性不符合规定，或单位产品的质量特性极严重不符合规定，称为 A 类不合格。对应于 A 类不合格的是 A 类不合格品，指有一个或者一个以上 A 类不合格产品。在验收抽样中，A 类不合格须制定一个很小的 AQL 值。

B 类不合格。单位产品的重要特性不符合规定，或单位产品的质量特性严重不符合规定，称为 B 类不合格。B 类不合格品是指有一个或者一个以上 B 类不合格，但是没有 A 类不合格的产品。B 类不合格制定的 AQL 比 A 类大。

C 类不合格。单位产品的一般质量特性不符合规定，或单位产品的质量特性轻微不符合规定，称为 C 类不合格。C 类不合格品是指有一个或者一个以上 C 类不合格，且没有 A、B 类不合格品的产品。C 类不合格 AQL > B 类不合格 AQL > A 类不合格 AQL。

（3）检验水平（inspection level，IL）。提交检验批的批量（N）和样本量（n）之间的等级对应关系称为检验水平。ISO 2859－1 中有七种检验水平，包括三种一般检验，分为Ⅰ、Ⅱ、Ⅲ三个检验水平；四种特殊检验水平，S－1、S－2、S－3、S－4。其中Ⅱ为正常检验水平，无特殊要求时，均采用水平Ⅱ（如表 7－4 所示）。七种检验水平对产品质量的判断能力为：Ⅲ > Ⅱ > Ⅰ > S－4 > S－3 > S－2 > S－1，这里可通过下例说明。正常一次抽检，规定 $N=2000$，AQL = 1.5%，其抽检方案及 OC 曲线如图 7－10 所示。

表 7－4　检验水平对应抽样方案

检验水平	n	A_c	R_e
S－3	13	0	1
Ⅰ	50	2	3
Ⅲ	200	7	8

资料来源：张公绪，《新编质量管理学》，高等教育出版社 2003 年版，第 237 页。

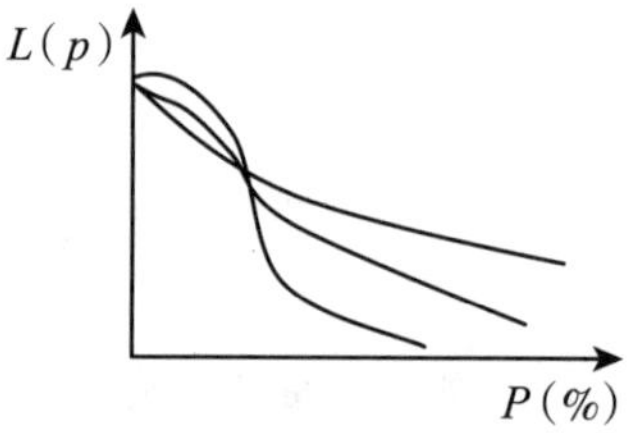

图 7－10　检验水平变化时的 OC 曲线

资料来源：张公绪，《新编质量管理学》，高等教育出版社 2003 年版，第 237 页。

从表 7－4 和图 7－10 可以看出，检验水平高时，曲线更加陡峭，判别优质批与劣质批的能力低；而检验水平低时，曲线平滑，判别优质批与劣质批的能力弱。

（4）检验的严宽度。加严的严宽度是指交检批所接受抽样检验的宽严程度，ISO 2859－1 抽样系统规定了三种不同的严宽程度：正常检验、加严检验、放宽检验。正常检验的设计原则是：当过程质量优于 AQL 时，应以很高的概率接收检验批，以保护生产方的利益。加严检验是具有比正常检验抽样方案更严厉的接收准则的抽样方案，一般情况下，让加严检验的样本量同正常检验的样本量一致而降低合格判定数，加严检验是带有强制性的。放宽检验的设计原则是：当批质量一贯很好，为了尽快得到批质量的信息、情报并获得经济利益，以减少样本量为宜。放宽检验的鉴别能力小于正常检验。

5. 抽样方案的转移规则

ISO 2859 - 1 的转移规则如表 7 - 5 和图 7 - 11 所示。

表 7 - 5　　方案转移规则

转移类型	转移条件
正常转加严	除需方特别声明，否则检验应该从正常检查开始。在进行正常检查时，初次检验批中连续不超过 5 批有 2 批不可接收，则从下一批开始应转为加严检查
加严转正常	在加严检查中，如果连续 5 批初检合格，则从下批开始恢复正常检查
加严转暂停	从加严检查开始，累计 5 批不可接收，原则上应暂停检查，待生产采取切实改善措施后，并确认质量得到了恢复，才能转为加严检查
放宽转正常	当进行正常检查时，如果出现以下任何一种情况，则从下一批开始应转为正常检查：①一批放宽检验未被接收；②生产过程不稳定；③主管质量部门认为有必要回到正常检验
正常转放宽	当进行正常检查时，如果下述三个条件同时成立，则可转为放宽检查：①当前转移分至少是 30 分；②生产过程稳定；③主管质量部门同意使用放宽检验

资料来源：张公绪，《新编质量管理学》，高等教育出版社 2003 年版，第 237 ~ 239 页，作者有改编。

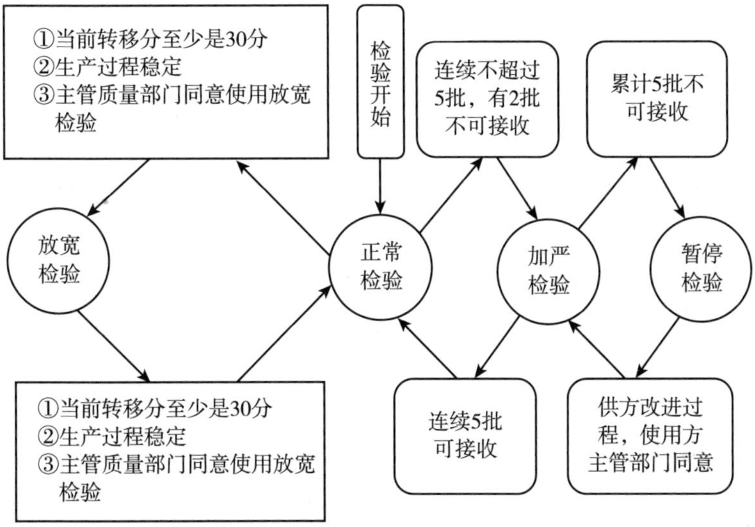

图 7 - 11　检验严宽度转移规则

资料来源：张公绪，《新编质量管理学》，高等教育出版社 2003 年版，第 239 页。

在方案的转移规则中，由正常检验转移到放宽检验阶段，需要计算转移分值，根据分值判断转移条件。ISO 2859 规定转移分值计算方法为：

（1）一次抽样方案。当接收数等于或大于2时，如果AQL加严一级后该批被接收，则给转移分3分，否则将转移分重新设定为0。当接收数为0或1时，如果该批被接收，则给转移分加2分，否则将转移分重新设定为0。

（2）二次和多次抽样方案。当使用二次抽样方案时，如果该批在检验第一样本后被接收，则给转移分加3分，否则将转移分重新设定为0。当使用多次抽样方案时，如果该批用第三样本检验时已被接收，则给转移分加3分，否则将转移分重新设定为0。

【例7-5】对采购批量为1100的外协产品进行连续验收，假设AQL=1.5，检验水平Ⅱ，共17批，查表得正常一次抽样方案为（80，3），加严一级AQL=1.0，查表得抽样方案（80，2）。根据转移分值计算规则，当接收数等于或大于2时，如果AQL加严一级后该批被接收，则给转移分3分，否则将转移分重新设定为0。转移得分如表7-6所示。

表7-6　　转移得分计算

批次	1	2	3	4	5	6	7	8	9	10	11	12	13	14	15	16	17
不合格数 d	2	1	1	3	1	3	0	2	1	1	0	0	1	2	0	2	放宽检验
转移得分	3	6	9	0	3	0	3	6	9	12	15	18	21	24	27	30	

资料来源：张公绪，《新编质量管理学》，高等教育出版社2003年版，第240页，作者有改编。

【例7-6】某厂购进批量为5000个的零部件，采用AQL=1.0，检验水平为Ⅱ，连续35批的检验记录如表7-7所示，讨论检验的严宽程度。

表7-7　　检验记录

批号	n	A_c	d	接收判断	转移分数	下一步措施
1	200	3	1	接收	3	正常检验
2	200	3	4	拒收	0	正常检验
3	200	3	2	接收	3	正常检验
4	200	3	5	拒收	0	转至加严
5	200	2	1	接收		加严检验
6	200	2	1	接收		加严检验
7	200	2	0	接收		加严检验
8	200	2	1	接收		加严检验

续表

批号	n	A_c	d	接收判断	转移分数	下一步措施
9	200	2	0	接收		恢复正常
10	200	3	0	接收	3	正常检验
11	200	3	0	接收	6	正常检验
12	200	3	0	接收	9	正常检验
13	200	3	1	接收	12	正常检验
14	200	3	2	接收	15	正常检验
15	200	3	1	接收	18	正常检验
16	200	3	1	接收	21	正常检验
17	200	3	1	接收	24	正常检验
18	200	3	2	接收	27	正常检验
19	200	3	2	接收	30	转至放宽
20	80	3	3	接收		放宽检验
21	80	3	3	接收		放宽检验
22	80	3	4	拒收		恢复正常
23	200	3	1	接收	3	正常检验

资料来源：张公绪，《新编质量管理学》，高等教育出版社 2003 年版，第 240 ~ 242 页，作者有改编。

解：（1）正常检查转为加严检查。从正常检验开始，批号 1 ~ 4 中有 2 批拒收，满足加严条件，不超过 5 批有 2 批拒收，所以从第 5 批开始转至加严检验。

（2）加严检查转为正常检查。从批号 5 ~ 9 中共有 5 批加严检验全部接收，满足加严转至正常检验条件，从第 10 批开始恢复正常检验。

（3）正常检查转为放宽检查。批号 10 ~ 19 中，因第 19 批的转移得分是 30 分，并且假定此时生产过程稳定，主管质量部门同意转为放宽检查，从第 20 批开始放宽检验。

（4）放宽检查转为正常检查。放宽检验中，批号 22 被拒收，符合条件 1 批放宽检验未被接收，下一批开始转至正常检验。

6. 抽样方案的检索

根据规定的批量（N）、检验水平（IL）、可接收质量界限（AQL）、抽样方案类型和检验严格度进行检索，由批量 N 和检查水平 IL，对照样本量字码表（见表 7 – 8）确定样本大小字码，确定样本大小字码后查找计数调查型一次抽样检查表（见附录 4、5、6）求出抽样方案，检索流程如图 7 – 12 所示。

表 7-8　　　　样本量字码表

批量	特别检验水平				一般检验水平		
	S-1	S-2	S-3	S-4	Ⅰ	Ⅱ	Ⅲ
2~8	A	A	A	A	A	A	B
9~15	A	A	A	A	A	B	C
16~25	A	A	B	B	B	C	D
26~50	A	B	B	C	C	D	E
51~90	B	B	C	C	C	E	F
91~150	B	B	C	D	D	F	G
151~280	B	C	D	E	E	G	H
281~500	B	C	D	E	F	H	J
501~1200	C	C	E	F	G	J	K
1201~3200	C	D	E	G	H	K	L
3201~10000	C	D	F	G	J	L	M
10001~35000	C	D	F	H	K	M	N
35001~150000	D	E	G	J	L	N	P
150001~500000	D	E	G	J	M	P	Q
500001 及其以上	D	E	H	K	N	Q	R

资料来源：张公绪，《新编质量管理学》，高等教育出版社 2003 年版，第 249 页，作者有改编。

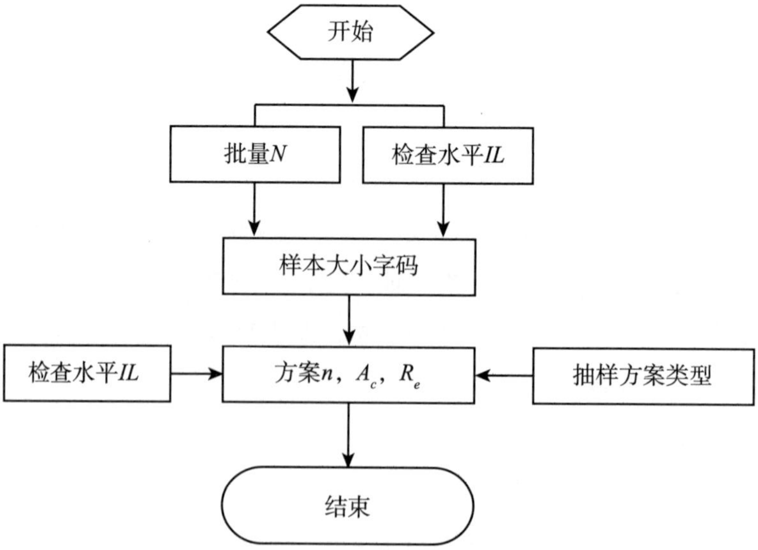

图 7-12　方案检索流程

资料来源：张公绪，《新编质量管理学》，高等教育出版社 2003 年版，第 248 页，作者有改编。

【例 7－7】 已知产品校验批量 N＝2000，AQL＝0.65%，选用检查水平Ⅲ，求正常、加严、放宽的一次抽样。

解： 根据所提供的资料，N＝2000 及检查水平Ⅲ，可从样本量字码表中得知样本大小字码为 L 码。从正常、加严、放宽一次抽样检验方案表（见附录 4、附录 5、附录 6）中查看 L 行所在的样本量栏，分别得出 n 为 300、200、80。再由 L 行与 AQL＝0.65% 得出接收数和拒收数组合（3，4），（2，3），（2，3）。故所求正常、加严、放宽一次抽样方案 n、A、R 分别为：300，3，4；200，2，3；80，2，3。

本章小结

质量检验不仅存在于制造业中，而且隶属于各个行业和领域，基本覆盖了国民经济和社会管理的各个方面。本章系统介绍了质量检验的方法及其应用，并详细地介绍了各类方法的特点和适用条件。检验会同时涉及生产方和使用方的共同利益，需综合考虑生产需求、制造成本、设施设备、检验成本等，根据实际情况挑选合适的方法，既能达到检验目的，又能满足需求节省成本。

本章重要术语

质量检验　　抽样检验　　抽样检验方案　　OC 曲线　　计数型抽样
计量型抽样

第八章

质量机能展开

【学习目标】

通过本章的学习，能够掌握质量机能展开的基本概念，理解质量机能展开的基本逻辑，掌握质量机能展开这一有效而细致的管理工具。

【引导案例】

老年智能手机社交 App 设计改进方案

某公司的老年智能手机社交 App 近期接到多次用户投诉，用户反馈该 App 的页面布局杂乱，字体较小，老年人普遍视力较差，在使用过程中多次按错界面；虽然功能较为全面，但操作过于复杂，老年人使用起来较为困难。随着年龄的增长，老年人在生理、情感和认知等方面存在不同程度的衰退，影响了老年人对该软件的使用体验，因此该公司对 30 名使用过该 App 的老年用户进行调查，结合调查结果，运用 QFD 方法对该公司的 App 设计进行改进。

图 8 – 1 为该公司根据对 30 名使用过该 App 的老年用户进行调查的结果，运用 QFD 方法构造的一级质量屋。质量机能展开是把顾客（用户、使用方）对产品的需求进行多层次的演绎分析，转化为产品的设计要求、零部件特征、工艺要求、生产要求的质量工程工具。这一技术产生于日本，在美国得到进一步发展，并在世界范围内广泛应用。QFD 产生初期，主要用于产品设计和生产的质量保证，但十几年来不断向管理、服务业等各个领域渗透，表现出广泛的适应性。

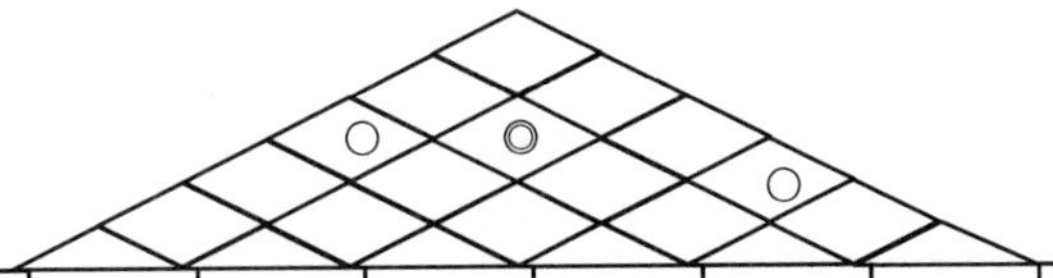

顾客需求 \ 技术需求	重要度 K_i	功能设计	视觉设计	操作反馈设计	交互性设计	布局设计	信息通道设计	市场竞争能力 M_i 本产品	改进后	国内对手	国际对手
社交方式多样	3	3		1			5	3	5	3	5
界面简洁美观	3		9		3	5		2	4	2	5
操作便捷	4		1	5	5	3	3	3	4	3	4
对亲人关注	5	9					3	2	5	4	4
市场竞争能力指数 M								0.49	0.91	0.63	0.88
		更多加入情感元素	图像清楚美观	简化操作流程	避免烦琐的交互	做到简洁清晰	视听多通道				
技术需求重要度 h_j		54	31	23	29	27	42				

技术竞争能力 T_j	功能设计	视觉设计	操作反馈设计	交互性设计	布局设计	信息通道设计	技术竞争能力指数 T
本产品	2	2	1	1	2	3	0.39
改进后	5	4	4	5	5	4	0.91
国内对手	4	2	2	3	2	3	0.57
国际对手	4	5	4	4	5	3	0.82

图 8－1 老年智能手机社交 App 设计改进一级质量屋

资料来源：李永锋、徐育文，《基于 QFD 的老年人智能手机 App 用户界面设计研究》，载于《包装工程》2016 年第 14 期。

第一节 质量机能展开

一、质量机能展开的起源和发展

在日本企业的质量管理发展到全面质量管理（TQC）阶段后，普遍存在一个疑问，即：为保证设计质量，能否在产品尚未生产之前，就对后续过程中质量控制的重点和存在的问题做出明示。实际上，在设计质量确定后，后续过程中相关质量控制的重点和“瓶颈”已客观存在，为了提前发现和展示这些内容，成为质量机能展开出现的最初动因。

1978 年 6 月，水野滋（Shigem Mizuno）和赤尾洋二（Yoji Akao）教授编写的《质量机能展开》由日本科技连出版社出版。该书从全公司质量管理的角度介绍了该方法的主要内容。1988 年，质量机能展开经过 10 年的推广应用，从制造业发展到建筑业、医院、软件生产及服务业。在总结各行业企业应用质量机能展开经验的基础上，出版发行了由赤尾洋二编写的《灵活应用质量展开的实践》。1990～1994 年，陆续出版了赤尾洋二、大藤正（Tadashi Ohfuji）、小野道照（Michiteru Ono）编写的《质量展开入门》《质量展开法——质量表的制作和练习》《质量展开法——包括技术、可靠性、成本的综合展开》，从而建立起质量机能展开的基本理论框架和方法论体系。

目前，质量机能展开不仅作为提前揭示后续过程中可能存在的“瓶颈”的技术方法，同时也成为产品从概念产品阶段向具体设计阶段过渡的最佳支持工具之一。通过应用把握用户质量要求、产生创意和概念产品等方面的工具，为新产品策划和设计提供了很好的方法，也受到国内外企业的广泛关注。

二、质量机能展开的定义

质量机能展开（QFD）的提出者赤尾洋二将其定义为：将用户定性需求转化为定量的特征参数，进而确定产品的设计质量标准，并将设计质量标准系统地展开到各个子系统和部件特征中，最终展开到制造工序的特定要素上。质量机能展开包括综合的质量展开和狭义的质量机能展开（也可称做质量职能展开）。其中，综合的质量展开又包括质量展开（质量表的绘制）、技术展开、可靠性展开和成本展开。综合的质量展开是将顾客的需求转换成代用质量特性，进而确定产品的设计质量标准，再将这些设计质量系统地（关联地）展开到各个功能部件的质量、零件的质量或服务项目的质量上，以及制造工序各要素或服务过程各要素的相互关系上，使产品或服务事前就完成质量保证，符合顾客要求。这是一种系统化的技术方法。狭义的质量机能展开，由水野滋博士定义为：将形成质量保证的职能或业务，按照目的、手段系统地进行详细展开，通过企业管理职能的展开实施质量保证活动，确保顾客的需求得到满足。这是一种系统化的管理方法。

三、质量机能展开的基本原理

大藤正将质量机能展开的原理归纳为展开的原理、细分化与统合化的原理、多元化与可视化的原理、全体化与部分化的原理。赤尾洋二又追加了变换的原理和面向重点的原理。

1. 展开的原理

质量机能展开中的展开形式有在各种展开表中可以见到的树状展开，以及从顾客需求到生产现场的全体性展开。前者是在质量需求展开表、质量要素展开表及功能展开表中，系统地展开成1次水平、2次水平、3次水平等，越是层次低的抽象度越高，随着展开的深入而变得更加具体。后者是从把握顾客质量需求开始，向规划质量、设计质量、功能质量、零部件质量、生产工序管理点方向，从上游向下游展开。

2. 细分化与统合化的原理

质量由各个质量要素构成，顾客要求的强度不同，若质量不进行细分，其实际状态就不明确。但仅靠细分化，质量整体形象就不清楚，因此要像3次、2次、1次水平一样进行统合化，并用展开表归纳各质量要素的层次水平和权重合计等，具体确定整体质量水平。对服务质量等可以进行同样的评价。

3. 多元化与可视化的原理

质量机能展开由各种展开表构成，这些可以被视为“多元的”。以前质量要素没有在企业高度进行体系化设计，而是依存于设计者个人的经验，缺乏客观性。通过“可视化”不仅可以进行相互交流，而且使得经营者进行客观的质量决策也成为可能。

4. 全体化与部分化的原理

质量的集合是膨大的，通过将其展开为1次、2次、3次水平等，“全体化”和“部分化”就可以自由地进行。例如，到2次水平展开为止能把握整体的概要，利用计算机能将其中一部分进一步展开成3次、4次水平，并平衡部分最佳与整体最佳之间的关系。

5. 变换的原理

质量表是一种从顾客的世界向技术的世界进行变换，并进一步向子系统、零部件、生产和质量信息等不同侧面变换的过程。在两种侧面的变换中，关系矩阵起着重要的作用。

6. 面向重点的原理

正因为展开容易变得膨大，此原理就显得更为重要。质量需求展开表注重网罗性，重点事项并不明确。为此，通过了解顾客的关心度及比较本公司与其他公司，选定战略性重点项目。利用各种展开表将重要度向下游进行变换，换言之，不是笼统地，而是将质量信息的重点经过膨大的质量体系，系统地向生产阶段传达。

第二节　质量屋技术

一、质量屋的建立

1. 质量屋的概念

质量屋（house of quality，HOQ）也称质量表（quality chart or quality table），是一种形象直观的二元矩阵展开图。赤尾洋二将质量表定义为：质量表是将顾客要求的真正的质量用语言表现，并进行体系化，同时表示它们与质量特性的关系，是为了把客户需求变换成代用特性，并进一步进行质量设计的表格。质量表就被认为是进行质量设计的基本工具，如图 8－2 所示，它是由质量需求与质量特性构成的二维表。质量需求来自顾客，由顾客给出，生产者把它们忠实地融入产品，这是真正意义地面向顾客。但仅根据顾客的语言难以构筑产品，这里将它们变换成质量特性，质量特性是生产者的语言，归属于技术领域。质量表的意义在于对不同的领域，用关系矩阵进行变换，即从顾客的世界转换成技术的世界。

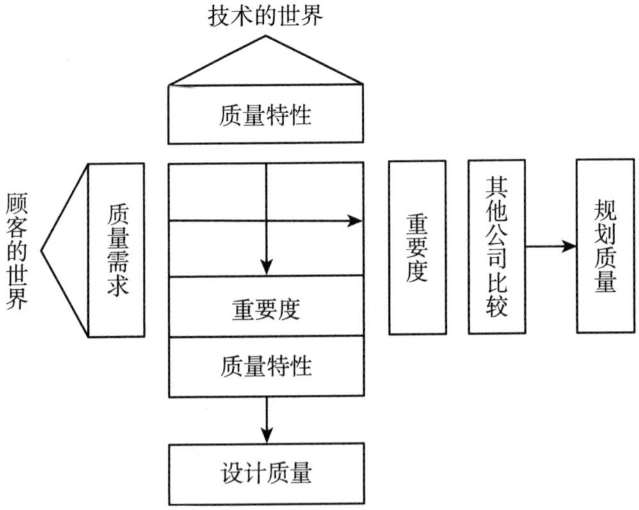

图 8－2　质量屋

资料来源：孙静，《质量管理学》，高等教育出版社 2011 年版，第 336 页。

日本的质量表传入美国后，由于它的形状很像一座房屋，所以被形象地称为“质量屋”，质量屋的概念是由美国学者郝设和克劳辛（Hauser and Clausing）在 1988 年提出的。质量屋为将顾客需求转换为产品技术需求以及进一步将产品技术需求转换为关键零件特性、将关键零件特性转换为关键工艺步骤和将关键工艺步骤转换为关键工艺、质量控制参数等 QFD 的一系列瀑布式的分解提供了一个基本工具。后来也将质量机能展开中一系列的图表和矩阵统称为质量屋。因此，质量屋一般指质量表，而广义的质量屋是指质量机能展开中的所有关系矩阵。

现在有些人甚至用质量屋作为质量机能展开的代名词。质量屋是建立质量机能展开系统的基础工具，质量机能展开可用于新产品的开发过程，而且可以灵活运用于工程设计的局部。例如，可以单独应用于产品的规划设计或生产工艺设计等过程。

2. 质量屋的构成

质量机能展开是一种思想，一种产品开发和质量保证的方法论，它要求在产品开发中直接面向顾客需求，在产品设计阶段就考虑工艺和制造问题。质量机能展开的核心内容是需求转换，质量屋是一种直观的矩阵框架表达形式，它提供了在产品开发中具体实现这种需求转换的工具。质量屋将顾客需求转换成产品和零部件特征并配置到制造过程，是质量机能展开方法的工具。

狭义的质量屋如图 8－3 所示，也就是日本所称的质量表。一般情况下，狭义的质量屋作为质量机能展开过程的第一个质量屋，在产品规划阶段中普遍使用。而广义的质量屋是指质量机能展开过程中的一系列矩阵，见图 8－4。

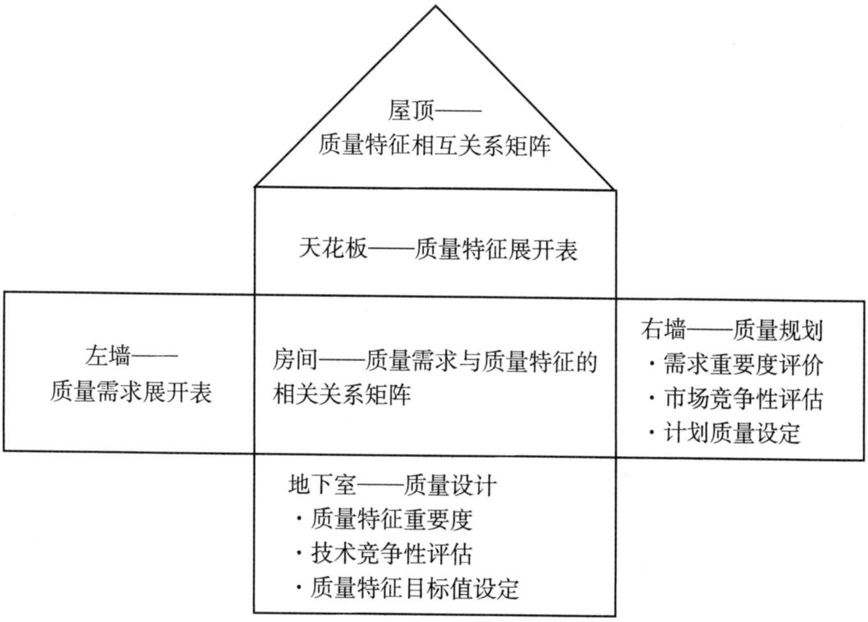

图 8－3　狭义的质量屋

资料来源：孙静，《质量管理学》，高等教育出版社 2011 年版，第 337 页。

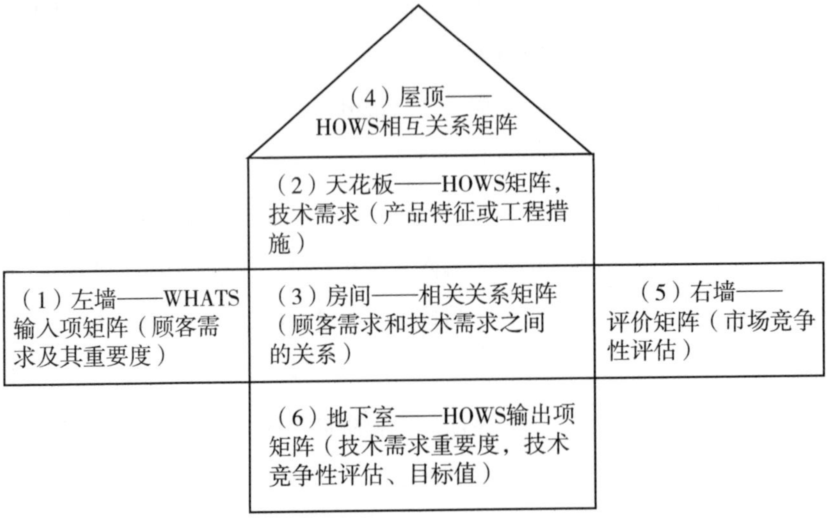

图 8－4　广义的质量屋

资料来源：孙静，《质量管理学》，高等教育出版社 2011 年版，第 338 页。

广义的质量屋一般由以下几个广义矩阵组成：

（1）左墙——WHATS 输入项矩阵。它表示需求什么，包含顾客需求及其重要度，是质量屋的“什么”。顾客需求是指由顾客确定的产品或服务的特性；重要度是指顾客对其各项需求进行定量评分，以表明各项需求对顾客到底有多重要。

（2）天花板——HOWS 矩阵。它表示针对需求怎样去做，是技术需求（产品特征或工程措施），是质量屋的“如何”。技术需求（产品特征或工程措施）是指由顾客需求转换得到的、可执行且可度量的技术要求或方法。

（3）房间——相关关系矩阵。它表示顾客需求和技术需求之间的关系。关系矩阵是指描述顾客需求与实现这一需求的技术需求（产品特征或工程措施）之间的关系程度，将顾客需求转化为技术需求（产品特征或工程措施），并表明他们之间的关系。

（4）屋顶——HOWS 的相互关系矩阵。它表示 HOWS（技术需求）阵内各项目的关联关系。相关矩阵是指表明各项技术需求（产品特征或工程措施）间的相互关系。

（5）右墙——评价矩阵。评价矩阵指竞争性，或可竞争力，或可行性分析比较，是顾客竞争性评估，从顾客的角度评价产品在市场上的竞争力。市场竞争性评估是指对顾客需求进行评价，用来判断市场竞争能力。企业产品评价是指顾客对企业当前产品或服务满意的程度。竞争对手产品评价是指顾客对企业竞争对手的产品或服务的满意程度。改进后产品评价是指企业产品改进后希望达到的顾客满意的程度。

（6）地下室——HOWS 输出项矩阵。它表示 HOWS 项的技术成本评价等，包括技术需求重要度、目标值的确定和技术竞争性评估等，用来确定应优先配置的项目。通过定性和定量分析得到输出项——HOWS项，即完成“需求什么”到“怎样去做”的转换。技术需求重要度是指表示技术需求（产品特征或工程措施）的重要程度。目标值是指为了具有市场竞争力，企业所需达到的技术需求（产品特征或工程措施）的最低标准。技术竞争性评估是指企业内部的人员对此项技术需求（产品特征或工程措施）的技术水平的先进程度所作的评价。同市场竞争性评价一样，它包括对本企业技术的评价和对手企业技术的评价及改进后技术的评价。不同的是，市场竞争性评估是由顾客做出的，是对产品特性的评价；而技术竞争性评估是由企业内部人员做出的，是对技术水平的评价。

通过上述组成建立质量屋的基本框架，给定输入信息，通过分析评价得到输出信息，从而实现一种需求转换。

3. 质量屋的量化

质量屋的结构借用了建筑上的称谓，好懂易记，并形象地喻示QFD方法的结果是使顾客可以在质量大厦的庇护下，满意地享用他们所需要的产品或服务。采用质量屋的形式进行矩阵展开，不但直观易懂，具有吸引力，而且所能处理和分析的信息量比质量控制老七种工具中的鱼骨图（因果图）等要大得多，在处理的深入程度和量化程度上也要好得多。图8-5在分析、比较、综合国外各种形式质量屋的基础上，结合中国国情，并根据实践经验设计了中国化的质量屋方案，在实践中质量屋的结构可以灵活地进行剪裁或扩充。

为了建立质量屋，开发人员必须掌握第一手的市场信息，整理出对该产品的顾客需求，评定各项需求的重要程度，填入质量屋的左墙。

从技术角度，为满足上述顾客需求，提出对产品的技术需求（工程措施），明确产品应具备的质量特性，整理后填入质量屋的天花板。

质量屋的房间用于记录顾客需求与技术需求之间的关系矩阵，其取值r_{ij}代表第i项顾客需求与第j项工程措施的关系度，关系越密切，取值越大。

屋顶用于评估各项技术需求之间的相关程度，主要是因为各项工程措施可能存在交互作用（包括互相叠加强化或互相抵触削弱），在选择技术需求及指标时必须考虑交互因素的影响。

在质量屋的地下室填入计算需求的指标及其重要度。给产品的市场竞争能力和技术竞争能力进行评估打分，填入质量屋右墙和地下室的相应部分。这样，质量屋的建造完成。

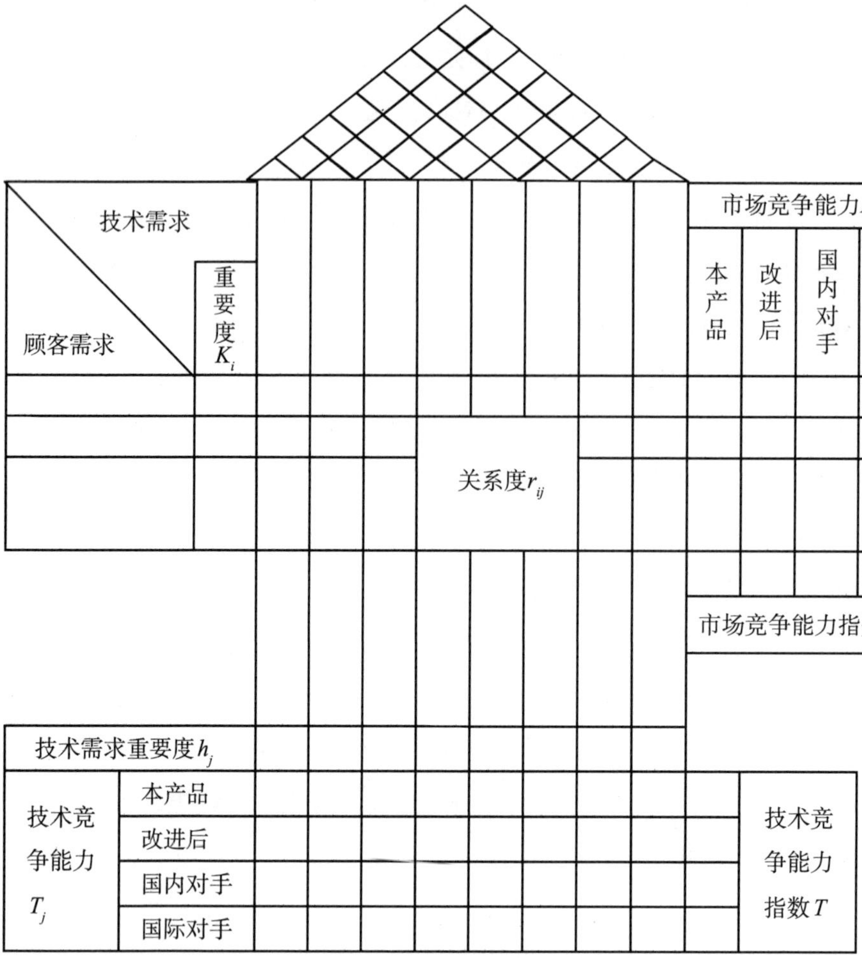

图 8－5 质量屋的量化结构

资料来源：邵家骏，《质量功能展开》，机械工业出版社 2004 年版，第 5 页。

二、质量屋的评估方法

质量屋中对重要度、关系度竞争能力等各数值的确定十分重要，直接关系到 QFD 的应用效果，加权评分准则是一种简便、直观、易行的方法，但加权评分准则的准确度取决于使用者的经验和水平，还有一些较为复杂的量化评估方法，如层次分析法、模糊集合理论等，如能正确使用，将提高量化评估的准确度。本节将重点介绍常规的量化评估方法。

建立质量屋时，除了将顾客需求逐层展开外，还要对顾客需求的重要度 K_i（$i=1$，2，…，m）进行评估，确定技术需求与顾客需求之间的关系度 r_{ij}（$i=1$，2，…，m；$j=$

1，2，…，n)，确定技术需求两两之间的相关度（正相关、强正相关、负相关、强负相关和不相关)，进行加权评分以确定技术需求的重要度 h_j，对产品的市场竞争能力和技术竞争能力进行评估，并计算综合竞争能力。

1. 顾客需求重要度评估

顾客需求量要度 K_i（$i=1$，2，…，m）可取以下五个等级：

1——不影响功能实现的需求；

2——不影响主要功能实现的需求；

3——比较重要的影响功能实现的需求；

4——重要的影响功能实现的需求；

5——基本的、涉及安全的、特别重要的需求。

2. 关系矩阵和相关矩阵评估

技术需求与顾客需求之间的关系度 r_{ij}（$i=1$，2，…，m；$j=1$，2，…，n)，建议采用1、3、5、7、9 等关系度等级：

1——该交点所对应的技术需求和顾客需求间存在微弱的关系；

3——该交点所对应的技术需求和顾客需求间存在较弱的关系；

5——该交点所对应的技术需求和顾客需求间存在一般的关系；

7——该交点所对应的技术需求和顾客需求间存在密切的关系；

9——该交点所对应的技术需求和顾客需求间存在非常密切的关系。

根据实际情况，必要时也可采用中间等级，2 表示介于 1 与 3 之间，4、6、8 以此类推；空白即为 0，表示不存在关系。

有时，也可只采用1、3、9 三个关系度等级，此时可用符号◎表示 9，○表示 3，△表示 1。

加权后技术需求的重要度：

$$h_j = \sum_{i=1}^{m} K_i r_{ij}$$

如果第 j 项技术需求与多项顾客需求均密切相关，并且这些顾客需求较重要（K_i 较大)，则 h_j 取值就较大，即该项技术需求较重要。

相关矩阵相关度通常用下列符号表示：

正相关（○)：表示该交点所对应的两项技术需求间存在互相加强、互相叠加的交互作用；

强正相关（◎)：表示该交点所对应的两项技术需求间存在很强的互相叠加的交互

作用；

负相关（×）：表示该交点所对应的两项技术需求间存在互相减弱，互相抵消的作用；

强负相关（#）：表示该交点所对应的两项技术需求间的作用强烈排斥，有很大矛盾；

空白表示该交点所对应的两项技术需求间不存在交互作用。

3. 竞争能力评估

（1）市场竞争能力：$M_i(i=1, 2, \cdots, m)$ 可取下列五个数值：

1——无竞争能力可言，产品积压，无销路；

2——竞争能力低下，市场占有份额递减；

3——可以进入市场，但并不拥有优势；

4——在国内市场竞争中拥有优势；

5——在国内市场竞争中拥有较大优势，可以参与国际市场竞争，占有一定的国际市场份额。

（2）技术竞争能力：$T_j(j=1, 2, \cdots, n)$ 表示第 j 项技术需求的技术水平。所谓技术水平包括指标本身的水平，本企业的设计水平、工艺水平、制造水平、测试水平等，可取下列五个数值：

1——技术水平低下；

2——技术水平一般；

3——技术水平达行业先进水平；

4——技术水平达国内先进水平；

5——技术水平达国际先进水平。

4. 竞争能力计算

（1）市场竞争能力指数：对市场竞争能力 $M_i(i=1, 2, \cdots, m)$ 进行综合后，获得产品的市场竞争能力指数 M。

$$M = \sum_{i=1}^{m} K_i M_i \Big/ 5 \sum_{i=1}^{m} K_i$$

M 值越大越好。

（2）技术竞争能力指数：对技术竞争能力 $T_j(j=1, 2, \cdots, n)$ 进行综合后，获得产品的技术竞争能力指数 T。

$$T = \sum_{j=1}^{n} h_j T_j \Big/ 5 \sum_{j=1}^{n} h_j$$

T 值越大越好。

（3）综合竞争能力指数：是指市场竞争能力指数与技术竞争能力指数的乘积：

$$C = MT$$

C 值越大越好。

三、建立质量屋需要注意的问题

1. 选择适当的项目

QFD 的基本原理虽然不难理解，但实施当中仍然有一定的技巧，初学者在进行工程实践时，可能会由于顾客需求、工程措施分析不全面或相互混淆、量化评估不够规范等种种原因而遭受挫折，影响 QFD 的成效，要通过实践经验的积累逐渐避免。因此，进行 QFD 实践时应遵循由易到难的原则，开始时选择规模适当的项目，如已有产品的改进、改型，所需的时间和精力不太多，效果也好衡量，通过一个一个成功的小案例加深对这一方法的体会，为在大型复杂产品开发中应用 QFD 打下基础。

2. 视情况剪裁质量屋

在具体应用中，可以根据实际情况对质量屋进行适当的剪裁和扩充。如一般地下室（技术竞争能力评估）和右端（市场竞争能力评估）在产品规划阶段的质量屋中必须有，但在零部件展开、工艺计划、生产计划阶段可以根据需要决定是否适用；尖屋顶（相关矩阵）也可以根据实际情况决定取舍，用于方案选择的质量屋，多可以不考虑相关矩阵；左墙（顾客需求）和天花板（技术需求）根据情况可只建立一级顾客需求和技术需求，也可考虑细分为多级需求。质量屋的部件结构应当灵活运用，如左端和天花板在第一级质量屋中一般为顾客的要求与产品设计要求，但在第二级及以后的质量屋中应根据上一级质量屋的天花板和地板的重点内容转换为下一级质量屋的左墙的原理进行处理。又如，随着左墙与天花板项目的改变，相应的称谓也可改变。另外，根据需要在右墙的内容中可以加入“顾客投诉频度”“销售点”等。质量屋的形式也可根据实际应用需要而改变。

3. 重视权衡研究

当相关矩阵（尖屋顶）中出现负相关和强负相关时，说明对应的两项技术需求间存在不利的交互作用。处理办法有两个：一是细化目标顾客群，对于定位更精确的目标顾客群，可能其要求的质量只需其中一项技术需求即可满足，或者强负相关的技术需求的重要度有很大差别，可据此开发技术需求侧重点不同的系列产品；二是综合权衡，以最大限度地满足顾客需要为目标，对矛盾的技术需求进行深入地权衡分析，以便调整、减弱其交互作用，或对两项技术需求决定取舍。

第三节 QFD 的工作程序

一、确定 QFD 项目和工作小组

1. 确定开展 QFD 的项目

原则上 QFD 适用于任何产品开发项目及管理、服务项目，对参与国内、国际市场竞争的产品和服务项目，QFD 最能发挥其作用，为企业带来高效益。由于 QFD 通常需要跨部门合作，实施中有一定工作量，应根据项目范围的大小、涉及部门的多少，由适当级别的负责人来确定是否应用 QFD 技术。一般来说，对于一项完整的产品（商品），由于其开发涉及企业的所有部门和各个专业，应当由企业负责人来决定和批准 QFD 项目的立项。对于现有产品的质量改进和可靠性增长，以及某个零部件或渠道工艺的改进，则可根据其涉及面的大小，由较低级别负责人或直接责任者来提出 QFD 立项。开展六西格玛设计或六西格玛管理的项目，应将 QFD 技术的应用纳入项目计划。

2. 确定多功能 QFD 小组

在应用 QFD 时，必须强调矩阵管理，既要加强纵向（专业内部）的联系，也要加强横向（项目方面）的联系，就像编织一块布，经线和纬线都要结实，织出的布质地才均匀坚实。通常工程专业的纵向联系较密切（与行政隶属关系一致）。而横向联系则较薄弱，加强专业横向联系的行之有效的方法是成立一个多功能的、综合的 QFD 工作小组，这个小组应有 1 ~ 2 名项目负责人，有市场营销、设计、工艺、制造、计划管理、质数管理、财务、成品附件、器材、销售、售后服务等相关部门人员参加。QFD 小组的活动有助于消除不同部门、不同专业间的壁垒和隔阂，使产品或服务更好地满足顾客要求。为了便于小组高效率地完成工作，小组成员不宜过多。

为了更充分地分析和准确把握顾客需求（包括潜在需求），在有条件的情况下，应邀请顾客代表参加 QFD 小组，并充分利用从各种途径获得的产品质量与可靠性信息。当 QFD 工作对象为某项质量问题的改进、某个故障的纠正、某个部件的设计修改、某项工艺的改进时，QFD 小组成员的范围可适当缩小，只要有关人员参加即可。

3. 团队工作法

QFD 小组的成员来自不同的部门，专业能力互为补充，有着明确的目标，在小组中运用团队工作法可以极大地提高小组的效能。视需要对小组成员进行团队精神的培训，重点是提高成员间相互交流的技能，明确 QFD 小组的运作方式。按团队工作法的要求，QFD 小组成员间互相信任、互相支持、各司其职，以主人翁的精神无保留地参与团队工作。团队负责人不是传统意义上的长官，而是活动的推进者和协调者，团队内信息公开，知识经验相互交流，采用智慧风暴法等方法开展工作。领导层给予团队充分授权和资源保证，积极推动团队的发展。而团队成员通过共同的努力，在 QFD 项目的开发中不断取得进展，获得成就感，并以更积极的态度投身于团队工作。团队工作法由于充分地发挥了不同专业成员的积极性，保证了 QFD 工作的深入；反过来，QFD 方法的应用也对团队精神发挥了促进作用，改进了专业间的横向合作交流，促进了团队工作法的发展和经验、信息的积累等。

二、顾客需求与市场竞争能力分析

1. 顾客需求的调查

追求顾客完全满意是经营成功的关键，2000 版的 ISO9000 系列国际标准特别强调“以顾客为关注焦点”，而 QFD 正是分析展开顾客需求，并使之与产品的开发密切关联的最有效的工具。其基本原理就是用质量屋的形式，量化分析顾客需求与技术需求间的关系度，经数据分析处理后找出对满足顾客需求贡献最大的技术需求，即关键措施。从而指导设计人员抓住主要矛盾，开展稳定性优化设计，开发出满足顾客需求的产品。

顾客需求的分析是质量功能展开的关键环节，必须给予充分的重视。在国外，这一过程被称为收集“顾客的声音”（voice of the customer，VOC）。应注意的是，顾客的声音中，“顾客”是一个广义的概念，除了产品使用者和潜在使用者，必要时还应包括主管部门、分销商、产品维修人员等在产品寿命周期内关系密切的组织和人员。对于大型复杂产品的开发，顾客的声音将来自更多的方面。另外，环境法规、安全标准等国家和行业的法令、法规与标准、规范构成了产品开发的约束条件，也应列入顾客需求的范畴。从企业的长远利益考虑，还必须深入分析研究和考虑顾客的潜在需求和产品的更新换代规划、企业的发展方向和发展战略等。

为全面收集顾客的信息，主要从以下几方面入手：

（1）市场调研通过调查表、顾客代表座谈会等形式了解和归纳顾客对未来产品的需求。

（2）进行同类产品质量跟踪和售后服务信息分析，了解现有产品中令顾客满意及抱怨的质量特性，将其转化为顾客需求的形式。

（3）将有关的政策法规等纳入顾客需求或作为产品开发的约束条件。

（4）分析公司的战略和策略在产品开发中的贯彻方式，提炼出必要的顾客需求。

（5）产品发展现状与趋势分析，通过媒体及专业杂志等手段收集信息并分析处理，从全局上把握产品发展方向，结合 QFD 工作小组的头脑风暴（brainstorming）会议，对上述方式得出的顾客需求进行筛选和补充。

在进行市场调研时，应对目标顾客群进行区分。为更好地了解顾客对产品的需求，可以设计和采用相应的表格，覆盖目标顾客的范围展开调查。一般而言，在设计调查表时，通过更好地融合产品的实际使用情景，了解顾客的使用方式及要求，经整理后提炼出顾客需求，会取得很好的效果。利用现代的摄影、摄像技术拍摄顾客对产品的使用场景，进行细致的分析，也是有效的调研方式。表 8 – 1 是一个供参考的调查表形式，根据需要，可在该表中增加成本、安全性等栏目。

表 8 – 1　　顾客需求调查表

序号	顾客特性		顾客的声音	用途									
				什么		何时		何处		为什么		如何用	
	内/外	信息		内/外	信息	内/外	信息	内/外	信息	内/外	信息	内/外	信息

资料来源：邵家骏，《质量功能展开》，机械工业出版社 2004 年版，第 18 页。

用“内/外”表示该信息是顾客直接表达的（内在的），还是根据顾客的意思做出的推测（外部的）。在“顾客特性”信息栏中，记录企业希望获取的顾客的个人信息，如姓名、性别、年龄、受教育程度、职业、所属消费者类型等。在“顾客的声音”栏中，以顾客语言的形式描述顾客对产品的期望，如“（我希望的东西）可以……”“表面光滑，手感好”。“用途”下的各个信息栏对“顾客的声音”作了补充说明，细化了产品的使用场景：“什么”明了产品所满足的顾客的需要，是主要用途还是第二位的用途等，如“（用钱夹存放）信用卡”“（把钱夹作为）身份象征”；“何时”“何处”记录了产品的使用场景，如产品使用的时机、季节、频率，使用的地理位置、周围环境等；“为什么”用于记录顾客提出该需求的动机，是出于安全考虑、个性化需求，还是要求产品具备特有的属性等；“如何用”描述了该项需求对应的产品操作程序，属于持续应用还是偶发的应用，属于工业化应用还是个人应用等。应根据需要填写这些信息，以方便根据调查的内容分析和归纳顾客需求。

2. 顾客需求的归纳和整理

顾客对产品的需求可区分为基本（必备）型需求、期望（意愿）型需求和兴奋（魅力）型需求，这些需求的实现程度对顾客满意度的影响如图 8 – 6 的狩野质量模型所示。狩野质量模型是由狩野纪昭（Noriaki Kano，2011）提出的质量模型，又称 KANO 模型，根据不同类型的质量特性与顾客满意度之间的关系，把质量区分为基本型需求（must – be quality）、期望型需求（one – dimensional quality）、兴奋型基本需求（attractive quality）、无差异型需求（indifferent quality）和反向（逆向）型需求（reverse quality），前三种需求根据绩效指标分类就是基本因素、绩效因素和激励因素。

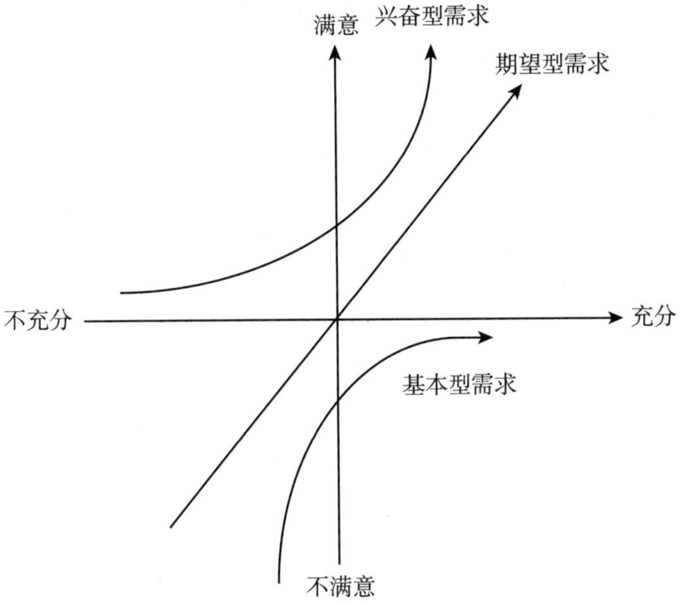

图 8 – 6　狩野质量模型

资料来源：Kano Noriaki，“Attractive quality and must – be quality”，*Journal of the Japanese Society for Quality Control*，Vol. 14（2），August 2011，P. 39.

（1）基本型需求是顾客认为在产品中应该具有的基本质量或功能特性，它们对于对象产品是隐式的，并且可能是非常基础的、理所应当的，以至于顾客没有直接表述出来。一般情况下顾客不会在调查中提到基本需求，除非顾客近期刚好遇到产品失败事件。按价值工程的术语来说，这些基本质量的需求就是产品应该具有的功能特性。如汽车应能行驶，轮胎应能承载车身，这类需求由于被视为理所当然，因此在顾客提供的信息中往往被遗漏，但如果得不到满足会大幅增加顾客的不满意度。

（2）期望型需求是在市场调查中顾客所讨论的期望的质量目标。期望型需求在产品中实现得越多，顾客就越满意；当没有满足这些质量时，顾客就不满意。这就迫使企业不断地调查和了解顾客质量需求，并通过合适的方法在产品中体现这些要求。以汽车为例，耗油量少和驾驶舒适就属于期望型的质量需求。

（3）兴奋型需求是令顾客意想不到的产品特征，它在顾客的期望范围之外，它们的存在将是出人意料的、非常令人满意的。如果产品没有提供这类质量，顾客不会不满意，因为他们通常没有想到这些质量需求。相反，当产品提供了这类质量时，顾客对产品就非常满意。兴奋型需求通常是在观察顾客如何使用产品时发现的。

在收集顾客需求时，应注意上述三类需求的区分，不要遗漏。当然这三类需求也是相对而言的，随着产品的进步，顾客要求的提高，原来兴奋型需求会逐步转化为期望型需求，原来的期望型需求则会转化为基本型需求。

“顾客的声音”提供了原始的顾客需求，应加以规范，并进行确认和分级，通过调查分析确定顾客需求的重要度。在对顾客需求进行表述时一定要注意用语简洁，无歧义，一项顾客需求只表达一个特定的意思，同一级别的顾客需求要彼此独立，内容上无覆盖和交叉，便于工程人员理解，不把对应的工程技术解决方案纳入顾客需求。按照上述原则对“顾客的声音”进行分解、归纳、筛选。

在对顾客需求细分后进行汇总时，亲和图法（Affinity Diagram），在日本又称 KJ 法（Jiro Kawakita），是一种有效的分组手段。首先，将质量需求各项目分别记在卡片上，朗读卡片上的质量需求，在确认其内容的基础上，废弃内容重复的卡片，并将卡片排列成能够一目了然的形式。对于从市场收集到的实际信息，不仅是废弃，必须记录它们重复的频度。其次，将内容意思相近的卡片集中到一起，找出能代表这一部分卡片意思的表达语句，将代表性语句记入新的卡片。此时，不要受卡片上表述的限制，并将意思相近的进行集中。要注意的是不要在大脑中先构想一个项目，再将卡片向项目凑合。对上层卡片也同样进行归类分组。这种操作称为亲和图法分组。

质量机能展开中用亲和图法对需求分组。它强调小组成员协同工作，把相关的顾客质量需求分到同一类中，并尽量用顾客的语言给每个分类命名，这样就获得了上层顾客需求。如果有必要，还可以再对上层顾客需求进行分组，直到小组满意为止。

对于技术需求也可以采用亲和图法进行整理。

结合本章引导案例，在老年智能手机社交 App 的设计中，基础型功能有关的需求往往重要度很高，对于维持用户非常重要，但是想要提升用户的满意度，则需对期望型和兴奋型需求进行研究，因此根据调查结果，通过亲和图方法对用户需求进行整理，如表 8－2所示。

表 8-2　　老年智能手机社交 App 的需求质量展开

一级	二级	一级	二级
社交方式多样	视频电话功能	界面简洁美观	大号字体
	语音电话功能		大尺码图片
	发送语音信息		色彩鲜艳
	发送文字信息		图画美观
操作简便	容易查找信息	重点关注亲人	沟通页突出家人与亲友
	功能精简		动态页突出家人与亲友
	操作时反馈好		加入相册回忆功能

资料来源：李永锋、徐育文，《基于 QFD 的老年人智能手机 App 用户界面设计研究》，载于《包装工程》2016 年第 14 期。

在设计质量屋的时候用户需求和技术需求项目不宜过多，因此使用亲和图方法将用户的需求进行整合再填入质量屋中进行分析。

3. 市场竞争能力分析

在需求质量展开表的基础上，对新产品在市场上的定位进行策划，方法是通过进一步征询意见、调查研究，与竞争对手的产品进行水平比较（bench marking），策划新产品对每一项顾客需求的满足程度，并求出原产品、新产品及竞争对手产品的市场竞争能力，进行竞争能力分析。这一过程也称为计划质量的设定过程，形成了质量屋的右墙。

首先，进行市场竞争能力比较分析，评定现有同类产品和竞争对手产品的竞争力。在可能的情况下，把这些产品摆在一起，客观地评估它们对各项顾客需求的满足程度，量化打分。

其次，对新产品的市场竞争能力进行定位，方法是采用同样的评分准则，设定新产品对各项顾客需求应达到的满足程度，并给出量化分值。

最后，求出各产品的市场竞争能力分值并加以比较和确认，若得出的新产品市场竞争能力分值不满足公司的要求，则对新产品重新进行量化评分。

在工程实践中，可对本部分的内容加以扩充。为明确新产品相对现有产品的水平提高程度，可计算新产品对应于每项顾客需求的水平提高率 L_i。

$$L_i = \text{新产品的市场竞争能力} / \text{现有产品的市场竞争能力}$$

为了取得竞争优势，可能需要在新产品的设计中突出对某项顾客需求的满足程度，使产品具有鲜明的特色，成为产品的销售点（sales points），为此引入修正系数 α_i，如果要重点突出对某项顾客需求的满足程度，可将该系数值定为 1.5，也可用符号◎表示；如果只是一般的突出，可将值定为 1.2，也可用符号○表示。相应地，如果某项顾客需求被设置了修正系数，则其重要度应有所提高，为此，应对各项顾客需求的重要度进行修正，修正后重要度的绝对权值为顾客需求原重要度值 K_i、水平提高率 L_i 和修正系数 α_i 三者的乘积。相对权值是每项绝对权值占绝对权值总和的百分比。表 8－3 为本章引导案例的计划质量设定表。

表 8－3　　老年智能手机社交 App 设计计划质量表

顾客需求	重要度 K	市场竞争能力分析				水平提高率 L	修正系数 α	权值	
		本公司		国内对手	国际对手			绝对权值	相对权值(%)
		现有产品	新产品						
社交方式多样	3	3	5	3	5	1.67	1.2	6.01	18.50
界面简洁美观	3	2	4	2	5	2.00		6.00	18.47
操作便捷	4	3	4	3	4	1.33	1.5	7.98	24.56
对亲人关注	5	2	5	4	4	2.50		12.50	38.47
合计								32.49	1

资料来源：李永锋、徐育文，《基于 QFD 的老年人智能手机 App 用户界面设计研究》，载于《包装工程》2016 年第 14 期，作者整理。

在质量屋中可以用修正后的顾客需求的权值代替原有的重要度值，进行质量屋的分析计算。

三、技术需求和“瓶颈”技术的确定

1. 技术需求的确定

通过将以顾客语言表达的质量需求转换成技术语言的质量特性，可以使抽象的顾客需求实现具体的产品化。质量特性是指成为质量评价对象的特性、性能，是关于顾客真正需求的代用特性。如果对象商品是硬件商品或专业技术比较成熟，那么抽出的质量特性无论是量还是质，一般都比较理想。但现实中有感性方面的特性，特别是对于服务这样的对象很难抽出可以计测的质量特性，为此，这里先从质量需求抽出质量要素。质量要素是指评价质量的尺度，当这种尺度可以计测时，就称为质量特性。在抽出质量要素时，考察、测定质量需求是否满足的尺度是什么，在这个阶段，没有必要考虑构成产品的零部件的质量特性。

技术需求应从产品的整体着眼提出，而不是从现有产品的零件及工艺的技术要求中总结得出，以免限制产品的设计方案，影响创造力的发挥。技术需求的组合应是全面系统、相互独立的，有助于提出量化的指标，以便对其实现方法和实现程度进行科学评估。技术需求指标的确定是质量机能展开的重要一环，直接指导后续技术工作的开展，在相关矩阵完成后，应参照以下原则对技术需求指标进行必要的评估和完善：

（1）为彼此负相关或强负相关的技术需求设定取值时应注重权衡，因为它们对应的技术要求互相矛盾，不可能都按高标准取值。

（2）如不存在成本、资源、进度等限制，可参照业界领先水平或世界领先水平取值，以开发世界领先和国内领先的产品。

（3）对于重要度高或对保持企业竞争优势作用重大的工程措施取值要高标准，必要时对为此导致的成本和工作量的增加寻求管理层支持。

（4）如受到本企业技术条件限制，则工程措施的指标设定要实事求是，着眼于总体方案的优化。

（5）对重要度不高的工程措施，应结合成本控制确定其取值。

应该指出，技术需求及指标的选择与产品技术方案的确定是相互影响的。通过质量特性的组合形成了产品的初步技术方案，应对此方案进行全面地评估与优化，并根据优化的结果对技术需求进行必要的调整。先进的系统设计方法是辅助产品设计方案总体性、全局性优化和进行技术创新的有力工具；运用系统设计方法，还有助于将顾客需求科学地映射为功能要求、设计参数和工艺变量。

用 QFD 辅助大型、复杂产品的开发时，对其顶层质量屋的技术需求难以量化，此时技术需求及其指标的组合应能为后续的方案开发等工作指明方向，使设计人员可据此判断设计工作是否偏离轨道。

2. 技术竞争能力分析

在使用量化评估方法对各项顾客需求与对应的技术需求的相互关系进行打分，完成质量屋的房间部分——关系矩阵，计算得出各项工程措施的重要度。在关系矩阵完成后，应做如下检查：

（1）若某项顾客需求与所有工程措施关系值都是 0（空白），则应重新评估，或增加可满足该顾客需求的技术需求。

（2）若某项技术需求与所有顾客需求的关系值都是 0，应检查该技术需求是由哪一项顾客需求推导出来的，是否应取消。

（3）若一项顾客需求与大多数技术需求有较强的关系，应分析量化分值的科学性，也可能该需求是高一级的顾客需求，此时应将其分解为几项需求。

（4）若一项技术需求与大多数顾客需求有较强的关系，应作与第（3）条类似处理。

通过进行技术竞争能力评估、分析现产品及竞争对手的产品对各项技术需求的满足程度，结合售后服务调查结果，确定技术需求指标。由于技术需求是从技术的角度提出的，通常表示为各种具体的设计要求，因此针对某一项技术需求评估各产品达到的技术水平时，应考虑是否能找到技术上的评价标准，以提高量化评分的可信度。因此，在设定新产品的技术竞争能力分值时，应考虑技术上的可行性，并对技术需求的指标进行相应修正，对需要进行的技术改造和技术攻关进行初步规划，完成量化评分后，计算这些产品的技术竞争能力和总体竞争能力。如得出的新产品的竞争力分值不符合公司的产品发展战略，则重新设定新产品的竞争能力分值，确定相应的技术保证措施。

3. “瓶颈”技术的确定

技术需求重要度确定以后，根据重要度的大小可以找到关键质量特性作为控制重点。根据工程经验，另有一部分技术需求虽然重要度不够高，但技术实现上难度较大，对此类技术需求必须重点攻关。“瓶颈”技术在多个阶段的质量屋中都存在，应从现有技术不能实现的关键技术需求、成本过高的零部件、质量和可靠性不过关的零部件、新开发的工艺和原材料等方面加以分析确认。

找出关键工程措施和“瓶颈”技术后，应组织力量攻关，应采用有关的工程技术，尤其是稳健设计方法，使“瓶颈”技术获得突破，使关键技术需求的设计方案实现稳定性优化，使产品开发中的技术障碍得以解决，以免延误研制周期或给产品的内在质量留下隐患。

四、质量屋的迭代与完善

产品的开发一般要经过产品规划、零部件展开、工艺计划、生产计划四个阶段，因此，若要分析得更加清晰，有必要对四个阶段质量机能进行展开。根据下一道工序就是上一道工序的“顾客”的原理，各个开发阶段均可建立质量屋，且各阶段质量屋的内容有内在的联系。上一阶段质量屋“天花板”的主要项目（关键技术需求及指标）将转换为下一阶段质量屋的“左墙”。质量屋的结构要素在各个阶段大体通用，但可根据具体情况适当剪裁和扩充。第一阶段（产品规划阶段）的质量屋一般是最完整的，其他阶段的质量屋有可能将“右墙”“地下室”等要素剪裁。

四个阶段的质量机能展开采用瀑布式分解模型，可以一步一步地将顾客需求分解和配置到产品开发的各个过程中（如图 8 - 7 所示）。其中，零部件展开阶段质量屋“左墙”的顾客需求应是产品规划阶段质量屋中关键的技术需求，“天花板”是为实现技术需求而提出的零（部）件特性；与此相仿，工艺计划阶段质量屋的“左墙”应为零件特性，“天花板”应为工艺需求；生产阶段质量屋“左墙”应为工艺需求，“天花板”是生产需求。

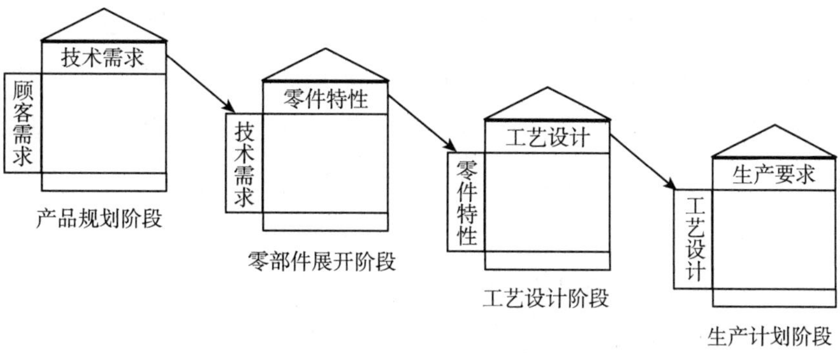

图 8－7　瀑布式分解模型

资料来源：邵家骏，《质量功能展开》，机械工业出版社 2004 年版，第 10 页。

并不是所有的质量功能展开都需要完整地包括上述四个阶段，根据 QFD 工作对象的复杂程度，可以按如下原则对四个阶段的质量功能展开进行剪裁或扩充。

（1）每一阶段质量屋的技术需求（“天花板”）应足够具体和详细，适于作为下一个阶段质量屋的顾客要求（“左墙”）。例如，若产品规划质量屋中关键的技术需求不够具体和详细，可能需要在进行零部件展开前增加一层质量屋。反之，若产品规划阶段技术需求对于工艺计划阶段已经足够详细，则可省略零部件展开阶段。

（2）质量屋的规模不宜过大，即顾客需求和技术需求的数量不宜过多，以便于操作，一般顾客需求不应多于 20 项，技术需求不应多于 40 项。要特别指出，四个阶段的质量屋必须按照并行工程（concurrent engineering）的原理在产品方案论证阶段同步完成，以便同步地规划产品在整个开发过程中应该进行的所有工作，确保产品开发一次成功。质量功能展开是贯彻实施并行工程思想的十分有力的工具。

第一轮的质量屋编制完成后，通过实际运行可能会发现 QFD 工作小组的认识和推断不符合或者不完全符合顾客的原意，从而导致一些顾客需求没有在质量屋中体现，或者没有正确地体现。同时，有些技术需求考虑不周，或者在实践中可能无法实现。有时顾客需求也并非都来自最终顾客，还需考虑包括协作单位、产品安装、运输、储存、销售、维修保障等各个环节的要求。为使产品满足最终顾客的需求（包括潜在需求），QFD 小组在产品的研制过程中，必须随时发现问题并及时修改质量屋，使质量屋不断地得到迭代和完善，直到四个阶段的质量屋能够很好地满足产品设计、工艺设计和生产制造等全过程的需要。

五、质量屋的全面评估

由 QFD 小组指定 1～3 人根据智慧风暴会议的讨论意见进行分析，整理出需求质量（顾客需求）展开表和质量特性（技术需求）展开表，初步建立第一阶段质量屋。

整理完的产品规划阶段质量屋递交QFD小组进行讨论、修改，应特别注意对产品的关键质量特性和竞争能力进行认真、充分地讨论和评估。质量屋的评估可从以下八个方面入手：

（1）顾客需求重要度排序与满足该需求的技术需求的重要度排序是否明显不对应。

（2）质量屋中各数据可信度如何，是否需要重新评估。

（3）修正系数的设置是否合理。

（4）在工程措施中是否有机地综合了竞争对手产品的特性。

（5）计划质量设定情况。

（6）对负相关及强相关的技术需求的处理。

（7）技术需求指标是否合理。

（8）哪些技术需求应转入下一阶段由QFD进行深入分析。

以上质量屋的评估方法是实用的，但其结果很依赖于操作者的经验。本章介绍的用亲和图法对需求进行定量分析的操作用于质量屋，也可作为一种质量屋的改良方法。此外，为了科学地构造质量屋，还有应用图论、因子分析的方法等。

第四节 QFD在制造业之外的应用

QFD除了在硬件产品开发和改进中广泛应用外，还渗透到制造业之外的广泛领域。这是因为QFD本质上是一种用矩阵展开的方法来处理目的和手段的二维关系的分析工具，在产品开发、批量生产、经营、管理、科学研究等活动中都可以发挥它的作用，因此，质量功能展开方法将适用于各种领域各种形式的工程和管理问题。

一、QFD在服务业的应用

服务与产品的生产不同，是一个无形的不可逆过程。企业通过提供这一过程满足顾客的需要，获取顾客的认可，为企业带来效益。QFD在服务业的大部分领域得以应用，背景是行业内竞争的激化。服务行业要在这样的条件下生存和发展，必须科学地规划自己的行为，不断提高服务的质量。

由于服务行业自身的特殊性，QFD的运用与在制造业中有所不同。首先，进行广泛的顾客调查，掌握顾客对服务的要求，并利用质量屋将顾客需求转换为服务的要素。其次，以服务的要素（可称为质量要素）为质量屋的“左墙”，以业务功能为“天花板”加以展开，明确为达到顾客的要求应该开展的业务及各项业务所提供的服务的具体内容，确定重要业务，为服务的改进和提高指明方向。为了把对业务的要求贯彻到服务活动中，还应考虑进行服务过程分析，找出提供服务所需的必要技术，确定重要技术，评估竞争范围内的技术水平现状，设定企业的技术水平目标。反映到业务手册中要根据顾客需求的变化及时调整业务，开发有特色的服务。

医院是一个复杂的系统，每个部门的任务是提供特定的服务，更为复杂的是每个患者所需的服务都是定制性的，前台办公室之所以是医院的关键部门，是因为它是整个组织的中心联络点，埃塞克斯大学对白杨谷医院的实证研究表明，改善前台的收付流程可以减少后台的工作量，使医院在五年内将处理付款的时间和成本减少了 65%。

为改善医院工作流程和向患者提供更为优质的服务，位于印度尼西亚日惹的一家国际医院针对“前台服务质量”这一课题运用 QFD 进行了研究。优化服务程序，以最大限度地满足患者的需求，取得成功经验后再加以标准化，可以向更多医院进行推广。

表 8－4 是他们针对患者需求做的质量屋。根据这一质量屋，明确了努力的目标，经过对目标的讨论，得出问题的关键在于安排好服务的流程。第一要务是为前台员工组织客户关系培训，其次是为紧急情况时提供设备，并确保员工准备好快速响应。

表 8－4　　前台服务质量患者需求与服务特性的质量屋

	重要度 K	提供应急设备	增加前台办公桌	提供宣传册式信息包	提供服务时间表	使用计算机系统	迅速作出反应	提供自助信息系统	定期清理前台	提供常识小册子	提供舒适的候诊室	工作人员统一着装	提供客户关系培训	提供保健知识培训	提供先进的信息技术
快速接听电话	5	5	5	0	3	5	0	3	0	3	0	0	5	3	5
准确回答患者问题	5	5	5	1	3	3	1	3	0	3	0	0	5	3	1
患者需要帮助时提供帮助	4	3	1	0	1	1	5	5	0	0	0	0	5	3	3
按照承诺提供服务	4	0	3	0	1	0	3	3	0	0	3	0	5	0	0
执行无误的管理任务	4	3	3	0	0	5	1	3	0	0	0	0	3	0	3
回应客户的任何请求	5	3	1	1	0	0	3	1	0	0	0	0	5	3	1
提供医生的坐班时间表	3	0	1	3	3	0	1	5	0	1	0	0	1	1	3
前台内美观大方	3	0	0	0	0	0	0	0	5	0	5	0	0	0	3
对待患者友好、礼貌	4	0	0	0	0	0	0	0	0	0	0	0	5	0	0
提供舒适的等候空间	2	0	0	0	0	0	0	0	5	0	5	0	0	0	0
服务人员仪表整洁	2	0	0	0	0	0	0	0	3	0	5	5	0	0	0
服务人员关注患者情况	3	3	1	0	0	0	1	0	0	0	0	0	5	5	0
能够识别客户的特定需求	3	5	0	0	0	0	1	0	0	0	0	0	5	3	0
采用先进的信息技术	3	5	0	0	0	5	0	5	0	0	0	0	0	0	5

资料来源：Anjar Priyono, Andina Yulita, “Integrating Kano Model and Quality Function Deployment for designing service in hospital front office”, *Intangible Capital*, Vol. 13, No. 5, 2017, P. 924.

可通过 QFD 将顾客的要求进行排序，与竞争对手比较，以决定如何行事。优化服务，得到最大的竞争优势，并避免将有限的财力、时间和人力用于顾客并不需要的地方，或自己已遥遥领先的地方。

在国防工业系统，洛克威尔公司下属的柯林斯航电与通信部，主要负责向政府和军方提供产品。为了更好地满足顾客要求，管理层曾确定了一项关键服务指标——顾客设备平均定期修理时间。为更好地贯彻这一指标，其服务中心组建 QFD 小组，进行综合调研，以改进自己的服务。通过 QFD 的分析发现，该指标与顾客要求无关，公司为此调整了业务，节约了大量经费。

二、QFD 在软件开发中的应用

在计算机软件开发中，QFD 技术也将发挥重要的作用。

（1）软件需求分析。运用 QFD 从用户对软件的需求出发进行展开，使分析过程可视化、需求分析充分化、需求项目层次化。在软件能力成熟度模型（capability maturity model for software，CMM）中，也提出了利用 QFD 进行顾客需求分析的思想。

（2）软件结构设计。建立功能与数据的关系矩阵，进行软件结构的分析和层次展开，以避免软件结构设计的主观性。提高软件的结构化程度也可以建立软件需求——软件结构要素矩阵，进行软件总体设计方案分析。

（3）软件测试。在软件需求分析质量屋的基础上，进行功能测试计划的演绎展开，应用抽样检查的方法设计测试用例，根据情景发生的概率确定设计用例的分布和数量，提高测试的覆盖率。根据软件结构设计质量屋进行结构测试（白盒测试）用例的演绎展开。

（4）质量保证。根据以上需求分析、软件设计和软件测试三个阶段的质量屋进行质量保证要求的演绎展开。

在软件需求的开发方面，QFD 是一个得力工具。通过对顾客需求的广泛深入调查，找出顾客对软件的要求，以便确定软件功能需求、接口需求、数据需求、软/硬件环境需求、人机界面需求等，作为软件设计的依据。对大型软件系统来说，这一点尤为必要。

摩托罗拉公司在《QFD 在转变经营方向时的适应性——应用于产品实现系统》一文中，阐述了其在“制造控制系统”（manufacturing control system，MCS）开发中对 QFD 的应用。MCS 是摩托罗拉公司下属的兰德（Land）移动产品部的主要生产过程控制软件，它覆盖了八个主要模块，从工程开发数据、市场规划、采购和存货控制、库房原料控制、生产数据与计划、系统化的工厂管理、装运一直到财会，还有一些必要的附属功能，是一个大型的软件系统。为了在新一代 MCS 开发中更好地满足顾客要求，攻关小组应用了 QFD 方法。小组对顾客进行了广泛的调查，得出的顾客需求高达 2700 项。在此基础上加以整理，分析 MCS 的结构方案。

三、QFD 在管理领域的应用

QFD 在管理领域的应用方式很灵活，其中一个通用模式是：从工作环境入手确定管理的目标和要求，作为顾客需求，逐级推导各管理层应承担的职责，把责任落实到人，并确定相应的检查和验证措施，确保任务完成。图 8－8 为用于策略规划的 QFD 的框架。

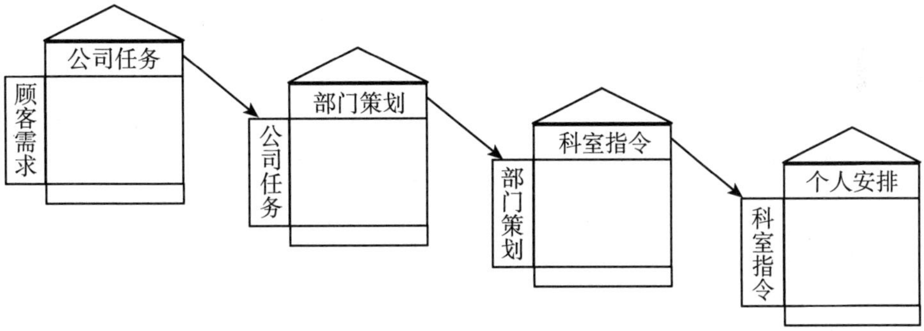

图 8－8　用于策略规划的 QFD 框架

资料来源：邵家骏，《质量功能展开》，机械工业出版社 2004 年版，第 18 页。

QFD 本身原理简单，但却包含了大量管理技术的应用，如价值工程和价值分析、矩阵图、系统图、亲和图、水平对比法、层次分析法、市场调查和用户访问技术等。它通过系统对应地展开，并将大量的管理技术有机地融为一体。所以，质量机能展开与其说是一种方法，倒不如说它是一种系统管理的思想在产品（服务）开发中的体现更为贴切。

本章小结

本章对质量机能展开的产生、发展与推广进行了简单的介绍，阐述了质量机能展开的原理和质量屋的结构，对质量机能展开的工作程序进行了详细介绍，最后讨论了质量机能展开在制造业之外的应用。质量机能展开是一种思想，一种产品开发和质量保证的方法论，其核心内容是需求转换，在产品或服务设计的时候将顾客需求向技术需求转换，质量屋是其表现形式。由于其本质是一种利用矩阵展开的方法来处理目的和手段的二维关系的分析工具，因此该方法可适用于各种领域中，且目前在各行各业中被广泛应用。

本章重要术语

质量机能展开	质量屋	质量特性	团队工作法
基本型需求	期望型需求	兴奋型需求	KANO 模型

第九章

质量数据的统计处理

【学习目标】

通过本章的学习，能够充分理解质量数据统计处理的重要性，清楚数据统计和处理的作用，熟练掌握质量统计的工具和计算方法，能够独立进行假设检验或建立回归方程进行检验。

【引导案例】

三鹿奶粉事件

2000年，中国经济的迅速发展使乳制品市场快速发展，且因消费群体庞大，更可划分为高、中、低三个消费层次。为了调节中国市场供应与需求，除了从日本、新西兰等国进口将近30万吨乳制品以满足高、中消费阶层的需要外，中国绝大多数消费群体，包括婴幼儿，还是以中国自主生产的产品为主。

在此因素下，知名品牌三鹿顺势推出一袋18元人民币（约3美元），不到进口奶粉一半价格的婴幼儿配方奶粉以应付大规模的市场需要，从而成为中国重要且知名的婴幼儿奶粉品牌，多年蝉联中国自制乳品市场的首位。但因为需求甚殷，价格竞争等因素，公司与政府均漠视生产流程及质量管控，终于爆发此次事件。虽然经相关单位调查后认为该污染事件应由乳品收购站负主要责任，并逮捕相关当事人。不过，也有人质疑，此次毒奶粉事件是三鹿集团为抢夺国内农村市场，降低成本偷工减料衍生出来的。

事件起因是很多食用三鹿集团生产的婴幼儿奶粉的婴儿被发现患有肾结石，随后在其奶粉中发现化工原料三聚氰胺。根据我国官方公布的数字，截至2008年9月21日，因使用婴幼儿奶粉而接受门诊治疗咨询且已康复的婴幼儿累计39965人，正在住院的有12892人，此前已治愈出院1579人，死亡4人，另截至9月25日，香港有5人、澳门有1人确诊患病。

事件引起各国的高度关注和对乳制品安全的担忧。原中国国家质检总局公布对国内乳制品厂家生产的婴幼儿奶粉中三聚氰胺的检验报告后，事件迅速恶化，包括伊利、蒙牛、光明、圣元及雅士利在内的22个厂家的69批次产品中都检出三聚氰胺。该事件亦重创了中国制造商品的信誉，多个国家禁止了中国乳制品进口。9月24日，中国国家质检总局表示，事件已得到控制，9月14日以后新生产的酸乳、巴氏杀菌乳、灭菌乳等主要品种的液态奶样本中均未检出三聚氰胺。

食品安全问题越来越受到广大消费者的关注，因此对食品质量的抽查也越来越重要，那么应采用什么样的方法对食品进行抽查？根据抽查的食品样本应该如何推断总体食品的质量？

（资料来源：许世卫，《中国乳制品消费特征与市场重振措施》，载于《中国乳业》2009年第11期，作者有改编。）

质量数据的统计处理能够从整体上反映和分析事物数量特征，观察事物的本质和发展规律，做出正确的判断。例如，只有对大量的生育人口进行观察才能得出男孩、女孩的出生比例，若只对个别家庭观察是很难得出这一结论的。质量数据的统计处理，从宏观上看，是国家宏观调控和管理的重要工具；从微观上看，是企业管理与决策的依据。日常生活中，统计也可以宣传群众、教育群众。

质量数据的统计处理是进行科学研究的重要方法。通过数字揭示事物在特定时间方面的数量特征，以便对事物进行定量乃至定性分析，从而做出正确的决策。正因如此，统计信息越来越多地和其他信息结合在一起，如情报信息、商品信息等。而诸如此类信息，以统计数字显示或以统计数字为依据，可利用程度大为提高。数据统计是互联网传媒行业或其他操作流程的数据统计的统称。历史资料、科学实验、检验、统计等所获得的数值，以及对用于科学研究、技术设计、查证、决策等的数值加以统计，为解决方案做前期准备。

第一节 统计的作用

一、统计的主要内容

统计（statistics）是将原始数据整理转化为二次加工数据或信息的一个过程，是指对某一现象有关的数据的搜集、整理、计算、分析、解释、表述等的活动。

统计一词起源于国情调查，最早意为国情学。一般来说，统计包括三个含义：统计工作、统计资料和统计科学。

统计工作，指利用科学的方法搜集、整理、分析和提供关于社会经济现象数量资料的工作的总称，是统计的基础，也称统计实践或统计活动，是在一定统计理论指导下，采用科学的方法搜集、整理、分析统计资料的一系列活动过程。它是随着人类社会的发展、治国和管理的需要而产生与发展起来的，至今已有四五千年的历史。现实生活中，统计工作作为一种认识社会经济现象总体和自然现象总体的实践过程，一般包括统计设计、统计调查、统计整理和统计分析四个环节。

统计资料，指通过统计工作取得的、用来反映社会经济现象的数据资料的总称。统计工作所取得的各项数字资料及有关文字资料，一般反映在统计表、统计图、统计手册、统计年鉴、统计资料汇编和统计分析报告中，也称统计信息，是反映一定社会经济现象总体或自然现象总体的特征或规律的数字资料、文字资料、图表资料及其他相关资料的总称。包括刚刚调查取得的原始资料和经过一定程度整理、加工的次级资料，其形式有统计表、统计图、统计年鉴、统计公报、统计报告和其他有关统计信息的载体。

统计科学，也称统计学，是统计工作经验的总结和理论概括，是系统化的知识体系，是研究如何搜集、整理和分析统计资料的理论与方法。统计学是应用数学的一个分支，主要通过利用概率论建立数学模型，收集所观察系统的数据进行量化分析、总结，进而进行推断和预测，为相关决策提供依据和参考。它被广泛地应用于各门学科，从物理和社会科学到人文科学，甚至被用在工商业及政府的情报决策之上。

统计工作、统计资料、统计科学三者之间的关系是：统计工作的成果是统计资料，统计资料和统计科学的基础是统计工作，统计科学既是统计工作经验的理论概括，又是指导统计工作的原理、原则和方法。原始的统计工作即人们收集数据的原始形态已经有几千年的历史，而它作为一门科学，开始于 17 世纪。英语中统计学家和统计员是同一个单词，但统计学并不是直接产生于统计工作的经验总结。每一门科学都有其建立、发展的客观条件，统计科学则是统计工作经验、社会经济理论、计量经济方法融合、提炼、发展而来的一种边缘性学科。

二、统计对质量判断的意义

伴随着生产力的进步，公司最有价值的资产是数据这一观点备受赞同。数据统计的价值在企业中也占有越来越重要的地位。特别是在制造业企业的生产线中，数据直接反映了产品生产的真实情况。统计与概率技术是获得数据信息的基础，在质量管理中发挥了重要作用。

1. 质量管理的依据

产品的质量取决于技术进步，但是在技术攻关，推广新技术、新工艺、新材料的同时，不能忽视管理对产品质量的影响，管理必须适应生产的需要。要提高企业的管理水平，必须要有健全的规章制度，对质量水平和工作水平有动态的及时的了解。产品的质量如何，员工的工作质量如何，都要通过统计来完成。多层次、多层面的统计结果可以作为奖惩的依据和产品质量水平判定的依据。要做到随时监控产品质量，使产品质量处于动态管理之中，保证产品质量的稳定性。及时有效的统计工作，可以避免传统管理手段中事后把关的弊端，把可能发生的问题消灭在生产过程中。把质量控制融于生产过程中可以节约时间，有助于发现问题、解决问题。

2. 质量信息反馈的依据

质量检验的职能包括：判断产品是否合格；向领导、生产部门及供应商反馈质量信息，并与有关部门一起对数据进行分析；实行质量监督。信息的来源是数据，而大量的无规律的数据不能对工作有帮助，必须通过统计手段加工、分析、整理。统计方法的实质就是要用符合事实的数据来判断事物并采取相应的措施。数据经过统计后可以变成信息反馈给领导部门，作为决策的依据；反馈给生产部门，对产品质量和生产进度有及时的动态的了解，使生产处于稳定状态；反馈给供应商可以作为进厂原材料质量的判定依据。没有统计就没有信息反馈，也就没有正常稳定的生产。

3. 对关键工序的能力加以控制

所谓工序就是在一个工作地上，一个或几个工人对一定的劳动对象进行连续加工的生产活动。而关键工序是对产品质量有重大影响的工序。由于关键工序对产品质量的重要性，因此应对它的工序能力加以控制。工序能力就是工序能够稳定生产合格品的能力。关键工序的工序能力能够直接影响产品的质量，影响产品质量的稳定性。由于对产品质量的要求，在生产实际中我们每月对关键工序能力指数加以评定，使关键工序的工序能力处于相对稳定状态。工序能力指数为 C_p，当 $C_p > 1.33$ 时，表明工序能力很充分；当 $1.33 > C_p > 1$ 时尚可，需要加以控制；当 $C_p < 1$ 则表明工序能力不足，工序质量得不到保证。这时我们必须及时查找原因，解决问题，使工序能力恢复到正常水平，保证产品质量的稳定性。通过工序能力测试和验证，确切掌握工序质量状况和水平，以确保工序加工质量，预防不合格品的产生。而这些工作都是建立在统计的基础之上的，没有统计的手段就无法对关键工序的能力加以控制。

4. 对入厂原材料的质量进行监督

要想生产出合格的产品，原材料的质量是至关重要的，而采购的原材料，有一些在工厂中是不具备检验手段的，必须先进行小批量生产，验证其质量，即工艺验证。工艺验证的过程就是收集数据的过程，它通过对数据的提取、加工、收集、分析并通过统计手段与以前同样原材料的数据进行对比，保证原材料的质量不低于前期水平。通过统计使工艺验证除了判定原材料是否合格外，还可以保证原材料质量的稳定性。

5. 分析不合格品的主要原因并加以控制

根据不合格品特征，对不合格品加以分类并进行统计，找出产生不合格品的主要项，对产生不合格品的主要原因、机理加以分析，找出其中的主要原因，对症下药，降低不合格品率，提高产品质量，从而降低成本。

通过上述统计在质量管理中的应用可以发现，不同的企业对统计的应用是不同的，但是，随着管理水平的不断提高，科学化、规范化的管理更加需要统计作为基础。总之，统计在现代企业的生产中正扮演着越来越重要的角色，广泛的应用统计及统计信息也是现代管理的手段之一，它正改变着我们的生活和工作。无论是质量管理，还是企业的日常运行，都需要使用统计技术。在全面质量管理体系中，不使用统计技术，质量体系就不会有效地运行，更无法提高产品质量。2000 版 ISO 9000 标准也明确将“统计技术”提升为质量管理体系的“基础”，可见统计技术在产品质量管理中是否被恰当应用，将成为质量管理成败的关键。

在工作实践中，我们通常采用统计技术对产品质量控制活动进行跟踪记录、搜集数据、抽样检验及质量分析，通过识别症状，分析原因，寻求对策，促进问题的解决。

第二节　质量数据的收集与整理

一、质量数据的收集

1. 质量数据的类型

在质量管理实施的过程中，需要不断与数据打交道，需要不断依据数据作出决策，需要处理形形色色的数据。但是从统计的角度来说，这些测量数据可以分为两种基本类型，即连续型数据和非连续或离散型数据。

（1）连续型数据。用连续坐标进行测量并得出的数据是连续型数据，也称计量值数据。或者说，用测量仪器测量出的可以连续取值的数据类型，是连续型数据，如长度、温度和湿度等。连续型数据的特点是，测量数据可以比较敏感地反映过程的变化，包含的信息丰富。在对过程进行统计分析时，可以用较少的样本量获得分析结论。但一般来说，连续型数据对测量手段的要求较高或测量成本较高。

（2）非连续型数据。非连续型数据或离散数据，也称计数数据。如合格/不合格、通过/失败、是/否、接受/不接受、出席/缺席、好/坏以及缺陷个数等。非连续型数据在反映过程变化方面不如连续数据那样敏感。在对过程进行统计分析时，往往需要较大的样本量或较长的测量周期才能得出分析结论。但一般来说，非连续数据对测量手段和测量精度的要求不高，测量成本也比较低。

在测量时，区分连续型数据还是离散型数据是十分重要的。项目团队应根据项目的具体情况，确定采用适当的数据类型。一般来说，在收集测量数据时，应尽可能采用连续型数据，以便提供尽可能多的可用于过程改进的信息。

2. 统计数据的取样方法

在生产过程中，我们是不太可能对一批产品的全部个体进行质量信息的收集和检验的，特别是需要破坏性实验时，也不会为了检验某一道工序的生产状况而对所有的产品进行质量检测。此时我们就用到了抽样检测的方法。即从一整批产品中随机抽取一定数量的样品进行测试，将样品测试结果组成样本数据，然后通过对样本数据的分析来推断整批产品的质量，这就是统计推断。

总体即为“母体”，是所研究对象全体。组成总体的每一个单位称为个体。总体中所包含的个体数量称为总体容量，常用符号 N 表示。

在质量管理过程中，所研究的对象是产品的质量，质量的好坏则是通过对质量特征值（质量数据）的研究而得到的。因而，总体是每一个个体的质量数据的总和。例如，为了研究一批产品的好坏，那么被研究的“该道工序或该批产品”的某个质量特性值的全体就是一个总体。总体的个体数量有限时，我们称之为有限总体，总体的个体数量无限时，我们称之为无限总体。

样本即为“字样”，是由从总体中抽取出来的部分个体组成。样本中个体数量的多少被称为样本容量，常用 n 表示。通常，用 X_1，X_2，…，X_n 表示总体中抽取的样本，用 x_1，x_2，…，x_n 表示样本数据，即为样本观测值。

在质量管理中，我们通过对样本数据的研究来推断总体的状况，这是统计控制和统计推断所必需采取的措施。但取得的样本必须对总体具有代表性，才能使控制和推断的误差较小，这就需要采用随机抽样的方法。所谓随机抽样，即从总体中抽取一定数目的个体作为样本时，每个个体被选为样本的概率相同，这样能够使样本数据更具有代表性。随机抽样能有效避免主观性导致的倾向性误差（系统误差），使得样本资料能够用来有效地估计和推断总体的数量特征，并通过计算抽样误差说明估计结果的可靠程度。

常用的随机抽样方法有：简单随机抽样、系统随机抽样、分层随机抽样和整群随机抽样等。

（1）简单随机抽样。简单随机抽样是最基本的一种概率抽样，即指总体中的每一个个体被抽到的机会是相同的。在简单随机样本中，X_1，X_2，…，X_n 是相互独立的随机变量，并且与总体有相同的概率分布。简单随机变量可以通过重复从总体中随机抽取得到。显然，有放回地随机抽取得到的样本是简单随机抽样；无放回地随机抽取得到的样本，只要样本容量 n 相对于总体容量 N 来说很小，就可以近似地看作一个简单随机样本。简单随机抽样必须满足的两个基本条件：一是等可能性，是指总体中的每个个体有同等机会被抽到。若总体有 N 个个体，每个个体被抽到的概率为$\frac{1}{N}$；二是独立性，是指每次抽样是相互独立的。

常用的简单随机抽样的方法有：①抽签法。将总体每个个体编上序号（1，2，…，N），并把号码写在结构均匀的签上，若有 N 个个体，就应该有 N 个签。②滚球法。③随机数表法。这种方法需要利用随机数表，该表上数字的出现及其排列是随机形成的。0～9 这 10 个数字的概率均为$\frac{1}{10}$，而且由表上组成的各种多位数（如二位数、三位数等），也大体有相同的机会出现。

（2）系统随机抽样。系统随机抽样也称机械随机抽样或等距随机抽样，即将总体单位按某一标志（如时间）排序，然后按一定间隔来随机抽取样本单位。

系统随机抽样的优点是实施方便，同时能够保证样本对总体的代表性，适合大批量生产的流水线上产品的抽查；缺点是若总体单位排序后呈现一定的规律性甚至周期性，而抽样间隔的周期正好与之吻合，依赖于这样排列的系统抽样就会产生系统性的偏差。

（3）分层随机抽样。分层随机抽样也称为类型随机抽样，即先将总体按某些重要的标志分成互不交叉重叠的若干层，然后在各层中采用简单随机抽样或其他抽样方式抽取若干个样本单位，由各层的样本单位组成一个样本。

分层随机抽样的优点是样本代表性好，抽样误差小；缺点是抽样手续较烦琐。这种方法常适用于产品质量的验收。

（4）整群随机抽样。整群随机抽样也称集团随机抽样，即在总体中，不是抽取个别样品，而是随机抽取整群的产品。这种方法是先将总体按某个标志（企业、车间、班组、工序或一段时间内生产的一批零件等）分成若干群，然后随机地抽取若干群，并由抽中的群中的所有个体组成样本。

整群随机抽样的优点是抽样实施比较方便；缺点是由于样本只是来自个别几个群，而不能均匀地分布在总体中，因而代表性差，抽样误差大。这种抽样方法常用于工序控制中。

二、质量数据的整理方法

1. 质量数据的整理与直方图

直方图（histogram），是用一系列宽度相等、高度不等的矩形来表示数据分布的图。矩形的宽度表示数据范围的间隔，矩形的高度表示在给定间隔内数据出现的次数（频数）。

在质量管理中，如何预测并监控产品质量状况？如何对质量波动进行分析？直方图就是一目了然地把这些问题图表化处理的工具。它通过对收集到的貌似无序的数据进行处理，来反映产品质量的分布情况，判断和预测产品质量及不合格率。

直方图又称质量分布图，它是表示资料变化情况的一种主要工具。用直方图可以解析出资料的规则性，比较直观地看出产品质量特性的分布状态，对于资料分布状况一目了然，便于判断其总体质量分布情况。在制作直方图时，牵涉统计学的概念，首先要对资料进行分组，因此如何合理分组是其中的关键问题。按组距相等的原则进行的两个关键数位是分组数和组距。直方图是一种几何形图表，是根据从生产过程中收集来的质量数据分布情况画成以组距为底边、以频数为高度的一系列连接起来的直方型矩形图。

【例9-1】观测某射击选手50次射击的环数，数据如表9-1所示。

表9-1　　射击环数情况

次数	环数									
1~10次	7.8	5.8	7.8	6.2	7.3	8.7	9.5	4.0	5.2	7.3
11~20次	8.1	5.5	8.5	7.8	9.6	6.2	6.8	8.9	6.6	8.2
21~30次	9.1	6.7	8.4	5.1	7.4	7.2	6.2	7.8	6.6	6.6
31~40次	7.8	9.2	7.4	5.8	7.9	8.1	8.4	7.4	8.3	7.8
41~50次	8.1	5.8	6.8	7.5	6.9	8.3	6.5	8.4	7.2	8.7

资料来源：孙毅，《大学数学——随机数学》，高等教育出版社2014年版，第147页，作者有改编。

以上述资料为依据，推断该选手 50 次射击环数的分布类型。

解：样本观测值中最小值 $a=4.0$，最大值 $b=9.6$，取 $a_0=4.0$，$a_m=10.0$。将区间［4，10］等分为 6 个小区间，区间长度为 1，计算样本观测值落入各小区间的频数与频率，如表 9－2 所示。

根据表 9－2 画出频率直方图（如图 9－1 所示），由直方图可见，该选手 50 次射击环数近似服从正态分布。

表 9－2　统计结果

区间	频数	频率
［4，5］	1	1/50
（5，6］	6	6/50
（6，7］	11	11/50
（7，8］	15	15/50
（8，9］	13	13/50
（9，10］	4	4/50

资料来源：孙毅，《大学数学——随机数学》，高等教育出版社 2014 年版，第 148 页，作者有改编。

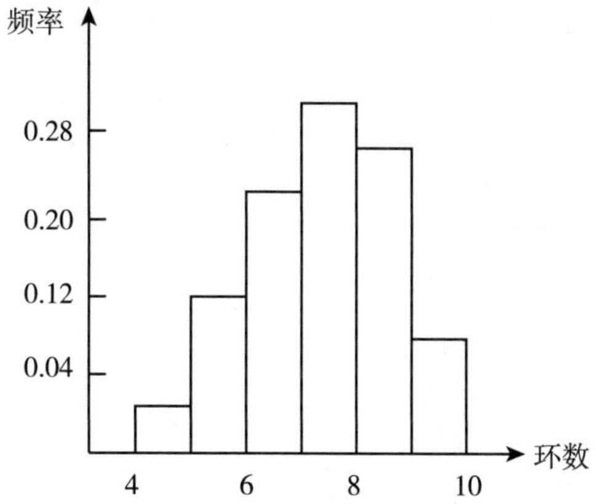

图 9－1　频率分布直方图

资料来源：孙毅，《大学数学——随机数学》，高等教育出版社 2014 年版，第 148 页，作者有改编。

这样，从直方图就可以看出一些比较深入的内在规律，而这些从原始数据中是无法直接观察到的。

2. 质量数据的整理与条形图

条形统计图是用一个单位长度表示一定的数量，根据数量的多少画成长短不同的直条，然后把这些直条按照一定的顺序排列起来。从条形统计图中很容易看出各种数量的多少。条形统计图一般简称条形图，也叫长条图或直条图。条形统计图是用条形的长短来代表数量的多少，便于比较。条形统计图又分为单式条形统计图和复式条形统计图，复式条形统计图用多种数据组成，用不同颜色标出。

对于质量数据而言，其整理方法是列出样本数据的一切可能取值，并统计样本中每一可能值的个数，即频数，并计算频率，列出频数频率分布表。

【例 9－2】某企业生产某种型号的灯泡，以 100 个为一批进行质量检查，记录每批产品中的不合格品数，其一切可能取值为 0，1，2，…，100。共检了 500 批次，将其结果列于频数及频率分布中（如表 9－3 所示）。

为了直观起见，常常用条形图来描述质量数据的分布规律。〖例 9－2〗的条形图如图 9－2 所示。注意，条形图与直方图不同，它是由互不相邻的矩形组成，矩形的宽度没有意义，适用于质量数据。

表 9－3　　频数统计

不合格数	频数（批数）	频率（%）
0	70	14
1	80	16
2	160	32
3	90	18
4	50	10
5	20	4
6	15	3
7	10	2
8	5	1
合计	500	100

资料来源：陈国铭，《统计质量控制实用指南》（第二版），中国石化出版社 2009 年版，第 16 页，作者有改编。

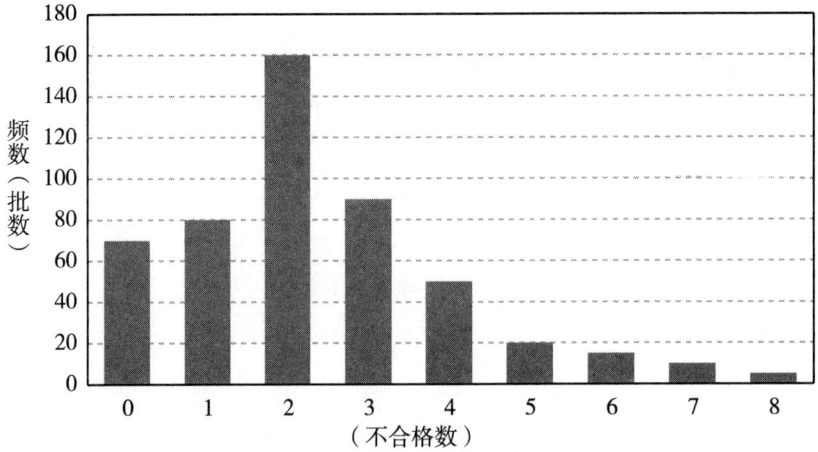

图 9－2　产品质量不合格品数统计

资料来源：陈国铭，《统计质量控制实用指南（第二版）》，中国石化出版社 2009 年版，第 16 页，作者有改编。

三、质量数据的处理方法

在上一节介绍的频数分布可以比较全面直观地反映收集数据的大致情况，但是我们需要对数据做进一步的分析处理，进而得到数据分布的某些特征量，如产品的平均寿命、质量特性值的波动等，这时就需要用到统计量。在质量管理中常用统计量来估计产品质量的某些特征。

常用的统计量主要有两类：一类是反映样本数据集中程度的特征量，如样本平均值、样本中位数等；另一类是反映样本数据离散程度的特征量，如样本极差、样本标准差、样本方差等。

1. 样本数据集中程度特征量

（1）样本均值：即为样本的均值。均值是表示一组数据集中趋势的量数，是指在一组数据中所有数据之和再除以这组数据的个数。它是反映数据集中趋势的一项指标。

设 n 个样本测定值为 x_1，x_2，…，x_n 则样本平均值为：

$$\bar{x} = \frac{1}{n}\sum_{i=1}^{n} x_i$$

（2）样本中位数。样本中位数是一个数。当 X 为向量时，先把 X 的元素由小到大排列，然后在新排成数组中：n 为奇数时取$\frac{n+1}{2}$个元素；n 为偶数时取第$\frac{n}{2}$与$\frac{n}{2}+1$个元素的平均值，作为样本中位数。

在实际应用中，要根据不同的研究目的和不同的数据分布特征来选择均值或中位数作为集中趋势的代表值。一般地，当数据呈现对称钟形分布或近似对称钟形分布时，均值与中位数是一致的，应当选择均值作为数据集中趋势的代表值。因为，均值综合了每一个样本数据所提供的信息，这就使得计算结果具有较高的代表性，而且均值具有各样本数据与其离差平方和最小的良好数学性质。但当数据分布的偏斜度较大（出现极端值情况）时，均值容易受到极端数据的影响，不能很好地反映样本数据的集中趋势，应该选择中位数作为集中趋势的代表值。

2. 样本数据离散程度特征量

（1）样本极差。样本极差是样本数据中最大值与最小值的差，记为 R。若记排序后的样本测定值为 $x_1 \leqslant x_2 \leqslant \cdots \leqslant x_n$，则 $R = x_n - x_1$。

极差计算简单，但是对样本信息的利用不够，且容易受到极端数据的影响。

（2）样本方差。为了充分利用样本数据，常用样本方差表示数据的波动。它是样本数据集中所有观测值的离差平方和的“平均值”，记为 s^2。

$$s^2 = \frac{1}{n-1}\sum_{i=1}^{n}(x_i - \bar{x})^2$$

方差以均值为中心，提取了全部样本数据中的离差信息，这就使得它在反映离散程度方面更加全面，而且均值具有各个样本数据与其离差平方和为最小的性质，也保证了方差在说明均值代表性方面的良好性质。一般地，样本方差 s^2 越大则样本数据的分散程度越高。样本方差算式中的分母是 $n-1$ 而非 n，是为了从数学上得到较好的总体方差估计量，也称为自由度。

（3）样本标准差。样本方差的量纲与数据的原始量纲不同，它是原始量纲的平方，所以在实际应用时常常用其算术根，称为样本标准差，记为 s。

$$s = \sqrt{\frac{1}{n-1}\sum_{i=1}^{n}(x_i - \bar{x})^2}$$

四、质量数据的概率分布

概率分布是指将随机变量在总体中的取值与其发生的概率二者相联系的数学模型。例如，我们可以把活塞环直径看成是一个随机变量，它根据某种随机机制在总体中取不同的值，而活塞环直径的概率分布则描述了活塞环直径在总体中取任一值的概率。在质量管理中，常见的离散概率分布有超几何分布、二项分布与泊松分布等，常见的连续概率分布有正态分布等，现结合质量管理中的应用分别对其进行介绍。

1. 超几何分布

超几何分布是统计学上一种离散概率分布。它描述了由有限个物件中抽出 n 个物件，成功抽出指定种类的物件的次数（不放回）。之所以称为超几何分布，是因为其形式与超几何函数的级数展式的系数有关。超几何分布的期望值和方差分别为：

$$E(X) = np$$

$$D(X) = nP(1-P) \times \frac{N-n}{N-1}$$

产品抽样检查中经常遇到一类实际问题，假定在 N 件产品中有 M 件不合格品，即不合格率 $P=\frac{M}{N}$。在产品中随机抽 n 件做检查，发现 k 件不合格品的概率为 $P(X=k)=\frac{C_M^k \cdot C_{N-M}^{n-k}}{C_N^n}$，$k=0$，1，2，…，min $\{n, M\}$。C_b^a 为古典概型的组合形式，a 为下限，b 为上限，此时我们称随机变量 X 服从超几何分布（hypergeometric distribution）。在学习超几何分布时，需要注意的是：

（1）超几何分布的模型是不放回抽样。

（2）超几何分布中的参数是 M、N、n，上述超几何分布记作 $X \sim H(n,N,M)$。

【例 9－3】 在一个口袋中装有 40 个球，其中有 15 个红球，其余为白球，这些球除颜色外完全相同。游戏者一次从中摸出5个球，摸到至少4个红球就中一等奖，那么获一等奖的概率是多少？

解： 由题意可见此问题归结为超几何分布模型。

其中 $N=40$，$D=15$，$n=5$。$P(\text{一等奖})=P(X=4)+P(X=5)$

由公式 $P(X=k)=\dfrac{C_D^k \cdot C_{N-D}^{n-k}}{C_N^n}$，$k=0,1,2,\cdots$，得：

$$P(X=4)=\frac{C_{15}^4 \cdot C_{25}^1}{C_{40}^5}$$

$$P(X=5)=\frac{C_{15}^5 \cdot C_{25}^0}{C_{40}^5}$$

$$P(\text{一等奖})=119/2109$$

2. 二项分布

二项分布就是重复 n 次独立的伯努利试验。在每次试验中只有两种可能的结果，而且两种结果发生与否互相对立，并且相互独立，与其他各次试验结果无关，事件发生与否的概率在每一次独立试验中都保持不变，则这一系列试验总称为 n 重伯努利实验，当试验次数为1时，二项分布服从0－1分布。

二项分布计算公式：

$$P(X=k)=C_n^k P^k(1-p)^{n-k}=b(k;n,p)$$

$$(k=0,1,2,\cdots,\text{n})$$

【例9－4】 某企业生产一批产品，不合格率为0.03。现从生产的一批产品中随机抽取3个进行检测，求样本中不合格产品个数的概率分布。

解： $n=3$，$p=0.03$

$$P(X=0)=C_3^0(0.03)^0(0.97)^3=0.912673$$

$$P(X=1)=C_3^1(0.03)^1(0.97)^2=0.084681$$

$$P(X=2)=C_3^2(0.03)^2(0.97)^1=0.000297$$

$$P(X=3)=C_3^3(0.03)^3(0.97)^0=0.000081$$

3. 泊松分布

泊松分布的参数 λ 是单位时间（或单位面积）内随机事件的平均发生率。泊松分布适合于描述单位时间内随机事件发生的次数。泊松分布的期望和方差均为 λ（见图9－3）。

泊松分布的概率函数为：

$$P(X=k)=\frac{\lambda^k}{k!}e^{-\lambda}，k=0,1,\cdots,n$$

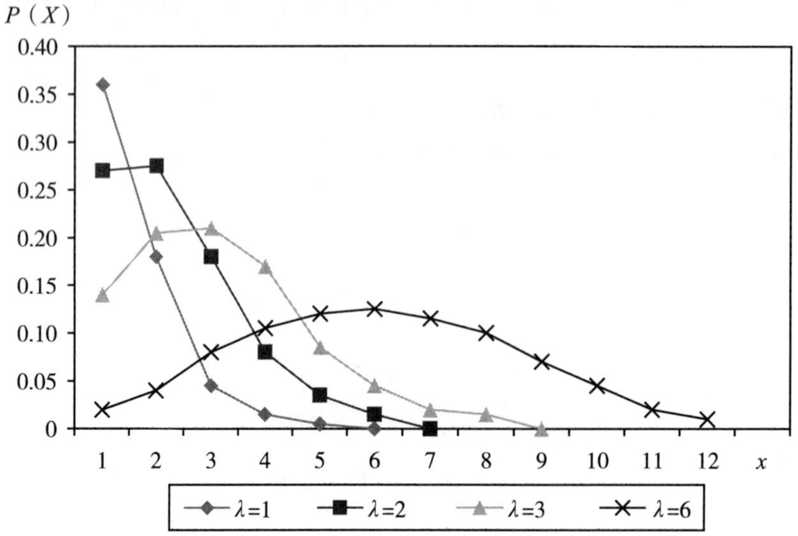

图 9-3 泊松分布随 λ 变化情况

资料来源：孙毅，《大学数学——随机数学》，高等教育出版社 2014 年版，第 306 页，作者有改编。

【例 9-5】 采用阳光照射小麦时，每个细胞平均每小时产生 4 个线粒体。实际上每个线粒体的分布是服从泊松分布的，每个细胞每小时产生 2 个线粒体就表示该小麦线粒体产生速度指标正常，求该小麦指标正常的概率。将取如下形式：

$$P(0)=e^{-4}=0.0183$$

$$P(1)=\frac{4}{1!}e^{-4}=0.0733$$

$$P(2)=\frac{4^2}{2!}e^{-4}=0.1465$$

$$P(3)=\frac{4^3}{3!}e^{-4}=0.1954$$

……

$$\begin{aligned}\text{小麦指标正常的概率} &= P(2)+P(3)+\cdots+P(n)\\ &=1-P(0)+P(1)\\ &=1-0.0183-0.0733\\ &=0.9084\end{aligned}$$

4. 正态分布

若随机变量 X 服从一个数学期望为 μ、方差为 σ^2 的正态分布，记为 N（μ，σ^2）。其概率密度函数为正态分布的期望值 μ 决定了其位置，标准差 σ 决定了分布的幅度。当

$\mu=0$，$\sigma=1$ 时，正态分布是标准正态分布。

由于一般的正态总体其图像不一定关于 y 轴对称。只要会用它求正态总体在某个特定区间的概率即可。为了便于描述和应用，常将正态变量作数据转换，将一般正态分布转化成标准正态分布。

若 $X\sim N(\mu,\sigma^2)$，$Y=\dfrac{X-\mu}{\sigma}\sim N(0,1)$服从标准正态分布，通过查标准正态分布表①就可以直接计算出原正态分布的概率值，故该变换被称为标准化变换。

若随机变量 X 服从一个位置参数为 μ、尺度参数为 σ 的概率分布，且其概率密度函数为：

$$f(x)=\frac{1}{\sqrt{2\pi}\sigma}e^{-\frac{(x-\mu)^2}{2\sigma^2}}$$

则这个随机变量就称为正态随机变量，正态随机变量服从的分布就称为正态分布，记作 $X\sim N(\mu,\sigma^2)$读作 X 服从 $N(\mu,\sigma^2)$，或 X 服从正态分布。

μ 维随机向量具有类似的概率规律时，称此随机向量遵从多维正态分布。多元正态分布特征明显，例如，多元正态分布的边缘分布仍为正态分布，它经任何线性变换得到的随机向量仍为多维正态分布，特别是它的线性组合为一元正态分布。

当 $\mu=0$，$\sigma=1$ 时，正态分布就成为标准正态分布，其概率密度为：

$$f(x)=\frac{1}{\sqrt{2\pi}}e^{-\frac{x^2}{2}}$$

$$f(\mu-\sigma,\ \mu+\sigma)=68.26\%$$

$$f(\mu-2\sigma,\ \mu+2\sigma)=95.46\%$$

$$f(\mu-3\sigma,\ \mu+3\sigma)=99.73\%$$

【例 9-6】某商品重量符合正态分布，其均值为 $\mu=3.0$ 千克，方差为 $\sigma^2=0.2$ 千克。现购买厂家要求产品质量不低于 2.5 千克，问购买该种产品能满足厂家要求的概率为多少？

解：满足厂家要求的概率为：

$$P\{X\geqslant 2.5\}=1-P\{X\leqslant 2.5\}$$

应用标准变换，可求得：

$$P\{X\leqslant 2.5\}=P\left\{Z\leqslant\frac{2.5-3.0}{0.2}\right\}=P\{Z\leqslant -2.5\}=1-\Phi(2.5)$$

则：

$$P=\{X\geqslant 2.5\}=1-[1-\Phi(2.5)]=0.99379$$

---

① 标准正态分布表中列出了标准正态曲线下从 $-\infty$ 到 X（当前值）范围内的面积比例。

第三节　假设检验与回归模型

一、过程参数的估计

参数估计（parameter estimation）是根据从总体中抽取的样本估计总体分布中包含的未知参数的方法。人们常常需要根据手中的数据分析或推断数据反映的本质规律。即根据样本数据如何选择统计量去推断总体的分布或数字特征等。统计推断是数理统计研究的核心问题。所谓统计推断是指根据样本对总体分布或分布的数字特征等作出合理的推断。

一个反映质量特性的随机变量，一般都服从一定的概率分布，而概率分布又由其表征的参数所描述。许多实际问题，我们往往只知道随机变量服从某种分布，却不知道具体的参数是多少。例如，在企业生产过程受控状态下加工一批零部件，其加工误差服从正态分布，但正态分布的均值 μ 和方差 σ^2 通常是未知的，这时就需要应用统计方法，根据样本数据来估计这两个参数。

参数估计是统计推断的一种基本形式，是数理统计学的一个重要分支，分为点估计和区间估计两部分。

1. 点估计

当总体的分布形式已知，但有一个或多个参数未知时，如果通过随机抽样得到 X 的一组样本观察值 x_1，x_2，…，x_n，利用这组数据算得估计量的特定数值，以此作为未知参数的估计值，这样的估计称为点估计。目前有多种点估计的方法，其中矩估计法和极大似然估计法是最常用的。

（1）矩估计法。根据大数定理，若总体 X 的期望值 $E(X)$ 存在，则样本的均值 $\bar{X}$ 依概率收敛于 $E(X)$。由此，我们得到启示：可以用样本矩估计总体矩。

样本的 k 阶原点矩为：

$$\frac{1}{n}\sum_{i=1}^{n} x_i^{\,k}$$

总体的 k 阶原点矩为：

$$E(X^k)$$

样本的 k 阶中心矩为：

$$\frac{1}{n}\sum_{i=1}^{n}(x_i-\bar{x})^k$$

总体的 k 阶中心矩为：

$$E[X-E(X)]^k$$

其中，k 为正整数。

下面以对正态总体 $X\sim N(\mu,\sigma^2)$ 的两个未知总体参数 μ、σ^2 的估计为例，说明矩估计法的应用。

【例 9－7】 设 $X\sim N(\mu,\sigma^2)$ 的两个未知总体参数，求 μ、σ^2 的矩估计。

解： 总体的一阶原点矩为：

$$E(X)=\mu$$

总体的二阶原点矩为：

$$\begin{aligned} E(X^2) &= E[X-E(X)+E(X)]^2 \\ &= E\{[X-E(X)]^2+2[X-E(X)]E(X)+[E(X)]^2\} \\ &= \sigma^2+\mu^2 \end{aligned}$$

因此，有 $\mu=E(X)$，$\sigma^2=E(X^2)-[E(X)]^2$。将样本的一阶原点矩和二阶原点矩分别代替总体的一阶原点矩和二阶原点矩，得到总体参数的 μ，σ^2 的估计。

$$\hat{\mu}\approx\frac{1}{n}\sum_{i=1}^{n}x_i=\bar{x} \tag{9.1}$$

$$\hat{\sigma}^2\approx\frac{1}{n}\sum_{i=1}^{n}x_i^2-\bar{x}^2=\frac{1}{n}\sum_{i=1}^{n}(x_i-\bar{x})^2 \tag{9.2}$$

从上式可得标准差的估计值 $\hat{\sigma}$ 为：

$$\hat{\sigma}\approx\sqrt{\frac{1}{n}\sum_{i=1}^{n}(x_i-\bar{x})^2} \tag{9.3}$$

【例 9－8】 已知某产品的寿命服从正态分布 $N(\mu,\sigma^2)$。现从中随机抽取一个样本，测得数据为 123、125、135、136、136。求总体参数 μ 和 σ^2 的矩估计。

解： 将样本观测值代入式（9.1）、式（9.2）、式（9.3），得到相应的估计值为：

$$\hat{\mu}\approx\bar{x}=\frac{1}{n}\sum_{i=1}^{n}x_i=131$$

$$\hat{\sigma}^2\approx\frac{1}{n}\sum_{i=1}^{n}(x_i-\bar{x})^2=33.2$$

（2）极大似然估计法。极大似然估计，只是一种概率论在统计学的应用，它是参数估计的方法之一。说的是已知某个随机样本满足某种概率分布，但是其中具体的参数不清楚，参数估计就是通过若干次试验，观察其结果，利用结果推出参数的大概值。极大似然估计是建立在这样的思想上：已知某个参数能使这个样本出现的概率最大，我们当然不会再去选择其他小概率的样本，所以干脆就把这个参数作为估计的真实值。当然极大似然估计只是一种粗略的数学期望，要知道它的误差大小还要做区间估计。

极大似然估计法是建立在极大似然原理基础上的一个统计方法，极大似然原理的直观想法是，一个随机试验如有若干个可能的结果 A、B、C 等，若在一次试验中，结果 C 出现了，那么可以认为实验条件对 C 的出现有利，也即出现的概率 P（C）较大。极大似然原理的直观想法我们举例说明。

设甲箱中有 99 个白球，1 个黑球；乙箱中有 1 个白球，99 个黑球。现随机取出一箱，再从抽取的一箱中随机取出一球，结果是黑球，这一黑球从乙箱抽取的概率比从甲箱抽取的概率大得多，这时我们自然更多地相信这个黑球是取自乙箱的。一般说来，事件 A 发生的概率与某一未知参数 θ 有关，θ 取值不同，则事件 A 发生的概率 $P(A|\theta)$ 也不同。当我们在一次试验中事件 A 发生了，则认为此时的 θ 值应是 θ 的一切可能取值中使 $P(A|\theta)$ 达到最大的那一个。极大似然估计法就是要选取这样的值作为参数 θ 的估计值，使所选取的样本在被选的总体中出现的可能性为最大。

若总体 X 为离散型，其概率分布列为：

$$P(X=x)=P(x;\theta)$$

其中，θ 为未知参数。设$(X_1,X_2,\cdots,X_n)$是取自总体的样本容量为 n 的样本，则$(X_1,X_2,\cdots,X_n)$的联合分布律为$\prod_{i=1}^{n}p(x_i;\ \theta)$；又设$(X_1,X_2,\cdots,X_n)$的一组观测值为$(x_1,x_2,\cdots,x_n)$，易知样本$(X_1,X_2,\cdots,X_n)$取得观测值 $x_1,x_2,\cdots,x_n$ 的概率为 $L(\theta)=L(x_1,x_2,\cdots,x_n;\theta)=\prod_{i=1}^{n}p(x_i;\theta)$，这一概率随 θ 的取值而变化，它是 θ 的函数，称 $L(\theta)$ 为样本的似然函数。

若 X 为连续型随机变量，其概率密度函数为 $f(x_1;\theta_1,\theta_2,\cdots,\theta_k)$，$X_1$ 为从该总体中抽出的样本，同样如果相互独立且具有共同的分布特征，于是样本的联合概率密度为 $L(\theta_1,\theta_2,\cdots,\theta_k)=\prod_{i=1}^{n}f(x_1;\theta_1,\theta_2,\cdots,\theta_k)$，大致过程同离散型一样。

【例 9-9】设某种元件的使用寿命 X 的概率密度为：

$$f(x,\theta)=\begin{cases}3e^{-2(x-\theta)} & x>\theta \\ 0 & x<\theta\end{cases}$$

式中，$\theta>0$，为未知参数，又设$(X_1,X_2,\cdots,X_n)$是 X 的一组样本观察值，求参数 θ 的最大似然估计值。

解：似然函数：

$$L(\theta) = \prod_{i=1}^{n} f(x_i;\theta) = \begin{cases} 3^n e^{-2\sum_{i=1}^{n}(x_i-\theta)} & x_i > \theta \\ 0 & x_i < \theta \end{cases}, i = 1,2,\cdots,n$$

$$\ln L(\theta) = n\ln 3 - 2\sum_{i=1}^{n}(x_i - \theta) = n\ln 3 - 2\sum_{i=1}^{n} x_i + 2n\theta$$

从而$\frac{\mathrm{d}\ln L(\theta)}{\mathrm{d}\theta} = 2n > 0$，所以 $L(\theta)$在 $\theta < x_i$，$i = 1,2,\cdots,n$ 时单调增加，取 $\theta = \min\{x_1, x_2,\cdots,x_n\}$时，$\theta < x_i$ 成立。$L(\theta)$取到最大值，故 θ 的最大似然值为 $\theta = \min\{x_1,x_2,\cdots,x_n\}$

2. 区间估计

区间估计（interval estimation）是从点估计值和抽样标准误出发，按给定的概率值建立包含待估计参数的区间。其中给定的概率值称为置信度或置信水平（confidence level），建立起来的包含待估计参数的区间称为置信区间（confidence interval），指总体参数值落在样本统计值某一区内的概率；而置信区间是指在某一置信水平下，样本统计值与总体参数值间的误差范围。置信区间越大，置信水平越高。划定置信区间的两个数值分别称为置信下限和置信上限。

对于一组给定的数据，定义 Ω 为观测对象，W 为所有可能的观测结果，X 为实际上的观测值，那么 X 实际上是一个定义在 Ω 上，值域在 W 上的随机变量。这时，置信区间的定义是一对函数 $u(X)$以及 $v(X)$，也就是说，对于某个观测值 $X = x$，其置信区间为 $(u(X),v(X))$。实际上，若真实值为 w，那么置信水平就是概率 c：

$$c = Pr(u(X)) < w < v(X))$$

其中，$U = u(X)$和 $V = v(X)$是统计量（即可观测的随机变量），而置信区间因此也是一个随机区间：(U, V)。

即对于给定的显著性水平 α，若由样本观测值 $x_1,x_2,\cdots,x_n$ 确定的统计量 $\hat{\theta}_1(x_1, x_2,\cdots,x_n)$满足 $P(\theta \geqslant \hat{\theta}_1) = 1 - \alpha$，则称置信区间 $[\hat{\theta}_1, \infty)$ 为 θ 的置信度为 $1 - \alpha$ 的单侧置信区间，$\hat{\theta}_1$ 称为单侧置信下限。

若统计量 $\hat{\theta}_2(x_1,x_2,\cdots,x_n)$满足 $P(\theta \leqslant \hat{\theta}_2) = 1 - \alpha$，则称置信区间 $(-\infty, \hat{\theta}_2]$ 为 θ 的置信度为 $1 - \alpha$ 的单侧置信区间，$\hat{\theta}_2$ 称为单侧置信上限。

二、过程参数的假设检验

参数估计与假设检验同属于统计推断问题，即从样本去推断总体的性质。如果总体的分布类型是已知的，只是参数未知，则推断问题就可归结为推断总体参数的问题。参数估计是由总体中的一个样本去估计总体的未知参数，如总体分布的分布中心 μ、方差 σ^2、比率 P 等。而参数假设检验中，则是先对总体参数提出一个假设，然后利用样本信息去检验这个假设是否成立。如果成立，我们就接受这个假设，如果不成立，我们就拒绝这个假设。

参数估计与假设检验都是利用样本对总体进行某种推断，然而推断的角度不同。例如，在产品质量检验中，通过随机抽取的样本，统计计算样本不合格品率 $\hat{p}$，由此去推断总体（全部产品）的不合格品率 P。如果我们要以一定的概率把握程度估计总体的不合格品率 P，这就是一个参数估计问题；如果要以一定的概率判断这整批产品是否符合质量要求（即该批不合格品率 P 在规定的范围内），这就是一个假设检验问题。这两个问题对同一实际问题用的是同一个样本，同一个统计量，同一种分布，因此，参数区间估计问题与参数假设问题可以互相转换，这种转换形成了区间估计与假设检验的对偶性。

在质量管理中，假设检验方法很有用。它可以用来检查过程参数是否与其规定值一致，还可以用来帮助调整过程直至达到所需要的参数值为止。假设检验问题的一个重要内容就是去确定在假设中所规定的参数值。一般来说，此参数值可由下列三个途径来确定：一是根据以往的经验或数据来确定。在质量管理中，经常遇到一种情况，根据以往在统计控制状态下的数据来确定参数值，然后定期地检验这一假设，即此参数值是否发生变化。二是根据理论或过程模型来确定。三是根据合同规定或设计技术规格来选定。

1. 假设检验的基本原理

作为检验对象的假设称为待检假设或原假设，通常用 H_0 表示。例如，对总体均值 μ 是否为某一确定值 μ_0 的假设为 H_0: $\mu=\mu_0$。原假设的对立假设称为备择假设，记为 H_1。

假设检验的基本思想是：首先假定 H_0 为真，考虑在 H_0 成立的条件下，已经观测到的样本信息出现的概率。如果这个概率很小，说明一个小概率事件在一次观测中发生了。而小概率原理认为，概率很小的事件在一次观测中几乎是不可能发生的，也就是说导致了一个违背小概率原理的不合理现象。说明事先假定 H_0 为真是不正确的，因此拒绝原假设 H_0；否则不能拒绝 H_0。例如，有一家厂商声称其产品的合格品率可以达到 99%，那么假设从一批产品中随机抽取 1 件产品，这件产品恰好是不合格品的概率很小，只有 1%。但如果随机抽取的 1 件产品恰好是不合格品，说明小概率事件发生了，我们就有理由怀疑该厂商的声明。

（1）假设检验中的两类错误。

假设检验中的两类错误是指在假设检验中，由于样本信息的局限性，势必会产生错误，错误无非只有两种情况，在统计学中，我们一般称为Ⅰ类错误，Ⅱ类错误。

图9－4是研究结论和实际情况关系的矩阵。

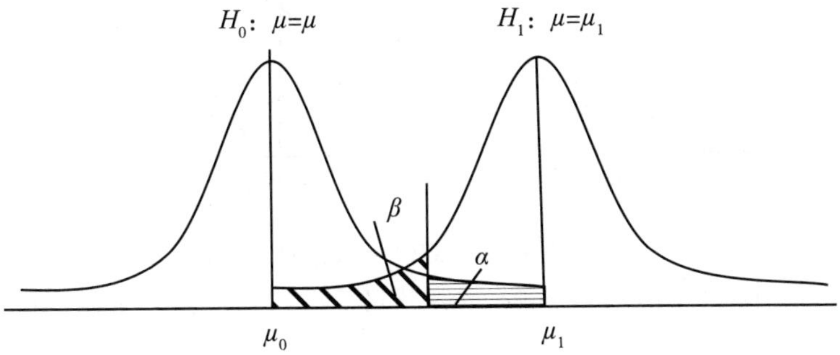

图9－4　假设中两类错误的概率

资料来源：孙毅，《大学数学——随机数学》，高等教育出版社2014年版，第204页，作者有改编。

第一类错误（Ⅰ类错误）也称为α错误，是指当虚无假设H_0正确时而拒绝H_0所犯的错误。这意味着研究者的结论并不正确，即观察到了实际上并不存在的处理效应。

可能的产生原因：样本中极端数值；采用决策标准较宽松。

第二类错误（Ⅱ类错误）也称为β错误，是指虚无假设错误时反而接受虚无假设的情况，即没有观察到存在的处理效应。

可能的产生原因：实验设计不灵敏；样本数据变异性过大；处理效应本身比较小。

两类错误的关系：

$\alpha+\beta$不一定等于1；在样本容量确定的情况下，α与β不能同时增加或减少。

（2）原假设与备择假设的选择。

以总体均值μ的假设检验为例，假设形式为：$H_0:\mu=\mu_0$；$H_1:\mu\neq\mu_0$，称为双侧检验，检验关心的问题是总体均值μ与假设值μ_0是否有显著差异（如图9－5所示）。当检验统计量（样本均值$\bar{x}$）过大或过小都会拒绝原假设H_0，它有两个拒绝域。在实际中我们会遇到另一种情况，如我们关心的是某种新材料、新工艺、新技术或新设备是否会提高产品质量。也就是说，所关心的是总体分布的均值（或方差）是否更优于原来的状况，因此产生了单侧检验的问题。这时考虑的假设是形如$H_0:\mu\leqslant\mu_0$，$H_1:\mu>\mu_0$；$H_0:\mu\geqslant\mu_0$；$H_1:\mu<\mu_0$的假设。前者称为右侧检验，拒绝域在右侧；后者称为左侧检验，拒绝域在左侧，统称为单侧检验（如图9－6、图9－7所示）。

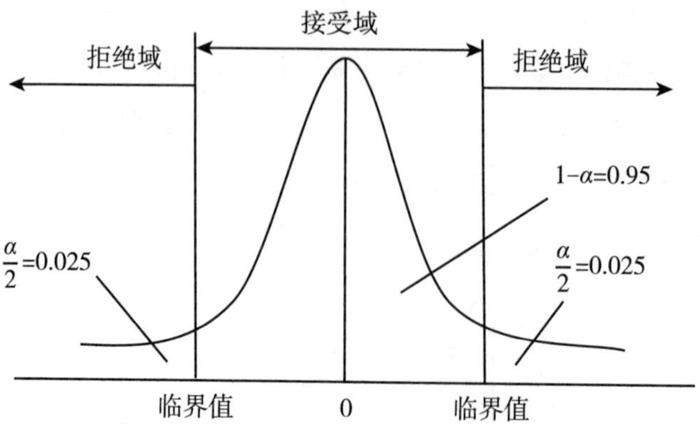

图 9－5　双侧检验示意

资料来源：孙毅，《大学数学——随机数学》，高等教育出版社 2014 年版，第 204 页，作者有改编。

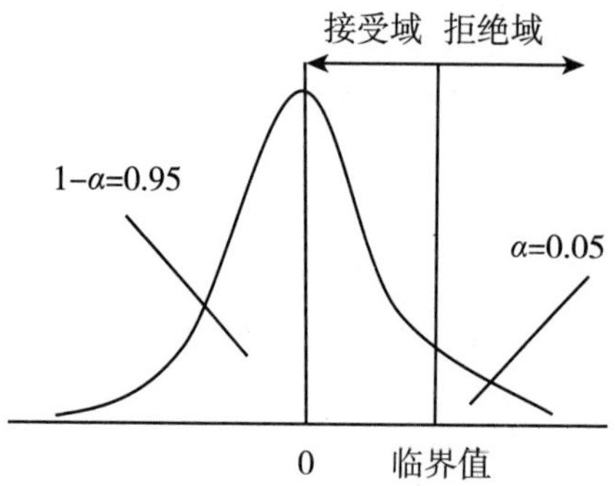

图 9－6　右侧检验示意

资料来源：孙毅，《大学数学——随机数学》，高等教育出版社 2014 年版，第 204～205 页，作者有改编。

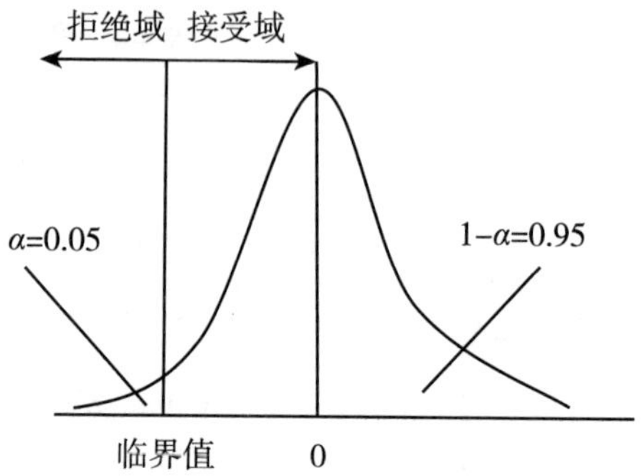

图 9－7　左侧检验示意

资料来源：孙毅，《大学数学——随机数学》，高等教育出版社 2014 年版，第 204～205 页，作者有改编。

在前面的讨论中，我们首先对犯第一类错误的概率 α 进行控制。因此在单侧检验中，如何建立假设是一个需要考虑的问题。一般有以下两个原则可供选择：

① 原假设一般代表一种久已存在的状态，而备择假设则反映改变。例如，某汽车研究小组评估新型的汽车是否可以提高油料的燃烧效率，即平均效率是否超过每升 5.5 千米。显然当新型汽车不能提高油料的燃烧效率时（即 H_0 为真），如果我们认为该产品有效而投入生产，这个错误较严重，是我们要控制的错误概率 α。因此，我们提出假设：$H_0:\mu\leqslant 5.5$；$H_1:\mu>5.5$。

② 将不能轻易否定的事件作为原假设。例如，某饮品制造商声称，其容量为 3 升的产品中内容物的含量至少为 0.38 升。如果该制造商的产品质量比较稳定，一旦错误地拒绝制造商，会损坏生产者的利益，因此我们认为其声明为真作为原假设，即 $H_0:\mu\geqslant$

0.38；$H_1:\mu<0.38$。如果该制造商的质量不稳定，一旦错误地接受该产品，会损害消费者的利益，我们认为其声明为假作为原假设，即：$H_0:\mu\leqslant 0.38$；$H_1:\mu>0.38$。

（3）假设检验的基本步骤如下。

① 提出检验假设又称无效假设，符号是 H_0；备择假设的符号是 H_1。

H_0：样本与总体或样本与样本间的差异是由抽样误差引起的；

H_1：样本与总体或样本与样本间存在本质差异。

预先设定的检验水准为0.05，当检验假设为真，但被错误地拒绝的概率记作 α，通常取 $\alpha=0.05$ 或 $\alpha=0.01$。

② 选定统计方法，由样本观察值按相应的公式计算出统计量的大小，如 X_2 值、t 值等。根据资料的类型和特点，可分别选用Z检验、T检验、秩和检验和卡方检验等。

③ 根据统计量的大小及其分布确定检验假设成立的可能性 P 的大小并判断结果。若 $P>\alpha$，结果不显著，不拒绝 H_0，即认为差别很可能是由于抽样误差造成的，在统计上不成立；如果 $P<\alpha$，结果显著，拒绝 H_0，接受 H_1，则认为此差别不大可能仅由抽样误差所致，很可能是实验因素不同造成的，故在统计上成立。P 值的大小一般可通过查阅相应的界值表得到。

【例9-10】 某批大米的质量服从正态分布 $N(\mu,1.44)$，现在从一批大米中抽取6袋，测得每袋大米的质量（千克）为：31.25、32.07、30.02、29.86、31.84、32.76。取检验水平 $\alpha=0.05$，能否认为此批大米的质量均值为32.70？

解：

步骤1：根据题意，选择双侧检验假设：

$$H_0:\mu=32.70;\ H_1:\mu\neq 32.70$$

步骤2：选择检验统计量。已知总体分布为正态分布，总体方差 $\sigma^2=1.44$。

步骤3：选择显著性水平 $\alpha=0.05$，拒绝域临界值 $Z_{\alpha/2}=Z_{0.025}=1.96$，故检验的拒绝域为 $(-\infty,-1.96)\cup(1.96,+\infty)$，接受域为 $[-1.96,\ 1.96]$。

步骤4：计算检验统计值：

$$Z=\frac{\bar{x}-\mu_0}{\sigma/\sqrt{n}}=\frac{31.3-32.70}{1.2/\sqrt{6}}=-2.858$$

步骤5：统计决策。由于检验统计量的值落在拒绝域（$-\infty$，-1.96），所以拒绝原假设 H_0，即不能认为此批大米质量的均值是32.70千克。

【例9-11】 从某品牌牛奶中分别抽样两箱样本的容量及含钙量均值（%）和方差如下：

A箱：$n_1=9$，$\bar{x}=0.34$，$s_1^2=0.2357$

B 箱：$n_2=8$，$\bar{x}=0.38$，$s_2^2=0.2736$

若两箱牛奶的含钙量都服从正态分布，则二者是否可以看作是无显著差异？

解：

步骤 1：根据题意，两个样本相互独立且来自两个正态总体。建立双侧假设：

$$H_0:\mu_1=\mu_2;\ H_1:\mu_1\neq\mu_2$$

步骤 2：选择检验统计量。两个正态总体方差 σ_1^2、σ_2^2 未知，假定 $\sigma_1^2=\sigma_2^2$。

$$t=\frac{\bar{x}_1-\bar{x}_2}{S_W\sqrt{\frac{n}{n_1}+\frac{1}{n_2}}}\sim t(df)$$

其中：

$$S_W=\sqrt{\frac{(n_1-1)s_1^2+(n_2-1)s_2^2}{n_1+n_2-2}}$$

其中：$df=n_1+n_2-2$

步骤 3：选择显著性水平 $\alpha=0.05$，自由度 $df=9+8-2=15$。拒绝域临界值 $t_{\alpha/2}(df)=t_{0.025}(15)=2.131$，故拒绝域为 $(-\infty,-2.131)\cup(2.131,+\infty)$，接受域为 $[-2.131,2.131]$。

步骤 4：计算检验统计量值。

$$t=\frac{\bar{x}_1-\bar{x}_2}{S_W\sqrt{\frac{1}{n_1}+\frac{1}{n_2}}}=\frac{0.34-0.38}{0.503\times\sqrt{\frac{1}{9}+\frac{1}{8}}}=-0.164$$

步骤 5：统计决策。由于检验统计量值落在接受域 $[-2.131,2.131]$，所以不能拒绝原假设 H_0，故认为两箱牛奶含钙量无显著差异。

2. 相关与回归模型

相关与回归分析是研究事物的相互关系、测定它们联系的紧密程度、揭示其变化的具体形式和规律性的统计方法，是构造各种经济模型及进行结构分析、政策评价、预测和控制的重要工具。

相关与回归分析是研究和处理变量之间相关关系的一种统计方法，通过相关关系的描述和回归方程的建立，可以从影响因变量 y 的自变量 $x_1,x_2,\cdots,x_n$ 中，判断哪些自变量的影响是显著的，哪些是不显著的，并利用求得的回归方程进行预测和控制。

（1）一元线性回归。

回归分析只涉及两个变量的，称一元回归分析。一元回归的主要任务是从两个相关变量中的一个变量去估计另一个变量，被估计的变量称为因变量，可设为 Y；估计出的变量称为自变量，设为 X。回归分析就是要找出一个数学模型 $Y=f(X)$，使得从 X 估计 Y 可以用一个函数式去计算。当 $Y=f(X)$ 的形式是一个直线方程时，称为一元线性回归。这个方程一般可表示为 $Y=A+BX$。根据最小平方法或其他方法，可以从样本数据确定常数项 A 与回归系数 B 的值。A、B 确定后，有一个 X 的观测值，就可得到一个 Y 的估计值。回归方程是否可靠，估计的误差有多大，都还应经过显著性检验和误差计算。有无显著的相关关系以及样本的大小等，是影响回归方程可靠性的因素。

如果只有一个自变量 X，而且因变量 Y 和自变量 X 之间的数量变化关系呈近似线性关系，就可以建立一元线性回归方程，由自变量 X 的值来预测因变量 Y 的值，这就是一元线性回归预测。

如果因变量 Y 和自变量 X 之间呈线性相关，就是说，对于自变量 X 的某一值 x_i，因变量 Y 对应的取值 y_i 不是唯一确定的，而是有很多的可能取值，它们分布在一条直线的上下，这是因为 Y 还受除自变量以外的其他因素的影响。这些因素影响的大小和方向都是不确定的，通常用一个随机变量（记为 ε）来表示，也称为随机扰动项。于是，Y 和 X 之间的依存关系可表示为：

$$y_i=\alpha+\beta x_i+\varepsilon_i \tag{9.4}$$

式（9.4）就是总体的一元线性回归模型。其中 α，β 是常数。随机扰动项 ε_i 是无法直接观测的随机变量。为了进行回归分析，通常假定 $\varepsilon_i \sim N(0,\sigma^2)$，即假定 ε_i 是零均值 $[E(\varepsilon_i)=0]$、同方差 $[D(\varepsilon_i)=\sigma^2]$、相互独立 $[\mathrm{Cov}(\varepsilon_i,\varepsilon_j)=0]$ 且服从正态分布的。对式（9.4）求均值则有：

$$E(y_i)=\alpha+\beta x_i \tag{9.5}$$

通常将式（9.5）称为总体的一元线性回归方程或总体回归直线，以 $E(y_i)$ 表示给定自变量值 x_i 时因变量的均值或期望值。α 和 β 统称为总体回归方程的参数。其中，α 是总体回归方程的常数项，是总体回归直线在 Y 轴上的截距；β 是总体回归系数，也是总体回归直线的斜率。由式（9.5）不难理解，总体回归方程描述的是 Y 和 X 两个变量之间平均的数量变化关系。

在实际中，通常由于不可能把变量的全部可能取值收集齐全，总体回归方程中的参数 α、β 是不可能直接观测计算得到的，是有待估计的未知参数。为此，我们需要根据样本信息来估计。若能通过适当的方法找到两个样本统计量 a、b 分别作为参数 α、β 的估计量，那么用 a、b 分别替代总体回归方程中的参数 α、β，则得到估计的回归方程，也称样本回归方程。一元线性的样本回归方程也称为样本回归直线，其形式如下：

$$\hat{y}_i=a+bx_i \tag{9.6}$$

式中，$\hat{y}_i$ 是与自变量取值 x_i 相对应的因变量均值 $E(y_i)$ 的估计；a 和 b 分别为总体回归方程参数 α 和 β 的估计量。a 是样本回归方程的常数项，也就是样本回归直线在 Y 轴上的截距，表示除自变量 X 以外的其他因素对因变量 Y 的平均影响量；b 是样本回归系数，也即样本回归直线的斜率，表示自变量 X 每增加一个单位时因变量 Y 的平均增加量。

根据样本观察数据估计出 a 和 b 的数值之后，样本回归方程（9.6）可作为预测模型，即一元线性回归预测模型。

（2）一元非线性回归。

如果回归模型的因变量是自变量的一次以上函数形式，回归规律在图形上表现为形态各异的各种曲线，称为非线性回归，这类模型称为非线性回归模型。在许多实际问题中，回归函数往往是较复杂的非线性函数。非线性函数的求解一般可分为将非线性变换成线性和不能变换成线性两大类。

处理可线性化处理的非线性回归的基本方法是，通过变量变换，将非线性回归化为线性回归，然后用线性回归方法处理。假定根据理论或经验，已获得输出变量与输入变量之间的非线性表达式，但表达式的系数是未知的，要根据输入输出的 n 次观察结果来确定系数的值。按最小二乘法原理来求出系数值，所得到的模型为非线性回归模型（nonlinear regression model）。

对实际科学研究中经常遇到的不可线性处理的非线性回归问题，提出了一种新的解决方法。该方法是基于回归问题的最小二乘法，在求误差平方和最小的极值问题上，应用了最优化方法中对无约束极值问题的一种数学解法——单纯形法。应用结果证明，这种非线性回归的方法算法比较简单，收敛效果和收敛速度都比较理想。

【例 9－12】 研究某植物所处环境的温度 t（摄氏度）与最大生长长度 L（厘米）之间的关系。得到试验结果如表 9－4 所示。检验所处环境的 t 与最大生长长度 L 之间是否存在显著的线性相关关系。如果存在，求 t 关于 L 的线性回归方程。

表 9－4　　某植物所处环境温度与最大生长长度之间的关系

L_i	t_i	L_i	t_i	L_i	t_i
40	4	130	20	250	30
50	7	152	19	270	34
80	9	180	22	300	35
100	12	207	24		
120	13	240	30		

解：

步骤1：绘制渗透深度 h 与局部能量 E 之间的散点图，从散点图观察两者之间存在较强的线性正相关关系。

步骤2：计算渗透深度 h 与局部能量 E 之间的样本相关系数 r：

$$r = \frac{\sum_{i=1}^{n}(L_i - \bar{L})(t_i - \bar{t})}{\sqrt{(L_i - \bar{L})^2 (t - \bar{t})^2}} = 0.989$$

样本容量 $n=13$，当显著性水平为1%时，$r_{0.01}=0.684$（查表获得）。显然，样本相关系数 $r>r_{0.01}$，因此线性回归效果显著，可认为所处温度 t 与最大生长长度 L 之间存在高度显著的正相关关系。

步骤3：求所处温度 t 与最大生长长度 L 之间的线性回归方程：

$$\hat{\beta}_1 = \frac{\sum_{i=1}^{n}(L_i - \bar{L})(t_i - \bar{t})}{\sum_{i=1}^{n}(L_i - \bar{L})^2} = 0.1204$$

$$\hat{\beta}_0 = \frac{1}{n}\sum_{i=1}^{n} t_i - \hat{\beta}_1 \frac{1}{n}\sum_{i=1}^{n} L_i = \bar{t} - \hat{\beta}_1 \bar{L} = 0.3689$$

因此，t 关于 L 的线性回归方程为：$\hat{t}=0.3689+0.1204L$

（3）多元线性回归。

社会经济现象的变化往往受到多个因素的影响，因此，一般要进行多元回归分析，我们把包括两个或两个以上自变量的回归称为多元线性回归。

多元线性回归的基本原理和基本计算过程与一元线性回归相同，但由于自变量个数多，计算过程复杂，一般在实际应用时都要借助统计软件。这里只介绍多元线性回归的一些基本问题。

但由于各个自变量的单位可能不一样，例如，一个消费水平的关系式中，工资水平、受教育程度、职业、地区、家庭负担等因素都会影响到消费水平，而这些影响因素（自变量）的单位显然是不同的，因此自变量前系数的大小并不能说明该因素的重要程度。更简单地说，同样的工资收入，如果用元为单位就比用百元为单位所得的回归系数要小，但是工资水平对消费的影响程度并没有变，所以得想办法将各个自变量转化到统一的单位上来。标准分就有这个功能，具体到这里来说，就是将所有变量包括因变量都先转化为标准分，再进行线性回归，此时得到的回归系数就能反映对应自变量的重要程度。这时的回归方程称为标准回归方程，回归系数称为标准回归系数，表示如下：

$$Z_y = \beta_1 Z_1 + \beta_2 Z_2 + \cdots + \beta_k Z_k$$

由于都化成了标准分，所以就不再有常数项 a 了，因为各自变量都取平均水平时，因变量也应该取平均水平，而平均水平正好对应标准分 0，当等式两端的变量都取 0 时，常数项也就为 0 了。

多元线性回归与一元线性回归类似，可以用最小二乘法估计模型参数，也需对模型及模型参数进行统计检验。选择合适的自变量是正确进行多元回归预测的前提之一，多元回归模型自变量的选择可以利用变量之间的相关矩阵来解决。多元线性方程模型建立方法如下：

① 建立模型。以二元线性回归模型为例，二元线性回归模型如下：

$$y_i = b_0 + b_1x_1 + b_2x_2 + \mu_i$$

类似的使用最小二乘法进行参数估计：

$$\sum y = nb_0 + b_1\sum x_1 + b_2\sum x_2$$

$$\sum x_1y = b_0\sum x_1 + b_1\sum x_1^2 + b_2\sum x_1x_2$$

$$\sum x_2y = b_0\sum x_2 + b_1\sum x_2^2 + b_2\sum x_1x_2$$

② 拟合优度指标。标准误差：对 y 值与模型估计值之间的离差的一种度量。其计算公式为：

$$SE = \sqrt{\frac{\sum(y-y')^2}{n-3}}$$

③ 置信范围。置信区间的公式为：置信区间 $= y' \pm t_pSE$。

其中，t_p 是自由度，为 $n-k$ 的 t 统计量数值表中的数值，n 是观察值的个数，k 是包括因变量在内的变量的个数。

本章小结

在质量管理中强调用数据说话，是为了根据事实采取行动，避免主观主义。本章系统地介绍了统计学在质量管理中的应用及意义，详细介绍了质量数据的搜集与整理、分析与图示，通过统计学的方法来掌握生产现状以便进行控制和管理。分析产生质量问题的原因，监视工艺流程，发现偏差并及时调整，通过大量的质量管理领域的统计学的应用实例，阐述了在质量管理中统计学应用的重要性。

本章重要术语

统计工作　　统计资料　　统计科学　　连续型数据　　非连续型数据

第十章

质量改进及其工具

【学习目标】

通过本章的学习，了解质量改进的概念、实施过程、步骤等，掌握质量改进的老七种和新七种方法。

【引导案例】

“二战” 时期美国降落伞企业的质量改进

第二次世界大战中期，美国的一家降落伞制造商在其生产的降落伞安全度方面始终不够完美，虽然厂商经过努力不断改进产品质量，使生产的降落伞合格品率达到了99.9%，但美国政府却仍然对该公司的产品不满意，军方要求所交付降落伞的合格品率必须达到99.999%。于是该降落伞制造公司的总经理便专程去飞行大队和军方人员进行商讨，希望降低这个严苛的标准。因为该公司认为能够达到目前的标准已经接近完美了，没必要继续提高合格品率。但在商谈中，美国空军一口回绝了经理的要求，因为他们不想用士兵的生命作为代价。

后来，美国军方改变了检查降落伞品质的方法，那就是从厂商前一周交货的降落伞中，随机挑出一个让降落伞制造商负责人装备上后，亲自从飞机中跳下。这个方法实施后，该公司的合格品率很快提升，达到了军方的要求。

（资料来源：陈国华、贝金兰，《质量管理》（第3版），北京大学出版社2018年版，第92～93页，作者有改编。）

第一节 质量改进

企业要提高顾客的满意度，就必须不断地开展质量改进活动。一方面，可以应对不断出现的质量问题；另一方面，可以通过寻找改进机会，预防问题的出现。质量改进不仅是质量管理的重要内容之一，也是 ISO 9000：2000 中描述的质量管理八项基本原则之一。美国质量管理专家朱兰在其广为人知的质量管理三部曲中，也将质量改进与质量策划、质量控制并列为质量管理的重要内容。

一、关于质量改进

1. 质量改进的理论基础

日本持续改进之父今井正明（Masaaki Imai）通过把日本的质量改善方法与欧美管理系统相结合，提出了持续改进管理系统（kaizen management system）。在企业中，持续改进是指不断改进所有职能，并让从首席执行官到装配线工人全体员工参与的活动。持续改进的提出基于两种理论，即产业内培训（training within industries，TWI）和经营管理培训（management training，MT）。

产业内培训是由美国战争部在 1940～1945 年在战争人力委员会内创建的，其目的是为与战争有关的行业提供咨询服务，而这些行业的人员正大量被征召进入美国军队，这就形成了与战争有关行业内业务人员的短缺。此时，为了解决这个问题，就诞生了 TWI 方法。TWI 方法制订了四项基本培训方案（10 小时课程），包括工作指导、工作方法、工作关系和程序开发。其中，工作指导是教导培训人员用更快的方式培训没有经验的工人的课程；工作方法是教导工人客观地评价自身工作效率的课程；工作关系则指导主管如何有效和公平地对待工人；程序开发是教导培训部门的人员如何通过培训来帮助组织解决生产问题。

经营管理培训由美国空军首先提出，"二战"后被日本引进。该培训的目的是让企业领导者获得三方面的知识：一是认识员工相互之间的关系和个人关系的重要性；二是不断对工艺和产品进行完善与改进的方法及价值；三是把人和工作方法相结合，科学合理地使用"计划—执行—检查"的益处。

"二战"后日本企业界通过不断对 TWI 和 MT 理论进行消化吸收，并结合本国企业的发展实践，逐渐形成了持续改进管理系统。

2. 质量改进的概念

质量改进（quality improvement）是指在控制现有质量水平的基础上，为了向本组织及其顾客提供增值效益，在产品、工艺和人员基础方面进行改进，从而提高其效果与效率的措施。ISO 9000：2000 标准将质量改进定义为：质量改进是质量管理的一部分，致力于增强满足质量要求的能力。

3. 质量改进的意义

质量改进的目的在于消除系统性问题，使质量达到一个新水平、新高度，其重要意义包括以下方面：

（1）质量改进在一轮又一轮对产品产量、质量和性能进行提高的过程中，会不断发现新的问题、创新点和研发方向，从而有助于提高产量、减少不合格品的数量；有助于捕捉客户对产品的反馈，为企业赢得更多的顾客，提高企业竞争力；也有助于新产品的开发，从而为企业提供新的利润增长点。

（2）质量改进中对产品设计和生产工艺的不断改进，有助于企业更加科学、合理、有效地使用资金和技术，减少各种资源的浪费，间接地节约生产成本，提高效益。

（3）质量改进有利于加强各部门之间的质量协调与合作，发挥各部门的质量职能，也有助于形成以人为本的质量改进思维，从而逐渐在全体员工心中树立起质量管理意识，不断提高产品质量和工作质量。

二、质量改进的基本过程

质量改进是一个过程，必须在一定的原则指引下，遵循一定的步骤。质量改进的基本过程如图 10－1 所示。

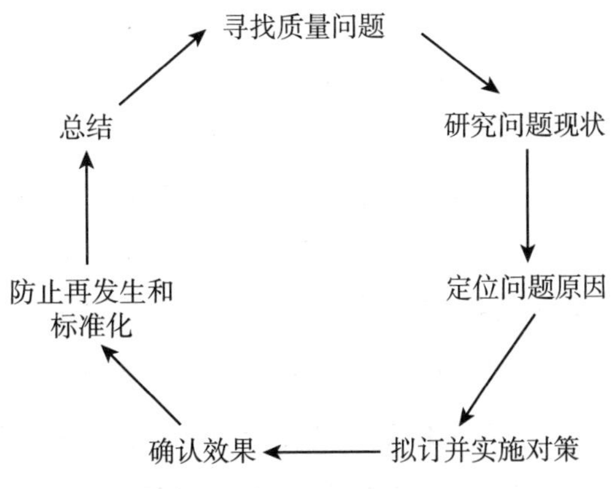

图 10－1　质量改进的基本过程

资料来源：张公绪，《新编质量管理学》，高等教育出版社 2003 年版，第 279～280 页。

1. 改进原则

质量改进活动所要遵循的基本原则就是 PDCA 循环规则。

2. 质量改进的步骤及内容

PDCA 循环一共包括四个阶段，即计划、实施、检查和处理，按照 ISO 9000 标准，又可以将其划分为七个步骤。

步骤一：寻找质量问题。

质量问题可能从产品的各个部分出现，往往具有突然性，且不具备非常明显的规律性，所以相对于解决已知的问题而言，发现问题往往具有更大的难度。大多数情况下，寻找问题的切入点都是在产品存在明显质量缺陷的方面，如顾客经常投诉的问题、产品某项功能经常出现的问题等。

这一阶段应该注意的一些问题包括：（1）企业受人力、物力、财力和时间限制，必须决定解决问题的优先次序。确认最主要的问题，必须说明理由；（2）必须向相关人员说明解决问题的必要性；（3）应该设定合理目标值，确保在经济和技术上可行；（4）若需要解决的问题包括若干具体问题，则可分解成几个子课题。

步骤二：研究问题现状。

主要包括以下几个方面：

（1）产品问题出现的时间。寻找产品在一天的早、中、晚，还是周一至周五，抑或是在四季度中的哪个季度出现问题。

（2）产品出现不合格的部位。问题究竟出在产品的零件上，还是出在系统上？出在产品的前、中、后哪个部位？出在产品内部，还是外部等。

（3）问题产品种类的横向与纵向比较。将问题产品与过去本厂生产的同类产品进行对比，观察二者差异；或是将问题产品与和它具有相同生产标准或等级的产品进行对比，观察二者差异。

（4）产品问题本身的特征。以不合格的智能手机突然黑屏为例，发现黑屏问题时，要观察究竟是短时间内经常黑屏，还是偶尔黑屏；在黑屏前手机同时运行了多少应用程序；黑屏持续了多久等问题。要注意从多个角度调查产品的问题，找出结果的波动。

调查至少要包括上述四个方面，除此之外还要根据实际情况选择其他方面研究。可将这些项目进行分层，记录各项目的频数和累计频率等数据，并做出排列图进行分析。

这一阶段应该注意的问题是：第一，解决问题的突破口就在问题内部，而观察问题的最佳角度会随问题的不同而不同，不管什么问题，时间、问题所发生的部位、问题种类对比以及问题本身特征这四点必须调查清楚。第二，对于波动的特征也应该尽量调查清楚。第三，调查者应深入现场，在现场中获得已有数据中未包含的信息。

步骤三：定位问题主要原因。

（1）全面排查可能原因。首先，搜集信息，质量管理人员要全面搜集造成产品问题的所有可能的原因；其次，根据“掌握现状”阶段所调查的信息，初步画出因果图；再其次，逐一分析因果图中的各个因素，并排除无关因素；最后，用剩余的因素重新绘制新的因果图，并且标出可能的主要原因。

（2）精准定位主要原因。通过全面排查确定问题可能的主要原因后，就要继续探寻它们对问题的影响程度。首先，管理人员要制订新的工作计划，围绕这些原因收集新的数据和信息；其次，管理人员综合收集到的信息，进一步进行分析，确认每个因素对问题的影响程度，并由高到低进行排列；最后，根据影响程度的大小确定主要原因。另外，为保证最终结果的准确性，在条件允许时，可以重复一遍问题发生的过程，进行二次调查。

这一阶段应该注意的问题是：在最终确定主要原因时，要有针对性地收集新的材料和信息，不能重复使用全面排查时的材料，在收集新材料时一定要保持充分的逻辑性和分辨能力。

步骤四：针对问题原因，拟订并实施对策。

（1）解决对策必须既治标，又治本。一座冰山在海平面以上的部分往往很小，其隐藏在海平面以下的部分更为巨大。同样，一项问题往往是其他很多问题的集中表现，如产品其他方面的问题、工作流程问题、企业管理问题等。在研究对策时，不仅要思考如何解决暴露出的问题，还要深刻思考问题背后的问题，要将根本问题连根拔起并解决。

（2）在制定对策时，要紧密结合实际情况，充分考虑成本和技术上的可行性，同时要充分发扬民主，广泛听取各方意见，采纳各方智慧，吸纳各方经验，在此基础上制订出令参与者均能接受的方案。另外，还要制订若干备选方案，做到有备无患。

（3）在研究对策时，要全面评估对策实施后可能的影响，要尽最大可能让问题既可以得到解决，又不会产生其他副作用，或使产生的副作用最小化。对策实施后，如果产生了副作用，要及时评估副作用的影响，必要时采取措施消除影响，或考虑研究新对策。

步骤五：确认效果。

（1）实施对策后，在把此时的产品不合格率与实施前进行对比时，必须使用同一个图表。例如，在研究问题现状阶段如果使用了排列图，那么本阶段也应该使用排列图与先前数据进行对比，从而保证问题分析的准确性和严谨度。

（2）可以将对策实施的效果进行定量分析。例如，把实施后的生产数量、销售量或销售额与实施前进行对比，或与内部规定的目标值进行比较，使效果的衡量具体化。

这一阶段应该注意的一些问题是：第一，使用的图表必须与现状分析阶段相一致。第二，将不合格品率的降低程度定量化非常关键。通过对比质量改进对策实施前后损失的产量、销量或销售额，可以使企业经营者认识到质量改进工作的重要性。第三，如果改进对策没有得到预期结果，应确认是否严格按照计划实施了对策，如果是，就意味着对策失败，应重新回到研究问题现状阶段。如果没有达到预期效果，则应该考虑以下两种情况：一是是否按计划实施对策；二是计划是否存在问题。

步骤六：防止再发生和标准化。

（1）为不断推进质量改进工作，企业内部应该确认“5W1H”的内容，即 What（出现了什么问题）、Why（为什么出现问题）、Who（谁是问题的责任人）、Where（问题出现的部位或地点在哪里）、When（何时出现问题）、How（如何分析并解决问题），并将纠正措施标准化。

（2）在采取纠正措施后，应该及时梳理从问题发生到最终解决的全过程，提炼出该问题今后的标准化解决方法，并将该方法及时传达到企业的各个部门和各个岗位。另外，问题的标准化解决方案也要保持一定的灵活性。

（3）对员工进行充分、长期的质量改进培训。形成标准化方案只是质量改进的标准化工作的一个结果，但该工作绝不仅仅是制定一个标准就结束了。如果缺乏对全体员工的思想教育，员工就会缺乏对质量改进工作的正确认识，那么标准化方案最终也只是一纸空文。只有全体员工树立起对质量改进工作的高度认同感，才能保证质量改进标准化工作正常运行。

（4）建立保证严格遵守标准的质量责任制，把责任落实到每一位基层主管和基层员工，实施岗位问责制，树立全员责任意识。

该阶段应注意两方面内容。第一，为防止不合格品再次出现，纠正措施必须标准化，其主要原因包括：一是如果没有标准，先前的质量问题又会逐渐出现；二是如果缺乏明确标准，新员工在作业中很容易重复之前的错误。第二，必须使标准成为职工思考习惯的一部分，因此对职工进行知识与技术的教育和培训非常必要。

步骤七：总结。

（1）找出遗留问题。质量管理工作每进行一轮，都会将合格品率提高一定的百分点。但是，无论做多少轮质量改进工作，都不会将不合格率彻底降到0。因此，在每一轮的质量改进工作后，都要细致查找遗留问题，放到下一阶段的质量改进工作中加以解决。

（2）考虑如何解决遗留问题。应该制订解决遗留问题的下一步行动方案和初步计划，若在使用相同的对策解决遗留问题时，生产仍然存在其他问题，那么就说明还有质量改进的空间，此时企业管理者应该筹划下一步的质量改进工作，继续解决问题。

在总结的过程中，需要注意一些问题：在质量改进的过程中，不提倡长期仅围绕同一个项目开展活动，应该在项目开始时定下解决期限，到达期限后即总结经验和教训，并及时投入下一轮的质量改进活动中去。

第二节 质量改进的老七种方法

一、检查表法

检查表又称调查表、核对表等，它是利用图表记录、搜集和整理数据，提供问题原因，帮助解决问题的一种表格。调查表的格式与内容因调查对象的特点和类别不同而各有差异，常用的检查表有不合格品项目检查表、缺陷位置检查表和不良原因检查表等（如表 10－1 和表 10－2 所示）：

表 10－1　　某产品的不合格品项目检查表

产品名称	智能手机	工序	成品检验
检查样本数	2877	检验人	××
		检查日期	××年×月×日
缺陷种类	检查情况		小计
机身瑕疵	正正正正正正正正		40
黄/绿屏	正正正		15
操作系统故障	正		5
操作卡顿	正		5
按键失灵	正正正正		20
其他	正正正正正		25
总计			110

资料来源：岑詠霆，《质量管理教程》（第二版），复旦大学出版社 2010 年版，第 96 页，作者有改编。

表 10－2　　某产品不良原因检查表

操作者	设备	星期一		星期二		星期三		星期四		星期五		合计
		上午	下午	上午	下午	上午	下午	上午	下午	上午	下午	
	A	×× ·	× ·	○○○ ··	○○ ×× ····	○ ××× ···	○○○ ··	○○○○ ×	○○ × ··	○○○ ××× ···	○○ × ····	56
	B	○○○ ×××× ·	○○○○	○ ···	○ × ·	○○○ ×× ··		××× ····	○ ×× ··	○○○ × ·	○ ×××× ····	52
合计		11	6	9	11	14	5	12	10	14	16	108

注：○表示加工不良，×表示尺寸不良，·表示其他。

资料来源：陈国华、贝金兰，《质量管理》（第 3 版），北京大学出版社 2018 年版，第 51 页，作者有改编。

二、分层法

1. 概念

分层法又称分类法或分组法。在进行质量因素分析时，有时来自多方面的因素交错在一起，使得数据杂乱无章，无法直接得出分析结果，因此需要一种统计工具把错综复杂的因素分开。分层法根据数据的性质、特征和来源等因素，将其划分成若干层次，分门别类加以研究，并制定相应措施解决问题。

2. 分层依据

分层的原则在于使同一层次内的数据波动幅度尽可能地小，而层与层之间的差别则尽可能大。因此，常见的分层依据主要包括：

（1）按操作者分层，如按性别、年龄、技术水平等；

（2）按机器设备分层，如按机器型号、新旧程度和生产方式等；

（3）按作业方法分层，如按不同操作条件、操作环境、工艺规程等；

（4）按原材料分层，如按产地、规格、制造厂商、批量等；

（5）按时间分层，如按年、季度、月、日、班次等；

（6）按检测手段分层，如按测量者、测量方法、测量仪器、取样方法等；

（7）其他分层依据，如地区、气候等。

3. 例题

【例 10－1】某轮胎厂生产的轮胎经常发生胎侧接头开裂的问题，为了解胎侧接头开裂的原因，相关技术人员对 50 条轮胎产品进行了调查。技术人员根据经验，按照生产厂家和操作者对开裂情况进行了分层，其结果如表 10－3 和表 10－4 所示。请根据分层调查的结果为该轮胎厂提出解决胎侧接头开裂问题的对策。

表 10－3　按生产厂家分层结果

轮胎厂	开裂	不开裂	开裂率（%）
A	8	15	35
B	10	17	37
合计	18	32	

资料来源：陈国华、贝金兰，《质量管理》（第 3 版），北京大学出版社 2018 年版，第 53 页，作者有改编。

表 10－4　按操作者分层结果

操作者	开裂	不开裂	开裂率（%）
刘师傅	5	16	24
范师傅	2	8	20
董师傅	12	7	63
合计	19	31	

资料来源：陈国华、贝金兰，《质量管理》（第 3 版），北京大学出版社 2018 年版，第 52 页，作者有改编。

通过对分层数据的分析可以发现，轮胎厂 A 和轮胎厂 B 的产品在开裂率上并没有明显的差异，而对于不同的操作者而言，开裂率的差异则较为明显。因此，操作者操作不当应该是造成胎侧接头开裂的主要原因，要想降低开裂率，需要对开裂率较高的董师傅进行培训。

【例 10－2】 在插座产品生产过程中，经常发现插座内部地线质量不合格的现象。为解决该问题，技术人员对该工艺进行了现场调查，收集数据 $N=54$，地线质量不合格数 32，用分层法找出影响产品质量不合格的原因如表 10－5 和表 10－6 所示。

表 10－5　按操作者分层结果

操作者	合格	不合格	合格率（%）
赵师傅	7	15	39
秦师傅	4	10	29
孙师傅	11	7	61
合计	22	32	

资料来源：陈国华、贝金兰，《质量管理》（第 3 版），北京大学出版社 2018 年版，第 52 页，作者有改编。

表 10－6　按插座生产商分层结果

厂商	合格	不合格	合格率（%）
A	13	14	48
B	7	20	30
合计	20	34	

资料来源：陈国华、贝金兰，《质量管理》（第 3 版），北京大学出版社 2018 年版，第 53 页，作者有改编。

根据分层法的结果，为提高产品的质量，应该采用 A 厂商的插座地线配合孙师傅的操作方法。但实际的效果却是不合格率不但没有降低，反而增加了。这又是因为什么呢？

再次分析原因：只单纯地考虑不同工人、不同厂商造成的不合格情况，而没有进一步考虑不同工人使用不同厂商提供的生产原料造成的不合格情况，即由于没有进行更细致的综合分析而造成分析失误。因此，需作综合分层，如表 10－7 所示。

表 10－7　插座地线不合格情况的综合分层

操作者	结果	厂商 A	厂商 B	合计
赵师傅	合格	5	1	6
	不合格	2	14	16
秦师傅	合格	0	4	4
	不合格	5	2	7
孙师傅	合格	8	4	12
	不合格	6	3	9
合计	合格	13	9	22
	不合格	13	19	32
	合计	26	28	54

资料来源：陈国华、贝金兰，《质量管理》（第 3 版），北京大学出版社 2018 年版，第 53 页，作者有改编。

综合分层的结果显示，使用A厂的生产原料时赵师傅的操作方法好，使用B厂的生产原料时秦师傅的操作方法好，通过重新搭配厂商和操作者，插座地线生产的不合格率大大降低了。

三、排列图法

1. 概念

排列图又称帕累托图（Pareto diagram），最早是由意大利经济学家帕累托在分析社会财富分布状况时提出的，他发现了少数人占有大量财富的现象，即关键的少数和非关键的多数之间的关系。例如，在市场中，约有20%的关键顾客占据了大约80%的销售额；在社会财富中，全国约20%最富有的人占有着财富总量的约80%；在质量控制方面，大部分产品的品质问题可以归结于极少数的原因等。排列图法的作用就是寻找影响产品质量的主要问题，确定质量改进的关键项目并解决，这样会很快收到效果。

2. 应用范围

通过在排列图中列出可能影响产品质量的全部问题，并根据各个问题的频数大小以及所占的频率大小，可以分析出产品主要的质量缺陷、生产不合格品的主要工序原因、产生不合格品的关键工序以及造成经济损失的主次因素。

排列图由两个纵坐标、一个横坐标、若干个直方图形和一条帕累托曲线组成。其中，左边的纵坐标表示频数，右边的纵坐标表示频率，横坐标表示影响质量的各种因素。若干个直方图形分别表示质量影响因素的项目，其高度表示影响因素的大小程度，并按大小顺序由左向右排列，曲线表示各影响因素大小的累计百分数，被称为帕累托曲线（如图10－2所示）。

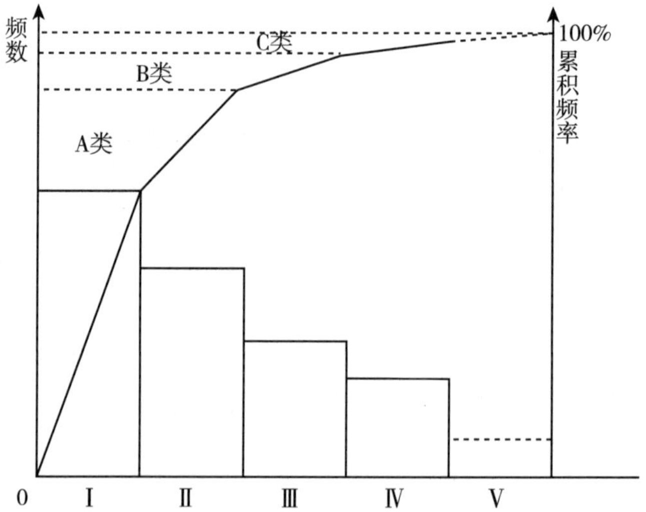

图10－2 排列图

资料来源：陈国华、贝金兰，《质量管理》（第3版），北京大学出版社2018年版，第47页，作者有改编。

3. 绘制步骤

（1）确定研究问题并收集数据。针对产品生产过程中出现的缺陷来收集数据，数据收集的周期可以是一个月、三个月、半年或者一年，也可以根据问题的具体情况来进行每周的收集，总之要根据具体情况来确定。

（2）根据原因和内容对数据进行分层，每一层为一个项目。例如，按照操作者、操作机械、工序、材料、操作方法、部位、生产环境、测量方法等来进行分类；也可以根据不良、缺陷以及错误等来进行分类。

（3）计算各层项目重复出现的频数、累计数和累计百分数，做成排列图数据表，在表中列出各不合格项的频数、累计不合格数、各不合格项所占百分比以及累计百分比。然后将各项目的数据按照从大到小的方式来进行排列，对于许多数据很小的项目可以合并列在“其他”项目中。

（4）在图表上画一个横轴和两个纵轴。在左边的纵轴上标注件数（频数）的刻度，最大刻度为总件数（总频数）；在右边的纵轴上标注比率（累积频率）的刻度，最大刻度为100%；在横轴上按频数大小依次将各项目进行排列。

（5）在横轴上画直方图。柱状图中“其他”项放置在最右端，各项目之间无间隔，在直方形顶端写上各自的频数。

（6）画出累积曲线。累积的值在各个柱状图的右上部打点，然后用直线连接这些点，作出帕累托曲线，并在曲线上写上各点的累积频率，曲线的起始点为0。

【例 10－3】某企业针织面料坯布瑕疵统计情况如表 10－8 所示，请作出排列图。

表 10－8　　某企业针织面料坯布瑕疵统计情况

影响因素	疵品数（匹）	累积数（匹）	比率（%）	累积比率（%）
漏针	58	58	48.7	48.7
破洞	36	94	30.3	79.0
勾纱	13	107	10.9	89.9
竖条	7	114	5.9	95.8
毛纱	4	118	3.4	99.2
混纱	1	119	0.8	100
合计	119		100.0	

资料来源：陈国华、贝金兰，《质量管理》，北京大学出版社 2010 年版，第 86 页，作者有改编。

与统计表对应的排列图如图 10－3 所示。

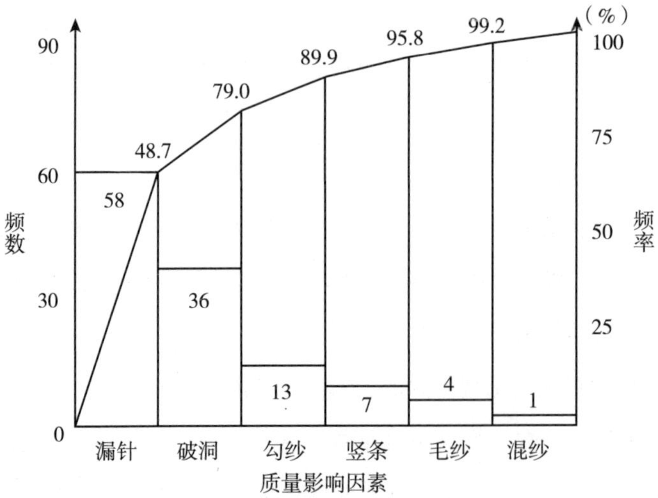

图 10－3　某企业针织面料坯布瑕疵排列图

资料来源：陈国华、贝金兰，《质量管理》（第3版），北京大学出版社2018年版，第48页，作者有改编。

4. 排列图中的ABC分析法

ABC分析法是将各种项目根据数量和价值划分成A、B、C三个等级。其中，A类因素数量居少，价值却为最多；B类因素数量居中，价值为中等；C类因素数量居多，价值为最少。具体来说，累计比率为0～80%的项目是所要找出的主要问题，称为A类因素；累计比率为80%～90%的项目称为B类因素，是次要问题；累计比率为90%～100%的项目称为C类因素，是一般问题（如图10－4所示）。

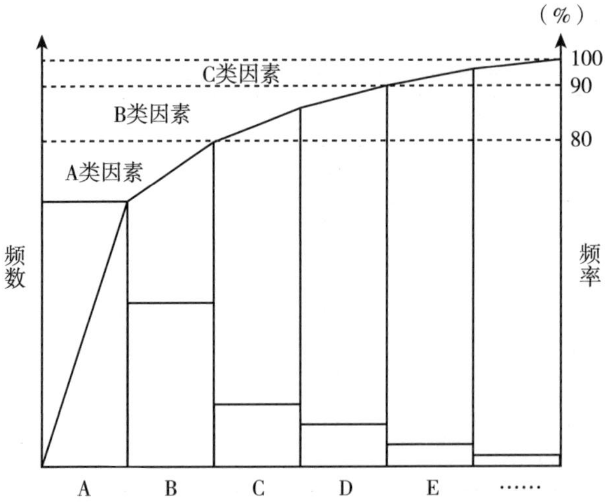

图 10－4　排列图中的A、B、C分析

资料来源：贾永标，《排列图分析法在工程施工质量控制中的应用》，载于《建设监理》2012年第5期，作者有改编。

5. 注意事项

在作排列图时，要做好因素的分类，所选择的主要因素应该是质量控制小组最有能力解决的几个因素，数量不能过多，如果选择的项目过多，则可以通过集体讨论，将相对次要的因素与其他相对重要的因素合并，每个项目的样本数据要充足。在进行因素分类时，QC小组应该把注意力放在解决主要矛盾上，如果确定的项目过多，则失去了分组的意义。

四、因果图法

1. 概念

因果图又称鱼骨图，是由日本东京大学教授石川馨[①]（Ishikawa Kaoru）提出的，故又称为石川图，是根据质量问题的结果返回寻找其原因的分析图。因果图法在质量管理中的应用非常广泛，它把可能影响质量的所有潜在原因清晰地展示出来，并加以组织、归纳，可以用来准确、快速地找出质量问题的原因（如图10－5所示）。

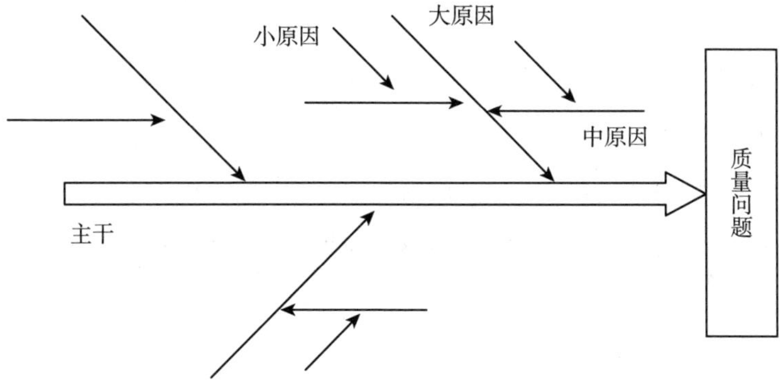

图10－5　因果图

资料来源：Ishikawa，K.，Introduction to Quality Control. Productivity Press. 1990，P. 448.

2. 绘制步骤

绘制因果图最常见的方法是大枝展开法，先确定大枝，然后确定中枝，最后确定小枝，按大—中—小的次序提出各种原因。这样往往可以将各种因素限制在预先确定的框框内，容易形成小而整齐的因果图。因果图的具体绘制步骤如下：

（1）明确所要研究的质量问题，将问题放在图的最右端方框内，并画出主干，主干

---

① 石川馨（Ishikawa Kaoru），QCC之父、日本式质量管理的集大成者，出生于日本，毕业于东京大学工程系，主修应用化学。石川馨是20世纪60年代初期日本“质量圈”运动的最著名的倡导者。他认为推行质量管理是经营思想的一次革命，其内容可以归纳为六项：质量第一；面向消费者；下道工序是顾客；用数据、事实说话；尊重人的经营；机能管理。

箭头指向质量问题。

（2）确定潜在原因的主要类别。可以在已有研究的基础上进行分析，例如，在制造业中，可以从5M1E，即men（人员）、machine（设备）、material（材料）、methods（方法）、measure（测量）与environment（环境）六个方面来分析主要原因。另外，还可以利用头脑风暴法，通过集体的思维碰撞，思考所有可能的原因并列示出来。

（3）全面分析各因素之间的因果关系，确定大原因、中原因和小原因。大原因是影响质量结果的少数几个主要原因，用大枝表示；中原因是与大原因直接相关的原因，用中枝表示；小原因又是与中原因存在直接因果关系的原因，用小枝表示。最后根据各个原因对质量结果的影响程度，在图中对主要影响因素用明显的符号进行标示。

（4）在因果图上标示出有关的信息，如标题、绘制人等。

3. 注意事项

（1）确定原因时，不仅需要考虑已有的结论，还应集思广益，充分发扬民主，尽可能记录多方面的意见，要根据企业的实际情况确定问题所在。

（2）展开原因时必须深入细致。在确定大原因时，要用中性词描述，如“操作者”“环境”等，而不能用“好”“坏”等描述性词语，但中原因和小原因则必须使用具有判断性的词语。原因展开阶段要一直持续到找出能够直接采取措施的原因为止。

（3）如果某种原因同时与两种或两种以上因素有关，则把该原因归在与它相关性最强的上一级原因里面。

4. 例题

【例10－4】复印机复印不清楚的原因分析（如图10－6所示）。

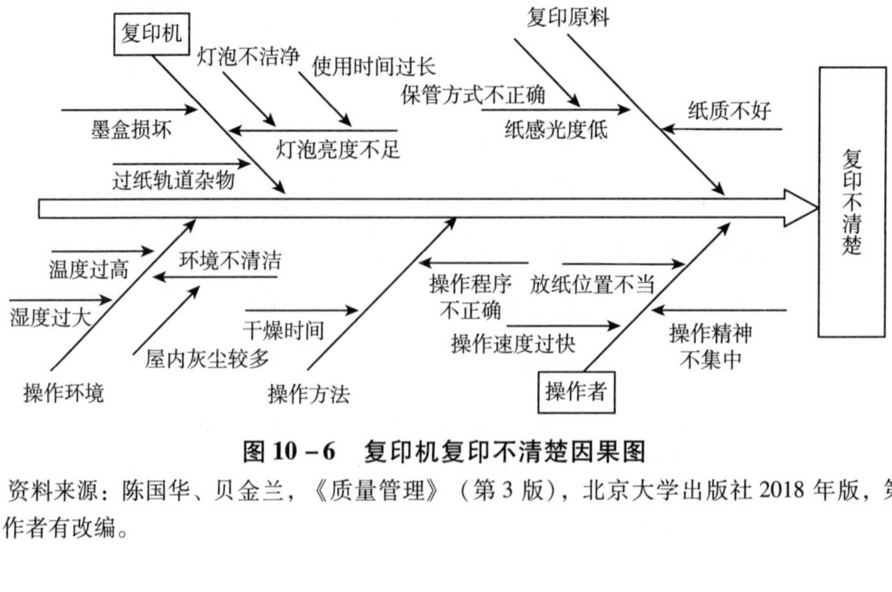

图10－6 复印机复印不清楚因果图

资料来源：陈国华、贝金兰，《质量管理》（第3版），北京大学出版社2018年版，第50页，作者有改编。

五、散点图法

1. 概念

散点图是指在回归分析中，数据点在直角坐标系平面上的分布图，它表示因变量随自变量而变化的大致趋势，据此可以研究两个非确定性变量之间的关系。散点图 10－7 表示水的溶氧量与温度之间存在负相关关系，温度越高，水的溶氧量越低。

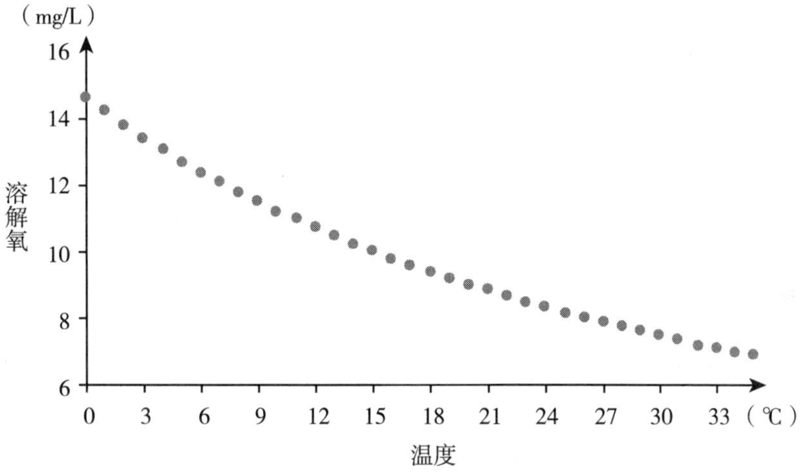

图 10－7　水溶氧量与温度关系散点图

资料来源：陈国华、贝金兰，《质量管理》（第 3 版），北京大学出版社 2018 年版，第 54 页，作者有改编。

2. 绘制步骤

（1）确定研究对象。研究对象即为两个可能存在某种关系的变量，可以是两种特性之间的关系，也可以是因果关系。

（2）收集数据。至少要收集 30 对以上的数据样本，将其填入数据表中，并记录收集数据的时间、方法、条件和人员等事项。

（3）在收集数据时，要尽最大努力控制其他变量的影响，以免数据中含有的其他变量扰乱最终结果。

（4）画出横坐标 X 与纵坐标 Y，填写特性值标度，并根据数据画出坐标点。若两种数据属于原因与结果的关系，则一般用 X 轴表示原因，Y 轴表示结果。

【例 10－5】某足球学校为了研究学生的身高与体重之间是否存在某种关系，将所有学生的身高和体重的测量数据作散点图进行分析（如表 10－9 所示）。

表 10－9　　某足球学校学生的身高、体重情况

序号	身高（cm）	体重（kg）	序号	身高（cm）	体重（kg）
1	168.2	69.8	16	180.5	75.7
2	168.8	70.2	17	181.4	75.8
3	169.5	70.7	18	181.9	75.5
4	170.3	70.1	19	182.7	76.2
5	171.2	71.3	20	183.3	77.5
6	171.8	71.0	21	184.0	77.4
7	172.3	71.8	22	184.8	77.7
8	173.4	72.1	23	185.7	78.2
9	175.0	72.3	24	186.1	78.5
10	175.7	72.5	25	186.9	74.9
11	176.5	73.9	26	187.7	78.6
12	177.1	73.4	27	188.3	78.3
13	178.3	74.1	28	188.9	78.9
14	179.0	74.6	29	189.4	79.9
15	179.6	74.2	30	190.2	79.7

资料来源：陈国华、贝金兰，《质量管理》（第 3 版），北京大学出版社 2018 年版，第 54 页，作者有改编。

根据测量数据作散点图 10－8。

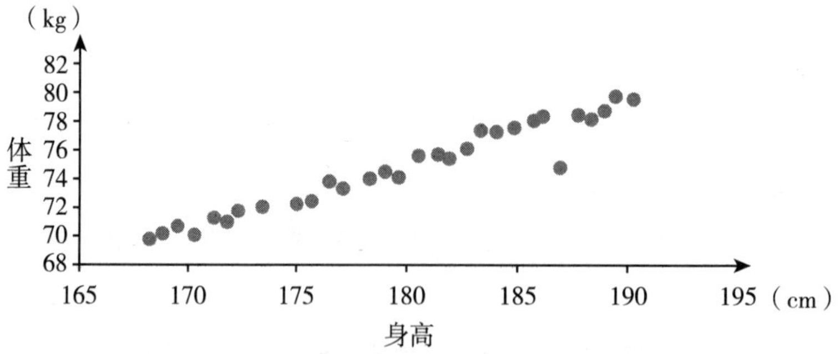

图 10－8　运动员身高与体重相关关系的散点图

资料来源：陈国华、贝金兰，《质量管理》（第 3 版），北京大学出版社 2018 年版，第 54 页，作者有改编。

3. 典型的散点图

在散点图中，两要素之间可能具有非常强烈的相关关系，也可能具有比较弱的相关关系，这些都体现了两个要素之间不同的因果关系。一般情况下，两个变量之间的相关

类型主要有六种：强正相关、弱正相关、不相关、强负相关、弱负相关以及非线性相关（如图 10－9 所示）。

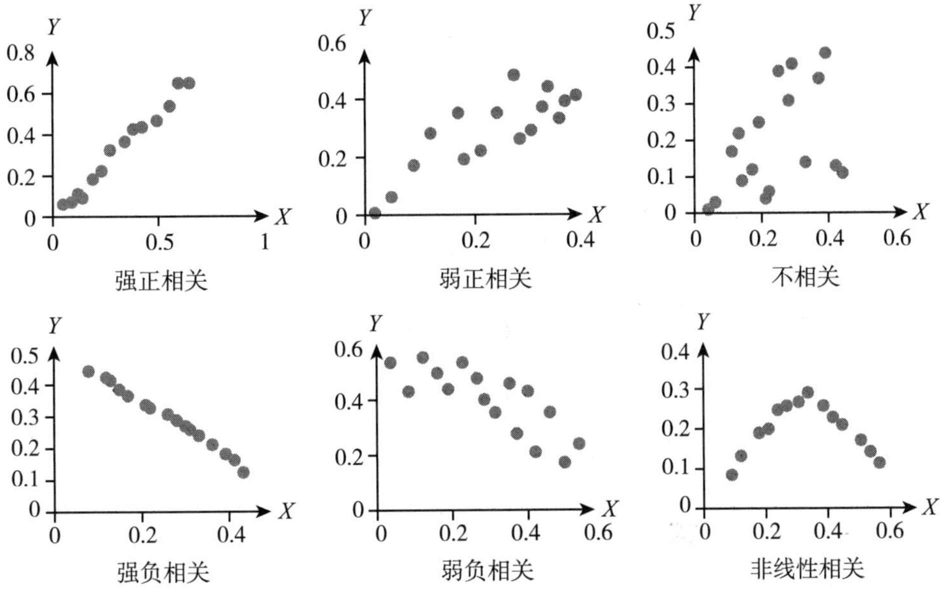

图 10－9 几种典型的散点图

资料来源：陈国华、贝金兰，《质量管理》（第 3 版），北京大学出版社 2018 年版，第 55 页，作者有改编。

六、直方图法

1. 概念

直方图是质量管理中常用的统计分析方法之一，用来加工整理质量数据，并通过分析质量数据的分布状况及特征预测工序质量的好坏和估算工序不合格品率。它将收集的全部质量数据分成若干组，以组距为底边，以该组相对应的频数为高，按比例构成若干矩形，如图 10－10 所示。

2. 直方图的绘制步骤

（1）收集原始数据。一般样本数据量控制在 50～100 之间，数据过多会浪费较多的精力和时间，数据过少则不利于准确判断数据分布状态。

（2）求极差 R。所谓极差就是原始数据中的最大值 x_{max} 和最小值 x_{min} 的差值（$x_{max}-x_{min}$）。

（3）确定分组的组数和组距。分组数通常需要根据数据的数量多少而定，可以参考经验数据表 10－10。

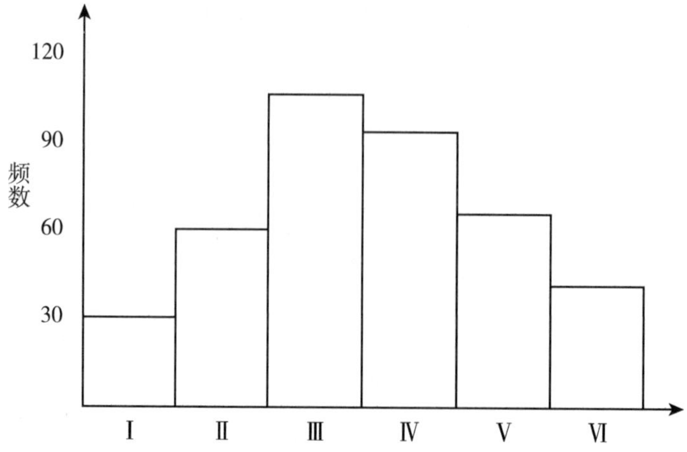

图 10－10　直方图

资料来源：陈国华、贝金兰，《质量管理》（第 3 版），北京大学出版社 2018 年版，第 64 页，作者有改编。

表 10－10　数据数量与分组的对应情况

数据个数	分组数 K
40～99	6～8
100～200	8～10
201～500	9～11
501～1000	10～13
1000 以上	12～15

资料来源：陈国华、贝金兰，《质量管理》（第 3 版），北京大学出版社 2018 年版，第 64 页，作者有改编。

确定分组数 K 后，即可确定组距 h，其计算公式如下：

$$h=\frac{R}{K}=\frac{x_{\max}-x_{\min}}{K}$$

（4）确定各组的界限。

从第一组开始，第一组的上下限值为 $x_{\min}\pm(h/2)$；第二组的上界限就是第一组的下界限值，第二组的下界限值加上组距就是第二组上界限值。以后每组的组界均在上一组组界基础上增加一个组距，直至包含 $x_{\max}$ 为止。为了避免同一个数据同时属于两个组，通常规定各组的区间为左开右闭。

（5）统计各组的频数 f_i 和组中值 u_i，并列入数据表中。

（6）根据上述统计和计算出的数据画出直方图。以横坐标表示质量特性，纵坐标表示频数（或频率），在横轴上标明各组的组界，以组界为底，频数为高，画出一系列直方柱，即为直方图。

（7）求平均数 $\bar{x}$。$\bar{x}=\frac{\sum_{i=1}^{n}f_i x_i}{\sum_{i=1}^{n}f_i}$。

（8）求标准差 S。$S=\sqrt{\left[\frac{\sum_{i=1}^{k} f_i\left(\frac{u_i-a}{h}\right)^2}{\sum_{i=1}^{k} f_i}-\left(\frac{\sum_{i=1}^{k} f_i\frac{u_i-a}{h}}{\sum_{i=1}^{k} f_i}\right)^2\right]}$，其中 a 表示频数最大组的组中值。

【例 10－6】某木材厂测量木板厚度，尺寸按标准要求为 4±0.2 毫米，现从生产批量中抽取 50 个样本进行测量，测出的尺寸如表 10－11 所示，试画出直方图。

表 10－11　　某木材厂木板厚度原始数据　　单位：毫米

序号	尺寸					序号	尺寸				
1	4.11	4.03	4.01	3.87	3.92	6	3.88	3.99	4.01	4.12	4.05
2	4.06	4.16	3.94	4.02	3.83	7	3.93	4.20	4.12	3.87	3.99
3	4.12	3.95	3.91	3.86	3.97	8	4.03	4.05	4.09	3.85	3.89
4	3.81	4.07	4.19	3.78	4.04	9	3.91	4.23	4.21	3.82	3.94
5	3.80	4.18	4.03	3.93	4.13	10	4.19	4.08	3.76	3.96	4.00

资料来源：陈国华、贝金兰，《质量管理》（第 3 版），北京大学出版社 2018 年版，第 66 页，作者有改编。

解：（1）收集数据：$n=50$。

（2）找出数据的最大值和最小值。

$$x_{max}=4.23 \quad x_{min}=3.76$$

$$\text{极差 } R=x_{max}-x_{min}=4.23-3.76=0.47$$

（3）确定组数 K 与组距 h。组数 K 的确定可以根据分组数量的经验值，本例中 K 取 6。

$$\text{组距：} h=(R/K)=(0.47/6)\approx 0.08$$

（4）确定组界值。取测定单位的 1/2，然后用最小值减去测量单位的 1/2，作为第一组的下界值，加上组距作为第一组的上界，也是第二组的下界。依次得到所有组的组界值。

第一组的下界值为：$x_{min}-\frac{\text{测量单位}}{2}=3.76-\frac{0.01}{2}=3.76-0.005=3.755$

第一组的上界值为：$3.755+h=3.755+0.08=3.835$

第二组的上界值为：$3.835+h=3.835+0.08=3.915$

（5）记录各组中的数据，计算各组的组中值，整理成频数表 10－12。

表 10－12　　数据计算结果

组号	组界值	组中值	频数
1	3. 755 ~3. 835	3. 795	6
2	3. 835 ~3. 915	3. 875	8
3	3. 915 ~3. 995	3. 955	10
4	3. 995 ~4. 075	4. 035	12
5	4. 075 ~4. 155	4. 115	7
6	4. 155 ~4. 235	4. 195	7
总计			50

资料来源：陈国华、贝金兰，《质量管理》（第 3 版），北京大学出版社 2018 年版，第 66 页，作者有改编。

（6）作出直方图，如图 10－11 所示。

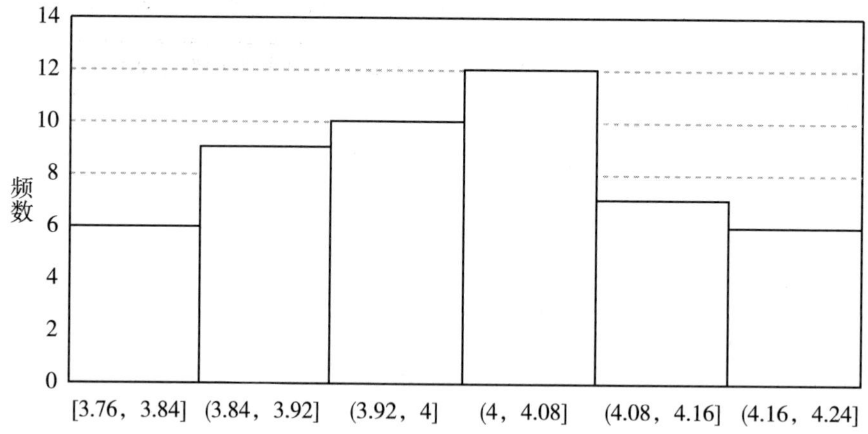

图 10－11　木板厚度直方图

资料来源：陈国华、贝金兰，《质量管理》（第 3 版），北京大学出版社 2018 年版，第 66 页，作者有改编。

3. 直方图的常见类型

直方图的形状可概括为正常形和异常形两类，正常形的直方图应该是左右对称，中心处最高，离中心越远越低；而异常形直方图主要有偏向形、双峰形、锯齿形、平顶形和孤岛形五种，如图 10－12 所示。

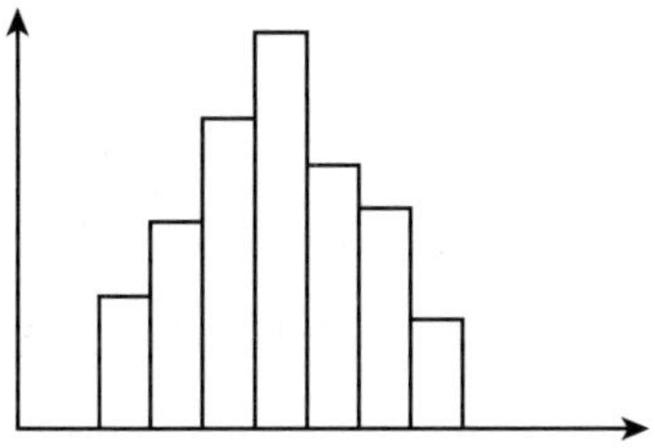

（a）正常形

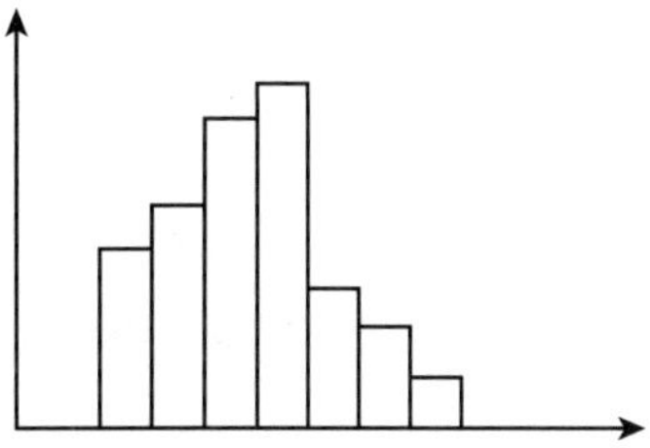

（b）偏向形

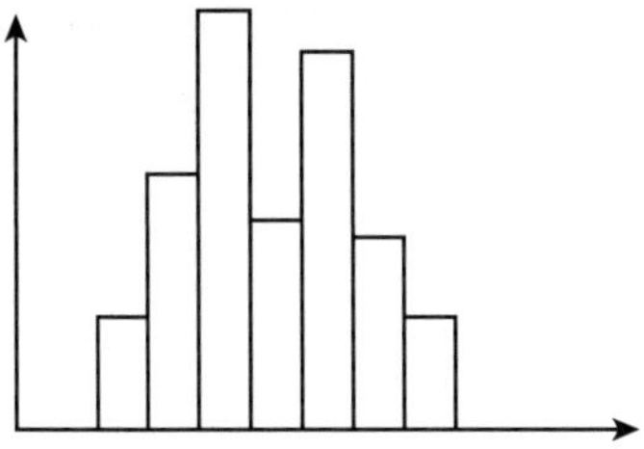

（c）双峰形

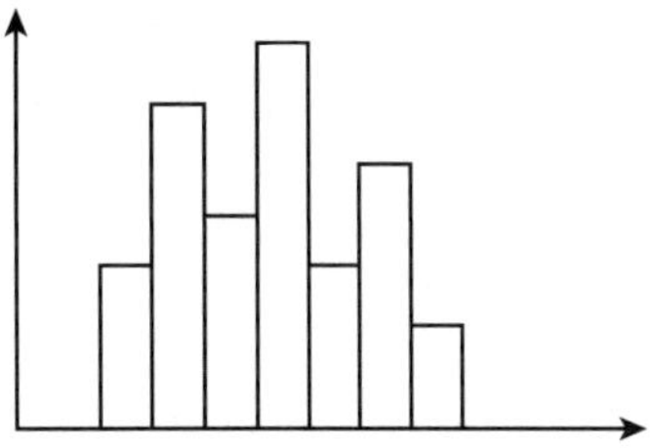

（d）锯齿形

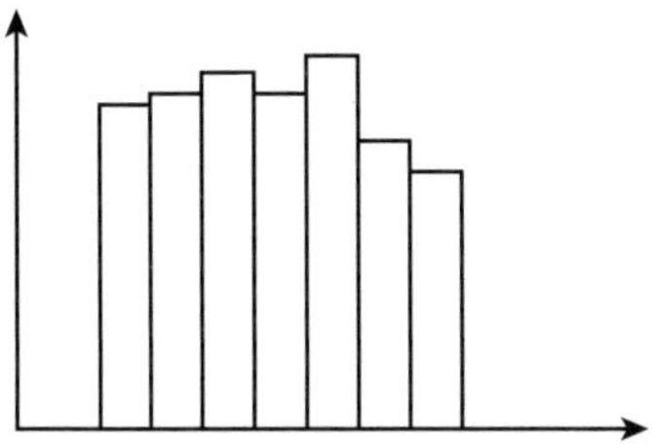

（e）平顶形

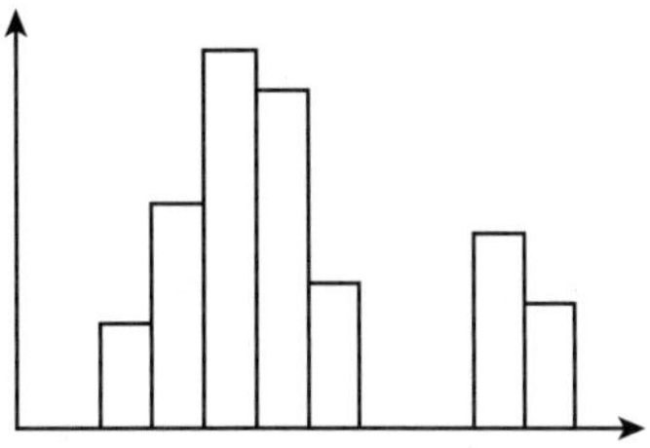

（f）孤岛形

图 10－12　常见的直方图类型

资料来源：陈国华、贝金兰，《质量管理》（第 3 版），北京大学出版社 2018 年版，第 67～70 页，作者有改编。

（a）为正常形的直方图，它表示生产过程中没有异常原因。

（b）～（f）为异常形的直方图，其中：（b）为偏向形，具体又可以表现为偏向左边或者偏向右边。产生的原因可能是：①下限（或上限）受到公差等因素限制；②操作者的个人习惯导致偏向；③剔除了不合格品；④质量特性值的单侧控制，如加工孔的惯例是孔径“宁小勿大”，而加工轴的惯例是轴径“宁大勿小”等。

（c）为双峰形，即靠近直方图中间值的频数较小，两侧各有一个明显凸起的“峰”。产生的原因可能是两种均值相差较大的分布混在一起，如将两个具有不同操作水平的工人生产的两批产品的数据混合。

（d）为锯齿形，各个因素之间的数据参差不齐，忽高忽低。其产生的原因可能是：①数据分组过多；②读数错误或测量方法不当；③量具精度较差。

（e）为平顶形，所有直方形的大小几乎一致，无明显落差。产生的原因可能是：①几种平均值不同的分布混在一起；②生产过程中某种要素缓慢变化，譬如刀具的磨损等。

(f) 为孤岛形，即在标准型直方图的远端又有一个小的直方图，像孤岛一样。产生的原因可能是：①夹杂了其他分布的少量数据；②原材料发生变化；③生产过程发生变化；④测量错误；⑤工人操作不熟练等。

任何一种异常型的直方图都表示生产过程中有异常原因，使质量特性的波动不符合随机波动的规律，应该及时找出原因并采取措施消除影响，使生产状态恢复稳定。

七、控制图法

控制图法就是对生产过程的关键质量特性值进行测定、记录、评估，并监测过程是否处于控制状态的一种图形方法，它是统计质量管理的一种重要手段和工具。世界上第一张控制图是由美国贝尔电话实验室（Bell Telephone Laboratory）质量课题研究小组过程控制组学术领导人休哈特博士创立的，因此，又称为休哈特控制图（如图 10－13 所示）。

图 10－13 控制图基本格式

资料来源：［日］石川馨，《质量管理入门（第 3 版）》（刘灯宝译），机械工业出版社 2017 年版，第 138 页。

其中，中心线记为 CL（central line），用细实线表示；上控制界限记为 UCL（upper control limit），用虚线表示；下控制界限记为 LCL（lower control limit），用虚线表示。

具体的控制图原理、绘制方法及其应用等内容在第五章中已经阐述。

第三节 质量改进的新七种方法

一、亲和图法（KJ 法）

1. 概念

亲和图是一种用于组织思想和数据的业务工具，是七大管理和规划工具之一。“亲和图”一词是由川喜田二郎①（Kawakita Jiro）在20世纪60年代设计的，因此也称为KJ法。该方法通常在项目管理中使用，其方式是首先运用头脑风暴法将大量想法进行分类和归纳，然后根据各个项目之间的关系进行分析，从而明确问题并解决问题。另外，亲和图还经常被运用到实地访谈笔记中，以及各种其他形式自由的活动中，如组织开放式调查等。KJ法的主要特点是在比较分类的基础上由综合求创新，如图10－14所示。

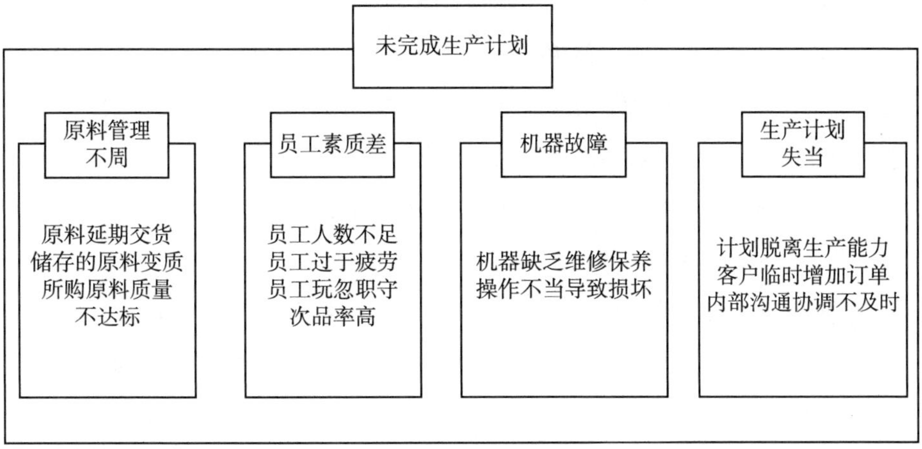

图10－14　未完成生产计划的亲和图分析

资料来源：韩之俊、许前、钟晓芳，《质量管理》（第三版），科学出版社2011年版，第114页，作者有改编。

2. 绘制步骤

（1）确定研究主题。参与研究的成员一般在10人以内，组织者要用尽可能简练通俗的语言阐明所要研究的主题，力争使每一位成员从一开始就对所讨论的问题有清晰的认识。

（2）收集想法并记录。通过头脑风暴法让每个参与者都提出自己的设想，并且写在卡片上，每张卡片只记录一个想法。

（3）整理卡片。参与者把所有卡片集中起来，进行头脑风暴。即根据自己的理解，分析每张卡片内容的相关关系，将内容相近的卡片归为一类，定位成一个分组，并为该分组赋予一个合适的标题，写在一张卡片上。按照这个方式，再继续合并内容相近的分组，并重新为其赋予新标题，重复两到三轮后，最终将所有内容总结为一个标题。

（4）制作亲和图。根据上述步骤，可以把所有分组按相互从属关系，粘贴到一张大纸上，并用线条把彼此有联系的分组连接起来。如果发现相互之间没有任何联系，则要

① 川喜田二郎（Kawakita Jiro，1920—2009），理学博士，是著名的创造性问题解决技法“KJ法”的创始人。

重新进行分组，直至找出相关性。

（5）得出分析结论。根据绘制的亲和图，参与者讨论解决问题的最佳方案，会后再交给专家进行评定，在完成所有分析后即可得出结论，并撰写分析报告。

3. 主要用途

（1）汇集多方思想，合力解决问题。参与者全面收集与质量问题相关的数据和资料，可以集中集体的智慧。使用头脑风暴法对问题进行多轮次深入探讨，可以不断加深对问题的认识，从而有助于得出最优的解决办法。

（2）打破常规，激发创意。在使用亲和图法的过程中，通过集体思考和交换意见，在思想的相互碰撞过程中很容易产生新的创意火花，这有助于打破固有的思维定式，摆脱旧有的观念束缚，消除对问题的陈旧认识，产生更有创造力的解决办法。

（3）统一认识。在参与者提出各自的想法后，都要进行几轮的讨论和意见交换，每一轮讨论过程实质上都是集体思想相互碰撞、弥补、归纳和融合的过程。经过几轮讨论后，这个过程被不断重复，从而可以不断地对问题达到更深入的认识，并形成更高程度的共识，有利于统一思想。

（4）贯彻方针。管理人员利用亲和图法，通过与下级人员的良好互动，可以更好地向下级传达上级的方针政策，加强下级人员的理解。

二、关联图法

1. 概念

关联图，又叫关系图，是用一系列的箭线来描述问题各个因素之间的因果关系的连线图。该方法可以展示所有与复杂问题相关的因素，以及这些因素之间的因果关系，是一种根据逻辑关系理清复杂问题的方法。使用该方法可以迅速抓住重点问题并寻求解决对策，如图 10－15 所示。

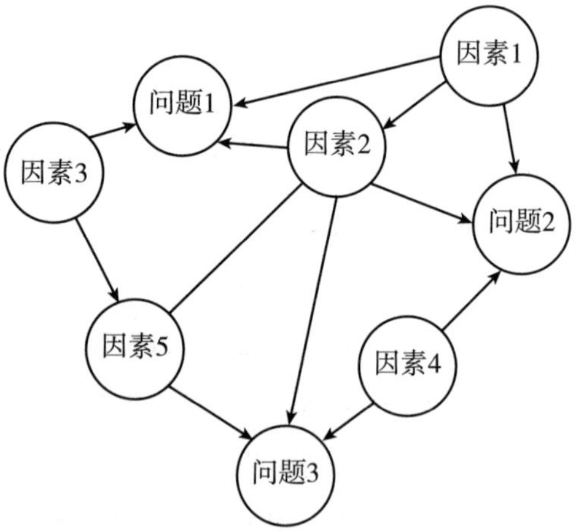

图 10－15　关联图

资料来源：陈国华、贝金兰，《质量管理》（第 3 版），北京大学出版社 2018 年版，第 104 页，作者有改编。

2. 绘制步骤

（1）确定问题及原因。首先，小组成员要准确分析产品存在哪些质量问题，并一一列出。然后，小组成员展开自由讨论，对所有问题逐一深入分析原因，要让每一个人都充分表达自己的观点，包括支持自身观点的论据等。在确定问题和原因后，将它们写在纸上，并圈出。

（2）小组成员继续讨论问题与因素，以及因素之间的因果关系，在形成共识后，用箭头连接原因和结果，箭头方向只能由原因指向结果，或由一个原因指向另一个原因。

（3）根据画出的关联图继续分析讨论，并检查是否有不够准确或遗漏之处，复核并确认各种因素之间的相互关系。将重要问题或重要因素用双线或粗线醒目地标示出来，分析确定解决问题的切入点。

3. 主要用途

使用关联图有助于分析问题原因。由于问题的各个因素之间错综复杂，相互影响，同一个因素可能会影响两个及两个以上的问题，关联图法将因果关系清晰地描绘出来，便于人们在复杂问题中梳理原因。此外，关联图法有助于促进各部门间的质量合作，全面加强组织内部的质量管理意识，不断提高整体质量管理水平，预防制造过程中不良品的出现。

4. 案例

【例 10－7】某加工企业出现了产品合格率低的问题，该企业用关联图分析产品合格率低的原因，如图 10－16 所示。

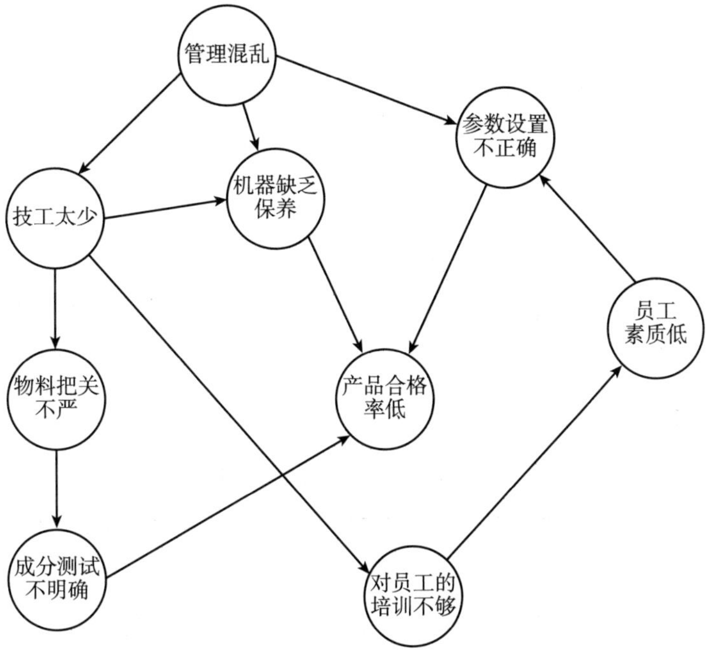

图 10－16　某企业产品合格率低原因的关联图

资料来源：王为人，《QC 新七大工具之二：关联图法》，载于《中国卫生质量管理》2018 年第 3 期，作者有改编。

三、树图法

1. 概念

树图法是以图形形式表示结构的分层性质的一种方法，它将具有包含关系的数据进行层次化分解，展示事物的内部构成或内在逻辑关系。使用树图法可以明确问题的重点，寻找解决问题的最佳手段，如图 10－17 所示。

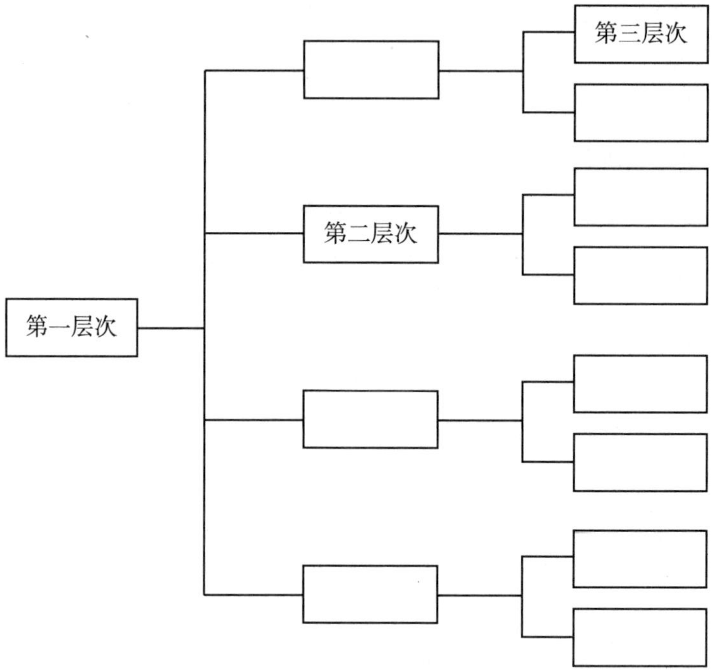

图 10－17　树图

资料来源：岑詠霆，《质量管理教程》（第二版），复旦大学出版社 2010 年版，第 104 页，作者有改编。

2. 绘制步骤

（1）确定具体的目标或主题。确定目标时应该注意：①目标的表达应尽量简洁；②对于限制事项需要提前予以说明；③要思考几个重要问题，弄清楚“为什么要实现这个目标?”“如何实现目标?”等等。

（2）提出手段和措施。为了达到预定的目标，必须集合众人的智慧，集思广益，针对目标提出具体的操作手段和措施并记录下来。可供参考的方法包括：①从水平高的手段和措施开始，按顺序边想边提；②先提出被认为是最低水平的手段和措施，然后继续按顺序提出较高水平的手段和措施；③不考虑水平高低，以随机的方式提出手段和措施。

（3）进行评审。要对提出的手段、措施进行评审，并调查它们在经济和技术上的可行性。有限制事项时，要对限制事项进行评审。评价结果可以用“○”“△”“×”表示，其中“○”表示可行，“△”表示需要更深入地调查才能确认此事项，“×”表示不可行。对于带有“△”的事项，一定要经过认真调查才能明确是“○”（可行）还是“×”（不可行）。

（4）画出树图。先把经过评审后的手段和措施用通俗简练的语言写在卡片上，然后形成目标手段的系统展开图。在绘图过程中，会不断发现新的手段和措施，要及时补充到树图中。

3. 主要用途

树图主要用于对各项活动、目标、方针政策等问题进行内容结构的展开。例如，在新产品的研制过程中，可以用树图对质量设计工作进行结构化展开；在制订质量计划时，可以对质量计划活动进行展开；在质量改进阶段，可以对质量改进工作的各个阶段进行展开等。此外，利用树图还可以对企业有关成本、生产管理、部门职能和管理职能等内容进行分析。

4. 案例

【例 10－8】 某次空难的原因分析用树图表示，如图 10－18 所示。

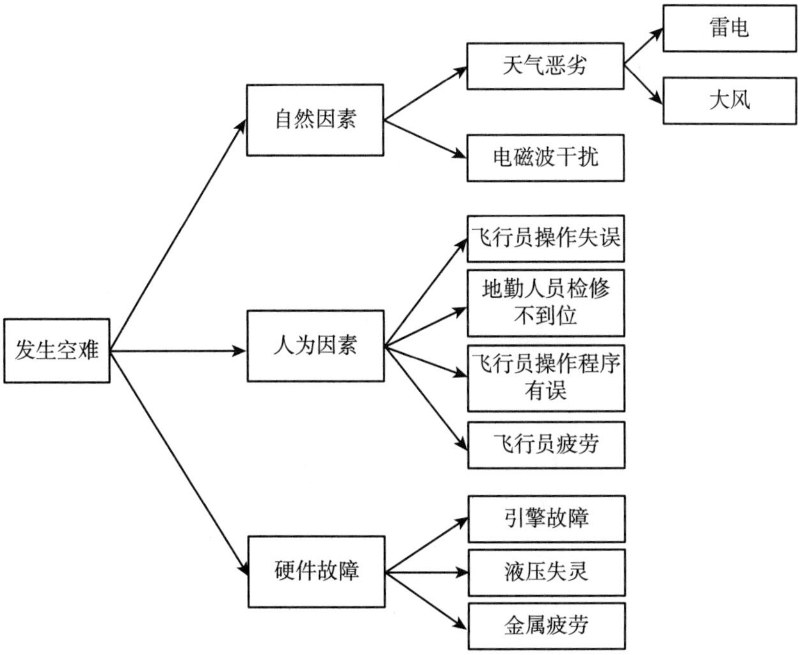

图 10－18 空难原因分析

资料来源：岑詠霆，《质量管理教程》（第二版），复旦大学出版社 2010 年版，第 105 页，作者有改编。

四、矩阵图法

1. 概念

矩阵图可以表示两个或多个要素之间的关系。当预期解决的问题比较复杂，且影响因素之间互相关联，无法将它们分开考察解决时，可以使用矩阵图法从多个角度分析问题，从而逐步明确问题的原因。在矩阵图中，首先从造成问题的因素中找出成对要素：L_1，L_2，…，L_n；R_1，R_2，…，R_n，列 R_n 和行 L_n 的每个交点都表示两个因素之间的关联程度，二者可能存在关系，也可能不存在。从这些关联程度中找出关联度最大的成对因素，即为问题的关键点，如表 10－13 所示。

表 10－13　　　　设备失效矩阵

输入因素（权重）	输出因素（权重）				
	绝缘强度低（4）	耐压击穿（6）	功率大（10）	转速低（7）	启动性能差（2）
绝缘漆浓度低（54）	◎	○			
预供时间段短（48）		○	○		
定子性能差（171）			◎	◎	◎
转子缺陷（165）	○		◎	◎	
风叶不配套（36）			○		○
风叶角度与电机不匹配（92）			◎		△
轴承不合格（39）		△	△	○	△
精加工精度差（63）	◎	△		○	

注：图中◎为 9 分，○为 3 分，△为 1 分，空格为 0 分。

资料来源：陈国华、贝金兰，《质量管理》（第 3 版），北京大学出版社 2018 年版，第 106 页，作者有改编。

从表 10－13 可以看出，对该设备失效影响最大的原因分别为定子性能差和转子缺陷，这两项应该成为问题的关键点。

2. 绘制步骤

（1）列出质量因素。在矩阵图的上方第二行列出质量过程的全部输出因素或缺陷，在矩阵图的左侧第一列填入全部输入因素。

（2）确定每一输出因素或缺陷的重要度，并规定各自权重（权重由 1～10 表示，1 代表的重要度最低，10 代表的重要度最高）。

（3）评价每一输入变量或影响因素对各个输出变量或缺陷的相关关系，矩阵图中的单元格用于表明该行对应的输入变量的相关程度，一般将这种相关程度分为四类，由小到大分别赋予 0、1、3、9 的分值或 0、1、3、5 的分值。

（4）评价过程输入变量或影响因素的重要程度，将每一单元的相关程度得分值乘以该列对应的输出变量的权重数，然后将每一行的乘积加起来，这个结果代表了该输入变量或影响因素的权重。其中，权重较高的项目是重点关注对象。

五、优先矩阵图法

1. 概念

优先矩阵图用于对项目进行排序，并根据加权标准对项目进行描述。该方法可以看作是树图法和矩阵图法的结合，它对所要研究的项目进行一对一的评估，最终将研究范围缩小到最理想或最有效的项目上。

优先矩阵图法可以帮助决策者确定所要实施的活动或者目标的重要程度。例如，空军要购买一种战斗机，要在三种机型之间进行选择，其中第一种具有较高的隐身性和较强的机动性，第二种具有较强的空中格斗能力和飞行稳定性，第三种则具有较高的载弹量和较强的电子对抗能力，此时军方可以借助优先矩阵图进行购买决策。

2. 绘制步骤

（1）建立一个矩阵图，将所要评价的全部项目列在第一行和第一列，然后比较相互之间的重要性，并计算每一项目的权重得分（行的相对百分比），如表 10－14 所示。

表 10－14　　战斗机各评价项目优先矩阵

项目	隐身性	机动性	空中格斗能力	飞行稳定性	载弹量	电子对抗能力	行总和	权重得分（%）
隐身性		1	1/3	3	6	3	13.3	26.4
机动性	1		3	1/3	1	1	6.3	12.5
空中格斗能力	3	1/3		1	6	1	11.3	22.5
飞行稳定性	1/3	3	1		1/6	1/3	4.8	9.5
载弹量	1/6	1	1/6	6		1	8.3	16.5
电子对抗能力	1/3	1	1	3	1		6.3	12.6

注：1/6 表示非常不重要；1/3 表示不太重要；1 表示相同；3 表示重要；6 表示非常重要。

资料来源：陈国华、贝金兰，《质量管理》（第 3 版），北京大学出版社 2018 年版，第 105 页，作者有改编。

（2）对所有评价项目给出权重后，对照每一个项目对所有可能的选择进行评分，如针对表 10－14 中的项目之一的“空中格斗能力”，对三种战斗机进行评价。此时需要建立新的矩阵，如表 10－15 所示。

表 10－15　　优先矩阵——基于同一评价项目（空中格斗能力）

	第一种战机	第二种战机	第三种战机	行总和	权重得分（%）
第一种战斗机		6	1/3	6.3	49.2
第二种战斗机	1/6		3	3.2	25
第三种战斗机	3	1/3		3.3	25.8

注：1/6 表示非常不重要；1/3 表示不太重要；1 表示相同；3 表示重要；6 表示非常重要。

资料来源：陈国华、贝金兰，《质量管理》（第 3 版），北京大学出版社 2018 年版，第 105 页，作者有改编。

（3）最终的矩阵是把所有选项写在矩阵左边第一列，把所有评价项目放在矩阵顶部第一行。将上述的权重得分填入并相乘，对每个选择的得分进行加总并求得其相对百分比，得分最高的被认为是最好的选择（如表 10－16 所示）。

表 10－16　　优先矩阵——汇总

备选项	评价项目							
	隐身性	机动性	空中格斗能力	飞行稳定性	载弹量	电子对抗能力	行总和	权重得分（%）
第一种战斗机	（项目的行百分比×选择的行百分比）		（22.5×49.2）=1107					
第二种战斗机			（22.5×25）=562.5					
第三种战斗机			（22.5×25.8）=580.5					

资料来源：陈国华、贝金兰，《质量管理》（第 3 版），北京大学出版社 2018 年版，第 105 页，作者有改编。

3. 用途

优先矩阵图法能够提高决策的客观性和准确性。当面临多种复杂选择和评价项目时，评估团队可以利用优先矩阵图法进行系统的讨论、识别，优选出对做出决策最具影响的评价项目，并评估所有可能，最终做出最优决策。

六、过程决策程序图法

1. 概念

过程决策程序图法（process decision program chart）也称 PDPC 法，是为了制订应急

方案而设计的一种方法。PDPC 法主要用来确定在完成任务的过程中，当出现各种不利条件时，活动计划会受到多大程度的影响。具体来说，就是在完成任务或达到目标的过程中，对可能遇到的不利情况进行预测，做好充足预案，制订行动计划，使执行者在遇到不利情况时有多种方案可以选择，从而提高达到理想结果的可能性。该方法可用于防止重大事故的产生，因此也称为重大事故预测图法，如图 10 – 19 所示。

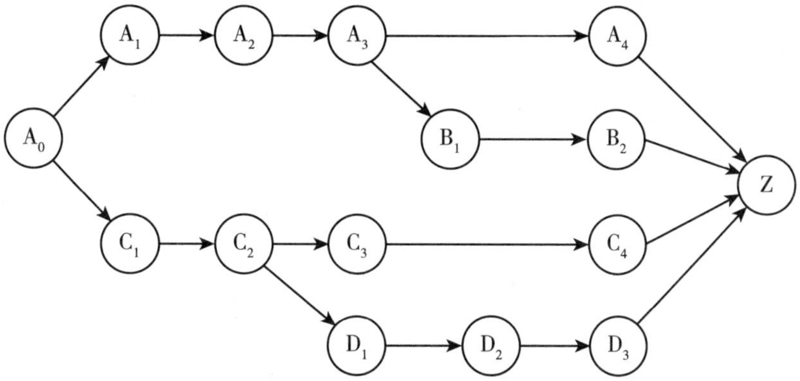

图 10 – 19　过程决策程序

资料来源：韩之俊、许前、钟晓芳，《质量管理》（第三版），科学出版社 2011 年版，第 99 页，作者有改编。

2. 特征

（1）过程决策程序图并不局限在某个局部分析问题，而是从整体的角度展示系统的综合状态，因此可以用该方法做全局性判断。

（2）可以有效跟踪问题动向。PDPC 法可以按时间顺序把握问题进度，可以使参与人员密切跟踪问题的各种动向，迅速发现不利状况或负面事件，并且掌握其产生的原因。

（3）参与人员自由度高。在制作过程决策程序图的过程中，参与人员可以针对可能出现的各种情况自由交换意见、充分碰撞思想，集体的灵感和创造力可以充分涌现。此外，在完成目标的过程中，参与人员可以随时根据形势变化对正在实施的措施进行修改和补充，从而不断提高目标达成的成功率。

3. 绘制步骤

（1）成立一个项目团队，团队中要尽可能地包含所有与该项目有关的负责人，由团队成员共同确定需要解决的问题，并自由讨论使问题得到解决的手段和方法。

（2）针对所提出的手段和方法进行深入分析，列举出与之相关的预测结果，以及可能遇到的各种困难情况，讨论遇到阻碍时应采取的措施和方案。

（3）将所有研究措施按重要程度、所需工时、实施成功的可能性及难易程度予以分类，并确定各项措施实施的先后顺序。对即将采取的措施，应根据预测结果，明确首先应该做什么，并用箭线将其连接至想要达成的状态。

（4）落实项目实施负责人及实施期限，针对 PDPC 法实施过程中出现的新问题，相关负责人应该定期召开会议进行总结，对执行情况进行检查，并不断根据实际情况调整过程决策程序图。

4. 例题

【例 10－9】某人打算开车上班，他对路上可能出现的情况做出分析，并利用 PDPC 法做出方案，如图 10－20 所示。

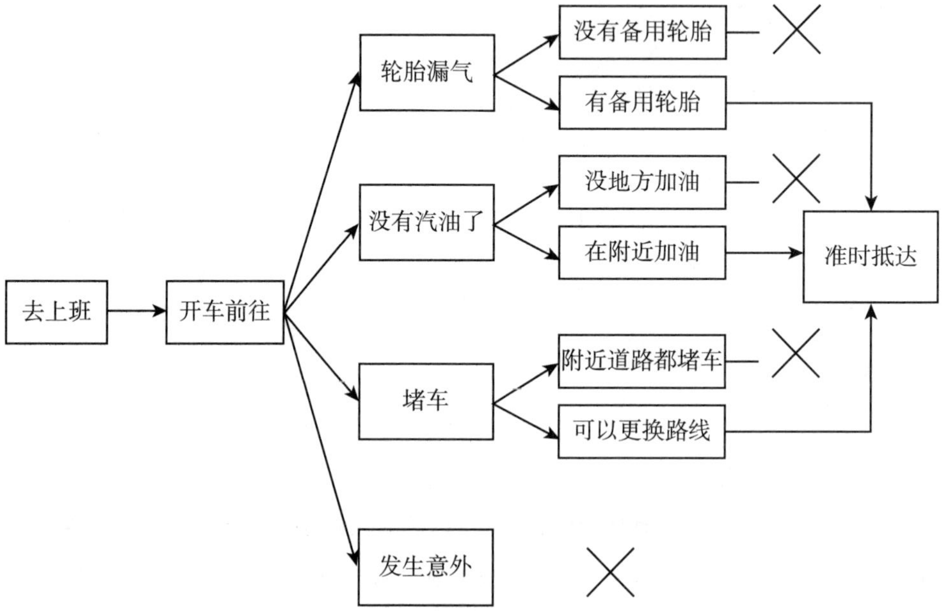

图 10－20 开车上班的过程决策程序

资料来源：韩之俊、许前、钟晓芳，《质量管理》（第三版），科学出版社 2011 年版，第 100 页，作者有改编。

七、网络图

1. 概念

网络图法又称网络计划技术，它用于规划一组任务的完成顺序。具体地说，就是把推进计划所必需的各项工作，按时间顺序和从属关系进行计划、安排和优化，如图 10－21 所示。

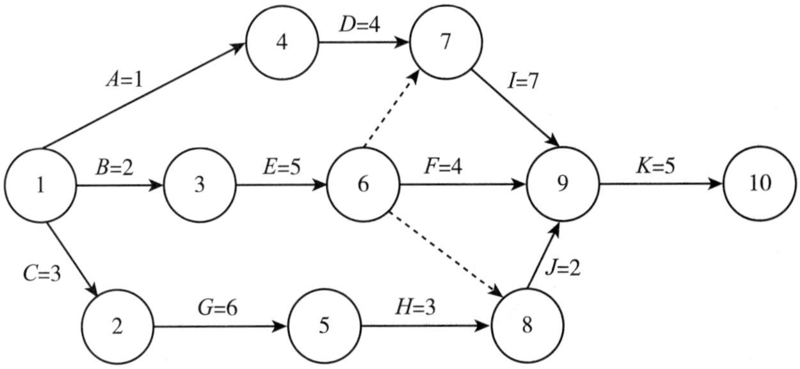

图 10－21 网络图

资料来源：陈国华、贝金兰，《质量管理》（第 3 版），北京大学出版社 2018 年版，第 103 页，作者有改编。

2. 网络图的构成

网络图由节点和作业活动构成。

（1）节点是指某项作业的起始或结束，也称为事件，节点不消耗时间和资源，只是一个“时间交接点”。网络图中第一个节点称为起始事件，表示一项任务的开始；最后一个节点称为终点事件，表示一项计划的完成；介于中间的节点称为中间事件，它既表示前一项作业的完成，又表示后一项作业的开始，每个节点都用序号 1，2，…，n 来标记。

（2）作业活动用节点之间的箭线表示，箭线旁边或上方的字母表示作业名称，数字则表示作业活动所需要的时间，所有的节点都通过箭线连接，箭尾连接的事件称为紧前事件，箭头连接的事件称为紧后事件。从起始事件开始，直至终点事件，沿箭线方向经过的一系列连续作业和事件组成一条路线。在一个网络图中有很多条路线，一条路线上各项作业的时间之和即为该路线的总长度，其中总长度最长的路线称为关键路线，关键路线上的各事件称为关键事件，关键事件的周期等于整个工程的总工期。需要注意的是，一个网络图中的关键路线可能不止一条。

3. 网络图绘制的基本原则

（1）网络图中的节点要从 1 开始标注编号，且编号不能重复。

（2）网络图中不能出现循环路线，否则将使组成回路的作业永远不能结束。也就是说箭线不能从某个节点出发后，最终又指向本身。

（3）进入一个节点的箭线可以有多条，但相邻两个节点之间只能有一条箭线。在表示多作业之间的关系时，有时需增加节点和虚作业，虚作业并不表示一个实际的作业，只表示作业之间的逻辑关系，用虚箭线来表示。虚作业不消耗时间和资源，在实际工作中并不存在，但它在网络图的绘制中起着重要作用，其画法如图 10－22 所示。

（4）网络图中不能出现缺口。除起点、终点外，其他各节点的前后都要有箭线连接，使得自网络图的起点经由任何箭线都可以达到网络图的终点。否则，将使某些作业失去与其紧前作业或紧后作业之间应有的联系。

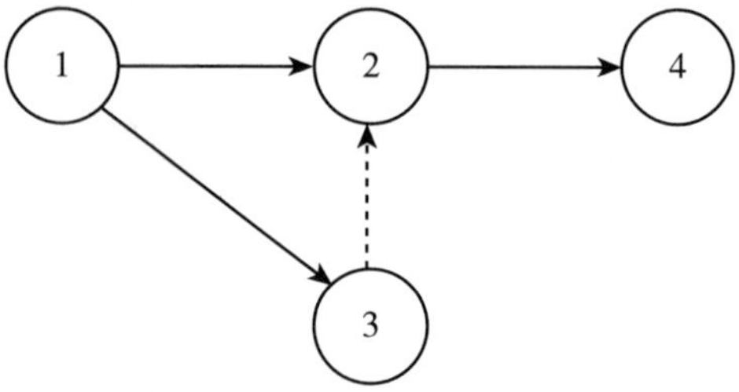

图 10－22　网络图中的虚作业

资料来源：陈荣秋、马士华，《生产与运作管理》（第三版），高等教育出版社 2011 年版，第 420 页，作者有改编。

（5）箭线的首尾必须有事件，且箭头事件的编号必须大于箭尾事件的编号，编号可以不连续。另外需要注意的是，不能从一条箭线的中间引出另一条箭线，也不能出现箭线交叉的情况。

（6）网络图中只能有一个起点和一个终点。当工程开始时有几项作业平行实施，或当几项作业同时完工时，要分别用一个网络起点和一个网络终点表示。若这些作业不能用一个起点或一个终点表示时，可用虚作业把它们与起点或终点连接起来。一般来说，起始节点画在图的左边，终止节点画在图的右边。

4. 应用步骤

（1）确定各项工作之间的先后关系。在把项目中的各项工作进行分解后，要将工作按时间顺序进行排列，活动之间的次序关系如图 10－23 所示。

图 10－23 中，（a）表示活动 A 完成之后活动 B 才能开始，活动 B 完成之后活动 C 才能开始；（b）表示活动 B 和 C 都只有在活动 A 完成之后开始；（c）表示活动 C 只有在活动 A 和活动 B 都完成之后才能开始；（d）表示活动 C 和活动 D 都只有在活动 A 和活动 B 都完成之后才能开始；（e）表示活动 B 只有在活动 A 完成之后开始，活动 D 只有在活动 C 完成之后开始，但活动 A、活动 B 与活动 C、活动 D 相互独立；（f）表示活动 C 只有在活动 A 和活动 B 都完成之后才能开始，但活动 D 只需在活动 B 完成之后就可以开始；（g）表示活动 B 和活动 C 都只有在活动 A 完成之后开始，活动 D 只有在活动 B 和活动 C 都完成之后开始。

（2）绘制网络图。根据作业清单中各项作业之间的关系，将所有的作业逐项画在网络图上，一般从左到右进行。起始节点画在最左边，表示项目的开始，然后从紧后作业一栏中找出没有出现的活动，即它（们）是项目开始时就可以进行的活动。这样，从起始节点发出的箭线就表示这个（些）活动。然后找出其紧后作业，再将表示其紧后作业

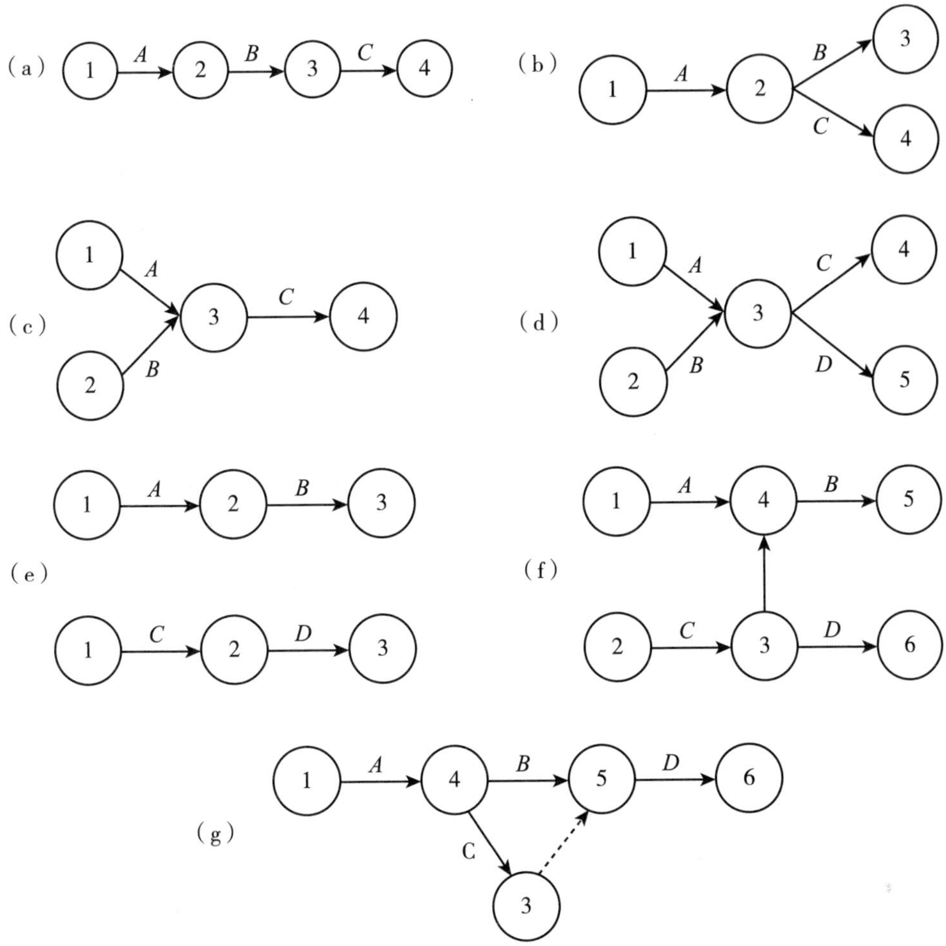

图 10－23　工作之间的顺序关系

资料来源：陈国华、贝金兰，《质量管理》（第3版），北京大学出版社2018年版，第103～104页，作者有改编。

的箭线画在其后。按这样的方式进行下去，直到没有紧后作业为止。没有紧后作业的作业所对应的箭线汇集在终止节点上。草图绘出后，将序号标在节点上，将活动代号和时间标在箭线上。要根据网络图绘制规则，对各项作业逐一检查，去掉不必要的虚活动。然后，按要求画出正规的网络图。

（3）计算网络参数，确定关键路线。对于箭线型网络图，网络参数包括事件的时间参数和活动的时间参数。求出时间参数之后，就可以确定关键路线。

（4）优化。包括时间优化、时间—资源优化和时间—费用优化等优化方式。

（5）监控与调整。用网络计划对项目进行监视和控制，以保证项目按期完成并按实际发生的情况对网络计划进行必要的调整。

5. 例题

【例 10 - 10】某产业园区一期工程施工进度如表 10 - 17 所示。

表 10 - 17　施工进度情况

活动代号	活动名称	紧后活动	所需时间（日）
A	施工准备	B、C、D、H	20
B	基础工程 1	E	100
C	基础工程 2	F	120
D	基础工程 3	G	100
E	主体结构施工 1	I	220
F	主体结构施工 2	J	150
G	主体结构施工 3	K	180
H	水电安装	N	300
I	屋面施工 1	N	90
J	屋顶及装饰工程施工	L	50
K	屋面施工 2	N	90
L	机电安装	M	120
M	安装测试	N	30
N	竣工移交		15

资料来源：陈荣秋、马士华，《生产与运作管理》（第三版），高等教育出版社 2011 年版，第 419 页，作者有改编。

其对应的网络图如图 10 - 24 所示。

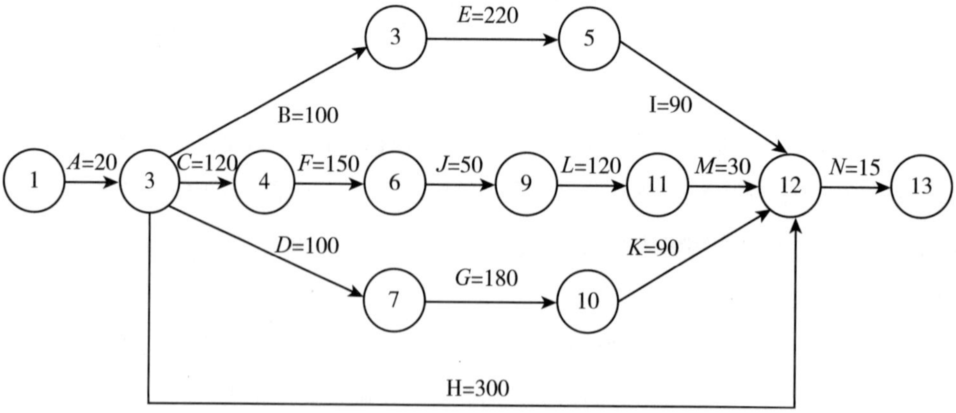

图 10 - 24　施工进度网络图

资料来源：陈荣秋、马士华，《生产与运作管理》（第三版），高等教育出版社 2011 年版，第 420 页，作者有改编。

本章小结

本章介绍了质量改进的相关概念和起源及发展，通过质量改进可以消除系统性问题，使质量达到一个新水平、新高度。重点介绍了质量改进的老七种和新七种方法，理解和掌握这些实用的质量管理工具，可对各类质量管理问题有针对性地进行诊断、找到解决办法。

本章重要术语

质量改进　Kaizen　PDCA 循环　检查表法　分层法　排列图法

因果图法　控制图法　KJ 法　关联图法　优先矩阵图法　PDPC 法

网络图法　5M1E

第十一章

ISO 9000 族标准的发展与应用

【学习目标】

通过本章的学习，能够了解 ISO 9000 族标准的发展历程，熟悉 ISO 9000 族标准各次改版中的核心变化所在，了解 ISO 9000 族标准中的核心术语与基本概念，了解 ISO 9000 族标准在企业中的应用情况。

【引导案例】

任正非：企业培训是通向明天的阶梯

华为凭什么在荆棘密布的全球通信领域披荆斩棘？华为凭什么能够在全球经济低迷之时仍然高歌猛进？想必这是萦绕在众多企业经营者耳边的问题。国内有太多的企业希望学习华为，也有很多企业家把任正非讲话语录奉为圭臬，华为的一举一动都成为学习者学习和模仿的标杆。而综观华为的众多成功之道中，任正非一直将培训看得至关重要。

华为成立了六个有机联系在一起的干部部门，各部门干部的部长由部门“二把手”担任，培训工作将成为他们的一项非常重要工作，这样培训工作推动起来就容易得多了。另外公司也把培训工作作为考核各级干部的重要指标之一，每个干部都应负有培训下级的责任。公司要建立各类干部标准，对将提拔的人进行资格审查。公司有了干部标准之后，大家自然就重视培训。没有干部标准，就只能靠领导“拍脑袋”选拔干部。

过去急需干部时，许多干部跑马上任，那是历史，将来要做资格审查，没有进行资格审查的干部要补资格审查。目前，资格审查起码有两条硬标准：文档考核不合格的，不能进中央研究部；ISO 9000 考核不合格的，不能做制造系统工段长以上干部。为什么以前没有培训，现在要培训，而且现在培训队伍还在壮大呢？是为了将来！

因为华为的发展有了这方面的需要。例如，将来想参加某部门经理职位的竞聘，大家首先对你进行资格审查，没经过相关培训，免谈！ISO 9000 没通过，免谈！这样就使你主动去补上这一课，以便达到这一标准。通过这些措施，培训部门的地位就很高了，培训的作用和效果就能体现出来了。

（资料来源：任正非于 1996 年的讲话《培训，通向明天的阶梯》。）

随着产品和服务的日新月异，形式和内容变化多端，仅靠对已有产品和服务保证质量或通过产品和服务质量认证取得信任，已经不能满足市场竞争的需要。顾客也难以单凭自己的知识、能力和经验来判断产品和服务质量的优劣。只有能持续不断地提供适合市场需要的、用户满意的产品和服务的组织，才会在市场中拥有旺盛的生命力。质量保证能力是取得顾客信任、市场认同的重要前提，是否具有质量保证能力。是否具有质量保证能力，是涉及企业生存、发展，获得更高收益的至关重要的问题。同时，国际贸易往来中，使供需双方在质量的基本观念上，在评价质量管理和质量保证的规范上，以及质量认证的依据上，如何取得共识的需求更为迫切。指定世界统一的质量管理和质量保证标准与规则，对于消除非关税贸易壁垒，减少重复检查、认证，推进质量管理的竞争，都有着非常重要的现实意义。为此，国际标准化组织（ISO）耗时多年制定出了全世界第一套也是目前唯一的一套关于质量管理的国际标准——ISO 9000 族标准，它集中了各国质量管理专家和众多成功企业的经验，蕴含了质量管理的精华。这套标准一出台就在发达国家的企业中引起了很大反响，他们争相采用这套标准来规范企业的质量管理。

第一节　ISO 9000 族标准的发展沿革

一、ISO 9000 族标准发展概述

1959 年，美国国防部为了解决武器在使用过程中暴露的质量问题，颁布了美国军用 Mil - Q - 9858A《质量保证大纲》。这是全世界最早的关于质量保证标准的文件。它要求军品承制企业制定并保持一个与经营管理、技术规程相一致的质量保证体系。同时根据不同产品需要变革了美军军用抽样标准（Mil - SDT - 105E），作为生产武器的质量保证标准。它规定应在实现合同的所有领域和过程（如设计、研制、生产、加工、装配、检验、维护、贮存和安装）中充分保证质量。通过以上方法使美国军需品的质量迅速提

高。鉴于美国军品企业在推行质量保证活动中的成功经验，北大西洋公约组织（North Atlantic Tready Organization，NATO）借鉴美国的做法，在1968年发布了《质量保证标准》（AQAP－1 NATO）。同时英国国防部也在调查中发现，如果只对采购产品进行最终检验，难以使产品质量令人满意。只有建立质量保证体系，才能充分发挥供需双方的质量保证作用。需方需详细说明采购要求，供方按需方提出的具体要求（体系和程序）进行管理、设计、生产和质量保证，使最终产品在各方面持续满足需方的要求。因此英国国防部在1970年将AQAP－1 NATO北约质量保证采纳为质量体系标准，并在1973年作为国防标准实施。1979年，英国参照AQAP所制定的英国国防部标准，进一步延伸发展出一套应用于企业界的国家标准，名为《英国国家质量保证标准》（BS5750），并且设立英国标准协会（British Standard Institute，BSI），专门为各种国家标准的制定及认证服务。为了更好地理解和使用这套标准，英国在1981年又发布了其使用指南。加拿大于1979年制定并于1985年修订了一套质量保证标准：《质量大纲标准的选用指南》（CSACAN3－Z299.0），法国也于1980年与1986年先后发布了法国国家标准《企业质量管理体系指南》（NFX－110－80）和《质量手册的编制指南》（NFX－110－86），至此，ISO 9000系列标准已略见雏形。

随着全球一体化的日益形成，国际贸易竞争不断加剧，许多国家出于利益的考虑，运用技术壁垒，用越来越严格的标准和质量提高产品质量，限制商品进口。在国际贸易成交之前，需方不仅要对供方生产的产品质量进行认证，还要对其质量体系进行评价。由于各个国家标准不尽相同，使得各国对质量体系的评审要求也不相同，极大地阻碍了国际经贸往来。为此，英国标准化协会（BSI）向国际标准化组织（ISO）提议制定统一的国际质量保证标准。ISO的最高权力机构是每年一次的“全体大会”，其日常办事机构是中央秘书处，设在瑞士日内瓦。国际标准化组织于1979年成立了质量管理和质量保证技术委员会（ISO/TC 176），负责制定质量管理标准，指导世界性质量管理工作，以避免国与国之间在质量标准上的差异。TC176在参考了英国国家BS5750并总结各国质量保证的实践经验后，以BS5750为基础，在1986年正式发布了ISO 8402标准，并在1987年3月正式发布了ISO 9000系列国际标准。ISO 9001至ISO 9003是以BS5750中的三部分为蓝本并参照法国的NFX50－100、加拿大的CSAZ299.1－299.4、澳洲的AS1821－1823、挪威的NS5801－5803以及瑞士的SN 029 100A、100B、100C等国家的标准制定而成，而ISO 9004主要是以美国的ANSI/ASQC Z1－15－1979为蓝本，并参照法国的NFX 50－110、英国的BS4891、加拿大的CSAZ299.0及德国的DIN55－355制定而成，用于提供内部的品质保证的指导纲要。

ISO 9000 系列标准的发布，广受各主要工业国的重视，并被纳入其国家标准。而我国在 1998 年决定等效采用 ISO 9000 系列标准，颁布 GB/T 10300 系列国家标准。之后，国家技术监督局做出决定，我国以双编号的形式等同采用 ISO 9000 系列相关标准。1992 年我国等同采用了 ISO 9000 系列标准。1994 年我国及时等同转化了修改后的 ISO 9000 系列标准（1994 版），国家标准编号为 GB/T 19000 - 1994 系列标准。在此基础上制定的国家军用系列标准为 GJB/Z 9000 - 9004 - 96。伴随 ISO 9000 系列标准的改版，我国又相继发布了 GB/T 19001 - 2000 idt ISO 9001：2000《质量管理体系要求》、GB/9001 - 2008 idt ISO 9001：2008《质量管理体系要求》等对应版本的质量管理和质量保证国家标准，而在 2016 年 12 月 30 日发布了 GB/T 19001 - 2016 idt ISO 19001：2015《质量管理体系要求》，并于 2017 年 7 月 1 日开始实施。具体如表 11 - 1 所示。

表 11 - 1　　ISO 9000 在中国的发展

时间	事件
1988 年 12 月	正式发布了等效采用 ISO 9000 系列标准的 GB/T 10300 质量管理和质量保证系列标准，并决定自 1989 年 8 月 1 日起在全国实施
1989 年 12 月	成立了全国质量管理和质量保证技术委员会（CSBTS - TC151），作为我国推行 GB/T 10300 系列标准工作的指导机构
1992 年 5 月	决定等同采用 ISO 9000 系列标准，制定出双编号国家标准 GB/T 19000 - 92 - ISO 9000 - 87《质量管理和质量保证》系列国家标准
1994 年 12 月	我国国家技术监督局发布 GB/T 19000 - 1994 idt ISO 9000：1994 族标准，即完全等同采用 ISO 9000：1994 族标准，并于 1995 年 6 月起实施
2016 年 12 月	发布 GB/T 19001 - 2016 idt ISO 19001：2015《质量管理体系要求》，并于 2017 年 7 月 1 日开始实施

资料来源：王进，《我国质量管理的发展历程及企业采用 ISO 9000 质量管理体系的重要意义》，收录于《中小企业管理与科技》2017 年版，第 21 ~ 23 页，作者有改编。

长期以来，标准作为国际交往的技术语言和国际贸易的技术依据，在保障产品质量、提高市场信任度、促进商品流通、维护公平竞争等方面发挥了重要作用。随着经济全球化进程的不断深入，标准在国际竞争中的作用更加凸显，继产品竞争、品牌竞争之后，标准竞争成为一种层次更深、水平更高、影响更大的竞争形式。因此，世界各国越来越重视标准化工作，纷纷将标准化工作提升到国家发展战略的高度。改革开放以来，我国的标准化工作取得了令人瞩目的成绩，对于推动技术进步、规范市场秩序、提高产品竞争力和促进国际贸易发挥了重要作用。研究表明，标准化对我国科技、经济等方面的贡献不容小觑，但是，目前我国标准总体水平低、制定速度慢、高技术标准缺乏、安全标准体系不健全、资源节约标准滞后等，已经无法适应我国经济社会协调发展的要求，面对严峻的国际国内形势，加快我国标准化事业的发展已经成为一项十分紧迫的任务。

二、ISO 9000 族标准的制定与修订情况

在 ISO 9000 使用的过程中，1987 版的 ISO 9000 系列标准存在一些问题。为此，ISO/TC 176 工作组完成了对标准的修订，并发布了 1994 版的 ISO 9000 系列标准。但在应用的过程中，人们发现 1994 版的 ISO 9000 系列标准仍然存在一些不足，与现代企业的运营模式存在很多不适应的地方。例如，1994 版的标准主要针对规模较大的制造业制定的，而规模较小、机构简单的组织或其他行业采用时会带来一些问题。在这种情况下，ISO/TC 176 工作组又对 1994 版的 ISO 9000 系列标准进行了重新修订和完善，并于 2000 年 12 月 15 日发布了 2000 版的 ISO 9000 系列标准。由于其对各种规模和类型的组织具有更好的适用性，其实施和应用也更具可行性，更为灵活，同时提出了具有突破性的八项质量管理原则，因而更多的组织积极投入贯彻标准的实践中。为了更加明确地表述 2000 版 ISO 9000 族标准的内容，并加强与 2004 版 ISO 9000 的兼容性，2008 年，ISO 9000 正式推出了 2008 版 ISO 9000，其目的、范围皆未做变动，主要是对易发生或已经发生误解的部分做进一步澄清或对增加批注的部分进一步说明。而在最新的 2015 版 ISO 9000 中，在将 2000 版的八项管理原则合并为七项的同时，提高了与其他管理体系的融合性。

ISO 9000 系列标准在 20 多年内多次修订，使标准更科学、合理、实用。同 ISO 9000 标准的核心思想一样，ISO 9000 标准的发展过程本身也是一个持续改进的过程，下面我们将对 ISO 9000 族标准的修订过程进行具体的描述。

1. 1987 版 ISO 9000 族标准

TC176/SC1 在总结各国质量管理经验的基础上，经各国质量管理专家的努力，于 1986 年 6 月正式发布了 ISO 8402：1986《质量——术语》。TC176/SC2 于 1987 年 3 月正式发布了以下五条标准，具体组成如图 11 - 1 所示。

ISO 9000：1987《质量管理和质量保证标准——选择和使用指南》，阐述基本概念和指导选择应用 ISO 9000 系列标准的标准。

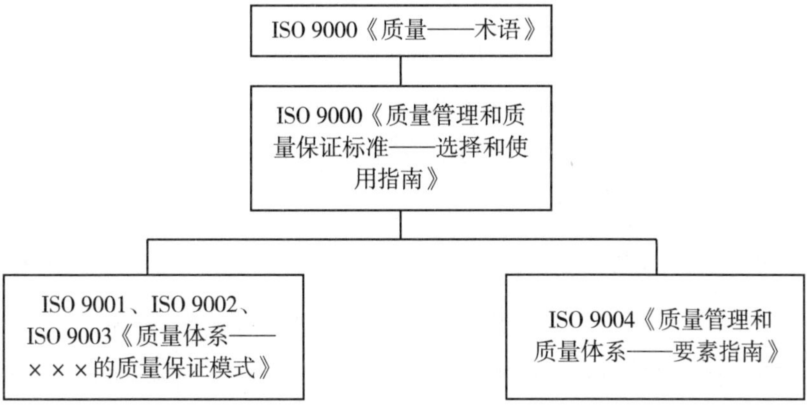

图 11－1　1987 版 ISO 9000 标准族的构成

资料来源：程秀娟、孙孝静，《简析 ISO 9000 族标准的发展》，收录于中国质量协会，《质量——持续发展的源动力：中国质量学术与创新论坛论文集（下）》2016 年版，第 588～593 页。

ISO 9001：1987《质量体系——设计开发、生产、安装和服务的质量保证模式》，ISO 9002：1987《质量体系——生产和安装的质量保证模式》，ISO 9003：1987《质量体系——最终检验和试验的质量保证模式》，用于质量体系认证的三种质量保证模式标准。

ISO 9004：1987《质量管理和质量体系——要素指南》，为建立更为完善的质量管理体系的要素，提供了指南。

这一套标准对全世界范围内推动质量体系的建立和质量体系认证是个创举，一经问世就显示出它的重要作用。为了加强质量管理，适应质量竞争的需要，企业家们纷纷采用 ISO 9000 族标准在企业内部建立质量管理体系，申请质量体系认证，很快形成了一个世界性的潮流。但是随着标准在世界各地的贯彻和实施，一些问题不断暴露出来，引发了日趋激烈的争论。标准的拥护者们强调了它所带来的利益；而批评者们则抓住了其在应用上存在的问题，如标准的程序文件要求不明确等，这些问题的确导致了对标准的误解、滥用和不满。

2. 1994 版 ISO 9000 族标准

在 ISO 9000 系列标准发布之后，TC176 又陆续发布了一些质量管理和质量保证标准，且于 1994 年对第一版的 ISO 9000 系列标准进行了第一次修订。1994 版是在 ISO 9000 系列标准的总体思路保持不变的情况下，对质量保证要求和质量管理指南的相关技术内容进行了细微的修订，使之更趋合理。同时，为下一步对结构体例、基本原则、过程安排等进行更大幅度的全面修订，做了必要的准备，如引进了一些重要的概念。1994 年之后，ISO 9000 系列标准的队伍不断壮大，直到 2000 年改版前，共有 22 个标准和 2 个技术报告（technical report，TR），通常被称为第二版 ISO 9000 系列标准。

（1）修订的重要特点。1994 版 ISO 9000 族标准修订后主要包括以下五个特点。①标准体系的发展。由 ISO 9000 系列标准扩展为 ISO 9000 族。②术语的发展。由原来 22 个术语扩充为 67 个术语，增加了一些重要术语，如质量策划、质量改进等；在术语概念上拓展了普适性，如在质量定义中引入“实体”代替“产品和服务”。③产品概念的发展。根据产品形成的特点，将产品分为四类：硬件、软件、流程性材料和服务。④ISO 9000－1：1994 标准由 ISO 9000 系列标准的选择应用指南，发展为 ISO 9000 族的选择应用指南。⑤在 ISO 9001：1994 标准中，增补了一些重要的质量体系要素活动和要求。

（2）ISO 9000 族标准代表了国际质量体系的最新发展，这套标准在国际上得到了广泛承认，并被 80 多个国家和地区采纳。这套标准广为运用于国际贸易交往中，如美国、日本以及欧洲自由贸易区等。

但是，在标准的实施和应用过程中，1994 版 ISO 9000 逐渐暴露出一些不足，可归纳为以下七个方面：①标准语言的表述主要是针对生产硬件产品的组织，对软件、流程性材料和提供服务的组织不很适用；②标准的框架适合较大规模的组织，对小型或机构简单的组织难以使用；③众多标准过于烦琐，而非质量管理的人员对其语言不易理解；④标准较多强调了质量体系符合性和文件化，一定程度上不利于组织自我改进或整体业绩的提高；⑤标准采用质量体系要素结构，要素之间相关性不好，结构不尽合理；⑥没有全面吸收全面质量管理的精华；⑦没有考虑与其他管理标准的相容性，不便于标准使用者使用。

3. 2000 版 ISO 9000 族标准

ISO 9000 族自发布以来，尽管它很有生命力，但在国际质量管理界对其有效性的怀疑渐多，其在发展过程中必须解决一系列问题（柴邦衡，1999），才能在理论和实践中更为完善、有效，特别是要使 ISO 9000 更好地适应各类组织的使用需要，更全面地体现当今世界质量管理发展的潮流，以促使应用 ISO 9000 族的组织能更大幅度地提高其效率和效益。为此，ISO/TC 176 从 1995 年开始就在世界范围内进行大规模的调查研究活动，广泛地征询意见，为修订做了充分准备。终于在 2000 年 12 月 15 日正式发布了 ISO 9000、ISO 9001、ISO 9004 和 ISO 19011 的 2000 版标准。

纵观标准的修订，从 1987 版的 6 个标准到 1994 版已发布的 22 项标准，经历了由简到繁的过程，再从 1994 版 20 多个标准到 2000 版 4 个核心标准，又经历了由繁到简的过程，但它并非简单的回归，而是在新的基础上的升华，这次改版后的结构如图 11 －2 所示。

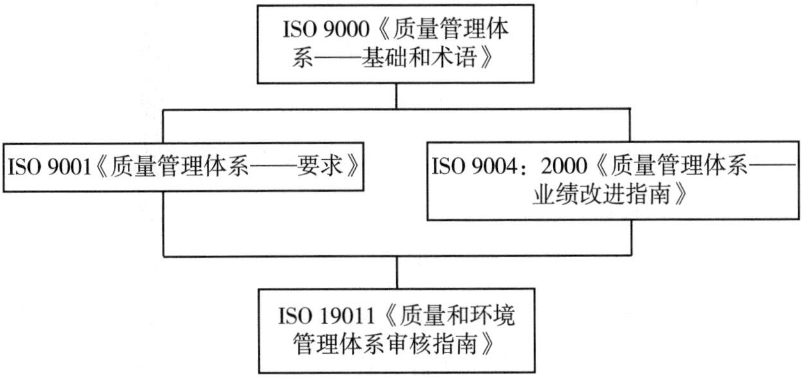

图 11 －2　2000 版 ISO 9000 族标准文件结构的框架

资料来源：程秀娟，《简析 ISO 9000 族标准的发展》，收录于《质量：中国质量学术与创新论坛论文集（下)》2016 年版，第 588 ~590 页。

（1）质量管理的基本原则。

2000 版 ISO 9000 系列标准引入质量管理的八项基本原则，而这八项质量管理原则是组织成功地实施质量管理、达到预期效果的指南。贯彻八项质量管理原则的要求对组织、顾客、所有者、员工、供方和社会等所有的相关方都会产生积极的影响，并且对组织内部在制定方针和策略、确立质量目标、运作管理和人力资源管理等方面将带来良好的效果。

① 以顾客为中心。组织依存于顾客，因此，组织应理解顾客当前和未来的需求，满足顾客要求并争取超越顾客的期望。一个组织在经营上取得成功的关键是生产和提供的产品能够持续地符合顾客的要求，并得到顾客的满意和信赖。这就需要通过满足顾客的需要和期望来实现。因此，一个组织应始终密切关注顾客的需要和期望，通过各种途径准确了解和掌握顾客一般的与特定的要求，包括顾客当前的和未来的、发展的需要与期望。这样才能瞄准顾客的全部要求，准确、完整地转化为产品规范和产品实施规范，确保产品的适用性质量和符合性质量。另外，必须注意顾客的要求并非是一成不变的，随着时间的迁移，特别是技术的发展，顾客的要求也会发生相应的变化。因此，组织必须动态地聚焦于顾客，及时掌握变化着的顾客要求，开展质量改进，力求同步地满足顾客要求并使顾客满意。

② 领导作用。领导者应将本组织的宗旨、方向和内部环境统一起来，并创造使员工能够充分参与实现组织目标的环境。组织最高管理层的高度重视和强有力的领导是组织质量管理取得成功的关键。由于最高管理层是组织的决策层，决定和控制着组织的发

展，对组织能否在激烈的市场竞争中处于领先地位起着至关重要的作用。在这个前提下，还必须注意各级管理者在组织的质量方针的指引下应保持认识上的一致和工作上的协调。在此基础上，最高管理层还应该创造一个良好的组织内部环境，鼓励和促进组织内部所有人员共同为实现质量方针与质量目标作出应有的贡献。

③ 全员参与。各级人员是组织之本，只有他们充分参与才能使他们的才干为组织带来最大的收益。组织的质量管理是通过组织内部各级各类人员参与生产经营的各项质量活动来加以实施的。因此，人员在质量管理中始终处于主导地位，也是最活跃的因素。质量管理实践证明，组织能否深入开展质量管理，确保产品、体系和过程的质量，满足顾客及其他相关方的需要和期望，取决于各级各类人员的质量意识、思想和业务素质、事业心、责任心、职业道德，以及适应本岗位的工作能力等因素。这就要求组织在推行质量管理中务必十分重视人的作用，为他们创造一个积极投入、奋发进取、充分发挥才智的工作环境，为顾客创造价值，为组织增加效益做出更大的贡献。

④ 过程方法。将相关的资源和活动作为过程进行管理，可以更高效地实现期望的结果。任何一项活动都可以作为一个过程来实施管理。所谓过程，是指将输入转化为输出所使用资源的各项活动的系统。过程的目的是提高价值。因此，在开展质量管理各项活动中应该采用过程的方法实施控制，确保每个过程的质量，并高效率达到预期的效果。

⑤ 管理的系统方法。针对设定的目标，识别、理解并管理一个由相互关联的过程所组成的体系有助于提高组织的有效性和效率。产品的质量是掌握顾客的需要、确定技术规范以及产品实现等众多过程结果的综合反映，并且这些过程又是相互关联、相互作用的，每个过程都会在不同程度上影响着产品质量。对各个过程系统地实施控制，确保组织预定目标的实现就需要建立质量管理体系，运用体系管理的方法，这样才能有效地、高效率地使产品质量满足顾客的需要和期望。

⑥ 持续改进。持续改进是组织的一个永恒的目标。持续改进是一个组织积极寻找改进的机会，努力提高有效性和效率，确保不断增强组织的竞争力，使顾客满意。为了能有效地开展持续改进，首先必须加强各层次人员，特别是管理层的质量意识、问题意识和改进意识，以追求更高的过程效率和有效性为目标，主动寻求改进的机会，确定改进项目，而不是等到出了问题再提出改进的需要。同时，还应贯彻分清轻重缓急、实施循序渐进的原则，对持续改进实施有序的管理，包括质量改进的组织、计划、实施、评价和确认。在取得改进成果的基础上，通过 PDCA 循环，应再选择和实施新的质量改进项目，根据新的改进目标持续进行质量改进。

⑦ 基于事实的决策方法。对数据和信息进行逻辑分析或直觉判断是有效决策的基础。决策是通过调查研究和分析，确定质量目标并提出实现目标的方案，对可供选择的几个方案进行优选后作出抉择的过程。一个组织在生产经营的各项管理过程中都需要做出决策，能否对各个过程做出正确的决策，将直接影响组织和过程的有效性及效率，特别是最高管理者对重大问题的决策正确与否，将影响到组织的兴衰。有效的决策必须以充分的数据和真实的信息为基础，以客观事实为依据，往往还需要运用统计技术，分析各种数据和信息之间的逻辑关系，寻找其内在规律性，然后对实现预期质量目标的多个方案进行比较和分析，才能做出正确的抉择。

⑧ 互利的供方原则。通过互利的关系，增强组织及其供方创造价值的能力。组织在产品实现过程中向供方采购的产品具有相当的数量，而且采购的产品质量必然会直接或间接地影响组织的最终产品的质量。所以，为了使供方能够持续稳定地提供符合本组织要求的产品，组织需要采用合适的方法选择、评定合格的供方，并且与供方建立互惠互利的合作伙伴关系，使双方都能受益，以利于组织与供方通力合作，共同为提供顾客满意的产品做出努力。

（2）2000 版 ISO 9000 族标准和 1994 版标准相比的变化。

2000 版 ISO 9000 族标准的变化如下：

① 更适合各类产品和各种规模的组织。原 1994 版标准基本针对硬件产品，特别是机电产品，而对于服务类产品则不甚适用；它更适合大中型组织，而对于小型组织则多有不适，修改后的新标准更具有普适性，适用于各行各业和各类产品以及各种规模的组织。

② 标准大为简化。2000 版核心标准只有 4 个，其他指导性文件均以技术报告、技术规范和小册子的形式出现。而不像 1994 版 ISO 9000 族标准有 20 多个，以至于多数审核员尚不能完全掌握，在一个组织内更难实施。

③ 引入质量管理的八项基本原则。遵循这八项原则是当今世界质量管理的潮流，否则组织不可能取得质量管理所期望的业绩。

④ ISO 9001 和 ISO 9004 相互协调。1994 版的 ISO 9001：1994 和 ISO 9004：1994 在要素界定、要素内涵等方面存在差异，使这两个标准相互独立，衔接不良。2000 版标准则将 ISO 9001：2000 和 ISO 9004：2000 变为一对相互协调的标准，ISO 9004：2000 包容了 ISO 9001：2000。

⑤ 与其他管理体系的兼容。2000 版标准按过程方法编写，完整地强调了依据 PDCA 质量循环来管理，并充分规定了闭环管理的措施，强调了预防和持续改进。对质量方

针、目标实施管理，特别是强调质量目标展开和落实的要求。

⑥ 解决了 ISO 9000 族的普遍性与某些行业要求的特殊性问题。在原有的 ISO 9000 族中只强调标准的普遍性和统一性，但它并不能解决某些行业的特殊性问题。于是在汽车行业美国有 QS 9000，德国有 VDA 6. 1，通信行业有 TL9000，等等，各国制定自己的行业质量管理体系要求标准，并不利于国际贸易的发展。为此，ISO 组织将 QS 9000 和 VDA 6. 1 协调起来成为一个统一的技术规范，即 ISO/TC 16949，这为解决行业的特殊要求问题提供了一个范例（郑嵩祥、柴邦衡，2005）。

2000 版的修订可以说是相当成功的，由于其对各种规模和类型的组织具有更好的适应性，其实施和应用也更具可行性更为灵活，因而更多的组织积极投入到贯彻标准的实践中。

4. 2008 版 ISO 9000 族标准

进入 21 世纪新经济时代之后，世界科学技术和经济贸易可以说是以“日新月异”的速度快速发展。“变革”和“创新”成为 21 世纪企业经营的主题。基于这样的时代背景，2004 年 ISO 各成员国一致认为需要修订 2000 版 ISO 9000 族标准，也即对规范性文件内容的特定部分的修改、增加或删除。其目的是更加明确地表述 2000 版 ISO 9000 族标准的内容，并加强与 2004 版 ISO 14000 的兼容性。2005 年，ISO 颁布了 2005 版 ISO 9000，这一版本对质量管理基础的描述并无变化，只是对术语部分增加和扩展了一些定义与注释，增强标准的兼容性。2008 年，ISO 正式推出了 2008 版 ISO 9001 取代 2000 版的 ISO 9001。

由于 ISO 9001 标准经过 2000 年修订后已相当成熟，这次换版只是进行局部的修正，而未改动其基本架构和主要条款的内容，只是根据多年运行中发现的问题加以完善。

5. 2015 版 ISO 9000 族标准

最新修订的 2015 版也是陆续完成的，相对于 2008 版和 2000 版，2015 版发生了较大的变化，需要所有的审核员有时间和理解上的适应。而 2015 版 ISO 9000 族标准修订后的变化主要包括：

（1）为适应建立标准化的质量管理体系架构的要求，新版的“基本概念和质量管理原则”替代了“质量管理体系基础”；不仅增强了该标准的广泛适用性，还提高了与其他管理体系的融合性。

（2）新增了五个“基本概念”，分别是质量、质量管理体系、组织的环境、相关方和支持。

（3）管理原则由原来的八项合并为七项，并作为五个“基本概念”的支持。

（4）术语和定义由原来2005版的84个增加到138个，并从13个方面重新划分了“概念关系”。

2015版ISO 9001：2015的亮点包括：

（1）高层次架构。新版标准采用了ISO/IEC导则第1部分技术工作程序的附录SL的要求。附录SL的附件2称为国际标准的标准模板，确定了适用于所有ISO管理体系标准（management system standards，MSS）的通用术语和定义，也确定了具有一致性结构的10个条款作为MSS的“高层次架构”（可理解为管理体系标准通用的标准化架构）ISO/IEC导则的附录SL所要求的高级结构（标准架构），就是国际标准化组织未来所有管理体系标准制定时的重要依据。这就改变了以往各种管理体系标准章节各异和不同方式的描述。它具有易整合的特性，能确保不同的管理体系易于接轨以及避免整合过程的重复与自相矛盾现象的出现。

（2）基于风险的思想。基于风险的思维，是所有的组织都会考虑的事情。对于ISO 9001质量管理体系来说，风险一直都隐含其中。这一次的大修订，将风险控制变得更明确，并将风险控制融入整个质量管理体系标准中。

第二节 ISO 9000 族标准的审核和认证

2015版ISO 9000族标准表述的质量管理的概念和原则，可帮助组织获得应对最近数十年深刻变化的环境所提出的挑战的能力。当前，组织工作所处的环境表现出以下特性：变化加快、市场全球化以及知识作为主要资源出现。质量的影响已经超出了顾客满意的范畴，它也可直接影响到组织的声誉。社会教育水平的提高以及要求更趋苛刻，使得相关方影响力与日俱增。2015版标准通过规定用于建立质量管理体系的基本概念和原则，提供了一种对组织得更加广泛地进行思考的方式。所有的概念、原则及其相互关系应被看成一个整体，而不是彼此孤立的。没有哪一个概念或原则比另一个更重要。无论何时在应用中找到适当的平衡是至关重要的。

一、基本概念和术语

由于不同部门、不同行业、不同组织以及不同质量的工作者和工作人员，常常是根据特定的需要和习惯上的行为来使用术语的，因而同一术语理解上的差距有时相当大。对术语理解上的歧义，往往会导致合同执行中的差错，引起毫无意义的损失。因此，就是在一个国家的范围内，将术语和定义标准化也势在必行。

1. 概念

（1）质量。随着时代的发展，新标准对质量的理解赋予了它新的内涵，主要理解如下：①高度的提升。新版标准提出了把质量作为组织的文化，能促进组织所关注的行为、态度、活动和过程为结果，并通过满足顾客和相关方需求与期望实现其价值。②外延的扩大。组织的产品和服务质量取决于满足顾客的能力，以及对相关方有意和无意的影响。③价值的内涵。产品和服务质量不仅包括其预期的功能与性能，而且还涉及顾客对其价值和利益的感知。

（2）质量管理体系。对质量管理体系的内涵可以理解为：①质量管理体系包括组织确定的目标，以及为获得所期望的结果而确定的过程和资源；②质量管理体系为实现其价值以及相关方的结果所需的相互作用的过程和资源；③质量管理体系能够使最高管理者通过考虑其决策的长期和短期影响而优化资源的利用；④质量管理体系提供了一种在提供产品和服务方面针对预期与非预期的结果，确定所采取措施的方法。

（3）组织的环境。组织的环境是2015版标准新增的概念术语，应将其理解为一个过程。这个过程确定了影响组织的愿景、目标和可持续性的各种因素，既要考虑外部因素，又要考虑内部因素。组织的宗旨表达方式的示例包括：组织的愿景、使命、方针和目标。

（4）相关方。2005版标准就已提出相关方的概念，而新版标准强调了相关方的概念内涵和外延，其超越了仅关注顾客和一般相关方，考虑所有的相关方是至关重要的。

识别相关方是理解组织过程的组成部分。相关方是指若其需求和期望未能满足，将对组织的持续发展产生重大风险的各方。组织应确定向相关方提供何种必要的结果以降低风险。

组织的成功有赖于获取、赢得和保持有关的相关方的支持。

（5）支持。新版标准明确提出质量管理体系必须得到最高管理者的支持，并且要通过全员参与，以便能够：①提供充分的人力和其他资源；②监视过程和结果；③确定和评价风险与机遇；④实施适当的措施。

2. 术语

ISO 9000：2015新版标准对术语和定义分13个方面，共列出138个术语和定义，我们将对那些通用及核心术语进行说明，具体分类如表11-2所示。

表 11－2 2015 版 ISO 9000 术语

类别	数量	术语
有关人员的术语	6 个	最高管理者、质量管理体系咨询师、参与、积极参与、管理机构、争议解决者
有关组织的术语	9 个	组织、组织的环境、相关方、顾客、供方、外部供方、提供方、协会、计量职能
有关活动的术语	13 个	改进、持续改进、管理、质量管理、质量策划、质量保证、质量控制、质量改进、技术状态管理、更改控制、活动、项目管理、技术状态项
有关过程的术语	8 个	过程、项目、质量管理体系实现、能力获得、程序、外包、合同、设计和开发
有关体系的术语	12 个	体系、基础设施、管理体系、质量管理体系、工作环境、计量确认、测量管理体系、方针、质量方针、愿景、使命、战略
有关要求的术语	15 个	实体、质量、等级、要求、质量要求、法定要去、规章要求、产品技术状态信息、不合格（不符合）、缺陷、合格（符号）、能力、可追溯性、可靠性、创新
有关结果的术语	11 个	目标、质量目标、成功、持续成功、输出、产品、服务、性能、风险、效率、有效性
有关数据、信息和文件的术语	15 个	数据、信息、客观证据、信息系统、文件、形成文件的信息、规范、质量手册、质量计划、记录、项目管理计划、验证、确认、技术状态纪实、特定情况
有关顾客的术语	6 个	反馈、顾客满意、投诉、顾客服务、顾客满意行为规范、争议
有关特性的术语	7 个	特性、质量特性、人为因素、能力、计量特性、技术状态、技术状态基线
有关确定的术语	9 个	测定、评审、监视、测量、测量过程、测评设备、检验、试验、进展评价
有关措施的术语	10 个	预防措施、纠正措施、纠正、降级、让步、偏离许可、放行、返工、返修、报废
有关审核的术语	17 个	审核、多体系审核、联合审核、审核方案、审核范围、审核计划、审核准则、审核证据、审核发现、审核结论、审核委托方、受审核方、向导、审核组、审核员、技术专家、观察员

资料来源：根据《ISO 9000：2015 国际标准》，第 10～36 页，作者整理。

（1）最高管理者，指在最高层指挥和控制组织的一个人或一组人。以上定义可以从以下几个方面来理解：①最高管理者在组织内部有授权和提供资源的权利；②如果管理体系的范围仅覆盖组织的一部分，最高管理者是指组织的这部分的管理者和控制者；

③如果一个组织的总经理或其分支负责人不能对质量管理体系的职责和权限进行授权，或对提供资源不能完全说了算，还要向董事长或董事会等汇报决定，这时就要把最高管理者理解为一组人。

（2）组织，指为实现其目标，通过职责、权限和相互关系而拥有其自身职能的一个人或一组人。组织的概念包括但不限于代理商、公司、集团、商行、企事业单位、政府机构、合营公司、社团、慈善机构或研究机构，或上述组织的部分或组合，无论是否具有法人资格、公有的或私有的。

（3）持续改进，指提高绩效的循环活动。制定改进目标和寻求改进机会是一个持续的过程，该过程使用审核发现和审核结论、数据分析、管理评审或其他方法，其结果通常导致纠正措施或预防措施。

（4）过程，指利用输入产生预期结果的相互关联或相互作用的一组活动。以上定义可以从以下两个方面来理解：①资源是任何过程必不可少的活动，所有的工作包括产品实现及其管理都是通过过程来完成的；②只有能实现增值转换的过程，才是有效的过程。质量管理的一个首要任务就是不断地改善过程的增值效应，并识别、剔除非增值的活动。质量管理是通过对组织内各种过程的管理来实现的。

（5）外包，指安排外部组织执行组织的部分职能或过程。尽管外包的职能或过程在管理体系范围之内，但是外部组织不在管理体系覆盖范围内。

（6）方针，指组织由最高管理者正式发布的组织的宗旨和方向。

（7）要求，指明示的、通常隐含的或必须履行的需求或期望。①“通常隐含”是指组织和相关方的惯例或一般做法，所考虑的需求或期望是不言而喻的；②规定要求是经明示的要求；③要求可由不同的相关方或组织自己提出；④为实现较高的顾客满意，可能有必要满足那些顾客既没有明示也不是通常隐含或必须履行的期望。

（8）形成文件的信息，指组织需要控制并保持的信息及其载体。形成文件的信息可以任何格式和载体存在。

（9）纠正措施，指为消除不合格的原因并防止再发生所采取的措施。一个不合格可以有若干个原因，采取纠正措施是为了防止再发生，而采取预防措施是为了防止发生。

（10）审核，指为获得客观证据并对其进行客观的评价，以确定满足审核准则的程度所进行的系统的、独立的并形成文件的过程。①审核的基本要素包括由对被审核客体不承担责任的人员按照程序对客体是否合格的确定；②审核可以是内部（第一方）审核，或外部（第二方或第三方）审核，也可以是结合审核或联合审核。

二、质量管理体系的审核和认证

质量审核是为了确定质量管理体系各要素是否有效实施，并与预定的目标和要求相适应及符合，而由审核员开展的一种有系统、有计划的独立的审查活动。质量管理体系审核是通过检查获得组织质量管理体系运行中的信息和客观证据来评价质量管理体系要求的符合性与满足组织质量目标及要求的有效性，以便识别改进质量管理体系的机会（孙剑，2001）。

质量管理体系认证是由 ISO 成员方认可机构授权的第三方认证机构，依据 ISO 9001 标准（或特定的行业技术规范），对组织的质量管理体系能力进行审核、认可并颁发证书，证明组织的计量管理体系符合标准要求的活动。质量管理体系认证始于机电产品，随着认证的发展、标准的修订，产品类型从硬件拓宽到软件、流程性材料和服务领域，使得各行各业都可以按照质量管理体系标准实施认证。2015 版 ISO 9001 标准又从“高层次结构”及“基于风险的思想”两方面进行了修订，大大提高了与其他体系的相容性、整合性，也进一步提高了 ISO 9000 的适用性和广泛性。质量管理体系认证除核动力、压力容器等安全性要求特别高的产品外，一般以企业自愿申请为原则。

1. 质量管理体系审核

质量管理体系审核可以分为内部审核和外部审核。其中，内部审核是由组织本身或者以组织的名义进行的，又称为第一方审核，它是组织自我完善体系的必要手段，并且是可以以组织名义声明符合质量管理体系要求的基础。

外部审核又分为第二方审核和第三方审核两种形式。其中，第二方审核是由一个组织为了自身的目的对另一个组织进行的审核，包括顾客对组织、组织对供应方的审核，以便掌握被审核方质量管理体系的真实信息，评定能否满足本组织的质量管理体系的要求；第三方审核是由外部独立的审核服务组织进行，通常这类组织是经正式认可的认证团体。审核的依据是 ISO 9001，其目的是以公正的方式取得顾客对组织的信任。

（1）内部审核。企业内部审核是指企业依据某一质量体系标准来评价企业自身的质量体系，验证企业自身的质量体系是否持续满足规定的要求并且正在有效运行的一种活动。企业一般依据 ISO 9000 系列标准和已制定的质量手册、程序文件进行审核。内部审核作为一种重要的管理手段和自我改进的机制，能及时发现问题，采取纠正措施或预防措施，使质量体系不断完善，不断改进，并为外部审核做好准备。

（2）内审员。对本单位的质量体系进行内部审核的是内审员。质量体系内部审核工作在很大程度上取决于内审员的素质。为此，对内审员有一个培训和评选的问题。一般情况下，内审员可以由企业自己评定和任命。现在国际上逐步推行内审员注册制度，注册内审员与非注册内审员在承担工作方面并无实质性的差别，这种注册也不是强制性的，但注册内审员较非注册内审员有更高的要求，因而注册内审员的水平实际上标志着这个企业的水平。

内审员的职责主要包括：①对质量管理体系的运行起监督作用；②对质量体系的保持和改进起参谋作用；③在质量管理方面起到联结领导与员工的纽带作用；④在第二方、第三方审核中起内外接口的作用，在质量管理体系的有效实施方面起带头作用。

（3）内部审核的操作。内部审核的操作程序一般可分为内部审核的策划、确定任务、做好准备、实施与纠正以及最后提交全面的年度审核报告。

① 内部审核的策划。内部质量体系审核对一个企业质量体系的改进和产品质量的提高都有重要的作用。但要做好内部质量体系的审核，关键在于领导对审核的重视。领导的职责也是不仅表现在控制不合格产品，使之不能产生，更重要的还在于全面建立和实施一个合乎标准要求的质量体系。另外，尤其重要的是要充分运用内部质量体系审核这个重要的管理手段和改进机制。

② 确定内部审核的任务。如果是例行审核，则按年度计划进行；如果是特殊审核，则要明确目的和受审的部门或要素。每次审核还要明确采用依据，任务确定后要按程序由有关领导批准下达。内审应由本组织的质量管理部门研究具体情况后提出，由质量经理报请最高领导决定后实施。

③ 质量管理体系的准备。其工作包括：编制审核计划；组成审核组；收集并审阅有关文件；编制检查表；通知受审核部门并约定具体的审核时间。

④ 内部审核的实施。审核组在完成全部准备工作后，就可以按预先约定的时间到受审核部门实施审核。实施审核的步骤及工作内容主要有以下几项：召开首次会议；进行现场审核；确定不合格项并编写不合格报告；汇总分析审核结果；召开末次会议，宣布审核结果；编写审核报告。

⑤ 纠正措施。内审的目的在于发现体系中的问题，查出原因，采取纠正措施加以消除，以免重犯类似错误，使质量体系得到不断改进。

⑥ 全面年度审核报告。按照年度计划完成了对所有部门、所有要素的内部质量体系审核后，质量经理应领导质量部门和审核组长对本组织的整个质量体系进行一次总体分析，并形成一份全面的年度审核报告。

2. 质量管理体系认证

（1）质量管理体系认证的目的和作用。质量管理体系认证的目的是要让大众，包括消费者、用户、政府管理部门等，相信企业具有一定的质量保证能力。其表现形式是由体系认证机构出具体系认证证书和发布注册名录，取信的关键是体系认证机构本身具有的权威性和信誉。同时，质量管理体系认证之所以能在世界各国得到广泛推行，是因为它能帮助用户和消费者鉴别企业的质量保证能力，确保买到优质满意的产品；能帮助企业提高市场的质量竞争能力，加强内部质量管理，提高产品质量保证能力；避免外部对企业的重复检查与评定而给社会造成浪费。

（2）质量管理体系认证的实施程序。质量管理体系认证一般要经过认证申请、审核准备、实施审核、编写审核报告、注册和注册后的管理等过程，如图 11－3 所示。

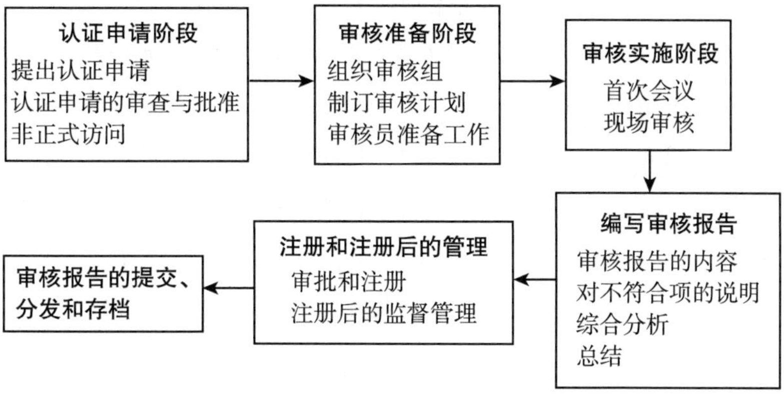

图 11－3　质量管理体系认证的实施程序

资料来源：胡铭，《现代质量管理学》，武汉大学出版社 2010 年版，第 98 页，作者有改编。

① 认证申请阶段。

提出认证申请。申请认证的单位（申请方）首先要与认证机构交换信息，并按认证机构要求和规定的表格填写申请书，提供所需的附件。申请书一般包括以下内容：申请方名称、地址、邮政编码、负责人姓名，以及联系人姓名、职务、电话、传真等；企业质量管理体系及过程的一般信息；申请方表示愿意遵循认证管理办法规定的声明；申请书的填报日期、申请方负责人签名等申请书的附件说明申请方质量管理体系状况的文件。

认证申请的审查与批准。认证机构收到申请方正式申请后，将对申请方的申请文件进行审查。经审查符合规定的申请要求，决定接受申请，由认证机构向申请方发出“接受申请通知书”，并通知申请方做好下一步与认证有关的工作安排，预交认证费用。若经审查不符合规定要求，认证机构将及时与申请方联系，要求申请方进行必要的补充和修改，符合规定后，再发出“接受申请通知书”。如果确定不能符合规定的申请要求，决定不接受申请，则认证机构将向申请方发出“不接受申请通知书”，说明不接受的理由，并退回有关文件。

非正式访问。如果有必要，认证机构可以派人去申请单位进行非正式访问。这种访问的目的是了解申请方的规模、产品和生产特点、认证准备情况、是否需要聘请专家。

② 审核准备阶段。

组织审核组。审核组组长由认证审核机构提名，选定的审核组组长将负责审核计划的制订、审核的组织实施及控制、签署审核报告和不合格项报告等工作。审核组成员由审核组组长与认证机构领导商定。必要时，可聘请对审核范围所涉及的技术熟悉的专业人员参加审核工作。审核员确定后，审核组组长应在征求有关审核员的意见后，为每一位审核员指派由其负责审核的具体质量管理体系过程或职能部门。

制订审核计划。审核计划是对审核活动的具体安排，由审核组组长负责编制，审核机构批准确认，一般在审核前 10 ~ 30 天通知受审核方，使其有充分的时间按审核计划的要求做好安排。审核计划内容包括：审核的目的和范围；审核依据的标准；审核涉及的部门、人员和场所；审核组成员；审核日程安排；审核路线；保密事项和要求等。

审核员准备工作。审核组组长按审核计划要求将任务分配给审核员，审核员按照分工进一步审查申请方的质量管理体系文件并编制检查表。

③ 审核实施阶段。

首次会议。首次会议是实施审核的开端，是审核组全体成员与审核方领导及有关人员共同参加的会议，是由第三方审核必须召开的第一次重要会议。首次会议由审核组长主持。其作用和内容包括：双方互相介绍；重申审核的范围和目的；介绍审核的方法和程序；建立双方的正式联系；明确审核组的陪同人员或联络人员；确认审核组所需要的资源和设施；确认中间会议和末次会议的时间；澄清审核计划中不明确的内容以及保密原则声明。

现场审核。首次会议结束后，即进入现场审核阶段。现场检查的主要目的是验证受审单位质量管理体系的有效性。在现场检查时，应注意搜集证据，要从适用性和有效性两个方面取证。对收集到的证据要进行分析和整理，已确定哪些是不符合项。发现有重大不合格项，明显是不能通过审核时，审查组组长应及时告知审核方，并停止审核。如果审核方要求继续审核，可视情况决定是否进行。

审核组内部会议。在全部检查结束后，召开审核组内部会议。会议内容是审查不符合项报告，判定质量管理体系的有效性，为末次会议做准备。

末次会议。实施审核以末次会议结束。末次会议的主要目的是向受审核方说明审核结果，宣读审核报告，以使他们能清楚地理解审核结论。

④ 编写审核报告。

审核报告的内容。审核报告的内容包括：报告的唯一性标志（编号）；受审核方的名称、地点、审核日期；目的与范围；依据性文件；审核组成员；审核计划（作为附件）；对不符合项的说明（不符合项报告作为附件）；总结和建议等。

对不符合项的说明。对不符合项的说明应该是综合性的，包括不符合项总数、按重要性分类、按原因分类等。

综合分析。综合分析不符合 ISO 9001 质量管理体系要求的条款和部门做矩阵分析。

总结。在总结中，应明确给出的结论包括：提出主要问题以及存在薄弱环节的部门；未发现问题的部门和好的方面；针对审核目的，明确给出结论意见；经采取纠正措施后推荐注册或不同意推荐注册。

⑤ 注册和注册后的管理。

审批和注册。认证机构对审核组提出的审核报告进行全面审查。若批准通过认证，则认证机构予以注册并颁发注册证书。所谓注册，指认证机构通过认证的提供方的特点和已评定的能力范围登记在注册表中。获准体系认证的供方可以利用认证机构的注册证书及准予使用的注册标志进行广告宣传，表明本组织具有的质量信誉经审查，若需改进后方可批准通过认证的，应由认证机构书面通知申请方需要纠正的问题及完成纠正的期限，到期再进行必要的复查和评价。证明确实达到了规定的条件后，方可批准认证，并注册发证。经检查，若决定不予批准认证，则由认证机构书面通知申请方，并说明未予以认证的理由。

注册后的监督管理。注册有效期一般为 3 年，在有效期内，认证机构应对注册单位实施监督管理，包括供方通报、监督检查、认证有效期的延长等（王新平等，2008）。

⑥ 审核报告的提交、分发和存档。

审核报告应由审核组组长提交审核机构，并附以观察结果记录、凭证材料表及其他文件。审核报告的进一步发放，应征得受审核方的意见后再确定。审核报告应尽可能及时发布，向委托方和受审核方说明推迟的理由，并确定新的发布日期。向委托方递交审核报告后，审核即告结束。

本章小结

ISO 9000 族标准是由国际标准化组织发布的一组关于质量管理体系的国际标准，也是目前在国际贸易和各类组织质量管理中应用最为广泛的质量管理标准，本章系统地介绍了这一标准的基本概念及其产生和发展，掌握并实施ISO 9000族标准，可促进组织质量管理体系的改进和完善，对促进国际经济贸易活动、消除贸易技术壁垒、提高组织管理水平都能起到良好的作用。

本章重要术语

质量	质量管理体系	组织环境	ISO 9000族标准
相关方	内部审核	最高管理者	持续改进

第十二章

六西格玛管理及其应用

【学习目标】

通过本章的学习，能够了解六西格玛原理的起源及含义，熟悉六西格玛管理的总体思路及DMAIC流程，基于第二节、第三节介绍的方法和工具解决六西格玛管理问题，以检验前述方法或工具在质量管理中的实用性，了解精益生产的核心理念以及精益六西格玛管理的实施路线。

【引导案例】

某公司缩短产品元器件配套供应周期问题

某公司2013年投资研发一款新型设备，该型号设备的采购成本占公司总采购成本的32%。2015年将该型号产品转入定型批量生产，每一交付批都有105种元器件，而这105种元器件的配套周期为283~309天，平均周期为289天，超过了交付批240天的要求，将严重影响该型号产品的生产交付。

为解决此问题，公司决定采用六西格玛管理DMAIC流程寻找问题解决方案。在界定阶段，公司通过对影响交付周期的因素进行分析，将问题分解为以下五个子问题：缩短计划编制周期、缩短合同签订周期、缩短集成电路交付周期、缩短微波器件交付周期、缩短元器件运输周期。根据问题所涉及的部门，公司组建了项目团队，并明确了人员分工，旨在将元器件配套供应周期降至240天范围内。在测量阶段，项目团队采用价值流程图对“采购元器件”流程相关各环节进行梳理，核心过程包括计划审核、计划编制、合同签订、生产交付、到货验收、检验、入库发放七个环节，明确了测量的对象及对应指标。通过数据采集，在对测量系统进行波动分析后确认测量系统的可靠性。在分析阶段，通过应用头脑风暴、因果图及树图分析，项目团队查找问题产生的关键原因，结果为：影响计划编制周期的因素包括计划预置、编制方法、信息管理等，占周期时间比为8%；合同签订周期影响因素包括管理规定、会签方式、合同数量等，占比6%；集成电路与微波器件交付影响因素包括计划管理、合同管理、器材特性等，占比82%；元器件运输影响因素包括信息处理方式、运输工具等，占比4%。针对关键原因，项目团队采取了改进措施并实施了控制，如图12－1所示。

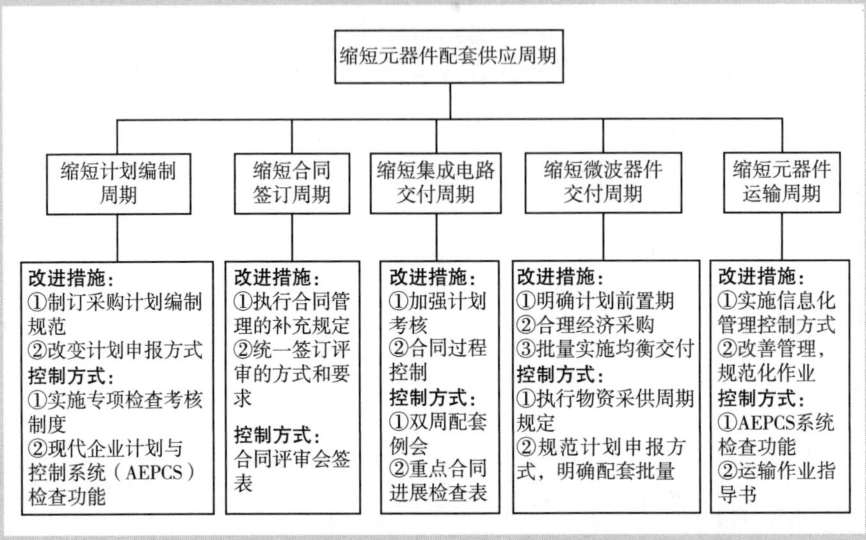

图12－1　某公司缩短配套供应周期问题改进及控制措施

该公司在实施六西格玛管理后效果显著，对该项目投资2.7万元，收益79万元，平均配套周期缩短54天。此外，现场等待费用的降低也为公司取得了间接性的收益。企业下一步计划巩固改进成果，进一步明确各部门岗位职责，科学合理考核、明确奖惩。在成本缩减方面，结合精益生产思想，应用精益六西格玛管理理念对产品供应链进行管理，提高企业效益，增强顾客满意度。

（资料来源：荣毅超，《六西格玛管理理论及实践案例集》，科学出版社2009年版，第278页。）

六西格玛（6 sigma）管理是一套改进工艺的技术和工具，其通过识别和消除缺陷产生的原因，并将生产和业务流程的可变性降低到最低程度，进而提高流程的输出质量。六西格玛项目的实施需要遵循明确的步骤，并具有特定的价值目标，如减少流程周期、减少污染、降低成本、提高客户满意度和增加利润。

第一节　六西格玛管理概述

一、六西格玛管理的起源与发展

六西格玛管理是质量管理的新发展之一。六西格玛管理的起源、发展，正是在质量概念发展及质量管理发展的大背景下进行的。质量管理大师朱兰在《朱兰质量手册》（第5版）中写到：20世纪80年代，“大质量”的概念逐渐为人们所接受，且成为不可逆转的趋势。正是在这样一个质量概念剧烈演变的年代，六西格玛管理诞生了。

六西格玛管理于1986年由摩托罗拉公司工程师比尔·史密斯（Bill Smith）引入，当时，以史密斯为主要代表的团队向摩托罗拉公司首席执行官鲍勃·高尔文（Bob Galvin）提交了一份题为“6 sigma[①] 机械设计公差”的文件，在文件中提出了如何减少或消除缺陷、提高产品质量的一些具体方法。“6 sigma”质量水平意味着在所有的过程和结果中，99.99966%是无缺陷的，即做100万件事情，其中只有3.4件是有缺陷的。1995年，通用电气公司总裁杰克·韦尔奇（Jack Welch）在分析了实施六西格玛的成本与收益后，决定实施六西格玛计划。通用电气公司实施六西格玛原理的过程如表12－1所示。

表12－1　　通用电气公司实施六西格玛原理的过程

时间	事　件
1995年	韦尔奇决定实施六西格玛计划
1996年初	韦尔奇在通用电气公司高级经理人员聚集的年会上正式宣布启动公司的六西格玛质量行动
1997年3月	韦尔奇明确规定，公司的每一位成员都必须认真对待公司的质量改进行动
1998年1月	通用电气新版本的管理人员晋升制度生效，要求基层管理人员必须事先通过六西格玛绿带或黑带的培训，才能够晋升中级管理职位或高级管理职位的资格
1998年	通用电气将六西格玛应用于对客户的管理，大大提高了顾客满意度
1999年	通用电气又将六西格玛管理应用到供应链管理中，缩短了供应链整体运作时间
2000年	通用电气将六西格玛管理延伸到了网络化管理、网上采购及其他一些电子商务活动中

资料来源：吴全利、齐嘉楠，《六西格玛的DMAIC模型》，载于《中国统计》2005年第6期，作者整理。

---

① “6 sigma”一词来源于统计学并应用于统计质量控制，其评估了过程能力。

在通用电气应用六西格玛取得巨大收益后，六西格玛为全世界企业，特别是许多财富世界500强企业所关注。很多企业发现六西格玛同样可以对自己产生深远而重大的影响，它们也开始大力推行六西格玛，包括福特、卡特彼勒、杜邦、ABB、三星、西门子、花旗银行、英特尔等公司。截至今天，六西格玛的应用已从摩托罗拉、通用电气走向全世界，从世界500强跨国公司走向普通企业甚至中小企业，涉及的行业不仅包括电子、机械、化工、冶金等制造业，也有银行、保险、航空、电子商务等服务业。

六西格玛理论及其应用发展还存以下类型，例如，六西格玛与精益生产结合形成的精益六西格玛，六西格玛设计中引入发明问题解决理论①、三次设计等创新设计方法等。六西格玛通过在实践中被不断应用与实践，其理论也在不断发展与完善。六西格玛不仅是一种质量改进的方法，更逐渐发展成为可以使组织持续改进、增强综合领导力、不断提高顾客满意度及经营绩效的一整套管理系统方法。

二、六西格玛管理的含义

1. 六西格玛管理的概念

“σ”是希腊文的一个字母，读作“西格玛”，在统计学上用来表示标准偏差值，用于描述总体中的个体离均值的偏离程度。西格玛质量水平是将过程输出的平均值、标准差与质量要求的目标值、规格限进行比较，是对过程满足质量要求的一种度量。西格玛水平越高，过程满足质量要求的能力就越强；反之，西格玛水平越低，过程满足质量要求的能力就越低。六西格玛质量水平意味着100万次出错机会（也称百万机会缺陷数，defects per million opportunities，DPMO）中不超过三四个缺陷。

六西格玛管理通过系统地、集成地采用业务改进流程，实现无缺陷的六西格玛设计，并对现有过程进行界定（define）、测量（measure）、分析（analyze）、改进（improve）、控制（control）（这五个步骤可简称为DMAIC流程），消除过程缺陷和无价值作业，从而提高质量和服务、降低成本、缩短运转周期，达到顾客完全满意，增强组织竞争力。简言之，六西格玛管理即通过减少波动、不断创新，质量缺陷达到逼近100万分之3.4的质量水平，以实现顾客满意和最大收益的系统科学。

---

① TRIZ是与俄文“теории решения изобретательских задач”对应的拉丁文“*Teoriya Resheniya Izobreatatelskikh Zadatch*”的词头缩写，英文译作“Theory of Inventive Problem Solving”，即为发明问题解决理论。

2. 六西格玛管理的含义

（1）六西格玛是一个挑战性目标。希望将所做的任何事情均达到六西格玛的质量水平，从而向用户提供具有世界级质量的产品和服务以满足顾客的需求。六西格玛要求在100万个机会中缺陷数为3.4，此目标具有很强的挑战性，也给所有员工设定了目标。

（2）六西格玛是数据驱动的管理过程。六西格玛管理是由项目管理技术、方法及相关的分析工具组成的一种被证明行之有效的、具有强大解决问题及提高业务水平的系统方法，它能增强公司的市场竞争力。六西格玛改变了仅凭经验解决问题的方式，而是通过可靠的数据收集方式，采用大量图表及统计方法进行分析，最终做出决策。

（3）六西格玛是实现企业和顾客双赢的有效途径。企业一方面要满足顾客的需求，另一方面受到资源的限制，因此必须在顾客利益与企业成本两者之间进行权衡。六西格玛管理的目标即为增加顾客满意度，同时降低成本，实现顾客需求与企业利益的双赢。

三、六西格玛原理的组织结构及人员分工

1. 六西格玛管理的组织结构

为使六西格玛管理的实施活动得到有效组织与推进，首先必须组建一支强有力的团队，并确定团队的人员组成及职责。六西格玛管理的组织结构，一般分为三个层级，分别是领导层、指导层、操作层，如图12－2所示。

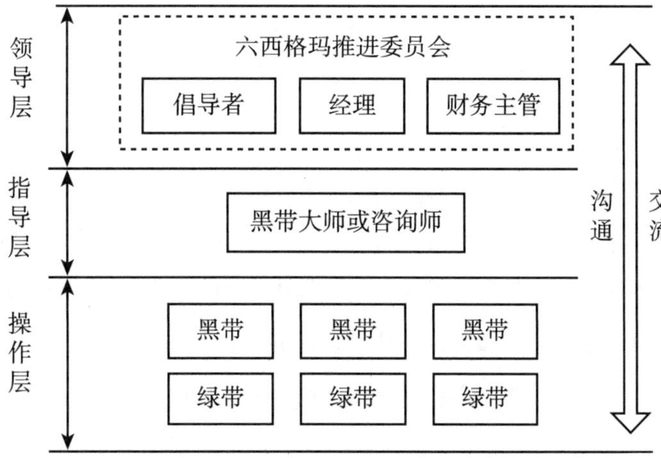

图12－2　六西格玛管理的组织体系

资料来源：上海质量管理科学研究院，《六西格玛实施技巧绿带读本》，中国标准出版社2003年版，第10页。

领导层是由倡导者、分管质量的经理及财务主管等组成的推进委员会，指导层由黑带大师或从外部聘请的咨询师组成，操作层由在第一线进行改进活动的黑带、绿带组成。各个层级的具体职责可归纳为：领导层负责制定规划、提供资源、审核结果；指导层组织培训、指导项目、检查进度；操作层按照 DMAIC 流程开展项目改进活动。图 12－2 所示的六西格玛管理组织体系是从公司的整体、宏观角度构建的六西格玛管理运行的组织结构。为清晰表述各层级之间的关系，可通过树形的组织结构图表达，如图 12－3 所示。

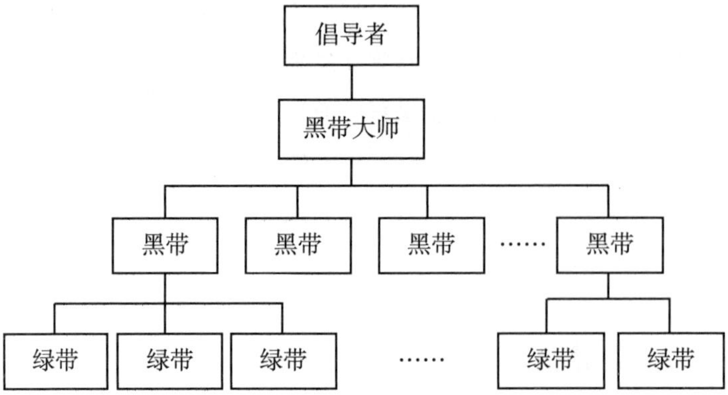

图 12－3　六西格玛管理的树形组织结构

资料来源：何桢，《六西格玛管理》，中国人民大学出版社 2014 年版，第 30 页。

2. 六西格玛组织结构内的成员分工

（1）倡导者。倡导者是六西格玛管理的关键角色，一般由企业高层领导担任，通常是兼职的，少数为全职。倡导者对六西格玛质量改进的认识是至关重要的，在倡导者的带领下，整个组织内的总体质量工作才得以推进，他的策略部署和方向把控是企业实施六西格玛成功与否的关键因素。

倡导者的工作通常是以战略视角对六西格玛管理进行全面的战略部署、确定目标、分配资源及监控过程等，确认和支持六西格玛管理全面推行，决定“该做什么”，检查进展，了解六西格玛管理工具和技术的应用，提出正确的问题，确保按时、按质完成既定目标，管理和领导黑带大师和黑带。其主要任务包括：充分认识变革，为六西格玛确定前进方向；确认和支持六西格玛管理全面推行，制定战略新的项目规划；决定“该做什么”，确定任务实施的优先顺序；合理分配资源，提供必要的支持；检查进度，确保按时、按质完成既定目标。

（2）黑带大师。黑带大师也称资深黑带，他们是运用六西格玛管理工具的高手，是六西格玛管理的高参与专家。黑带大师通常负责特定领域或部门的六西格玛管理工作，其典型职责包括：挑选、培训和指导黑带，选择和批准项目；总结已完成的项目。但在不同公司，其职责也有不同规定。例如，在通用电气公司，更多地强调其管理和监督作用；在霍尼韦尔公司，主要负责协调工作，负责日程变更调整、项目领导和指导工具的运用。这两种模式都非常有效。

黑带大师的具体任务主要包括：担任倡导者的六西格玛管理的高级参谋，具体协调、推进六西格玛管理在全公司或特定领域、部门的开展；帮助倡导者、管理者选择合适的人员，协助筛选最能获得潜在利润的项目；为黑带学员培训六西格玛管理及统计方面的方法；为黑带提供指导和咨询服务，保证黑带及其团队在正确的轨道上，能够顺利地完成他们的工作，在收集数据、统计分析、设计试验及与关键管理人员沟通等方面为团队提供意见和帮助。

（3）黑带。黑带是成功完成六西格玛项目的技术骨干，是六西格玛组织的核心力量，他们的努力程度决定着六西格玛管理的成效。黑带的工作更具操作性，使改进切实发生。黑带的主要任务包括：在倡导者及黑带大师的指导下，界定六西格玛项目，带领团队运用六西格玛方法完成项目；在企业内部或外部寻找待改进的机会，与黑带大师一起确定有价值的项目；策划、决定项目每一个步骤需要完成的任务；为项目团队成员提供技术应用的专门培训；为组员提供一对一的支持，带领绿带队友快速有效地达到改进的目标；在培训、案例研究、工作交流活动中，为团队成员相互分享经验搭建平台，提供交流机会，向团队成员传递高昂的士气与积极性；项目完成后向管理层提供项目报告。

（4）绿带。参与六西格玛项目但不独立完成六西格玛项目的一线员工被称为绿带。绿带一般为兼职人员，他们通常为企业各基层部门的业务骨干，侧重于六西格玛在实际工作中的应用。绿带在黑带的指导下或协助黑带承担以下任务：收集数据资料；寻找分析原因；实施项目改进；完成黑带分配的工作。

绿带是黑带的助手。黑带在六西格玛项目中起主导作用，绿带起辅助作用；黑带独立地承担项目，绿带一般不独立完成项目；有时绿带也会从事完整的项目改进，但其项目规模小，也不跨部门。

第二节　DMAIC 流程及其应用

一、DMAIC 流程设计思路

在质量管理活动中，六西格玛管理法形成了个性化的改进流程——DMAIC，包括五个阶段：界定（define）、测量（measure）、分析（analyze）、改进（improve）、控制（control）。该流程从调查顾客的需求开始，了解顾客所关心的问题，从而确定所要研究的关键产品的质量特性，即关键输出变量 y（结果变量），并对其进行测量，以寻找改进空间，确定改进的质量目标；然后在整个过程中寻找影响关键产品特性的因素，并确定少数的关键过程特性，即关键的输入变量 x。在此分析的基础上，建立与 x 之间的函数关系 $y=f(x)$，通过改进 x 值对 y 进行优化，最后将此统计解决方案转化为现实方案。要使此优化结果长期保持，必须对关键过程参数进行监控。

DMAIC 改进流程的实施过程可理解为做一道函数题，通过查找 y、分析并改进 x，实现对 y 的优化。DMAIC 各阶段对应的操作内容如图 12－4 所示。

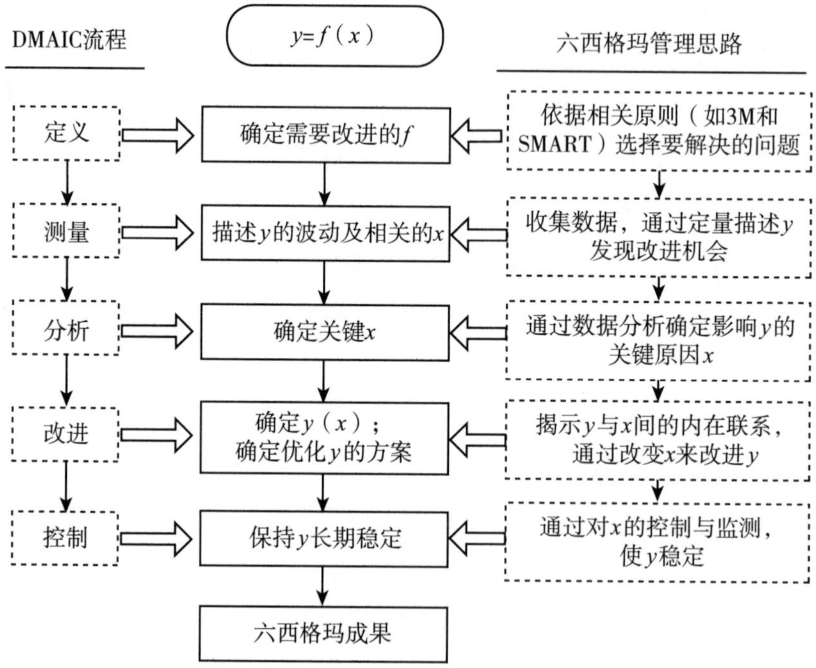

图 12－4　DMAIC 流程的整体思路

资料来源：上海质量管理科学研究院，《六西格玛实施技巧绿带读本》，中国标准出版社 2003 年版，第 14 页。

根据 DMAIC 流程各阶段的任务与目标设定，其选择及应用的工具也存在着差别，本小节对 DMAIC 各阶段主要任务及常用技术或工具进行罗列，内容详见表 12－2。在此需要说明的是，六西格玛管理是一种较为开放的质量管理方法，应用的工具涉猎广泛，不局限于表 12－2 中所罗列的工具或方法。

表 12-2 **DMAIC 流程常用工具**

阶段	主要任务	常用技术或工具
界定	确定顾客的关键需求并识别需要改进的产品或流程，将改进项目界定在合理的范围内	头脑风暴法；顾客之声；卡诺（Kano）模型；高端程序图（SIPOC）；平衡计分卡；树图；排列图；流程图；亲和图
测量	通过对现有流程的测量，确定过程的基线以及期望达到的目标，确认影响过程输出 y 的输入因素 x，并对测量系统的有效性做出评价	排列图；因果图；散点图；流程图；直方图；测量系统分析；水平对比法
分析	通过数据分析确定影响输出 y 的关键 x，即确定过程的关键影响因素	头脑风暴法；因果图；分层法；排列图；流程图；失效模式分析；散点图；回归分析；假设检验；方差分析
改进	寻找最优改进方案，优化过程输出 y 并消除或减少关键 x 的影响，使过程的缺陷或波动降至最低	试验设计；方差分析；回归分析；流程图；失效模式分析
控制	通过有效的监测方法维持改进的结果	控制图；流程图；过程能力指数；统计过程控制

资料来源：何桢，《六西格玛管理》，中国人民大学出版社 2014 年版，第 37 页。

二、界定

界定是六西格玛 DMAIC 流程的第一阶段，也是非常重要的一个环节。六西格玛项目是从界定阶段开始的，通常在初选项目时，对欲解决的问题仅有较为宏观的考虑。在界定阶段，通过识别顾客需求明确要解决的问题、分析项目涉及的内部流程，从而组建项目团队、确定项目责任与项目目标，将项目定义在合理的范围内。

1. 项目发现

项目是指一系列独特的、复杂的并相互关联的活动。这些活动有着一个明确的目标或目的，必须在特定的时间、预算、资源限定内，依据规范完成。例如，开发产品、改进流程、人员管理均可视为一个项目。项目管理是运用管理的知识、工具和技术于项目活动上，来解决项目的问题或满足项目的需求，包括领导、组织、用人、计划、控制项等主要工作。

通常情况下，项目来源于对企业内部或外部信息的分析。企业的内部信息获取途径包括质量分析报告、质量审核报告、财务分析报告以及企业方针目标诊断报告等。例如，某染料制造厂通过年度财务分析报告发现，排污费用支出占企业总支出的 65%，则可将“排污管理系统”作为项目机会。企业的外部信息可通过顾客意见、市场调查、竞争对手等渠道获取。其中，顾客意见的搜寻方式包括顾客满意度调查、顾客投诉记录、顾客访问等，如通过电话录音、面对面问答形式对顾客的意见进行收集，发现顾客对当前产品或服务不满意的方面；市场调查包括市场调查报告、市场反馈等；竞争对手方面，可通过竞争对手之间的对比或与竞争对手对比而获取自己的弱项信息，如某汽车生产商经与竞争对手对比，发现汽车的减震系统性能明显较差，则将提升该性能作为项目改进机会。既能满足顾客需求，又能增加企业经济利益的项目是六西格玛管理锁定的目标。

2. 项目筛选

为确保所选项目符合六西格玛管理的目标，并在一定时间内能够得以实现，需要对项目进行筛选。项目选择的依据包括3M原则和SMART准则，其具体内容如表12－3所示。由表中内容可知，3M原则与SMART准则的具体要求存在着共同点，要求项目的选择应是合理、贴合实际的，可测量的，项目管理的范围清晰、可控。这为项目选择提供了依据，项目的选择为六西格玛管理最终输出有效成果奠定了基础。

表12－3　　项目选择的依据

项目选择的依据		具体内容与含义
3M原则	有意义的（meaningful）	要求项目有利于顾客利益，并能改进企业经营状况，切忌项目没有实际意义或好高骛远、不切实际
	可管理的（manageable）	项目的规模应该能使团队有能力完成，确保项目范围、团队是可管理的，即团队在未来DMAIC五个阶段内的活动都能够在这个范围内实施
	可测量的（measurable）	项目的结果和原因都要能够使用指标量化，否则很难用数据分析的方法确定关键原因，进而描述结果与原因之间的关系，以实现结果的优化
SMART准则	简单的（simple）	项目一定要简单明了，即“缺陷是什么”要界定清楚
	可测量的（measurable）	结果和原因要能够进行量化，以能够采用数据分析方法确定关键原因，这样才能发挥六西格玛的优势
	商定的（agreed to）	项目要在倡导者或执行领导者之间达成一致意见
	合理的（reasonable）	项目既要考虑先进性，又要考虑成功的可能性
	时间基准（time－based）	项目在一定时间内能够完成

资料来源：何桢，《六西格玛管理》，中国人民大学出版社2014年版，第75～78页。

3. 项目分析

（1）顾客关键需求分析。在广泛意义上，顾客不仅是指产品（包括服务）的终端购买者，还包括与该产品相关的供应商、股东、员工等其他利益相关者，即所有接受产品的组织或个人。按照产品接受者的情况，顾客可以分为外部顾客和内部顾客两类。外部顾客是指组织外部接受产品或服务的组织或个人，如消费者、最终使用者、委托人、零售商等。内部顾客是指组织内部依次接受产品或服务的人员或部门，通常描述为过程输出的内部接受者，如产品生产流水线上的装配工，下道工序的操作者是上道工序的顾客，依此类推。

获得关键顾客需求及其数据是六西格玛管理方法中较为困难的一个环节。通常通过“顾客之声”获取的需求是顾客对产品或服务的表象需求。例如，顾客在一家快餐店点餐，希望上餐速度越快越好。那具体是在多长时间之内上餐既能最大化满足顾客的要求，又能够在合理范围内，这通常需要将顾客的需求转化为具体的输出需求，从而对过程进一步提出要求。将该需求转化为输出需求，并提出过程需求，结果如表 12 – 4 所示。

表 12 – 4　　　　上餐服务的需求转化

顾客对产品或服务的需求	输出需求	过程需求
上餐速度越快越好	在 10 分钟内将所有餐上齐	在 10 分钟之内将点的餐做完

将输出需求转化为过程需求，进而识别顾客的关键需求，可借助质量功能展开、树图、卡诺模型等工具，进而找到关键顾客需求。质量功能展开、树图方法已在第八章、第十章中有所介绍，在卡诺模型中，基本质量对应的是最起码应满足的需求；一元质量对应的是满意的需求；魅力质量对应的是潜在的需求。通过分析，根据项目的总体规划，对需求进行排序，明确关键的顾客需求。

（2）关键质量特性分析。在此步骤中，常用的工具为高端程序图、排列图、树图等（在第九章第三节中已做介绍）。高端程序图，也称为 SIPOC 图，名字来源于供方（supplier）、输入（input）、过程（process）、输出（output）和顾客（customer）的首字母缩写。SIPOC 图能在一张简单的图中呈现从输入到输出的跨职能活动。供方是指提供输入的组织或个人；输入是指供方提供的信息和资源，包括人员、机器、材料、方法、环境等；过程是指将输入转化为输出的活动，通常这些活动能够使输入增值；输出是指过程的结果；顾客指接受输出的人、组织或过程。

SIPOC 图的绘制步骤如下：初步列出供方、输入、过程、输出及顾客；用 4 ~ 5 个关键步骤描述从输入到输出的核心业务流程（对过程的描述不宜过细）；然后分别详细讨论输出、顾客、供方的内容；列出顾客的需求。在界定阶段引入 SIPOC 图对项目所涉及的主要业务流程进行识别，将关键质量特性与内部流程关联起来，能够帮助项目团队清楚项目所涉及的主要部门及人员，明确项目范围。

【例 12 - 1】某公司提供大型设备出租服务，计划优化顾客租赁设备流程。依照 SIPOC 图的绘制步骤，得到图 12 - 5。

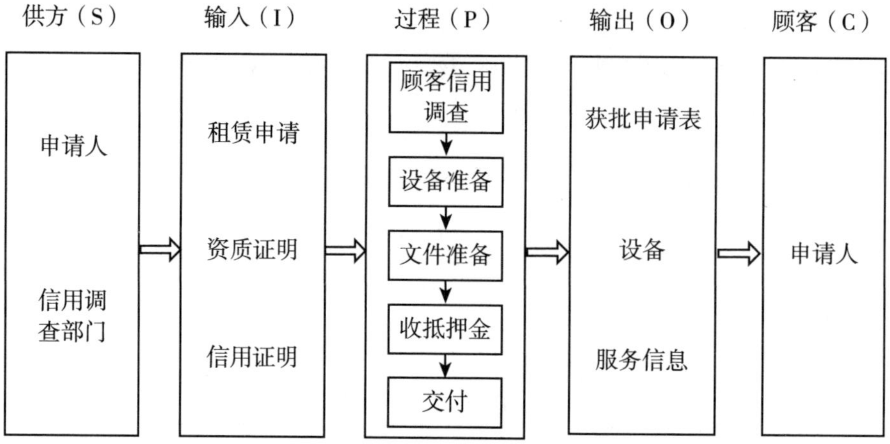

图 12 - 5　设备租赁 SIPOC 流程

资料来源：上海质量管理科学研究院，《六西格玛实施技巧绿带读本》，中国标准出版社 2003 年版，第 29 页。

通过 SIPOC 分析，可识别出过程的所有输出及对输出的测量，如顾客满意度、周期、产品的故障率等。通过收集数据，应用排列图可以观察输出变量的变化及其对顾客的影响，进一步确定符合顾客需求且极为重要的过程输出变量，即关键过程输出变量，也称关键质量特性。在界定阶段，可采用树图将关键质量特性展开，将顾客需求分解细化，进而确定待测量的指标，为测量阶段做准备。

（3）流程分析。在流程分析中，需要清除过程与价值链的概念。过程是一组将输入转化为输出的相互关联或相互作用的活动。根据在输入、输出转化活动中所创造价值的不同，可将过程分为两类：实现过程与支持过程。实现过程即为组织增值的过程，也称为核心过程。组织在获得产品或服务的过程中价值有所提升，增值来源于两方面：一是为顾客提供有价值的产品或服务；二是组织自身提高应对竞争环境的价值。例如，采购、研发设计、生产制造、销售服务等。还有一类过程虽然不直接创造价值，但却对价值创造过程的实施和组织日常运作起支持、保障作用，被称为支持过程。例如，人力资源、财务管理、信息技术管理等。

顾客从输入、输出的过程中收获了价值。在较为复杂的组织中，通常输入、输出的元素存在很多个，这些元素之间存在链式或网络式的关系，最终将价值传递给顾客。从增值的角度理解，所有具有增值作用的过程链即构成了价值链。换言之，价值链就是核心过程中由所有增值步骤组成的存在内在联系的一系列活动，也可理解为是一种对组织（或企业）的描述方式。

通过对过程和价值链的分析，可绘制流程图。在界定阶段应用流程图分析，有以下几点意义：能够识别出过程中的变更机会；能够界定团队要研究的问题范围；在清楚项目范围后便于组建项目团队。

4. 项目描述

（1）问题及目标陈述。问题陈述要遵循以下四个原则：具体的、可观察的、可测量的、可控的。在陈述项目目标时，应保持与问题陈述一致，目标陈述应包含与问题陈述相同的变量和测量单位。常见的目标值有：σ 质量水平、百万机会缺陷数、劣质成本等。

（2）项目范围、约束和假定。项目团队要对项目范围有一个清楚的定义，为了实现团队制定的项目目标，必须对项目范围进行研究。项目范围的确定可借助 SIPOC 图分析，若欲使项目范围分析合理，项目团队应认真回答下列问题：此项目让企业付出多少代价；如何确保产品服务质量；如何控制操作结果；针对此项目付出多大努力；过程的缺点是什么；改进目标是什么；将做多少改进。将问题回答清楚有助于项目范围的确定。

由于本书所涉及的六西格玛管理指的是六西格玛改进，即实施 DMAIC 流程。因此，项目的约束和假定十分清楚，即设施、资源等硬件及工艺流程不做根本性变化。通常，当过程的 σ 水平在 4.8σ 以下，只做改进；如果超过 4.8σ，可考虑进行六西格玛设计。在确定约束和假定条件时，可通过回答下列问题加以考虑：项目计划能够接受的时间；最后期限；每周团队有多少工作时间能够投入项目计划中；团队支出费用；团队能否吸引组织内部的其他人来参加项目；组织外部的设备使用是否满足。

（3）团队的使命和任务。对团队的使命和任务进行陈述有助于项目有效开展，使团队明确努力的方向，为制定决策、支配资源和采取行动奠定基础。六西格玛团队的使命说明应该回答两个问题：我们将要做什么，我们应该怎么做。

团队任务与目标是不同的概念，目标是一种想要的结果状态，任务是为达到最终目的所进行的活动。通常，黑带可与团队成员一起通过回答下面的问题来确定团队的任务，问题包括：问题陈述是否指出了有待改进的问题；描述了哪些可见的迹象；用什么措施来明确项目的范围；项目是否可控；团队的目标陈述指出的确切目标是什么；团队的目标陈述暗示原因，是否涉及改进方法；团队将如何确认问题的存在；项目目标方面是否需要澄清；在问题或目标陈述中，推荐什么样的改变；团队是否已与相关部门做好协调与沟通。

（4）编制项目计划。制订计划时，应让团队成员共同参与。由团队共同参与并听取成员的反馈意见将有助于增进团队的凝聚力，确保项目有力实施。表 12－5 为用甘特图表示的项目计划表示例。

表 12－5　　　　项目计划表示例

项目任务		责任人	××年××月				××年××月				……
阶段	任务		1 周	2 周	3 周	4 周	5 周	6 周	7 周	8 周	……
界定	确定关键顾客需求	张三	■								
	界定项目范围			■							
	确定项目目标			■							
	组建团队				■						
	立项表审核					■					
测量	……	……									
分析	……	……									
改进	……	……									
控制	……	……									

资料来源：何桢，《六西格玛管理》，中国人民大学出版社 2014 年版，第 83 页。

（5）项目立项表。在上述四项内容（包括问题及目标陈述，项目范围、约束和假定，团队的使命和任务，项目计划）确定后，通过对其进行整理，将信息整合，生成项目立项表。项目立项表是界定阶段的主要输出，内容包括：选题背景、问题陈述（改进机会）、项目目标、项目范围、项目计划和团队组成。

【例 12－2】某工业企业“提高污染物排放当量合格率”项目立项过程（该案例在本节第二至第四小节中会有体现）。

项目发现：企业在分析年度财务报告中发现，企业每年在处理废水、废气、噪声的支出费用占比较大，影响了企业的整体经济效益。

项目筛选：企业通过历史数据分析，得出污染物排放按当量计算超过 5200 当量/日的情况超过 80%。由于污染物排放量按总量收费，污染物排放应当越少越好。但依据

SMART 原则，结合生产实际情况，团队成员认为将污染物排放当量的 DPMO 由 800000 降至 150000，可实现污染物排放当量平均为 4900 当量/日。

项目分析：应用流程图分析污染物排放过程（如图 12－6 所示）。通过对流程图及历史数据的分析，团队成员认为，在各类污染物造成的结果中，由电镀废水和锅炉废气排放造成的污染当量占总污染物排放当量的 90%。其中，二氧化硫的排放量占锅炉废气总污染物排放量的 86%，六价铬排放当量占电镀废水总排放量的 80%。因此，将项目范围锁定在降低二氧化硫排放量与降低六价铬排放量两方面。

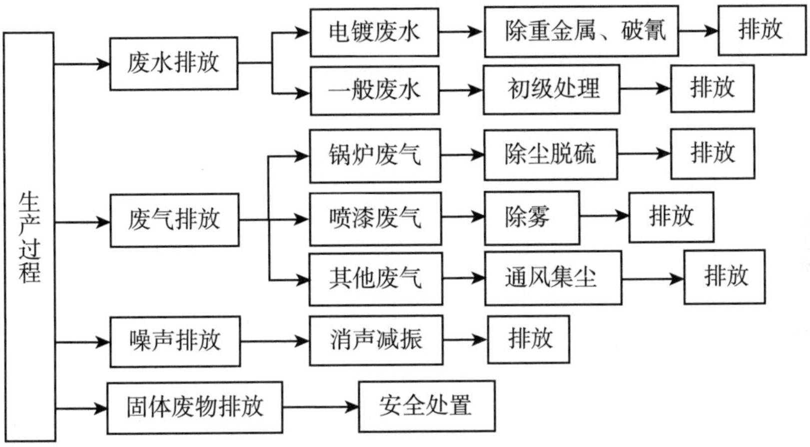

图 12－6　某企业污染物排放流程

资料来源：荣毅超，《六西格玛管理理论及实践案例集》，科学出版社 2009 年版，第 323 页。

通过对项目发现、项目筛选及项目分析过程进行梳理，将项目及组建团队信息进行汇总，制定项目立项表，如表 12－6 所示。

表 12－6　　某企业“提高污染物排放当量合格率”项目立项表

项目名称：提高污染物排放当量合格率	
项目领导：李景田	团队成员： 刘常：项目负责人（黑带） 张玲：项目负责人（黑带） 关靳：环保技术员（绿带） 秦岭：锅炉技术员（绿带） 张可为：水处理技术员（绿带） 陈明：废气监测员（绿带） 李可：废水监测员（绿带） 徐鑫：财务人员
选题背景： 某公司的污染物排放种类包括废水、废气、噪声等，污染物排放量按当量计算超过 5200 当量/天的情况超过 80%，造成公司每年排污费用支出较大，影响了公司的经济效益及社会环境	

续表

问题陈述： 通过数据分析发现，在各类污染物排放造成的问题中，由电镀废水排放和锅炉废气排放造成的污染占总排放量的 90%，降低电镀废水和锅炉废气的污染因子排放总量是至关重要的问题		目标陈述： 将污染物排放当量的 DPMO 水平由 800000 降至 150000，实现污染物排放当量平均为 4900 当量/日	
项目范围： 通过数据分析，确定一个项目为降低二氧化硫排放量，另一个项目为降低六价铬排放量		相关部门： 技术部、检测部、质量保证部	
预期计划	目标日期	实际日期	评审
界定	3 月 20 日		
测量	4 月 5 日		
分析	5 月 5 日		
改进	6 月 5 日		
控制	7 月 5 日		
完成日期	8 月 15 日		
项目主管：刘常 日　　期：2017 年 3 月 20 日	业务主管：江一白 日　　期：2017 年 3 月 22 日	倡导者：王一名 日　期：2017 年 3 月 24 日	

资料来源：荣毅超，《六西格玛管理理论及实践案例集》，科学出版社 2009 年版，第 324 页。

三、测量

测量阶段是 DMAIC 流程的第二阶段。应用 $y=f(x)$ 函数表达输入与输出之间的关系，此阶段的任务为：在界定的基础上，进一步明确 y 的测量；通过收集 x 和 y 的测量数据，定量地描述 y。特别是通过过程分析，了解 y 的波动规律，揭示过程改进的机会，识别实现项目目标的可能途径和改进方向。因此，此阶段需要采用一些过程分析工具辅助完成工作。例如，采用流程图分析，清楚问题的关键输出变量 y；通过因果图或失效模式与效应分析（FMEA），揭示过程输出缺陷或问题与其潜在原因之间的关系。

1. 数据收集与整理

在过程分析的基础上进行数据收集的策划工作，在数据收集的策划过程中应该考虑样本量、时间范围及其他方面的因素。样本要尽可能反映总体情况，如果数据收集成本低，那么数据收集量可以尽量大一些，如果数据收集成本高，则数据量只能少一些。所收集数据涉及的时间范围要能准确反映过程问题状况下的质量水平。此外，还要考虑批次、抽样频率、班次、班组、机器等因素，要使抽出的样本具有代表性。通过建立数据表单，不仅统一了数据收集整理的格式，也为数据分析人员提供了方便。

【例 12－3】某医院提高扫描设备利用率的六西格玛项目，在病人进入医院直至扫描结束的全过程进行分析的基础上，制作了数据收集表单，如表 12－7 所示。其中，制作此表单时，医院做到了以下几点：由放射科的专家罗列出所有可能会影响到总的检查时间的变化因子（y，x_1，x_2，x_3，…）；由同一技师采用同一只表计时，记录数据；专人负责核查数据以确保数据的精准。

表 12－7　某扫描设备利用率提高项目的数据表单示例

y					x_1	x_2	x_3	x_4	x_5	x_6	x_7
病人到达登记处的时间	病人进入扫描室的时间	病人预约扫描的时间	CT 扫描开始时间	CT 扫描结束时间	扫描部位	需做增强扫描	病人类别	病人年龄	病人准备情况	预约情况	登记过程有无干扰

资料来源：上海质量管理科学研究院，《六西格玛实施技巧绿带读本》，中国标准出版社 2003 年版，第 59 页。

2. 测量系统分析

数据是通过测量获得的，测量系统的可靠性是决定数据质量的先决条件。因此，需要对测量系统进行分析，来保证收集的数据为高质量数据。

（1）表征数据质量的统计指标。

通常用来表征测量数据质量高低的统计指标是偏倚（bias）和波动（variation）。偏倚用来表示多次测量结果的平均值与基准值之差，其中，基准值可通过更高级别的测量设备进行多次测量取其平均值来确定。波动表示在相同条件下进行多次重复测量结果分布的分散程度，常用测量结果的标准差 σ_{ms}（在不致混淆时记为 σ）或测量过程波动表示。这里的测量过程波动是指 99.73% 的测量结果所占区间的长度，如图 12－7 所示。

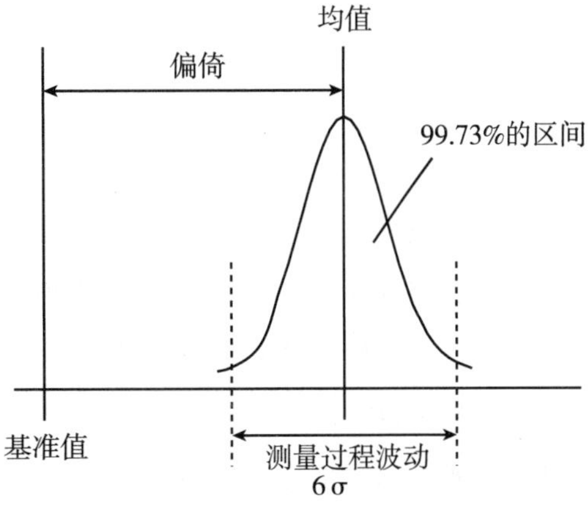

图 12－7　测量系统偏倚与波动的概念

资料来源：孙静，《质量管理学》，高等教育出版社 2011 年版，第 121 页。

有资料将偏倚度称为准确度，把波动称为精度，高质量数据指准确度高、精度高的数据，其中之一较低都不能称为高质量数据。如图 12－8 所示，偏倚小、波动小的数据才称为高质量数据。

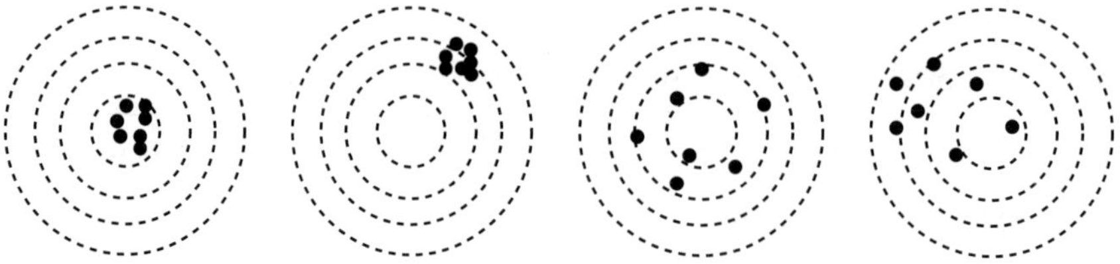

准确且精确——偏倚小，波动小　精确但不准确——偏倚大，波动小　准确但不精确——偏倚小，波动大　不准确且不精确——偏倚大，波动大

图 12－8　偏倚与波动示意

资料来源：上海质量管理科学研究院，《六西格玛实施技巧绿带读本》，中国标准出版社 2003 年版，第 61 页。

一个良好的测量系统必须满足以下三个要求：

第一，有足够的分辨力。测量系统的分辨力是指测量系统检出并如实指示被测特性中极小变化的能力。如某量具能识别长度中 0.01cm 的变化，但不能识别长度中 0.001cm 的变化，对这种量具而言，5.431 与 5.432 都是 5.43，此时，0.01 就是该量具的分辨力。一个测量系统被选用，它一定具有足够的分辨力，“足够”是指：①测量系统的波动比制造过程的波动小，最多为后者的 1/10；②测量系统的波动小于公差限，最多为公差限的 1/10。如果测量系统没有足够的分辨力，就不能定量地表示单个零件的特性值，也不能识别制造过程中所发生的波动。若波动大小用各自的标准差表示，σ 表示测量系统的标准差，σ_1 表示制造过程的标准差，d 表示公差限，则一个测量系统具有足够的分辨力是指：

$$\sigma \leqslant \min\left(\frac{6\sigma_1}{10}, \frac{d}{10}\right)$$

第二，测量系统在规定的时间内要保持统计稳定性。可采用 $\bar{x}-R$ 控制图评价测量系统是否保持统计稳定性。因为测量系统可以看成一个数据的制造过程，因此用于判断过程稳定性的各种过程控制图都可用来评价测量系统的稳定性。差别在于现在不是从生产线上随时抽取样品作控制图，而是选定标准件或标准样品在一定时间内经常反复地测量此标准件或标准样品，用测量值来作控制图，考察其稳定性。

第三，测量系统要具有线性。每个测量系统都有一个量程。例如，有的台秤只能称 10kg 以下的物品，有的磅秤能够称 1～500kg。因此，对测量系统量程内的每个测量值要求相同的偏倚是不合理的。当量程涉及的数值较小（基准值小）时，偏倚要小一些；在量程较高的地方（基准值大），偏倚允许大一些。

（2）计量型测量系统的波动。

测量系统的波动主要是由于量具与操作者引起的，此外，还要考虑零件间的差异。由同一个操作者采用一种量具，多次重复测量同一零件的同一特性时所获得的测量值的标准差为 σ_e，则 $6\sigma_e$ 称为量具的重复性，记为 EV。一个好的量具应具有良好的重复性，也就是重复测量值的波动是很小的，它考察的是由于量具所导致的测量误差。重复性的研究首先要考察测量系统的稳定性，这可以从 R 图进行判断，如果稳定，则可以进行测量系统的数据分析，否则，不能进行分析，需要重新进行测量。由不同操作者，采用相同量具，测量同一零件的同一特性所得重复测量的均值的标准差为 σ_o，$6\sigma_o$ 则称为量具的再现性，记为 AV。再现性主要是考察由操作者所引起的测量误差。

任何一个制造过程的输出值（零件特性值）都要通过一个测量系统获得数据，数据是由零件的基准值和测量误差叠加而成的。因此，测量数据的总方差 σ_I^2 由零件间的方差 σ_p^2 与测量系统的方差 σ_m^2 组成，其中 $\sigma_m^2=\sigma_o^2+\sigma_e^2$，因此：

$$\sigma_I^2=\sigma_p^2+\sigma_o^2+\sigma_e^2$$

上式两端分别乘以 6，则得到：

$$(TV)^2=(PV)^2+(AV)^2+(EV)^2$$

其中，TV 为总波动；$(AV)^2+(EV)^2$ 为量具重复性与再现性的平方，记为 $(R\&R)^2$。$R\&R$ 是表征量具好坏的特征数，它的数值越小越好。$R\&R$ 在波动 TV 中的百分比记为 $\%R\&R$。有些场合也采用 $R\&R$ 在公差范围（$T=USL-LSL$）中所占百分比作为 $\%R\&R$。$\%R\&R$ 可作为评价一个量具能否被接受和被使用的重要指标，依据如表 12－8 所示。

表 12－8　　量具判断指标及说明

$\%R\&R$ 值	说明
$\%R\&R<10\%$	量具可以接受
$10\%\leqslant\%R\&R\leqslant30\%$	可根据情况考虑能否接受
$\%R\&R>30\%$	量具不能使用

资料来源：何桢，《六西格玛绿带手册》，中国人民大学出版社 2011 年版，第 305 页。

【例 12－4】 某公司为评定测厚仪的 $\%R\&R$，选了三名操作者对 10 个不记编号的零件分别测量 2 次，结果如表 12－9 所示。

表 12－9　　某测厚仪的重复性与再现性测量数据

零件号	第一操作者			第二操作者			第三操作者		
	测量值			测量值			测量值		
	1	2	极差	1	2	极差	1	2	极差
1	0.85	0.80	0.05	0.80	0.75	0.05	0.80	0.80	0
2	0.60	0.65	0.05	0.60	0.60	0	0.60	0.65	0.05
3	1.00	1.00	0	0.95	1.00	0.05	1.00	1.00	0
4	0.60	0.70	0.10	0.65	0.60	0.05	0.65	0.70	0.05
5	0.95	0.90	0.05	0.90	0.90	0	0.95	0.90	0.05
6	0.45	0.50	0.05	0.40	0.45	0.05	0.45	0.45	0
7	1.00	1.00	0	1.00	1.10	0.10	1.05	1.00	0.05
8	0.95	0.95	0	0.95	0.90	0.05	0.90	0.90	0
9	0.80	0.85	0.05	0.80	0.80	0	0.80	0.85	0.05
10	1.00	1.00	0	1.00	1.05	0.05	0.95	1.00	0.05

资料来源：上海质量管理科学研究院，《六西格玛实施技巧绿带读本》，中国标准出版社 2003 年版，第 64 页。

应用 MINITAB 软件，从“统计—质量工具—量具研究—量具 R&R 研究（交叉）”入口，将三位操作者的数据分别输入同一列数据中，经计算得到 R 图，如图 12－9 所示。

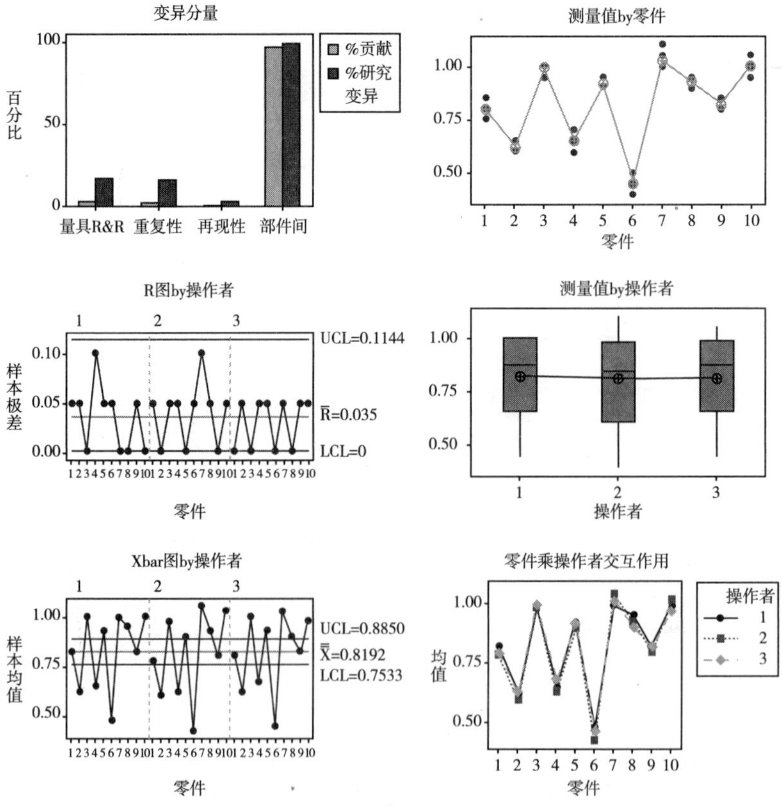

图 12－9　某测厚仪的 R&R 分析

资料来源：上海质量管理科学研究院，《六西格玛实施技巧绿带读本》，中国标准出版社 2003 年版，第 66 页。

由图 12－9 可知，系统处于受控状态，该测量过程稳定，测量数据有效。计算结果如表 12－10 所示。

表 12－10　　某测厚仪的 R&R 分析结果

来源	方差分量	%方差分量贡献率	标准差（SD）	研究变异（6×SD）	%研究变异（%SV）
合计量具 R&R	0.0009978	2.96	0.031588	0.18953	17.20
重复性	0.0009621	2.85	0.031018	0.18611	16.89
再现性	0.0000357	0.11	0.005975	0.03585	3.25
部件间	0.0327146	97.04	0.180872	1.08523	98.51
合计变异	0.0337124	100.00	0.183609	1.10166	100.00

注：可区分的类别数＝8。

由计算结果可知，$EV=0.18611$，$AV=0.03585$，合计量具 $R\&R=17.2\%$，该量具应结合实际情况考虑是否接受。

在〖例 12－2〗中，按照国家污染物当量的计算方法，首先要测量污染物的排放量，因此选择测量对象为二氧化硫排放量和六价铬离子排放量，测量方法按国家标准方法执行。数据为连续型数据，因此采用计量型测量系统测量标准，计算结果为量具 $R\&R=5.8\%$，量具可以接受。

（3）计数型测量系统的波动。

计数型测量系统与计量型测量系统不同，其测量结果不是连续型数据，最常见的结果通常是通过（不通过），或是不同的级别。计数型测量系统的判断标准分析可从有效性、漏判率、误判率三个方面进行。

有效性分为测量者的有效性和系统有效性。若测量值针对同一被测零件的所有测量结果一致，且与基准一致，则称为有效。测量值的有效性是指有效零件数目与被测零件数目之比。若所有测量者针对同一被测零件的所有测量结果一致，且与基准一致，则称为系统有效，系统有效性是指系统有效的零件数目与被测零件数目之比。漏判率是指将基准为不可接受的零件漏判为可接受的机会百分率。误判率是指将基准为可接受的零件误判为不可接受的机会百分率，漏判率和误判率的评价值可为测量者的改进提供机会。计数型测量系统的判断标准如表 12－11 所示。

表 12-11 计数型数据测量系统的判断标准

判断	有效性	漏判率	误判率
可接受	≥90%	≤2%	≤5%
接受—需要改进	80%~90%	2%~5%	5%~10%
不可接受	≤80%	≥5%	≥10%

资料来源：上海质量管理科学研究院，《六西格玛实施技巧绿带读本》，中国标准出版社 2003 年版，第 67 页。

【例 12-5】某公司为了验证某测量系统是否可靠，特设计了一个实验方案，一共挑选了 10 件产品，其中 6 件能接受，4 件不可接受，这 10 件产品作为验证测量系统的标准件，测量者为日常从事检验工作的人员。按照随机原则，每个测量者分别对每件产品重复测量 3 次，测量结果如表 12-12 所示，其中 1 表示“可接受”，0 表示“不可接受”，试评价该测量系统（注：数据较少，仅供参考）。

表 12-12 某计数型测量系统的数据记录

零件	基准	测量者 A			测量者 B			测量者 C		
		1 次	2 次	3 次	1 次	2 次	3 次	1 次	2 次	3 次
1	0	0	0	1	0	0	0	0	0	0
2	0	1	0	0	0	1	1	0	0	0
3	0	0	0	0	0	0	0	0	0	0
4	0	0	1	1	1	0	0	1	0	0
5	1	1	1	1	1	1	1	1	1	1
6	1	1	1	1	1	1	1	1	1	1
7	1	1	1	1	1	1	1	1	1	1
8	1	0	0	0	1	1	0	1	0	0
9	1	1	1	1	1	1	1	1	1	1
10	1	0	1	1	0	1	1	1	1	1

资料来源：上海质量管理科学研究院，《六西格玛实施技巧绿带读本》，中国标准出版社 2003 年版，第 68 页，作者有整理。

以测量者 A 为例，正确判断的零件为 3、4、5、6、7、9，因此，测量者 A 的有效性为 6/10 = 60%。系统有效性是指 A、B、C 的测试结果一致，且与基准相同。由测试结果可知，零件 3、5、6、7、9 满足条件，则系统有效性为 5/10 = 50%。因为基准值为 0 的产品共有 4 个，每个人评价 3 次，故漏判机会数为 12，而 A 将 0 判为 1 共有 4 次，B 有 3 次，C 有 1 次，因此三位测量者的漏判率分别为：33.33%、25%、8.33%。

因为基准为 1 的产品共有 6 个，每人测试 3 次，故误判机会数为：3 × 6 = 18，而 A 将 1 判为 0 共有 4 次，B、C 各 2 次，因此三位测量者误判率分别为：22.22%、11.11%、11.11%。

四、分析

分析阶段是 DMAIC 方法的第三阶段，此阶段工作主要是通过统计学方法，对 x 变量与 y 变量之间的关系进行分析，通过因果图了解问题产生的根本原因，对需要改进的方面进行简要描述。此阶段可分三个步骤完成：寻找影响输出结果的原因、确定关键原因、验证分析结果。

1. 寻找影响分析结果的原因

在此步骤中，可结合头脑风暴法①，应用因果图查找问题产生的原因。

【例 12 –6】 应用因果图分析“加工零件尺寸相差较大”问题的原因（如图 12 – 10 所示）。

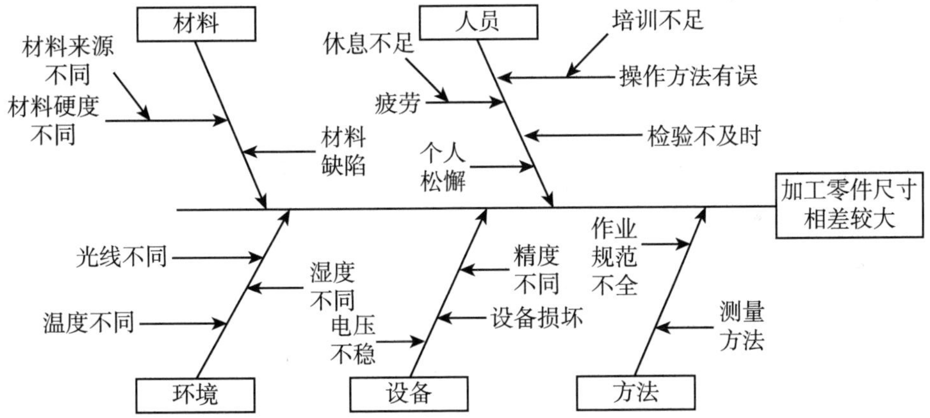

图 12 – 10　因果图分析问题示例

资料来源：何桢，《六西格玛管理》，中国人民大学出版社 2014 年版，第 105 页。

2. 确定关键原因

确定问题产生的关键原因，可采用的方法包括排列图、失效分析、散点图、回归分析等，排列图、散点图等方法已在第九章中做过介绍，此处不再赘述。下面仅对应用其过程中应注意的问题进行说明。

---

① 头脑风暴法（brian storming）是由美国企业家奥斯本于1939 年首次提出的一种激发创新创意产生的方法。

（1）分层与排列图法。

在应用排列图分析关键原因时要注意两点内容：分界点和模糊区。累计百分比曲线斜率明显趋于“平坦”的点称为分界点，如图 12－11 中 a 点。该斜率的突减代表累积曲线的一个“突变”，突变的分界点区分出了“关键的少数”和“有用的多数”类。如果斜率变化不明显，分界不清晰时，即为模糊区。对此可以采取以下两种对策：暂定累积影响达 60% 的少数因素为“关键”因素，对其诊断、分析；进一步采取第二轮排列图分析，识别新的“关键”因素。

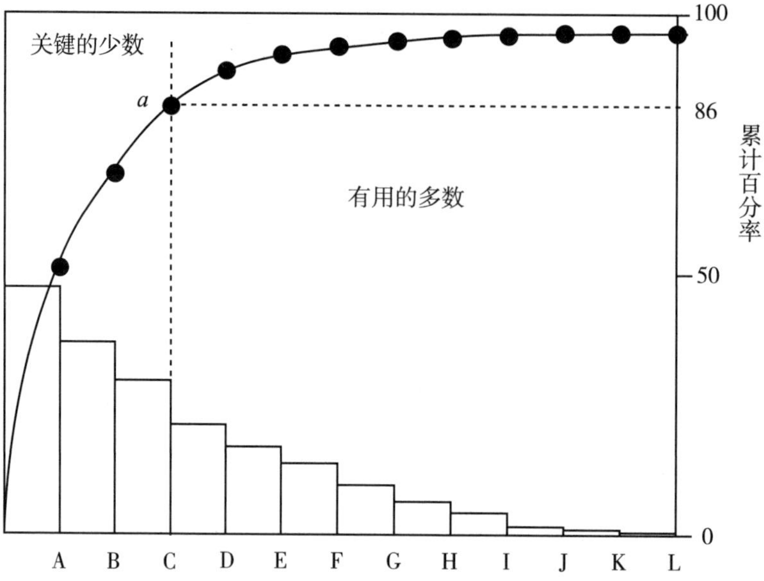

图 12－11 排列图

资料来源：上海质量管理科学研究院，《六西格玛实施技巧绿带读本》，中国标准出版社 2003 年版，第 78 页。

在通过绘制排列图查找关键原因时，可能会出现的错误是由于没有选择合适的分层而使数据并没有明显区分出影响因素的类别，最终导致数据分析结果无明显差异。例如，排列显现出所有矩形近似一样高，或者对结果产生影响达到 60% 的因素超过分类的一半。因此在这种情况下，考虑应用分层法将性质相同、在相同生产条件下收集的数据归在一起。通过数据分层把多种影响质量因素分析清楚，例如，根据原材料进货时间不同，对新进原材料和存放原材料所生产产品进行对比；如果生产过程采用分班制，则将各班工作的数据分开，比较每班的次品率。

【例 12－7】某柴油机生产厂在装配过程中经常发现气缸垫漏气现象，为解决此质量问题，对车胎进行检测并收集数据，共测试车胎数量 $n=100$。通过查看，负责涂密封剂工序的工人有 6 人，用 A、B、C、D、E、F 表示，气缸垫分别由甲、乙、丙、丁四家供应商供应，分别按照工人及供应商分层，数据统计结果分别如表 12 - 13、表 12 - 14 所示。

表 12 - 13　按工人分层的漏气情况

工人	漏气数
A	12
B	9
C	10
D	8
E	12
F	11

资料来源：何桢，《六西格玛管理》，中国人民大学出版社 2014 年版，第 318 页。

表 12 - 14　按供应商分层的漏气情况

供应商	漏气数
甲	25
乙	21
丙	7
丁	8

资料来源：何桢，《六西格玛管理》，中国人民大学出版社 2014 年版，第 322 页。

应用 MINITAB 软件，从“统计—质量工具—柏拉图（排列图）”入口，在“缺陷或数据”文本框中选择“不良项目类别”一列数据，在“频数”文本框处选择测试获得的缺陷频数。〖例 12 - 7〗分别按工人及供应商的分层排列，得到图 12 - 12 与图 12 - 13。由图 12 - 12 可知，柱形图差异不明显，即按照不同工人分层找不到关键原因；而图 12 - 13 显示，气缸漏气的关键原因是甲、乙两家供应的货源。

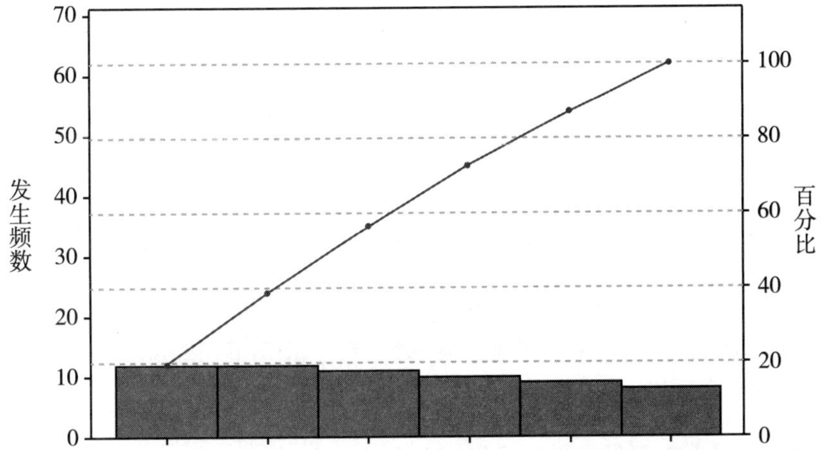

工人	A	E	F	C	B	D
漏气频数	12	12	11	10	9	8
百分比	19.4	19.4	17.7	16.1	14.5	12.9
累积(%)	19.4	38.7	56.5	72.6	87.1	100.0

图 12 - 12　按工人分层的某漏气问题排列

资料来源：何桢，《六西格玛绿带手册》，中国人民大学出版社 2011 年版，第 79 页，作者有改编。

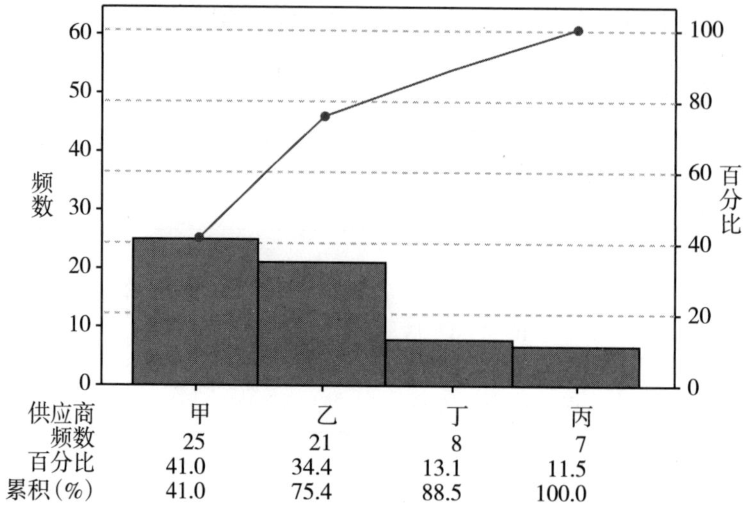

图 12－13 按供应商分层的某漏气问题排列

资料来源：何桢，《六西格玛绿带手册》，中国人民大学出版社 2011 年版，第 80 页，作者有改编。

通过排列图分析，确定累积百分率较大的“关键少数”，即导致缺陷或问题产生的关键来源，以便进一步寻找改进或解决问题的措施。

（2）散点图。

在应用排列图查看各组数据对问题的影响程度、查找出关键质量特性后，还应该借助散点图（详细介绍请见本书第十章）判断推测是否准确。在分析阶段应用散点图的作用主要包括：第一，考察一种因素的增减量与另一种因素增减之间的相关程度。例如，人的消费欲望是否与薪资收入有关，广告植入与消费者对品牌认可度是否相关等。第二，检验推测问题的根本原因与问题之间的关系。下面介绍一个应用散点图查看变量之间关系的例子。

【例 12－8】 由工程材料知识可知，合金含碳量（x,%）会影响合金的强度（y，10^7Pa），那么在合金生产过程中，应如何控制碳的含量使合金强度满足顾客需求？在冶金过程中通过试验收集到 15 组数据，如表 12－15 所示。

表 12－15 合金碳含量与强度测试数据

序号	x（%）	y（10^7Pa）
1	0.21	54.5
2	0.22	57.2
3	0.23	59.6
4	0.24	61.5
5	0.25	63.1
6	0.26	65.5
7	0.27	67.0
8	0.28	69.7
9	0.29	71.3
10	0.30	73.5
11	0.31	75.8
12	0.32	77.2
13	0.33	79.5
14	0.34	81.2
15	0.35	83.0

资料来源：何桢，《六西格玛绿带手册》，中国人民大学出版社 2011 年版，第 89 页，作者有改编。

应用 MINITAB 软件“图表—散点图”，分别选择输入的两列数据，得到如下散点图。由图 12－14 可知，合金碳含量与强度之间存在线性正相关性。此外，当获取的数据足够充分时，可考虑应用回归分析寻找关键质量特性与因变量之间的定量关系，揭示其内在规律。

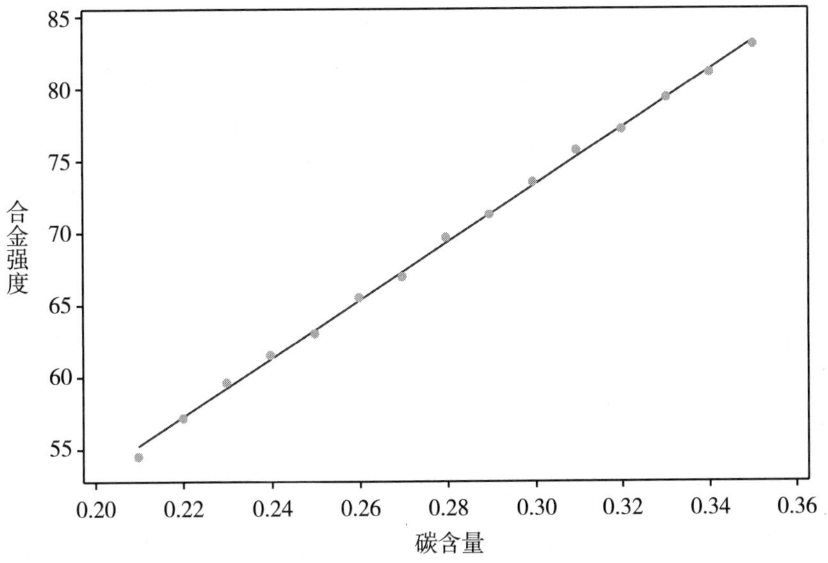

图 12－14　合金强度与碳含量相关性分析散点图

资料来源：何桢，《六西格玛绿带手册》，中国人民大学出版社 2011 年版，第 89 页，作者有改编。

3. 验证分析结果

（1）假设检验。

关于假设检验的内容，在第九章第三节中已做过介绍。假设检验的方法有很多种，这里仅以正态均值的检验问题来进行说明。应用假设检验能够对影响关键质量特性的原因进行检验。

【例 12－9】 在面包批量生产过程中，要求某原料的含量不得超过 5 克，否则会影响口感。在分析原因时，发现不同流水线生产的面包中该原料的含量有差异。现从一条生产线中随机抽取 15 个面包，测得该原料的含量分别为：4.75、4.63、5.30、4.92、5.15、4.52、4.58、4.26、5.15、4.44、4.75、5.08、4.28、4.64、4.89。假定该原料服从正态分布，请在显著性水平为 0.50 上判断该流水线是否符合要求。

根据具体问题，当 $\mu>0.5$ 时该流水线就不符合要求，所以假设列为：

$$H_0:\mu=\mu_0=5.00 \qquad H_1:\mu>\mu_0=5.00$$

应用 MINITAB 软件，从“统计—基本统计—单样本 t 检验”入口，选择测试数据，得到计算结果如表 12－16 所示。

表 12－16　　单样本 T 检验结果

μ 检验 =5 vs >5							
变量	N	均值	StDev	SE 均值	95% 下限	T	P
C1	15	4.7560	0.3212	0.0829	4.6099	－2.94	0.995

由计算结果得知，$t=-2.94$，对应的 p 值是 $0.995>0.5$，所以在显著性水平上接受 H_0，原假设成立，即平均值是小于 5 的。

（2）方差分析。

方差分析也是一种假设检验的方法，它适用于多组数据的比较。若假定每组数据来自正态总体，且每一总体的方差相等，各数据是独立收集的，那要比较的就是各总体的均值是否相等。若均值之间没有显著差异，则此原因不是主要原因，否则为主要原因。方差分析适用于检验这一类问题。下面举例说明。

【例 12－10】某企业生产所需的零件可从 A、B、C 三家企业采购，零件的强度对产品的质量会有影响。为了解从不同企业采购的零件强度是否存在差异，现分别从三家企业随机抽取 5 个零件进行测试，测得数据值如表 12－17 所示。请问三家企业生产零件的强度是否相同，即有无明显差异？

表 12－17　　三家企业零件强度测试数据

企业	零件强度（MPa）				
	1	2	3	4	5
A_1	85	80	79	88	75
A_2	90	85	92	102	95
A_3	68	71	60	79	65

资料来源：何桢，《六西格玛绿带手册》，中国人民大学出版社 2011 年版，第 97 页，作者有改编。

由此可见，这三家企业是要考察的因素，称为因子，三家企业分别表示因子的三个水平。比较的指标是零件的强度，用 y 表示。假设每家企业的零件强度均服从正态分布，且方差相等。现在要检验的问题可以表示为如下的假设：

$$H_0:\mu_1=\mu_2=\mu_3 \quad H_1:\mu_1,\ \mu_2,\ \mu_3 \text{ 不全部相等}$$

应用 MINITAB 软件，从“统计—方差—单因子方差”入口，按多列数据输入后，得到结果如表 12－18 所示：

表 12－18　　单因子方差分析

变量分析

来源	自由度	*Adj SS*	*Adj MS*	*F*	*P*
因子	2	1465.7	732.87	18.90	0.000
残差	12	465.2	38.77		
合计	14	1930.9			

模型总结

S	*R－sq*	*R－sq*（*adj*）	*R－sq*（*pred*）
6.22629	75.91%	71.89%	62.36%

均值

因子	*N*	均值	方差	95% *CI*
A_1	5	81.40	5.13	(75.33, 87.47)
A_2	5	92.80	6.30	(86.73, 98.87)
A_3	5	68.60	7.09	(62.53, 74.67)

注：汇集方差＝6.22629。

由结果可检测统计量的值是 $F=18.90$，对应的 P 值是 0.000。由于 P 值小于 0.05，所以得出结论：在 0.05 的显著性水平上，因子 A 是显著的，表明三家企业生产零件的强度有明显差异，换言之，零件来源是影响产品质量的一个重要因子。由结果看到，三家企业的零件强度平均值分别为 81.40、92.80、68.60，由此可知，企业 A_3 生产的零件强度最高。

在〖例 12－2〗中，采用了多元回归分析方法分别对影响二氧化硫排放量及六价铬离子排放量的原因进行分析，结果分别如图 12－15 和图 12－16 所示。

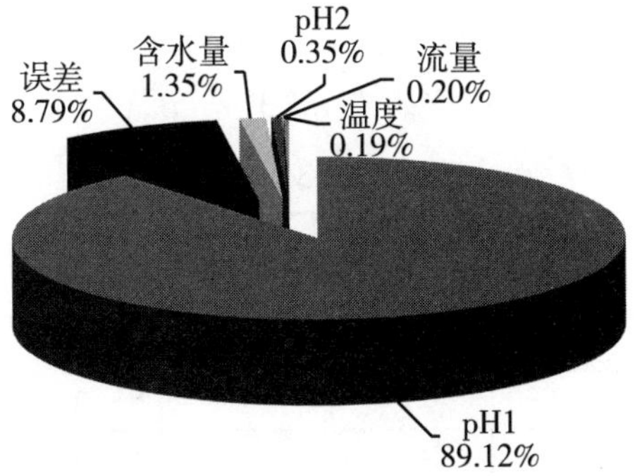

图 12－15　影响二氧化硫排放量的关键因素多元回归分析

资料来源：何桢，《六西格玛绿带手册》，中国人民大学出版社 2011 年版，第 98 页，作者有改编。

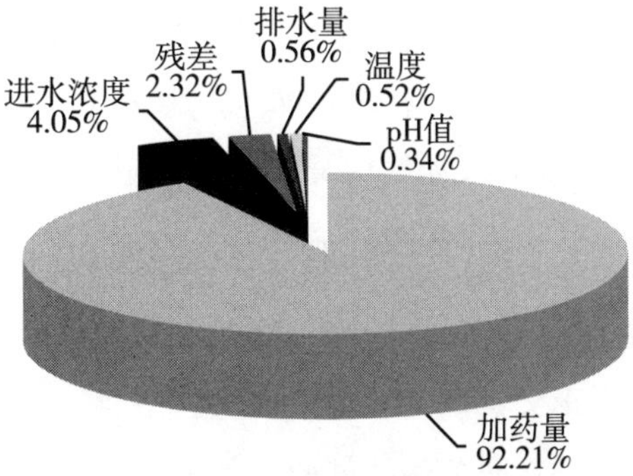

图 12－16　影响六价铬离子排放量的关键因素多元回归分析

资料来源：何桢，《六西格玛绿带手册》，中国人民大学出版社 2011 年版，第 98 页，作者有改编。

由图12－16可知，影响二氧化硫排放量的因素中，进水pH值对二氧化硫排放量的波动影响较大，达到89.12%，其余因素对二氧化硫排放量的影响较小。影响六价铬离子排放量的因素中，加药量高达92.21%，影响最大；进水浓度对六价铬离子排放量波动的影响次之，其余因素对六价铬离子排放量波动的影响较小。

五、改进

在“分析”阶段确定问题产生根本原因的基础上，“改进”阶段针对此原因提出改进方案，并通过进一步评估及验证，检验方案的有效性。据此，可将改进阶段分为四个步骤：产生改进方案、评价改进方案、评估及验证改进方案、实施改进方案。

1. 产生改进方案

在产生改进方案过程中，通常采用试验设计方法来寻求最优方案。试验设计的方法较多，由于正交表能确保每个因子的水平与因子之间的交互作用都能得到平衡的比较，所以本章主要介绍一种基于正交表使用和分析数据的方法——正交试验设计①。正交表是一种行数和列数已被安排好的矩阵，其中行表示因子可能取得的各个水平，列表示可能在一次试验中一个具体的因子，类型包括等水平正交表、混合水平正交表。在$L_n(m^1 \times m^2 \times \cdots \times m^k)$中，若$m^1 = m^2 = \cdots = m^k$，则称为等水平正交表，简记作$L_n(m^k)$。其中，$L$为正交表的代号；$n$表示表的行数，指在试验中要做$n$个不同条件的试验；$k$表示表的列数，指在试验中最多可安排$k$个因子；$m$表示表的主体，在试验中代表因子水平数，即用这张表安排试验时每个因子应取m个不同水平。例如，二水平正交表有$L_4(2^3)$、$L_8(2^7)$、$L_{16}(2^{15})$等，三水平正交表有$L_9(3^4)$、$L_{27}(3^{13})$等。若在$L_n(m^1 \times m^2 \times \cdots \times m^k)$中，$m^1$，$m^2$，…，$m^k$不完全相等，则称为混合水平正交表。表12－19所示为二水平正交表$L_4(2^3)$，指在试验中要做4个不同条件的试验，最多可安排3个因子，每个因子应取2个不同水平：1和2。

表12－19　二水平正交表 $L_4(2^3)$

试验号 / 列号	1	2	3
1	1	1	1
2	1	2	2
3	2	1	2
4	2	2	1

资料来源：何桢，《六西格玛绿带手册》，中国人民大学出版社2011年版，第109页，作者有改编。

① 在试验设计中提到的因子、水平、指标等概念与方差分子中概念相同。

依据试验设计流程，下面举例说明应用正交试验法安排及分析数据的过程。

【例 12－11】 某公司主要生产烟灰砖，希望研究出最佳工艺以使其强度最大。试验内容如下：将烟灰砖制成边长为 10cm 的立方体，通过 9 次压碎测试考察烟灰砖的承载力（指标：y，单位：N）。

（1）试验设计。

与烟灰砖强度有关的因子共有 3 个，各因子分别为三水平的（如表 12－20 所示）。试验目的：找出重要影响因子及其最佳组合，使承载力 y 最大。

表 12－20 烟灰砖强度测试的因子水平

因子 \ 水平	1	2	3
成型水分（A,%）	8	9	10
碾压时间（B，分钟）	5	7	9
料重（C，千克/盘）	300	320	340

资料来源：何桢，《六西格玛绿带手册》，中国人民大学出版社 2011 年版，第 110 页，作者有改编。

下面应用 MINITAB 软件，对整个操作过程进行描述。在试验设计步骤，使用 MINITAB 生成试验结果表。采用一般因子设计（统计—试验设计—因子—创建因子设计）入口，选中“一般全因子设计”；由于只进行 9 次试验，因此选择因子个数为 2；在对话窗“设计”中，填写 A、B 二因子，且水平数皆为 3；在对话窗“因子”中，填写 A、B 二因子的各水平为 1、2、3。在对话窗“选项”中，选中“非随机化”，得到含 A、B 二因子三水平正交表。手动在表中输入因子 C 的数据，按部分因子三水平正交表的第 3 列填写。随机化顺序后（为避免系统误差）即获得试验计划表。

（2）实施试验。

在实际试验后，将测量结果填入表中，获得烟灰砖强度三水平试验结果表（如表 12－21 所示）。

表 12－21 烟灰砖强度三水平试验结果

标准序	运行序	区组	A	B	C	y
1	1	1	1	1	1	168
2	2	1	1	2	2	176
3	3	1	1	3	3	178
4	4	1	2	1	2	189
5	5	1	2	2	3	180
6	6	1	2	3	1	195
7	7	1	3	1	3	155
8	8	1	3	2	1	155
9	9	1	3	3	2	177

资料来源：何桢，《六西格玛绿带手册》，中国人民大学出版社 2011 年版，第 111 页，作者有改编。

在方差分析中，假定每一试验都是独立进行的，每一试验条件下的试验指标服从正太分布，这些分布的均值与试验的条件有关，可能不等，但是方差是相等的。方差分析的具体内容可查看第九章内容，本节应用 MINITAB 软件“统计—方差分析——一般线性模型”模块，得到方差分析结果如表 12－22 所示：

表 12－22　　一般线性模型

一般线性模型：y 与 A，B，C

方法

因子编码：（－1，0，＋1）

因子信息

因子	类型	水平数	值
A	固定	3	1,2,3
B	固定	3	1,2,3
C	固定	3	1,2,3

方差分析

来源	自由度	*Adj SS*	*Adj MS*	*F*	*P*
A	2	990.89	495.444	343.00	0.003
B	2	329.56	164.778	114.08	0.009
C	2	160.22	80.111	55.46	0.018
误差	2	2.89	1.444		
总计	8	1483.56			

模型总结

S	*R－sq*	*R－sq（adj）*	*R－sq（pred）*
1.20185	99.81%	99.22%	96.06%

由方差分析结果得知，三个因子的显著性水平 p 值分别为 0.003、0.009、0.018，均小于 0.05，因此因子 A、B、C 都是显著的。此外，为获知三因子各水平值对响应变量 y 值的影响，可通过 MINITAB“统计—方差分析—主效应图”模块，获得三水平试验主效应图（如图 12－17 所示）。从图中可以直观地看到，三个因子的最好水平分别为 A_2、B_3、C_2。由此可知，当 A 取水平 2、B 取水平 3、C 取水平 2 时，烟灰砖强度 y 值最大。

（3）试验验证。

经试验得出的结果是：当 A 取水平 2，B 取水平 3，C 取水平 2 时，烟灰砖强度 y 值最大，从表 12－21 中可知，这一情况并未发生在这 9 次试验中，那它是否确实符合要求，需要在实际中对试验进行验证。即使分析得到的最佳条件在试验中出现，也需要通过验证查看其是否稳定。

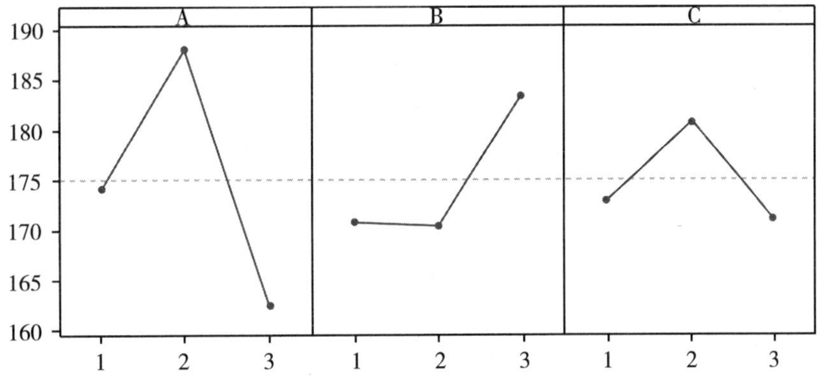

图 12－17　三水平试验主效应

资料来源：何桢，《六西格玛绿带手册》，中国人民大学出版社 2011 年版，第 113 页，作者有改编。

2. 评估及验证改进方案

通常情况下，项目团队会提出不止一项改进方案，因此需要对改进方案进行评估，然后确定最有效、合理的改进方案。评估这些项目需要遵照一定的标准，常用的评估项目可行性的标准可分为总成本、成本与收益比、实施时间、实施所受阻力大小、对企业文化的影响、安全与环境几个方面。根据这几项评估标准，项目团队可分别对各项指标给出高满意度、中等满意度或低满意度评价，方便后续对改进方案进行综合评分，以最终确定采取的改进方案。

验证即通过客观依据对规定要求已得到满足的认定。在改进方案最终被采用前，必须证明它在可操作条件下的有效性，途径包括多种。模拟测试通常是证明改进效果最有效的方法，因为它提供了在真实操作条件下检验改进方案是否合格的机会；此外，它还能够在有限的范围内测试改进，任何缺点或不足均可在企业进行全面改进前被发现，并得到更正。型式试验也能测试改进方案，但不会涉及顾客，所以可以消除失败引起的各种损失风险。验收测试是结合实际的正式运行，其重要特点是由最终实施改进方案的人严格操作，而不是由六西格玛团队的成员或试验的设计者来操作。此外，仿真测试通过模拟真实环境进行操作，当其他测试太昂贵或存在一些可能引起测试失败的危险因素时，通常采用仿真测试。

3. 实施改进方案

实施改进方案的人员不仅会涉及研究改进方案的人员，也可能会涉及非项目团队的人员。所有人必须熟悉方案的具体内容，做好实施前的准备工作，包括：明确计划、清楚改进的原因及程序、改进方案的实施目标等工作。在项目具体实施过程中，团队必须与参与改进项目各部门的人员保持密切沟通，积极完成项目规定的计划，确保项目实施效果。

在〖例 12－2〗中，对降低二氧化硫排放量的改进方案是控制脱硫液的 pH 值，使之保持在 10.83 以上；对降低六价铬离子排放量的改进方案是控制加药量。根据试验设计的结果，进水浓度在高浓度时，按 7.2 水平加药，进水浓度在低浓度时，按 6.8 水平加药。通过实施改进，有效降低了二氧化硫和六价铬离子的排放量，其 DPMO 分别改善了 85% 和 97%。

六、控制

控制阶段是 DMAIC 流程的最后一个阶段，是项目团队稳固项目改进取得成果的重要步骤。为了巩固项目改进成果，需要将改进阶段对流程的修改或新的流程作业指导书加以规范化、文件化，建立并完善过程控制系统。

1. 改进成果文件化

在通过改进取得一定成效后，需要将改进的过程进行梳理、详细记录，以使改进结果持续、稳定地保持下去，并形成操作规范及固定程序，将其文件化。控制阶段输出的文件形式包括：过程控制体系、作业流程规范、程序文件、数据记录、控制图和失控行动方案。在生成改进过程的文件时，要注意以下几方面：应用图表、过程图、照片等形象化工作作为辅助措施，对过程要求进行清晰明了的表达；对复杂过程适时进行修订，直到文件可以细化到准确执行；尽可能让应用文件的员工参与到文件的撰写工作中，使文件更实用。

2. 过程持续监测与控制

在完成项目改进后，六西格玛团队仍需要对过程进行监测与控制。监测及控制的对象不仅包括过程输出的响应变量，也包括过程中输入的关键因子，这些指标的监控使得企业能够持续改进。在过程监控过程中，最常用的工具是控制图。在本书第十章中，已对控制图的概念及类型做过介绍，此处不再赘述。下面通过实例说明。

（1）计量控制图。

在计量控制图中，最常用的为 $\bar{X}$ 与 R 控制图。下面以对某生产过程进行控制为例，应用 MINITAB 软件绘制 $\bar{X}-R$ 图，分析过程的可控性。

【例 12-12】某六西格玛团队在项目进入控制阶段时，对生产过程的工艺参数进行控制，收集数据如表 12-23 所示。

表 12-23　　　　某生产过程的工艺参数数据

样本序号	观察值					样本均值 $\bar{x}_i$	样本极差 R_i
	x_{i1}	x_{i2}	x_{i3}	x_{i4}	x_{i5}		
1	2.5009	2.5055	2.5120	2.5030	2.4969	2.5037	0.0151
2	2.4901	2.5085	2.5175	2.4969	2.5010	2.5028	0.0274
3	2.4967	2.5025	2.5130	2.5085	2.4950	2.5031	0.0180
4	2.4977	2.5050	2.4969	2.5065	2.5089	2.5030	0.0120
5	2.5014	2.4873	2.5055	2.5145	2.4990	2.5015	0.0272
6	2.5188	2.4969	2.4883	2.4887	2.4890	2.4963	0.0305
7	2.4967	2.5250	2.5002	2.5089	2.4982	2.5058	0.0283
8	2.4876	2.5055	2.4990	2.5010	2.4996	2.4985	0.0134
9	2.4887	2.4940	2.4977	2.4967	2.4995	2.4953	0.0108
10	2.5085	2.4969	2.5002	2.5020	2.4963	2.5008	0.0122
11	2.5053	2.4869	2.5002	2.4964	2.5011	2.4980	0.0115
12	2.4977	2.5045	2.5150	2.5050	2.4935	2.5031	0.0110
13	2.4875	2.5110	2.5002	2.4998	2.5003	2.4998	0.0235
14	2.4893	2.5085	2.4993	2.4890	2.5002	2.4973	0.0195
15	2.5050	2.5003	2.4967	2.4960	2.4989	2.4994	0.0090
16	2.4936	2.5007	2.5004	2.5053	2.4999	2.5000	0.0117
17	2.4896	2.5050	2.4990	2.4993	2.4969	2.4980	0.0154
18	2.4966	2.4890	2.5004	2.4895	2.5065	2.4964	0.0175
19	2.4965	2.5150	2.4963	2.4927	2.5010	2.5003	0.0223
20	2.5052	2.4967	2.5005	2.4998	2.5055	2.5015	0.0088

资料来源：何桢，《六西格玛绿带手册》，中国人民大学出版社 2011 年版，第 282 页，作者有改编。

应用 MINITAB 软件制作控制图，从“统计—控制图—子组的变量控制图—Xbar - R 图”入口，填写过程变量名即可得到图 12-18。

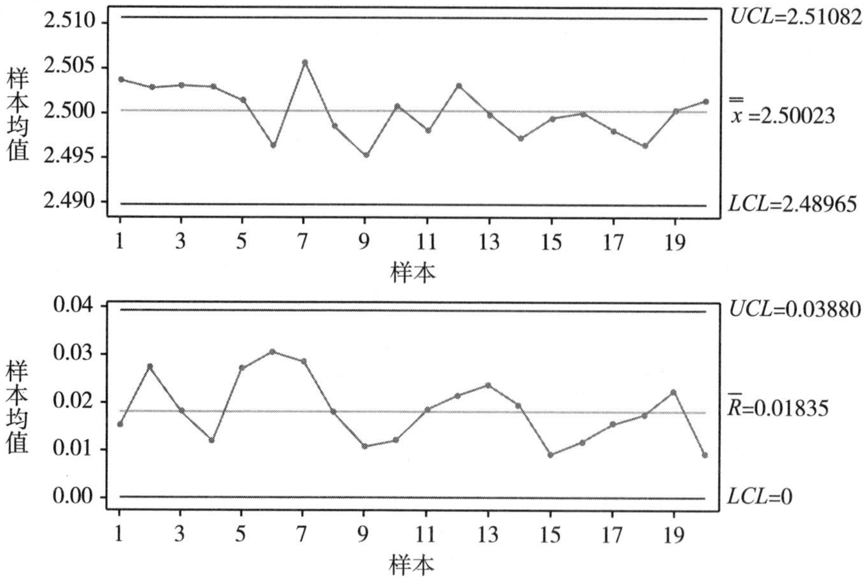

图 12－18　x 的 $\bar{x}$ －R 图

资料来源：何桢，《六西格玛绿带手册》，中国人民大学出版社 2011 年版，第 288 页，作者有改编。

其中，$\bar{x}$ 图的上下控制限为：$UCL_{\bar{x}}=\bar{\bar{x}}+A_2\bar{R}=2.51082$，$LCL_{\bar{x}}=\bar{\bar{x}}-A_2\bar{R}=2.48965$；R 图的上、下控制限为：$UCL_R=D_4\bar{R}=0.03880$，$LCL_R=D_3\bar{R}=0$。$\bar{x}$ －R 图显示：过程受控。

（2）计件控制图。

【例 12－13】 某企业在垫片生产线上进行抽检，每日中午抽取 100 个，累积抽取 25 天后获取到不合格垫片的数量分别是：7、4、3、9、6、5、12、4、5、6、7、6、5、5、7、9、6、6、8、11、9、4、13、7、9。设计一个控制图来监控垫片生产过程中的不合格品率。

应用 MINITAB 软件制作该垫片的不合格品率控制图，数据输入两列，C_1 列为样本容量，C_2 列为不合格品数，从“统计—控制图—属性控制图—P”入口，即可得到 p 控制图（见图 12－19）。由图可知，测试结果在控制限内，因此处于可控状态。

（3）计点控制图。

【例 12－14】 在生产防爆玻璃的过程中，如果玻璃上有凸起或凹陷，则均视为缺陷。公司对玻璃的生产过程进行检测，每天测试的数量不同，表 12－24 中所列数据为检测 15 天过程中所获取的数据。设计一个控制图来监控每片玻璃的平均缺陷数。

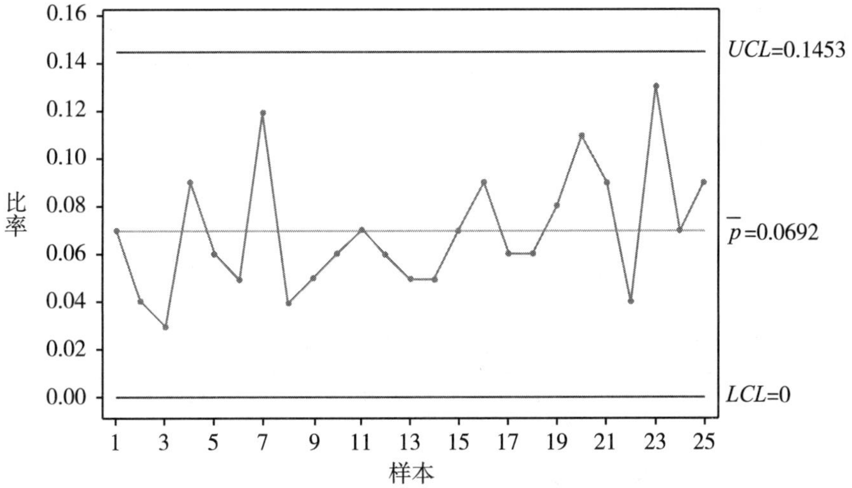

图 12－19 不合格品率 p 控制图

资料来源：何桢，《六西格玛绿带手册》，中国人民大学出版社 2011 年版，第 286 页，作者有改编。

表 12－24 防爆玻璃缺陷数样本数据

序号	缺陷数	检测片数	序号	缺陷数	检测片数
1	11	5	9	15	7
2	9	5	10	9	4
3	8	5	11	9	5
4	9	6	12	13	5
5	12	6	13	6	4
6	6	4	14	16	7
7	7	4	15	9	4
8	6	4			

资料来源：何桢，《六西格玛绿带手册》，中国人民大学出版社 2011 年版，第 287 页，作者有改编。

根据样本描述，采用 u 图。应用 MINITAB 软件，从“统计—控制图—属性控制图—u”入口，输入“变量”及“子组大小”，获得此案例的 u 控制图（如图 12－20 所示）。由于每天检查玻璃的数量不同，上、下控制限变成了“城墙”型，受检查的片数越多，则上、下控制限间的范围越窄。

对于〖例 12－2〗中“降低二氧化硫排放量”与“降低六价铬排放量”两个项目的控制方法都是补充完善操作规程和现场统计过程控制（statistical process control，SPC），通过在操作规程中明确控制要求和严格考核来保证改进措施的有效实施。经过半年的跟踪，控制效果良好，DPMO 均控制在目标范围之内。

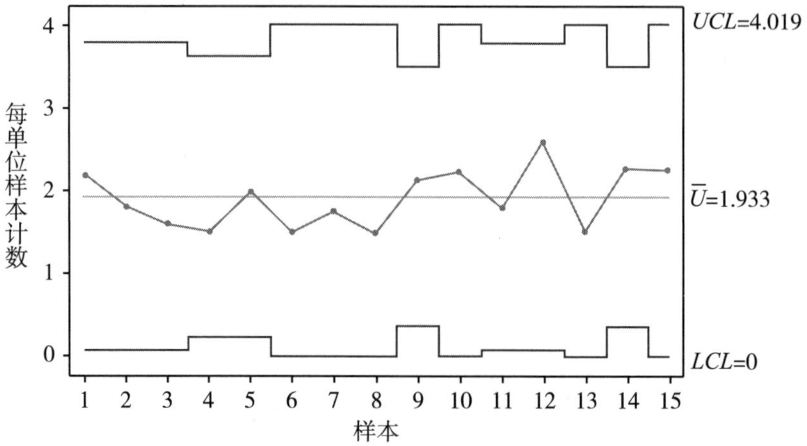

图 12－20　防爆玻璃缺陷数的 u 控制图

资料来源：何桢，《六西格玛绿带手册》，中国人民大学出版社 2011 年版，第 289 页，作者有改编。

第三节　精益生产与六西格玛

一、精益生产概述

1. 精益生产的起源与发展

精益生产起源于日本丰田汽车公司的“丰田生产方式”，第二次世界大战后日本重新开始发展汽车工业，可当时日本处于经济萧条期。在丰田，以大野耐一为代表的团队经过一系列探索和实验，研究出一套较为完整的丰田生产方式，使日本的汽车工业得到迅速发展。

为了解日本汽车工业迅速发展的原因，1985 年美国麻省理工学院制定了一个名为“国际汽车计划”的研究项目，组织了 53 名专家学者，历时 5 年对 14 个国家的近 90 家汽车制造厂进行了实际考察，并对西方的大量生产方式与日本丰田的生产方式进行分析对比，于 1990 年出版了《改变世界的机器》一书。在书中第一次将“丰田生产方式”称为“lean production”，即“精益生产方式”。原因是与大量生产方式相比，该生产方式的一切投入都大幅度减少。

精益生产的概念在世界范围内引起了研究制造模式的浪潮。20 世纪 90 年代，美国进行了一系列针对精益生产的研究与实践。例如，1993 年美国军方出台的“国防制造业战略”“精益航空计划”等政府指令性的活动；此外，波音、洛克希德·马丁、惠普等也进行了精益生产的实践活动。实践应用表明，精益思想反映了在竞争条件下企业对多品种、小批量、高质量、快交货、低成本要求下制造管理模式的先进理念。尽管精益生产方式源于日本，但其在世界范围内引起广泛关注并得以应用，证明了该方式在其他地域也具有一定的适用性，并升华为新一代的生产方式。1996 年詹姆斯·沃麦克（James Womack）和丹尼尔·琼斯（Daniel Jones）所著的《精益思想》（*Lean Thinking*）一书问世，成为精益生产方式的里程碑。除了制造业外，精益生产逐渐在其他行业被应用，先后出现了精益服务（lean service）、精益医疗（lean healthcare）、精益编程（lean programming）的概念。截至今天，精益生产方式已被多个行业和领域吸收及应用，通过“减少不必要的浪费”持续优化流程，提高生产率、降低成本，最终向顾客传递更高的价值。

2. 精益生产的核心理念

（1）消除一切浪费。精益生产主张消除一切浪费。浪费包括很多种类型，如生产过量、人员过剩、不必要的工序、不必要的运输等所有日常生产中涉及的直接或间接浪费。有些浪费是日常生产中经常被忽视的活动，这些活动不仅不能为企业创造价值、创造利润，反而增加了企业成本，这是精益生产坚决杜绝的。

沃麦克等人把企业内部的浪费分为两种：Ⅰ型浪费与Ⅱ型浪费。Ⅰ型浪费是指生产中不创造价值，但在现有技术和条件下不可避免的作业内容，如必要的在线检验、物料运输等。Ⅱ型浪费是指不创造价值且可以立即删除的作业内容，如不必要的等待、多余的动作、不必要的审批等。从企业获取订单到生产再到销售，精益生产审查整个过程中的所有活动，应首先努力消除Ⅱ型浪费，降低成本；当产品在整个流程中流动起来后，通过观察连续流动，进一步消除Ⅰ型浪费，优化流程。

（2）发现并解决根本问题。精益生产欲优化业务流程，实现流程的持续改进，首先要发现业务流程中所存在的问题。这个问题不是指我们看到的表面现象，而是透过现象挖掘出问题的本质，即使问题暴露，找到问题产生的根本原因，从根本上彻底解决问题。例如，库存积压问题，增加了企业的库存管理成本。如果从表面上解决问题，即采用某种方式销售产品、清理库存，但并没有从根本上解决问题。分析库存产生的根本原因，可能是由于供应商供货不稳定或是某台设备易出现故障等原因，为防止这些情况而增加了库存，因此，通过找到问题的根本原因，并解决这些问题才是精益生产追求的目标，通过解决根本问题使成本降下来。

（3）整体优化，传递高价值。精益生产追求流程的持续改进，逐渐优化整个流程，降低成本。通过不断地分析找出更隐蔽的浪费，然后进一步改进流程，这样实现有效的良性循环，最终向顾客传递具有更高价值的产品。

3. 精益思想的基本原则

沃麦克等在《精益思想》中，从日本丰田公司开创的精益生产方式中总结出五项基本原则，后来也得到了企业和诸多学者的认可。这五项基本原则为：

（1）价值。精益生产认为，价值是由顾客定义的，只有被顾客认可并愿意购买的产品或服务才是有价值的。因此，所有的生产活动都需要以顾客的价值为核心进行，将其他多余损耗减至最少，不将额外的支出转嫁给顾客，最大化地提升向顾客传递的价值。

（2）价值流分析。价值流是指从原材料到成品并赋予其价值的全部活动。这些活动包括从原材料输入到产品或服务输出到顾客，涉及的所有物质流、能量流及信息流的流动。价值流图分析（value stream map analysis）是精益生产对价值流进行分析的主要工具。以顾客为导向选择产品族，跟随其从原材料供应到销售给顾客的完整生产路径，分析和描绘每一个工序的状态，工序间的物质、能量及信息的流动状态，即为价值流现状图。找到当前价值流中的浪费根源，确定需要改善的地方，再绘制价值流未来状态图，显示价值流改善的方向和成果。

（3）流动。精益思想要求创造价值的所有活动流动起来，且不间断。精益生产的思想认为，所有停滞或中断都会导致浪费，如部门之间交接时的等待、工序之间的不衔接等，这些阻断了本应流动起来的价值流。因此，建议采用持续改进、准时化生产、单件流等方法在任何批量生产条件下实现价值流的连续流动。为使价值流实现连续流动，也必须具备一定的环境条件，这些条件是：①每个流程正确，每个产品都是合格产出，即不出现返工的情况或废品。②环境良好，生产设备完好。3P（production，preparation，process）、5S（seiri，seiton，eiso，seiketsu，shitsuke）、全面生产维护都是保证环境及生产设备处于良好状态的前提条件。③系统地进行流程设计及能力规划，防止流程中断或遇到阻碍。

（4）拉动。拉动是指根据顾客的需求进行生产规划，使顾客在需要的时间购买到理想的产品。这要求将生产与顾客需求直接对应，消除了过早、过量的投入和消耗，因此，减少了大量的库存和现场在制品，降低了成本。实现拉动的方法是实行准时化生产和顺畅生产。

（5）尽善尽美。沃麦克等认为精益生产的目标是通过尽善尽美的价值创造过程（包括设计、制造和对产品或服务整个生命周期的支持），为顾客提供尽善尽美的价值。在上述价值、价值流、流动、拉动四项原则（四个步骤）的基础上，通过不断寻找浪费的根源对流程进行改进优化，向追求尽善尽美的目标持续努力。

二、精益与六西格玛的有机融合

1. 精益生产与六西格玛管理的比较分析

六西格玛管理通过应用 DMAIC 模式，不断地降低产品缺陷、提高产品质量、降低成本，最终提高顾客满意度及企业经济效益，增强企业自身的竞争力。精益生产的思想是以顾客需求为出发点，通过价值流分析持续发现损耗根源、消除浪费，优化流程，降低成本。通过分析精益生产与六西格玛管理的概念、实施过程及所追求的目标，发现两者有共同点，也存在着差异与互补性。

（1）精益生产与六西格玛管理的相同点。两者都关注对顾客满意度的提高；两者的目标中均包括降低成本、提高企业经济效益；两者的成功实施都需要管理层的支持与积极参与；两者都注重从问题产生的根源解决问题，关注系统的持续整体改进；两者都强调企业各部门之间的协调及团队配合，改进活动需要各部门的人员参与。

（2）精益生产与六西格玛管理的差别。通过将精益生产与六西格玛管理进行比较，对两者的差别进行梳理，汇总结果如表 12－25 所示。

表 12－25　　精益生产与六西格玛管理的差别

对比项	精益生产	六西格玛管理
起源地	日本	美国
目标	消除一切浪费，降低成本； 流程无间断； 顾客需求拉动生产	降低缺陷率，提高质量； 优化流程，降低成本
实施主线	价值流	问题
实施步骤（原则）	价值； 价值流； 流动； 拉动； 尽善尽美	界定； 测量； 分析； 改进； 控制
应用工具或方法	5S 管理；准时生产；快速换模；防错；看板管理；全面生产维修；并行工程；约束理论；价值工程理论等	排列图；散布图；亲和图；关联图；树图；矩阵图；过程决策程序图；网络图；SIPOC 图；头脑风暴法；失效预测分析；测量系统分析；水平对比；平衡计分卡
优点	持续的整体优化，全面变革； 强调连续流动和拉动； 构建与利益相关者的全面合作； 追求尽善尽美	基于数据，采用统计学方法分析问题； 组织全员培训，进行跨部门合作； 通过持续改进，不断优化设计流程
缺点	主要应用定性的管理方法，缺少定量分析； 疏于人员培训和系统方法整合	依托于数据，数据获取的准确程度决定后续改进工作能否准确、顺利完成

资料来源：何桢，《六西格玛绿带手册》，中国人民大学出版社 2011 年版，第 42 页，作者有改编。

通过对精益生产与六西格玛管理方法的对比，不难发现，尽管两者采用的工具或技术不尽相同，但两者存在着较大的互补性。

2. 精益生产与六西格玛管理的融合

六西格玛管理以数据为切入点，通过对数据进行统计分析减小或消除变异，提高产品质量、降低成本，增强客户满意度及企业的经济效益。精益生产通过管理方法消除浪费、优化流程，最终目标是向顾客传递尽善尽美的价值。其核心是降低成本，提高效率。

精益生产与六西格玛管理各自具有自身的优势，将两者的优势结合，即形成一种先进的管理模式——精益六西格玛管理。精益六西格玛不仅能通过六西格玛管理提高产品质量、增强顾客满意度，同时也能通过精益生产降低成本、提高效率，最终实现向顾客传递更高的价值。

三、精益六西格玛的实施路线

精益六西格玛管理的实施路线可概括为七个阶段。第一阶段，问题定义。通过进行市场调查获取顾客需求，可借助卡诺模型、高端程序图、排列图等分析并确定顾客的关键需求。第二阶段，问题分析。通过头脑风暴、因果分析以及失效分析找到问题的原因，并利用质量概念展开将关键顾客需求转化为产品特性措施以及生产工艺措施，找出影响输出的关键因素，并确定其水平。第三阶段，价值流动。通过价值工程理论或价值流分析不断消除产品和生产过程中的非增值环节以及“瓶颈”。第四阶段，数据收集与分析。首先进行测量系统分析与多变异分析，在此基础上确定抽样方案，再进行抽样与测量。第五阶段，设计与改进。通过试验设计对因素进行优化，同时对产品和生产过程进行模块化设计。第六阶段，实行拉动生产。通过看板管理、快速换模、单件流等方法，实行拉动生产。第七阶段，控制与标准化。通过设定标准作业程序，应用过程控制等方法优化作业流程，进一步巩固改进成果。各阶段主要任务及其应用的技术或工具可参考图 12 - 21。

通过以上各阶段的工作，持续改进流程、优化系统，精益六西格玛管理最终能够帮助企业获得以下优势：消除库存和浪费，降低成本；消除过程波动，提高质量；实现柔性生产；推行看板[①]拉动生产，实现快速准时交货。

---

① 看板就是表示某工序何时需要何种数量的某种物料的卡片，又称为传票卡，是传递信号的工具。

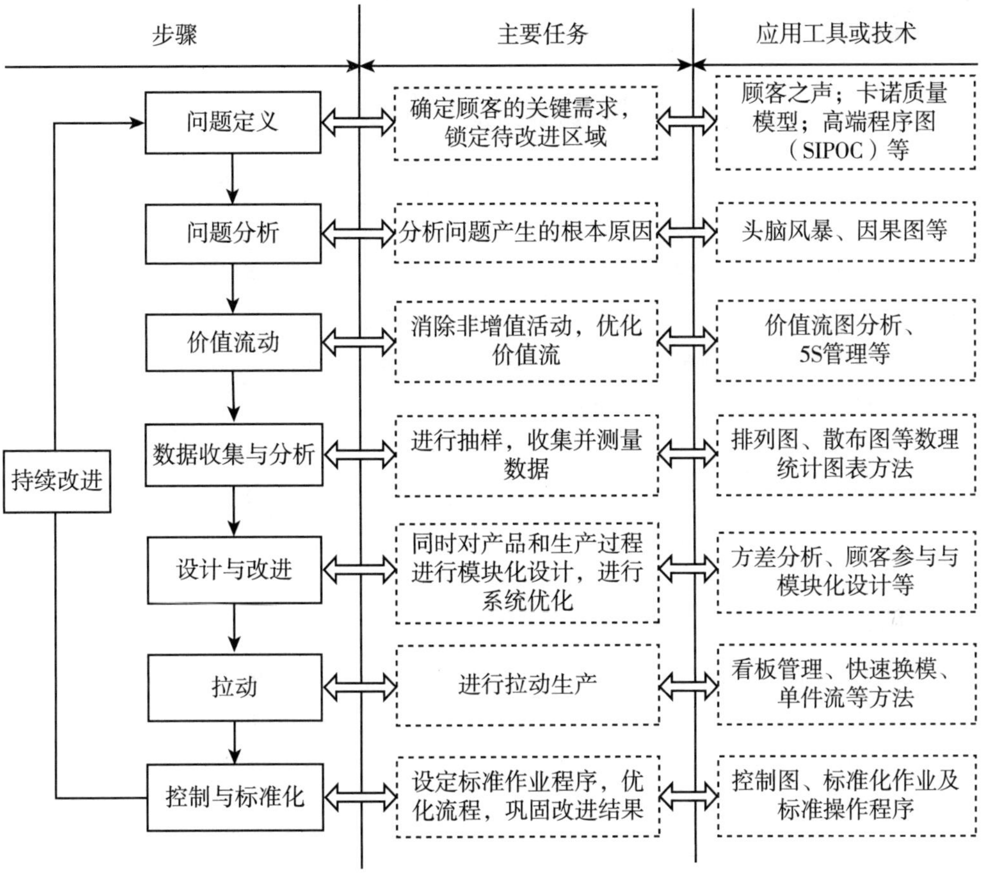

图 12－21　精益六西格玛的实施路线

资料来源：何桢，《六西格玛管理》，中国人民大学出版社 2014 年版，第 44 页。

本章小结

六西格玛作为突破性改进的重要途径，为组织的不断提升与变革提供了可能。本章介绍了六西格玛的诞生及发展，介绍了六西格玛的基本概念，明确了西格玛水平，指出六西格玛人才的培养与认证，介绍了六西格玛项目的路径图 DMAIC，通过一系列实例介绍了六西格玛开展工作的流程，明确了六西格玛变革的成效。

本章重要术语

六西格玛管理	DMAIC 流程	黑带大师	SIPOC 图
精益生产	SMART 原则	3M 原则	

附录 1

标准正态分布表

$\varphi(x)x$	0	0. 01	0. 02	0. 03	0. 04	0. 05	0. 06	0. 07	0. 08	0. 09
0	0. 5	0. 504	0. 508	0. 512	0. 516	0. 5199	0. 5239	0. 5279	0. 5319	0. 5359
0. 1	0. 5398	0. 5438	0. 5478	0. 5517	0. 5557	0. 5596	0. 5636	0. 5675	0. 5714	0. 5753
0. 2	0. 5793	0. 5832	0. 5871	0. 591	0. 5948	0. 5987	0. 6026	0. 6064	0. 6103	0. 6141
0. 3	0. 6179	0. 6217	0. 6255	0. 6293	0. 6331	0. 6368	0. 6406	0. 6443	0. 648	0. 6517
0. 4	0. 6554	0. 6591	0. 6628	0. 6664	0. 67	0. 6736	0. 6772	0. 6808	0. 6844	0. 6879
0. 5	0. 6915	0. 695	0. 6985	0. 7019	0. 7054	0. 7088	0. 7123	0. 7157	0. 719	0. 7224
0. 6	0. 7257	0. 7291	0. 7324	0. 7357	0. 7389	0. 7422	0. 7454	0. 7486	0. 7517	0. 7549
0. 7	0. 758	0. 7611	0. 7642	0. 7673	0. 7703	0. 7734	0. 7764	0. 7794	0. 7823	0. 7852
0. 8	0. 7881	0. 791	0. 7939	0. 7967	0. 7995	0. 8023	0. 8051	0. 8078	0. 8106	0. 8133
0. 9	0. 8159	0. 8186	0. 8212	0. 8238	0. 8264	0. 8289	0. 8315	0. 834	0. 8365	0. 8389
1	0. 8413	0. 8438	0. 8461	0. 8485	0. 8508	0. 8531	0. 8554	0. 8577	0. 8599	0. 8621
1. 1	0. 8643	0. 8665	0. 8686	0. 8708	0. 8729	0. 8749	0. 877	0. 879	0. 881	0. 883
1. 2	0. 8849	0. 8869	0. 8888	0. 8907	0. 8925	0. 8944	0. 8962	0. 898	0. 8997	0. 9015
1. 3	0. 9032	0. 9049	0. 9066	0. 9082	0. 9099	0. 9115	0. 9131	0. 9147	0. 9162	0. 9177
1. 4	0. 9192	0. 9207	0. 9222	0. 9236	0. 9251	0. 9265	0. 9278	0. 9292	0. 9306	0. 9319
1. 5	0. 9332	0. 9345	0. 9357	0. 937	0. 9382	0. 9394	0. 9406	0. 9418	0. 943	0. 9441
1. 6	0. 9452	0. 9463	0. 9474	0. 9484	0. 9495	0. 9505	0. 9515	0. 9525	0. 9535	0. 9545
1. 7	0. 9554	0. 9564	0. 9573	0. 9582	0. 9591	0. 9599	0. 9608	0. 9616	0. 9625	0. 9633
1. 8	0. 9641	0. 9648	0. 9656	0. 9664	0. 9671	0. 9678	0. 9686	0. 9693	0. 97	0. 9706
1. 9	0. 9713	0. 9719	0. 9726	0. 9732	0. 9738	0. 9744	0. 975	0. 9756	0. 9762	0. 9767
2	0. 9772	0. 9778	0. 9783	0. 9788	0. 9793	0. 9798	0. 9803	0. 9808	0. 9812	0. 9817
2. 1	0. 9821	0. 9826	0. 983	0. 9834	0. 9838	0. 9842	0. 9846	0. 985	0. 9854	0. 9857
2. 2	0. 9861	0. 9864	0. 9868	0. 9871	0. 9874	0. 9878	0. 9881	0. 9884	0. 9887	0. 989
2. 3	0. 9893	0. 9896	0. 9898	0. 9901	0. 9904	0. 9906	0. 9909	0. 9911	0. 9913	0. 9916
2. 4	0. 9918	0. 992	0. 9922	0. 9925	0. 9927	0. 9929	0. 9931	0. 9932	0. 9934	0. 9936
2. 5	0. 9938	0. 994	0. 9941	0. 9943	0. 9945	0. 9946	0. 9948	0. 9949	0. 9951	0. 9952
2. 6	0. 9953	0. 9955	0. 9956	0. 9957	0. 9959	0. 996	0. 9961	0. 9962	0. 9963	0. 9964
2. 7	0. 9965	0. 9966	0. 9967	0. 9968	0. 9969	0. 997	0. 9971	0. 9972	0. 9973	0. 9974
2. 8	0. 9974	0. 9975	0. 9976	0. 9977	0. 9977	0. 9978	0. 9979	0. 9979	0. 998	0. 9981
2. 9	0. 9981	0. 9982	0. 9982	0. 9983	0. 9984	0. 9984	0. 9985	0. 9985	0. 9986	0. 9986

续表

φ(x)x	0	0. 01	0. 02	0. 03	0. 04	0. 05	0. 06	0. 07	0. 08	0. 09
3	0. 9987	0. 999	0. 9993	0. 9995	0. 9997	0. 9998	0. 9998	0. 9999	0. 9999	1
3. 1	0. 999032	0. 999065	0. 999096	0. 999126	0. 999155	0. 999184	0. 999211	0. 999238	0. 999264	0. 999289
3. 2	0. 999313	0. 999336	0. 999359	0. 999381	0. 999402	0. 999423	0. 999443	0. 999462	0. 999481	0. 999499
3. 3	0. 999517	0. 999534	0. 999550	0. 999566	0. 999581	0. 999596	0. 999610	0. 999624	0. 999638	0. 999660
3. 4	0. 999663	0. 999675	0. 999687	0. 999698	0. 999709	0. 999720	0. 999730	0. 999740	0. 999749	0. 999760
3. 5	0. 999767	0. 999776	0. 999784	0. 999792	0. 999800	0. 999807	0. 999815	0. 999822	0. 999828	0. 999885
3. 6	0. 999841	0. 999847	0. 999853	0. 999858	0. 999864	0. 999869	0. 999874	0. 999879	0. 999883	0. 999880
3. 7	0. 999892	0. 999896	0. 999900	0. 999904	0. 999908	0. 999912	0. 999915	0. 999918	0. 999922	0. 999926
3. 8	0. 999928	0. 999931	0. 999933	0. 999936	0. 999938	0. 999941	0. 999943	0. 999946	0. 999948	0. 999950
3. 9	0. 999952	0. 999954	0. 999956	0. 999958	0. 999959	0. 999961	0. 999963	0. 999964	0. 999966	0. 999967
4	0. 999968	0. 999970	0. 999971	0. 999972	0. 999973	0. 999974	0. 999975	0. 999976	0. 999977	0. 999978
4. 1	0. 999979	0. 999980	0. 999981	0. 999982	0. 999983	0. 999983	0. 999984	0. 999985	0. 999985	0. 999986
4. 2	0. 999987	0. 999987	0. 999988	0. 999988	0. 999989	0. 999989	0. 999990	0. 999990	0. 999991	0. 999991
4. 3	0. 999991	0. 999992	0. 999992	0. 999930	0. 999993	0. 999993	0. 999993	0. 999994	0. 999994	0. 999994
4. 4	0. 999995	0. 999995	0. 999995	0. 999995	0. 999996	0. 999996	0. 999996	1. 000000	0. 999996	0. 999996
4. 5	0. 999997	0. 999997	0. 999997	0. 999997	0. 999997	0. 999997	0. 999997	0. 999998	0. 999998	0. 999998
4. 6	0. 999998	0. 999998	0. 999998	0. 999998	0. 999998	0. 999998	0. 999998	0. 999998	0. 999999	0. 999999
4. 7	0. 999999	0. 999999	0. 999999	0. 999999	0. 999999	0. 999999	0. 999999	0. 999999	0. 999999	0. 999999
4. 8	0. 999999	0. 999999	0. 999999	0. 999999	0. 999999	0. 999999	0. 999999	0. 999999	0. 999999	0. 999999
4. 9	1. 000000	1. 000000	1. 000000	1. 000000	1. 000000	1. 000000	1. 000000	1. 000000	1. 000000	1. 000000

附录2

χ^2 分布表

n	a					
	0. 995	0. 99	0. 975	0. 95	0. 9	0. 75
1	0. 000	0. 000	0. 001	0. 004	0. 016	0. 102
2	0. 010	0. 020	0. 051	0. 103	0. 211	0. 575
3	0. 072	0. 115	0. 216	0. 352	0. 584	1. 213
4	0. 207	0. 297	0. 484	0. 711	1. 064	1. 923
5	0. 412	0. 554	0. 831	1. 145	1. 610	2. 675
6	0. 676	0. 872	1. 237	1. 635	2. 204	3. 455
7	0. 989	1. 239	1. 690	2. 167	2. 833	4. 255
8	1. 344	1. 646	2. 180	2. 733	3. 490	5. 071
9	1. 735	2. 088	2. 700	3. 325	4. 168	5. 899
10	2. 156	2. 558	3. 247	3. 940	4. 865	6. 737
11	2. 603	3. 053	3. 816	4. 575	5. 578	7. 584
12	3. 074	3. 571	4. 404	5. 226	6. 304	8. 438
13	3. 565	4. 107	5. 009	5. 892	7. 042	9. 299
14	4. 075	4. 660	5. 629	6. 571	7. 790	10. 165
15	4. 601	5. 229	6. 262	7. 261	8. 547	11. 037
16	5. 142	5. 812	6. 908	7. 962	9. 312	11. 912
17	5. 697	6. 408	7. 564	8. 672	10. 085	12. 792
18	6. 265	7. 015	8. 231	9. 390	10. 865	13. 675
19	6. 844	7. 633	8. 907	10. 117	11. 651	14. 562
20	7. 434	8. 260	9. 591	10. 851	12. 443	15. 452
21	8. 034	8. 897	10. 283	11. 591	13. 240	16. 344
22	8. 643	9. 542	10. 982	12. 338	14. 041	17. 240
23	9. 260	10. 196	11. 689	13. 091	14. 848	18. 137
24	9. 886	10. 856	12. 401	13. 848	15. 659	19. 037
25	10. 520	11. 524	13. 120	14. 611	16. 473	19. 939
26	11. 160	12. 198	13. 844	15. 379	17. 292	20. 843
27	11. 808	12. 879	14. 573	16. 151	18. 114	21. 749

续表

n	a					
	0.995	0.99	0.975	0.95	0.9	0.75
28	12.461	13.565	15.308	16.928	18.939	22.657
29	13.121	14.256	16.047	17.708	19.768	23.567
30	13.787	14.953	16.791	18.493	20.599	24.478
31	14.458	15.655	17.539	19.281	21.434	25.390
32	15.134	16.362	18.291	20.072	22.271	26.304
33	15.815	17.074	19.047	20.867	23.110	27.219
34	16.501	17.789	19.806	21.664	23.952	28.136
35	17.192	18.509	20.569	22.465	24.797	29.054
36	17.887	19.233	21.336	23.269	25.643	29.973
37	18.586	19.960	22.106	24.075	26.492	30.893
38	19.289	20.691	22.878	24.884	27.343	31.815
39	19.996	21.426	23.654	25.695	28.196	32.737
40	20.707	22.164	24.433	26.509	29.051	33.660
41	21.421	22.906	25.215	27.326	29.907	34.585
42	22.138	23.650	25.999	28.144	30.765	35.510
43	22.859	24.398	26.785	28.965	31.625	36.436
44	23.584	25.148	27.575	29.787	32.487	37.363
45	24.311	25.901	28.366	30.612	33.350	38.291
46	25.041	26.657	29.160	31.439	34.215	39.220
47	25.775	27.416	29.956	32.268	35.081	40.149
48	26.511	28.177	30.755	33.098	35.949	41.079
49	27.249	28.941	31.555	33.930	36.818	42.010
50	27.991	29.707	32.357	34.764	37.689	42.942
51	28.735	30.475	33.162	35.600	38.560	43.874
52	29.481	31.246	33.968	36.437	39.433	44.808
53	30.230	32.018	34.776	37.276	40.308	45.741
54	30.981	32.793	35.586	38.116	41.183	46.676
55	31.735	33.570	36.398	38.958	42.060	47.610
56	32.490	34.350	37.212	39.801	42.937	48.546
57	33.248	35.131	38.027	40.646	43.816	49.482
58	34.008	35.913	38.844	41.492	44.696	50.419

续表

n	a					
	0.995	0.99	0.975	0.95	0.9	0.75
59	34.770	36.698	39.662	42.339	45.577	51.356
60	35.534	37.485	40.482	43.188	46.459	52.294
61	36.301	38.273	41.303	44.038	47.342	53.232
62	37.068	39.063	42.126	44.889	48.226	54.171
63	37.838	39.855	42.950	45.741	49.111	55.110
64	38.610	40.649	43.776	46.595	49.996	56.050
65	39.383	41.444	44.603	47.450	50.883	56.990
66	40.158	42.240	45.431	48.305	51.770	57.931
67	40.935	43.038	46.261	49.162	52.659	58.872
68	41.713	43.838	47.092	50.020	53.548	59.814
69	42.494	44.639	47.924	50.879	54.438	60.756
70	43.275	45.442	48.758	51.739	55.329	61.698
71	44.058	46.246	49.592	52.600	56.221	62.641
72	44.843	47.051	50.428	53.462	57.113	63.585
73	45.629	47.858	51.265	54.325	58.006	64.528
74	46.417	48.666	52.103	55.189	58.900	65.472
75	47.206	49.475	52.942	56.054	59.795	66.417
76	47.997	50.286	53.782	56.920	60.690	67.362
77	48.788	51.097	54.623	57.786	61.586	68.307
78	49.582	51.910	55.466	58.654	62.483	69.252
79	50.376	52.725	56.309	59.522	63.380	70.198
80	51.172	53.540	57.153	60.391	64.278	71.145
81	51.969	54.357	57.998	61.261	65.176	72.091
82	52.767	55.174	58.845	62.132	66.076	73.038
83	53.567	55.993	59.692	63.004	66.976	73.985
84	54.368	56.813	60.540	63.876	67.876	74.933
85	55.170	57.634	61.389	64.749	68.777	75.881
86	55.973	58.456	62.239	65.623	69.679	76.829
87	56.777	59.279	63.089	66.498	70.581	77.777
88	57.582	60.103	63.941	67.373	71.484	78.726
89	58.389	60.928	64.793	68.249	72.387	79.675

续表

n	a					
	0.995	0.99	0.975	0.95	0.9	0.75
90	59.196	61.754	65.647	69.126	73.291	80.625
91	60.005	62.581	66.501	70.003	74.196	81.574
92	60.815	63.409	67.356	70.882	75.100	82.524
93	61.625	64.238	68.211	71.760	76.006	83.474
94	62.437	65.068	69.068	72.640	76.912	84.425
95	63.250	65.898	69.925	73.520	77.818	85.376
96	64.063	66.730	70.783	74.401	78.725	86.327
97	64.878	67.562	71.642	75.282	79.633	87.278
98	65.694	68.396	72.501	76.164	80.541	88.229
99	66.510	69.230	73.361	77.046	81.449	89.181
100	67.328	70.065	74.222	77.929	82.358	90.133
101	68.146	70.901	75.083	78.813	83.267	91.085
102	68.965	71.737	75.946	79.697	84.177	92.038
103	69.785	72.575	76.809	80.582	85.088	92.991
104	70.606	73.413	77.672	81.468	85.998	93.944
105	71.428	74.252	78.536	82.354	86.909	94.897
106	72.251	75.092	79.401	83.240	87.821	95.850
107	73.075	75.932	80.267	84.127	88.733	96.804
108	73.899	76.774	81.133	85.015	89.645	97.758
109	74.724	77.616	82.000	85.903	90.558	98.712
110	75.550	78.458	82.867	86.792	91.471	99.666
111	76.377	79.302	83.735	87.681	92.385	100.620
112	77.204	80.146	84.604	88.570	93.299	101.575
113	78.033	80.991	85.473	89.461	94.213	102.530
114	78.862	81.836	86.342	90.351	95.128	103.485
115	79.692	82.682	87.213	91.242	96.043	104.440
116	80.522	83.529	88.084	92.134	96.958	105.396
117	81.353	84.377	88.955	93.026	97.874	106.352
118	82.185	85.225	89.827	93.918	98.790	107.307
119	83.018	86.074	90.700	94.811	99.707	108.263
120	83.852	86.923	91.573	95.705	100.624	109.220

附录3

常用计量值控制图系数

均值图		极差R图			均值图	标准差S图		
子组容量	控制限计算系数	标准差估计的除数	控制限计算系数		控制限计算系数	标准差估计的除数	控制限计算系数	
n	A_2	d_2	D_3	D_4	A_3	C_4	B_3	B_4
2	1.8800	1.1280	0.0000	3.2670	2.6590	0.7979	0.0000	3.2670
3	1.0230	1.6930	0.0000	2.5740	1.9540	0.8862	0.0000	2.5680
4	0.7290	2.0590	0.0000	2.2820	1.6280	0.9213	0.0000	2.2660
5	0.5770	2.3260	0.0000	2.1140	1.4270	0.9400	0.0000	2.0890
6	0.4830	2.5340	0.0000	2.0040	1.2870	0.9515	0.0300	1.9700
7	0.1490	2.7040	0.0760	1.9240	1.1820	0.9594	0.1180	1.8820
8	0.3730	2.8470	0.1360	1.8640	1.0990	0.9650	0.1850	1.8150
9	0.3370	2.9700	0.1840	1.8160	1.0320	0.9693	0.2390	1.7610
10	0.3080	3.0780	0.2230	1.7770	0.9750	0.9727	0.2840	1.7160
11	0.2850	3.1730	0.2560	1.7440	0.9270	0.9754	0.3210	1.6790
12	0.2660	3.2580	0.2830	1.7170	0.8860	0.9776	0.3540	1.6460
13	0.2490	3.3360	0.3070	1.6930	0.8500	0.9794	0.3820	1.6180
14	0.2350	3.4070	0.3280	1.6720	0.8170	0.9810	0.4060	1.5940
15	0.2230	3.4720	0.3470	1.6530	0.7890	0.9823	0.4280	1.5720
16	0.2120	3.5320	0.3630	1.6370	0.7630	0.9830	0.4400	1.5520
17	0.2030	3.5880	0.7380	1.6220	0.7390	0.9845	0.4660	1.5340
18	0.1940	3.6400	0.3910	1.6080	0.7180	0.9854	0.4820	1.5180
19	0.1870	3.6890	0.4030	1.5970	0.6980	0.9862	0.4970	1.5030
20	0.1800	3.7350	0.4150	1.5850	0.6800	0.9869	0.5100	1.4900
21	0.1730	3.7780	0.4250	1.5750	0.6630	0.9876	0.5230	1.4770
22	0.1670	3.8190	0.4340	1.5660	0.6470	0.9882	0.5340	1.4660
23	0.1620	3.8580	0.4430	1.5570	0.6330	0.9887	0.5450	1.4550
24	0.1570	3.8950	0.4510	1.5480	0.6190	0.9892	0.5550	1.4450
25	0.1530	3.9310	0.4590	1.5410	0.6060	0.9896	0.5650	1.4350
	$UCL=\bar{X}+A_2\bar{R}$ $CL=\bar{X}$ $LCL=\bar{X}+A_2\bar{R}$	$\sigma=\bar{R}/d_2$	$UCL=D_4\bar{R}$ $CL=\bar{R}$ $LCL=D_3\bar{R}$		$UCL=\bar{X}+A_3\bar{S}$ $CL=\bar{X}$ $LCL=\bar{X}+A_3\bar{S}$	$\sigma=\bar{S}/C_4$	$UCL=B_4\bar{S}$ $CL=\bar{S}$ $LCL=B_3\bar{S}$	

续表

均值图		极差 R 图			均值图	标准差 S 图		
子组容量	控制限计算系数	标准差估计的除数	控制限计算系数		控制限计算系数	标准差估计的除数	控制限计算系数	
n	A_2	d_2	D_3	D_4	E_2	d_2	D_3	D_4
2	1. 8800	1. 1280	0. 0000	3. 2670	2. 6600	1. 1280	0. 0000	3. 2670
3	1. 1870	1. 6930	0. 0000	2. 5740	1. 7720	1. 6960	0. 0000	2. 5740
4	0. 7960	2. 0590	0. 0000	2. 2820	1. 4570	2. 0590	0. 0000	2. 2820
5	0. 6910	2. 3260	0. 0000	2. 1140	1. 2900	2. 3260	0. 0000	2. 1140
6	0. 5480	2. 5340	0. 0000	2. 0040	1. 1840	2. 5340	0. 0000	2. 0040
7	0. 5080	2. 7040	0. 0760	1. 9240	1. 1090	2. 7040	0. 0760	1. 9240
8	0. 4330	2. 8470	0. 1360	1. 8640	1. 0540	2. 8470	0. 1360	1. 8640
9	0. 4120	2. 9700	0. 1840	1. 8160	1. 0100	2. 9700	0. 1840	1. 8160
10	0. 3620	3. 0780	0. 2230	1. 7770	0. 9750	3. 0780	0. 2230	1. 7770
	$UCL=\tilde{X}+A_2\bar{R}$ $CL=\tilde{X}$ $LCL=\tilde{X}+A_2\bar{R}$	$\sigma=\bar{R}/d_2$	$UCL=D_4\bar{R}$ $CL=\bar{R}$ $LCL=D_3\bar{R}$		$UCL=X+E_2\bar{R}$ $CL=X$ $LCL=X+E_2\bar{R}$	$\sigma=\bar{S}/C_4$	$UCL=D_4\bar{R}$ $CL=\bar{R}$ $LCL=D_3\bar{R}$	

附录 4

计数调整型一次抽样检查表

正常检验一次抽样方案（GB 2828 主表）

接收质量限（AQL）

样本量字码	样本量	0.010	0.015	0.025	0.040	0.065	0.10	0.15	0.25	0.40	0.65
		A_c R_e	A_c R_e	A_c R_e	A_c R_e	A_c R_e	A_c R_e	A_c R_e	Ac R_e	A_c R_e	A_c R_e
A	2	↓	↓	↓	↓	↓	↓	↓	↓	↓	↓
B	3	↓	↓	↓	↓	↓	↓	↓	↓	↓	↓
C	5	↓	↓	↓	↓	↓	↓	↓	↓	↓	↓
D	8	↓	↓	↓	↓	↓	↓	↓	↓	↓	↓
E	13	↓	↓	↓	↓	↓	↓	↓	↓	↓	↓
F	20	↓	↓	↓	↓	↓	↓	↓	↓	↓	0 1
G	32	↓	↓	↓	↓	↓	↓	↓	↓	0 1	↑
H	50	↓	↓	↓	↓	↓	↓	↓	0 1	↑	↓
J	80	↓	↓	↓	↓	↓	↓	0 1	↑	↓	1 2
K	125	↓	↓	↓	↓	↓	0 1	↑	↓	1 2	2 3
L	200	↓	↓	↓	↓	0 1	↑	↓	1 2	2 3	3 4
M	315	↓	↓	↓	0 1	↑	↓	1 2	2 3	3 4	5 6
N	500	↓	↓	0 1	↑	↓	1 2	2 3	3 4	5 6	7 8
P	800	↓	0 1	↑	↓	1 2	2 3	3 4	5 6	7 8	10 11
Q	1250	0 1	↑	↓	1 2	2 3	3 4	5 6	7 8	10 11	14 15
R	2000	↑	↑	1 2	2 3	3 4	5 6	7 8	10 11	14 15	21 22

样本量字码	样本量	1.0	1.5	2.5	4.0	6.5	10	15	25	40	65	100	150	250	400	650	1000
		A_c R_e	A_c R_e	A_c R_e	A_c R_e	A_c R_e	A_c R_e	A_c R_e	A_c R_e	A_c R_e	A_c R_e	A_c R_e	A_c R_e	A_c R_e	A_c R_e	A_c R_e	A_c R_e
A	2	↓	↓	↓	↓	0 1	↓	↓	1 2	2 3	3 4	5 6	7 8	10 11	14 15	21 22	30 31
B	3	↓	↓	↓	0 1	↑	↓	1 2	2 3	3 4	5 6	7 8	10 11	14 15	21 22	30 31	44 45
C	5	↓	↓	0 1	↑	↓	1 2	2 3	3 4	5 6	7 8	10 11	14 15	21 22	30 31	44 45	↑
D	8	↓	0 1	↑	↓	1 2	2 3	3 4	5 6	7 8	10 11	14 15	21 22	30 31	44 45	↑	↑
E	13	0 1	↑	↓	1 2	2 3	3 4	5 6	7 8	10 11	14 15	21 22	30 31	44 45	↑	↑	↑
F	20	↑	↓	1 2	2 3	3 4	5 6	7 8	10 11	14 15	21 22	↑	↑	↑	↑	↑	↑
G	32	↓	1 2	2 3	3 4	5 6	7 8	10 11	14 15	21 22	↑	↑	↑	↑	↑	↑	↑
H	50	1 2	2 3	3 4	5 6	7 8	10 11	14 15	21 22	↑	↑	↑	↑	↑	↑	↑	↑
J	80	2 3	3 4	5 6	7 8	10 11	14 15	21 22	↑	↑	↑	↑	↑	↑	↑	↑	↑
K	125	3 4	5 6	7 8	10 11	14 15	21 22	↑	↑	↑	↑	↑	↑	↑	↑	↑	↑
L	200	5 6	7 8	10 11	14 15	21 22	↑	↑	↑	↑	↑	↑	↑	↑	↑	↑	↑
M	315	7 8	10 11	14 15	21 22	↑	↑	↑	↑	↑	↑	↑	↑	↑	↑	↑	↑
N	500	10 11	14 15	21 22	↑	↑	↑	↑	↑	↑	↑	↑	↑	↑	↑	↑	↑
P	800	14 15	21 22	↑	↑	↑	↑	↑	↑	↑	↑	↑	↑	↑	↑	↑	↑
Q	1250	21 22	↑	↑	↑	↑	↑	↑	↑	↑	↑	↑	↑	↑	↑	↑	↑
R	2000	↑	↑	↑	↑	↑	↑	↑	↑	↑	↑	↑	↑	↑	↑	↑	↑

注：（1）↓ 使用箭头下面的第一个抽样方案。如果样本量等于或超过批量，则执行 100% 检验。

（2）↑ 使用箭头上面的第一个抽样方案。

（3）A_c 接收数，R_e 拒收数。

附录5

加严检验一次抽样方案（GB 2828 主表）

样本量字码	样本量	接收质量限（AQL）																									
		0.010	0.015	0.025	0.040	0.065	0.10	0.15	0.25	0.40	0.65	1.0	1.5	2.5	4.0	6.5	10	15	25	40	65	100	150	250	400	650	1000
		A_c R_e	A_c R_e	A_c R_e	A_c R_e	A_c R_e	A_c R_e	A_c R_e	A_c R_e	A_c R_e	A_c R_e	A_c R_e	A_c R_e	A_c R_e	A_c R_e	A_c R_e	A_c R_e	A_c R_e	A_c R_e	A_c R_e	A_c R_e	A_c R_e	A_c R_e	A_c R_e	A_c R_e	A_c R_e	A_c R_e
A	2	↓	↓	↓	↓	↓	↓	↓	↓	↓	↓	↓	↓	↓	↓	↓	0 1	↓	↓	1 2	2 3	3 4	5 6	8 9	12 13	18 19	27 28
B	3	↓	↓	↓	↓	↓	↓	↓	↓	↓	↓	↓	↓	↓	↓	0 1	↓	↓	1 2	2 3	3 4	5 6	8 9	12 13	18 19	27 28	41 42
C	5	↓	↓	↓	↓	↓	↓	↓	↓	↓	↓	↓	↓	↓	0 1	↓	↓	1 2	2 3	3 4	5 6	8 9	12 13	18 19	27 28	41 42	↑
D	8	↓	↓	↓	↓	↓	↓	↓	↓	↓	↓	↓	↓	0 1	↓	↓	1 2	2 3	3 4	5 6	8 9	12 13	18 19	27 28	41 42	↑	↑
E	13	↓	↓	↓	↓	↓	↓	↓	↓	↓	↓	↓	0 1	↓	↓	1 2	2 3	3 4	5 6	8 9	12 13	18 19	27 28	41 42	↑	↑	↑
F	20	↓	↓	↓	↓	↓	↓	↓	↓	↓	↓	0 1	↓	↓	1 2	2 3	3 4	5 6	8 9	12 13	18 19	↑	↑	↑	↑	↑	↑
G	32	↓	↓	↓	↓	↓	↓	↓	↓	↓	0 1	↓	↓	1 2	2 3	3 4	5 6	8 9	12 13	18 19	↑	↑	↑	↑	↑	↑	↑
H	50	↓	↓	↓	↓	↓	↓	↓	↓	0 1	↓	↓	1 2	2 3	3 4	5 6	8 9	12 13	18 19	↑	↑	↑	↑	↑	↑	↑	↑
J	80	↓	↓	↓	↓	↓	↓	↓	0 1	↓	↓	1 2	2 3	3 4	5 6	8 9	12 13	18 19	↑	↑	↑	↑	↑	↑	↑	↑	↑
K	125	↓	↓	↓	↓	↓	↓	0 1	↓	↓	1 2	2 3	3 4	5 6	8 9	12 13	18 19	↑	↑	↑	↑	↑	↑	↑	↑	↑	↑
L	200	↓	↓	↓	↓	↓	0 1	↓	↓	1 2	2 3	3 4	5 6	8 9	12 13	18 19	↑	↑	↑	↑	↑	↑	↑	↑	↑	↑	↑
M	315	↓	↓	↓	↓	0 1	↓	↓	1 2	2 3	3 4	5 6	8 9	12 13	18 19	↑	↑	↑	↑	↑	↑	↑	↑	↑	↑	↑	↑
N	500	↓	↓	↓	0 1	↓	↓	1 2	2 3	3 4	5 6	8 9	12 13	18 19	↑	↑	↑	↑	↑	↑	↑	↑	↑	↑	↑	↑	↑
P	800	↓	↓	0 1	↓	↓	1 2	2 3	3 4	5 6	8 9	12 13	18 19	↑	↑	↑	↑	↑	↑	↑	↑	↑	↑	↑	↑	↑	↑
Q	1250	↓	0 1	↓	↓	1 2	2 3	3 4	5 6	8 9	12 13	18 19	↑	↑	↑	↑	↑	↑	↑	↑	↑	↑	↑	↑	↑	↑	↑
R	2000	0 1	↑	↓	1 2	2 3	3 4	5 6	8 9	12 13	18 19	↑	↑	↑	↑	↑	↑	↑	↑	↑	↑	↑	↑	↑	↑	↑	↑
S	3150			1 2																							

注：（1）↓ 使用箭头下面的第一个抽样方案。如果样本量等于或超过批量，则执行 100% 检验。

（2）↑ 使用箭头上面的第一个抽样方案。

（3）A_c 接收数，R_e 拒收数。

附录 6

放宽检验一次抽样方案（GB 2828 主表）

样本量字码	样本量	接收质量限（AQL）																									
		0.010	0.015	0.025	0.040	0.065	0.10	0.15	0.25	0.40	0.65	1.0	1.5	2.5	4.0	6.5	10	15	25	40	65	100	150	250	400	650	1000
		A_c R_e	A_c R_e	A_c R_e	A_c R_e	A_c R_e	A_c R_e	A_c R_e	A_c R_e	A_c R_e	A_c R_e	A_c R_e	A_c R_e	A_c R_e	A_c R_e	A_c R_e	A_c R_e	A_c R_e	A_c R_e	A_c R_e	A_c R_e	A_c R_e	A_c R_e	A_c R_e	A_c R_e	A_c R_e	A_c R_e
A	2	↓	↓	↓	↓	↓	↓	↓	↓	↓	↓	↓	↓	↓	↓	0 1			1 2	2 3	3 4	5 6	7 8	10 11	14 15	21 22	30 31
B	2	↓	↓	↓	↓	↓	↓	↓	↓	↓	↓	↓	↓	↓	0 1	↑			1 2	2 3	3 4	5 6	7 8	10 11	14 15	21 22	30 31
C	2	↓	↓	↓	↓	↓	↓	↓	↓	↓	↓	↓	↓	0 1	↑	↓		1 2	2 3	3 4	5 6	6 7	8 9	10 11	14 15	21 22	↑
D	3	↓	↓	↓	↓	↓	↓	↓	↓	↓	↓	↓	0 1	↑	↓	↓	1 2	2 3	3 4	5 6	6 7	8 9	10 11	14 15	21 22	↑	↑
E	5	↓	↓	↓	↓	↓	↓	↓	↓	↓	↓	0 1	↑	↓	↓	1 2	2 3	3 4	5 6	6 7	8 9	10 11	14 15	21 22	↑	↑	↑
F	8	↓	↓	↓	↓	↓	↓	↓	↓	↓	0 1	↑	↓	↓	1 2	2 3	3 4	5 6	6 7	8 9	10 11	↑	↑	↑	↑	↑	↑
G	13	↓	↓	↓	↓	↓	↓	↓	↓	0 1	↑	↓	↓	1 2	2 3	3 4	5 6	6 7	8 9	10 11	↑	↑	↑	↑	↑	↑	↑
H	20	↓	↓	↓	↓	↓	↓	↓	0 1	↑	↓	↓	1 2	2 3	3 4	5 6	6 7	8 9	10 11	↑	↑	↑	↑	↑	↑	↑	↑
J	32	↓	↓	↓	↓	↓	↓	0 1	↑	↓	↓	1 2	2 3	3 4	5 6	6 7	8 9	10 11	↑	↑	↑	↑	↑	↑	↑	↑	↑
K	50	↓	↓	↓	↓	↓	0 1	↑	↓	↓	1 2	2 3	3 4	5 6	6 7	8 9	10 11	↑	↑	↑	↑	↑	↑	↑	↑	↑	↑
L	80	↓	↓	↓	↓	0 1	↑	↓	↓	1 2	2 3	3 4	5 6	6 7	8 9	10 11	↑	↑	↑	↑	↑	↑	↑	↑	↑	↑	↑
M	125	↓	↓	↓	0 1	↑	↓	↓	1 2	2 3	3 4	5 6	6 7	8 9	10 11	↑	↑	↑	↑	↑	↑	↑	↑	↑	↑	↑	↑
N	200	↓	↓	0 1	↑	↓	↓	1 2	2 3	3 4	5 6	6 7	8 9	10 11	↑	↑	↑	↑	↑	↑	↑	↑	↑	↑	↑	↑	↑
P	315	↓	0 1	↑	↓	↓	1 2	2 3	3 4	5 6	6 7	8 9	10 11	↑	↑	↑	↑	↑	↑	↑	↑	↑	↑	↑	↑	↑	↑
Q	500	0 1	↑	↑	↓	1 2	2 3	3 4	5 6	6 7	8 9	10 11	↑	↑	↑	↑	↑	↑	↑	↑	↑	↑	↑	↑	↑	↑	↑
R	800	↑	↑	↑	1 2	2 3	3 4	5 6	6 7	8 9	10 11	↑	↑	↑	↑	↑	↑	↑	↑	↑	↑	↑	↑	↑	↑	↑	↑

注：（1）↓ 使用箭头下面的第一个抽样方案。如果样本量等于或超过批量，则执行 100% 检验。

（2）↑ 使用箭头上面的第一个抽样方案。

（3）A_c 接收数，R_e 拒收数。

主要参考文献

［1］［美］彼得·德鲁克:《管理的实践》（齐若兰译），机械工业出版社2009年版。

［2］岑詠霆:《质量管理教程》（第二版），复旦大学出版社2005年版。

［3］柴邦衡:《ISO 9000质量保证体系》，机械工业出版社1999年版。

［4］陈国华、贝金兰:《质量管理》（第3版），北京大学出版社2018年版。

［5］陈国铭:《统计质量控制实用指南（第二版）》，中国石化出版社2009年版。

［6］陈荣秋、马士华:《生产与运作管理》（第三版），高等教育出版社2009年版。

［7］陈荣秋、马士华:《生产与运作管理》（第三版），高等教育出版社2011年版。

［8］陈荣秋、马士华:《生产与运作管理》，高等教育出版社2003年版。

［9］陈晓龙:《概率论与数理统计》，东南大学出版社2011年版。

［10］陈心德、吴中:《生产运营管理》，清华大学出版社2005年版。

［11］陈杨喆:《基本建设施工企业的全面质量管理（六）管理图法、散步图法和调查表法的应用》，载于《冶金建筑》1982年第12期。

［12］［美］D. C. 蒙哥马利:《实验设计与分析（第三版）》（汪仁官、陈荣昭译），中国统计出版社1998年版。

［13］高德鑫、魏大鹏:《国内企业BPR的关键点——对海尔流程再造的分析》，载于《航天工业管理》2004年第11期。

［14］韩之俊、许前、钟晓芳:《质量管理》（第三版），科学出版社2011年版。

［15］何桢:《六西格玛管理》，中国人民大学出版社2014年版。

［16］何桢:《六西格玛绿带手册》，中国人民大学出版社2011年版。

［17］李永锋、徐育文:《基于QFD的老年人智能手机APP用户界面设计研究》，载于《包装工程》2016年第14期。

［18］梁工谦:《质量管理学》，中国人民大学出版社2010年版。

［19］刘刚:《基本供应链的全面质量管理体系建设》，载于《物流工程与管理》2018年第11期。

［20］刘广第:《质量管理学》（第二版），清华大学出版社2003年版。

［21］柳伟伟、胡良平、贾元杰、鲍晓蕾：《实验设计中的重复原则》，载于《药学服务与研究》2010 年第 5 期。

［22］马林、何桢：《六西格玛管理》，中国人民大学出版社 2014 年版。

［23］迈克尔·A. 希特、R. 杜安·爱尔兰、罗伯特·E. 霍斯基森：《战略管理概念与案例（第八版）》（吕巍译），中国人民大学出版社 2009 年版。

［24］［美］迈克尔·哈默、詹姆斯·钱皮：《企业再造——企业革命的宣言书》（王珊珊、胡毓源、徐荻洲译），上海译文出版社 2007 版。

［25］慕小军、鲜静林：《质量管理的世纪回顾与发展展望》，载于《甘肃理论学刊》2001 年第 2 期。

［26］戚维明：《全面质量管理》，中国科学技术出版社 2010 年版。

［27］钱存：《业务流程再造——海尔集团案例研究》，载于《现代商贸工业》2016 年第 37 期。

［28］秦现生：《质量管理学》（第二版），科学出版社 2008 年版。

［29］荣毅超：《六西格玛管理理论及实践案例集》，科学出版社 2009 年版。

［30］上海烟草集团有限责任公司：《统计过程控制（SPC）管理的应用实践——上海烟草集团有限责任公司案例》，载于《上海质量》2013 年第 1 期。

［31］上海质量管理科学研究院：《六西格玛实施技巧绿带读本》，中国标准出版社 2003 年版。

［32］邵家骏：《质量机能展开》，机械工业出版社 2004 年版。

［33］盛骤、谢式千等：《概率论与数理统计及其应用》，高等教育出版社 2004 年版。

［34］［日］石川馨：《日本的质量管理》（李伟明译），企业管理出版社 1984 年版。

［35］史蒂文森：《运营管理》，机械工业出版社 2008 年版。

［36］宋明顺：《质量管理学》，科学出版社 2012 年版。

［37］苏文杰：《国外质量管理实践和理论的发展研究》，载于《北华航天工业学院学报》2006 年第 6 期。

［38］孙剑：《质量管理体系认证与审核》，上海大学出版社 2001 年版。

［39］孙静：《质量管理学》（第三版），高等教育出版社 2011 年版。

［40］孙毅：《大学数学——随机数学》，高等教育出版社 2014 年版。

［41］［日］田口玄一：《开发、设计阶段的质量工程学》（中国兵器工业质量管理协会译），兵器工业出版社 1990 年版。

[42] [日] 田口玄一:《实验计划法(第3版)》,丸善株式会社1976年版。

[43] [日] 田口玄一:《质量工程学概论》(魏锡禄、王和福译),中国对外翻译出版公司1985年版。

[44] 田英、蒋仁言:《基于等风险的抽样检验方案》,载于《交通科学与工程》2014年第1期。

[45] 仝新顺:《运营管理》,清华大学出版社2013年版。

[46] 王海林:《现代质量管理:质量及其管理的科学发展观》,经济管理出版社2005年版。

[47] 王汉斌:《测量不确定度引起的抽样检验误判率计算》,载于《中国机械工程》2017年第7期。

[48] 王为人:《QC新七大工具之二:关联图法》,载于《中国卫生质量管理》2018年第3期。

[49] 王新平、汪方军、万威武等:《企业质量管理体系及其认证的有效性研究综述》,载于《管理评论》2008年第10期。

[50] 伍爱:《质量管理学》,暨南大学出版社2006年版。

[51] [美] 亚力克·福奇:《工匠精神:缔造伟大传奇的重要力量》(陈劲译),浙江人民出版社2014年版。

[52] 尤建新等:《质量管理学》,科学出版社2014年版。

[53] [美] 约瑟夫·M. 朱兰、A. 布兰顿·戈弗雷:《朱兰质量手册》(第五版)(焦叔斌等译),中国人民大学出版社2003年版。

[54] 曾凤章、赵霞:《田口方法及其标准化设计》,载于《机械工业标准化与质量》2003年第11期。

[55] 曾瑶、李晓青:《质量管理学》,北京邮电大学出版社2012年版。

[56] [美] 詹姆斯·R. 埃文斯、威廉·林赛:《质量管理与质量控制》(第7版)(焦叔斌译),中国人民大学出版社2010年版。

[57] 张公绪:《质量管理学》(第二版),高等教育出版社2004年版。

[58] 张志强、朱伟:《世界三大质量奖简析》,载于《中国质量》2015年第12期。

[59] 郑嵩祥、柴邦衡:《ISO/TS16949国际汽车供应商质量管理体系解读和实施》,机械工业出版社2005年版。

[60] 中国质量管理协会:《全面质量管理基本知识》,中国经济出版社2001年版。

[61] AkaoYoji, *Development History of Quality Function Deployment*, Minato, Tokyo:

Asian Productivity Organization, 1994, P. 339.

[62] Anjar Priyono, Andina Yulita, "Integrating Kano Model and Quality Function Deployment for designing service in hospital front office", *Intangible Capital*, Vol. 13, No. 5, 2017, P. 924.

[63] Crosby, P., *Quality is Free*, New York: McGraw - Hill, 1979.

[64] Garvin, D. A., "What does 'Product Quality' Really Mean?" *MIT Sloan Management Review*, Vol. 26, No. 1, 1984, pp. 24 - 43.

[65] Golder, P. N., Mitra, D., Moorman, C., "What Is Quality? An Integrative Framework of Processes and States", *Journal of Marketing*, Vol. 76, No. 4, 2012, pp. 1 - 23.

[66] Hauser, J. R., Don, C., "The House of Quality", *Harvard Business Review*. Vol. 66, No. 5 - 6, 1988, pp. 63 - 73.

[67] Ishikawa, K., *Introduction to Quality Control*, Productivity Press, 1990, P. 448.

[68] Lan Caster, K. J., "A New Approach to consumer Theory", *Journal of Political Economy*, 1966, 24 (2), 132 - 157.

[69] Parasuraman, A., Ziethaml, V. and Berry, L. L., "SERVQUAL: A Multiple - Item Scale for Measuring Consumer Perceptions of Service Quality", *Journal of Retailing*, Vol. 64, No. 1, 1988, pp. 12 - 40.